Angelika Woods

ESV

Das **Bildungszentrum für informationsverarbeitende Berufe (b.i.b.)** ist ein gemeinnütziger Bildungsträger. Seit seiner Gründung im Jahre 1972 verfolgt es das Ziel, auf hohem Niveau eine berufliche Aus- und Weiterbildung in der Angewandten Informatik zu verwirklichen. Die Bildungsarbeit des b.i.b. wird bestätigt durch den besonderen Erfolg der b.i.b.-Absolventen und -Teilnehmer im Berufsleben.

- Suchen Sie als Ausbildungsbetrieb die Berufsschule für Angewandte Informatik zur Ausbildung Ihres IT-Nachwuchses zum/zur Fachinformatiker/-in, Informatikkaufmann/-kauffrau, IT-Systemkaufmann/-kauffrau?
- Suchen Sie als Abiturientin oder Abiturient die Berufsausbildung in der Angewandten Informatik mit staatlichem Abschluß?
- Suchen Sie als Berufspraktiker aus Wirtschaft, Metallverarbeitung oder Elektrotechnik die Fachschulausbildung in der Angewandten Informatik mit staatlichem Abschluß?
- Suchen Sie eine Weiterbildungsinstitution, die Ihnen durch eine hochwertige Bildungsarbeit den Einstieg oder Wiedereinstieg in das Berufsleben ermöglicht?
- Suchen Sie ein Angebot für bedarfsgerechte Unternehmensseminare in Personalführung und Vertrieb?
- Suchen Sie als Unternehmen die Möglichkeit, in Zusammenarbeit mit der Fachhochschule des b.i.b. den eigenen Nachwuchs für Fach- und Führungspositionen zu entwickeln oder besonders qualifizierte Mitarbeiter berufsbegleitend zu fördern?

Dann rufen Sie uns an.

Bildungszentrum für
informationsverarbeitende
Berufe

Hauptstraße 2, 51465 Bergisch Gladbach, Tel. 0 22 02/95 27-01
Paradiesstraße 40, 01217 Dresden, Tel. 03 51/8 76 67-0
Postplatz 14–15, 02826 Görlitz, Tel. 0 35 81/48 56-0
Freundallee 15, 30173 Hannover, Tel. 05 11/2 84 83-0
Fürstenallee 3–5, 33102 Paderborn, Tel. 0 52 51/301-01

Fachbücher

Buchhaltung und Bilanzierung in Krankenhaus und Pflege

Finanzbuchführung mit EDV

Von
Dipl.-Kfm. Joachim Koch

3., neu bearbeitete Auflage

ERICH SCHMIDT VERLAG

Bibliografische Information der Deutschen Bibliothek
Die Deutsche Bibiliothek verzeichnet diese Publikation in der
Deutschen Nationalbibliografie; detaillierte bibliografische Daten
sind im Internet über http://dnb.ddb.de abrufbar.

1. Auflage 1998
unter dem Titel „EDV-gestützte Buchführung
in Krankenhaus und Pflege"
2. Auflage 2002
3. Auflage 2004

ISBN 3 503 07871 1

Alle Rechte vorbehalten
© Erich Schmidt Verlag GmbH & Co., Berlin 2004
www.ESV.info

Dieses Papier erfüllt die Frankfurter Forderungen
der Deutschen Bibliothek und der Gesellschaft für das Buch
bezüglich der Alterungsbeständigkeit und entspricht sowohl den
strengen Bestimmungen der US Norm Ansi/Niso Z 39.48-1992
als auch der ISO Norm 9706.

Druck: Difo-Druck, Bamberg

Vorwort

Erhöhte Leistungsstandards, leistungsorientierte Entgelte und entstehender Kostendruck verlangen auch im Gesundheitswesen - einem unserer größten Wirtschaftszweige - eine kostenbewusste, und damit letztlich betriebswirtschaftliche Unternehmensstrategie gegenüber den anderen Anbietern am Markt.

Entscheidungen müssen auf der Grundlage miteinander vernetzter Informationen getroffen werden. Neben unternehmensexternen Informationen über Märkte und Preise benötigen Unternehmen ein Informations- und Dokumentationssystem, das Planung, Kontrolle, Durchführung und Analyse von den Unternehmensprozessen unterstützt und nachvollziehen lässt. Das ist die Aufgabe eines aussagekräftigen Rechnungswesens.

Basis ist hier die Finanzbuchhaltung und Bilanzierung. Hier werden hauptsächlich die Geschäftsbeziehungen zu Externen dokumentiert, und es wird über diese Beziehungen informiert.

Diese grundlegenden Zahlen werden zum Zweck der Unternehmenssteuerung den weiteren Teilgebieten des Rechnungswesens zur Verfügung gestellt.

Den Rahmen dieser Dokumentation und Rechenschaftslegung legt der Gesetzgeber für den Informationsaustausch mit Außenstehenden fest.

Er zwingt verschiedene Institutionen des Gesundheitswesens (geförderte Krankenhäuser, Pflegeinstitutionen) in Spezialgesetzen (Krankenhaus-Buchführungsverordnung, Pflege-Buchführungsverordnung), Buchführungen und Bilanzen nach handelsrechtlicher Art und Weise zu erstellen und dazu erweiterte Informationen in Form von Kostenrechnungen und Wirtschaftlichkeitsberechnungen zu liefern. Zusätzlich gelten die allgemeinen Vorschriften des Handelsrechtes und Steuerrechtes.

Die Steuerreformen der letzten Jahre machten deshalb eine Überarbeitung der zweiten Auflage erforderlich. So sind z.B. die Abschreibungsvereinfachungen beim Zugang beweglicher Güter nicht mehr möglich, im Rahmen der Vermögenswirksamen Leistungen (Bausparkassenbeiträge) sind neue Werte zu berücksichtigen, Feiertags- und Nachtzuschläge unterliegen ergänzten Steuermodalitäten, Umsatzsteuer-Voranmeldungen sind elektronisch zu erfassen, Umsatzsteuerrechnungen können erweitert identifiziert werden, die Kürzung der Vorsteuer bei privat mitgenutzten Fahrzeugen wird aufgehoben und somit die private Nutzung wieder versteuert.

Dieses Buch liefert somit weiterhin dem Leser die notwendigen und aktuellen Kenntnisse über die Buchhaltung mit Jahresabschluss unter der o.a. Zielsetzung, sowie über die Verbindungen im Gesamtsystem des Rechnungswesens.

Ein Hauptthema ist dabei die Finanzbuchhaltung unter dem Aspekt der EDV-Anwendung, wie sie Krankenhäuser, Kur- und Rehabilitationskliniken, ambulante und stationäre Pflegeinstitutionen u.ä. erstellen müssen.
Weiter wird der Jahresabschluss vorgestellt, wie ihn das Handels- und Steuerrecht und die oben genannten Spezialgesetze verlangen. Abschlussbuchungen im Rahmen der Dokumentationsaufgabe der Finanzbuchhaltung sowie Bilanzansatz- und Bilanzbewertungsfragen im Rahmen der Informationsaufgabe sind hier Schwerpunkte. Eine Einführung in die Methodik der Bilanzanalyse und die Erläuterungen einer ordnungsmäßigen Anlagenbuchhaltung mit Hilfe der Informatik vervollständigen diese Thematik.
Neben dem Industriekontenrahmen 1986 (IKR) finden hier deshalb die Kontenrahmen der Krankenhaus- und Pflegebuchführungsverordnung entsprechende Beachtung.

Das vorliegende Buch ist damit als Lehrbuch einsetzbar im Bereich der hoch qualifizierten Ausbildung, an (Fach-)Hochschulen und in der spezifischen Fortbildung. Vor allem bietet es sich auch als Nachschlagewerk für Praktiker im Bereich Finanzbuchhaltung mit EDV, der entsprechenden Programmierung oder DV-Organisation an.

Zur speziellen Vertiefung des Erlernten werden auch hier wieder der fünfmonatige Geschäftsgang „Kurklinik Harry Müller" als Buchhaltungs- und der vierjährige Geschäftsgang „Kurklinik Harry Müller" als Anlagenbuchhaltungs-Übung angeboten.

Die Lösungen zu den gekennzeichneten Aufgaben und den Geschäftsgängen können auf der Homepage des Erich Schmidt Verlages unter „www.ESV.info /loesungen" in der Rubrik „Lösungen" abgerufen werden. Zusätzliche Informationen finden Sie auch unter meiner Homepage „http://joko1.bei.t-online.de/".

Ich bedanke mich an dieser Stelle beim Bildungszentrum für informationsverarbeitende Berufe (b.i.b.) in Paderborn und bei meinen Studierenden für die Unterstützung dieser Veröffentlichung.

Paderborn, im Mai 2004   J. Koch

Inhaltsübersicht

I.	Einführung in das Rechnungswesen	1
II.	Grundsätze der Finanzbuchführung	9
III.	Buchungs- und Ansatzschwerpunkte	77
IV.	Anlagevermögen und planmäßige Abschreibungen	163
V.	Der Jahresabschluss	199
VI.	Buchungsschwerpunkte zum Jahresschluss	203
VII.	Die Steuerbilanz	261
VIII.	Die Bewertung	267
IX.	Stille Reserven	325
X.	Bilanzanalyse und Bilanzkritik	329
XI.	Die EDV-Anlagenbuchhaltung	343
XII.	Geschäftsgang „Kurklinik Harry Müller"	353
XIII.	Anhang	375

Inhaltsverzeichnis

I. Einführung in das Rechnungswesen

1. Begriff, Aufgaben und Gliederung
   des Rechnungswesens 1
   - 1.1. Begriff des Rechnungswesens 1
   - 1.2. Aufgaben des Rechnungswesens 3
   - 1.3. Gliederung des Rechnungswesens 5

II. Grundsätze der Finanzbuchführung

1. Einführung in die Buchführung 9
   - 1.1. Notwendigkeit der Buchführung 9
   - 1.2. Aufgaben der Buchführung 9
   - 1.3. Gesetzliche Grundlagen 10
     - 1.3.1. Buchführungspflicht nach Handels- und Steuerrecht 10
     - 1.3.2. Erweiterte Buchführungspflicht nach KHBV und PBV 12
     - 1.3.3. Art der Buchführung 12
   - 1.4. Ordnungsmäßigkeit der Buchführung 14
     - 1.4.1. Grundsätze ordnungsmäßiger Buchführung und Bilanzierung (GOB) 14
     - 1.4.2. Zusatzgrundsätze ordnungsgemäßer Buchführung im EDV-Bereich 17
2. Vereinfachte Aufzeichnungspflicht mit Gewinnermittlung 19
3. Grundlagen der Buchführung 25
   - 3.1. Inventur, Inventar 25
     - 3.1.1. Inventur 25
     - 3.1.2. Inventar 31
   - 3.2. Erfolgsermittlung durch Kapitalvergleich 33
   - 3.3. Die Bilanz 35
     - 3.3.1. Aufgaben der Bilanz 36
     - 3.3.2. Aufstellungsgrundsätze des Jahresabschlusses 37
     - 3.3.3. Gliederung der Bilanz 37
     - 3.3.4. Wertveränderungen aufgrund von Geschäftsvorfällen 39
   - 3.4. Eröffnung und Abschluss von Bestandskonten 40
     - 3.4.1. Aufbau der Konten 40
     - 3.4.2. Eröffnung der Konten und Eröffnungsbilanzkonto 41
     - 3.4.3. Zu- und Abgänge auf den Bestandskonten 42
     - 3.4.4. Abschluss der Bestandskonten 44
     - 3.4.5. Der Buchungssatz 46

3.5.	Die Erfolgskonten		49
	3.5.1.	Das Kapitalkonto	49
	3.5.2.	Aufwands- und Ertragskonten	49
	3.5.3.	Abschluss der Erfolgskonten	51
3.6.	Strömungs- und Bestandsgrößen		52
3.7.	Die Kontenrahmen		54
	3.7.1.	Der Industriekontenrahmen (IKR)	55
	3.7.2.	Der Kontenrahmen nach KHBV – Anlage 4 und 5	56
	3.7.3.	Der Kontenrahmen nach PBV – Anlage 4,5 und 6	58
3.8.	Organisation der Buchführung		59
	3.8.1.	Belegorganisation	59
	3.8.2.	Buchführungsbereiche und Bücher	61
	2.8.3.	Manuelle Buchführungsarten	69
	2.8.4.	EDV-Buchführung	70

III. Buchungs- und Ansatzschwerpunkte

1.	Steuern		77
	1.1.	Abgrenzung des Begriffs Steuern	77
	1.2.	Steuerrechtliche Grundlagen	78
		1.2.1. Die Abgabenordnung (AO)	78
		1.2.2. Weitere gesetzliche Grundlagen des Steuerrechts	80
	1.3.	Arten von Steuern	80
		1.3.1. Überblick der Steuerarten	80
		1.3.2. Die Einkommensteuer	84
		1.3.3. Die Lohnsteuer	88
		1.3.4 Die Körperschaftsteuer	91
		1.3.5. Die Kapitalertragsteuer	93
		1.3.6. Die Kraftfahrzeugsteuer	93
		1.3.7. Die Gewerbesteuer	94
		1.3.8. Die Grunderwerbsteuer	97
		1.3.9. Die Grundsteuer	97
		1.3.10. Die Umsatzsteuer	98
2.	Das Privatkonto		113
	2.1.	Aufgaben des Privatkontos	113
	2.2.	Buchungstechnische Behandlung des Privatkontos	113
	2.3.	Bewertung und Buchung der privaten Vorfälle	114
3.	Sachgüter, Leistungserbringung, Leistungsverwertung		119
	3.1.	Buchungen im Rahmen der Leistungserbringung	119
		3.1.1. Grundschema der Leistungserbringung	119

	3.1.2. Erlöse	120
	3.1.3. Sachgüter und Sachgüterverbrauch im Rahmen der Leistungserbringung	122
3.2.	Sachgüter und EDV-Buchführung	124
3.3.	Buchungstechnische Behandlung von Bezugskosten	125
3.4.	Buchungstechnische Behandlung von Rücksendungen und Gutschriften	126
3.5.	Abschluss der Sachgüter und Erlöskonten	127
4.	Am Periodenende in Behandlung befindliche Patienten – „unfertige Erzeugnisse"	130
	4.1. Berücksichtigung der Patienten in Behandlung	130
	4.2. Buchungstechnische Behandlung der Bestandsveränderungen	133
5.	Preisnachlässe	135
	5.1. Rabatte	135
	5.2. Boni	136
	5.3. Skonti	138
	5.4. Abschluss der Konten Boni und Skonti mit Unterkonten	141
	5.5. Zusammenfassung „Buchung von Preisnachlässen"	142
	5.6. Preisnachlässe und EDV-Buchführung	143
6.	Personalaufwendungen	146
	6.1. Gehälter, Löhne und Soziale Abgaben im Gesundheitswesen	146
	6.2 Abzüge vom Bruttoentgelt	151
	6.3. Buchung der Löhne und Gehälter	153
	6.3. Vorschüsse	155
	6.4. Vermögenswirksame Leistungen	156

IV. Anlagevermögen und planmäßige Abschreibungen

1.	Das Anlagevermögen (AV)	163
2.	Immaterielle Wirtschaftsgüter und Aufwendungen für die Ingangsetzung bzw. Erweiterung des Geschäftsbetriebes	165
	2.1. Begriff und Abgrenzung der immateriellen Wirtschaftsgüter	165
	2.2. Bilanzansatz der immateriellen Wirtschaftsgüter	166
	2.3. Aufwendungen für Ingangsetzung und Erweiterung des Geschäftsbetriebes	168
	2.4. Besonderheiten bei der Software	169
3.	Finanzanlagen und sonstige Wertpapiere des Umlaufvermögens	172
	3.1. Allgemeines über die Finanzanlagen	172
	3.2. Beteiligungen – Verbundene Unternehmen	173
	3.3. Wertpapiere	174

	3.3.1. Wertpapiere des Anlagevermögens (ohne Beteiligungsabsicht)	174
	3.3.2. Sonstige Wertpapiere des Umlaufvermögens	175
	3.3.3. Buchungstechnische Abwicklung der Wertpapiere	175
4.	Planmäßige Abschreibung der abnutzbaren Anlagegüter	181
	4.1. Wesen der Abschreibung	182
	4.2. Lineare planmäßige Abschreibung	183
	4.3. Besonderheiten der Abschreibung	187
5.	Buchungen beim Kauf und Verkauf von abnutzbaren Anlagegütern	190
	5.1 Buchung bei umsatzsteuerpflichtigen Umsätzen	190
	5.2. Buchung bei umsatzsteuerfreien Umsätzen	192
	5.3. Buchung bei investitionsgefördertem Anlagevermögen	194

V. Der Jahresabschluss

Grundsätzliches zum Jahresabschluss — 199

VI. Buchungsschwerpunkte zum Jahresschluss

1.	Die zeitliche Abgrenzung	203
	1.1. Wesen der zeitlichen Abgrenzung	203
	1.2. Die transitorische Abgrenzung	203
	1.3. Die antizipative Abgrenzung	206
	1.4. Abgrenzung der Vorsteuer und der Umsatzsteuer	207
	1.5. Disagio/Damnum	210
	1.6. Höherer Steueraufwand aufgrund eines höheren steuerlichen Gewinns (latente Steuern)	210
	1.7. Zusammenfassung	210
2.	Die Rückstellungen	212
	2.1. Begriff der Rückstellungen	212
	2.2. Bilanzierung der Rückstellungen	214
	2.3. Bildung und Auflösung der Rückstellungen	214
3.	Steuerfreie Rücklagen	218
	3.1. Allgemeine Grundsätze	218
	3.2. Die Zuschussrücklage (Abschn. 34 EStR)	219
	3.3. Rücklagen für Ersatzbeschaffung und Re-Investition	220
	3.3.1. Die Rücklage für Ersatzbeschaffung (Abschn. 35 EStR)	220
	3.3.2. Die Re-Investitionsrücklage (§6b EStG)	222
	3.3.3. Gegenüberstellung der Ersatzbeschaffungs- und Re-Investitionsrücklage	223
	3.4. Die Rücklage zur Ansparabschreibung (§ 7g(3-6) EStG)	224
	3.5. Beispiele weiterer steuerfreier Rücklagen	226

4.	Die Hauptabschlussübersicht	226
	4.1. Die Aufgaben der Hauptabschlussübersicht	226
	4.2. Die Summenbilanz	227
	4.3. Die vorläufige Saldenbilanz	228
	4.4. Die Umbuchungsbilanz	229
	4.5. Die endgültige Saldenbilanz	230
	4.6. Hauptabschlussbilanz und Gewinn- und Verlustrechnung	230
5.	Weitere Besonderheiten des Jahresabschlusses bei Kapitalgesellschaften	234
	5.1. Allgemeine Grundsätze	234
	5.2. Die Gliederung der Bilanz	235
	5.3. Die Gliederung der Gewinn- und Verlustrechnung	239
	5.4. Ergänzende Vorschriften für „sonstige Kapitalgesellschaften"	241
	5.5. Anhang und Lagebericht	247
6.	Die Gewinnverteilung bei verschiedenen Unternehmensformen	250
	6.1. Gewinnverteilung bei einer Einzelunternehmung	250
	6.2. Gewinnverteilung bei einer Personengesellschaft	251
	6.3. Gewinnverteilung bei einer Kapitalgesellschaft	256

VII. Die Steuerbilanz

1.	Der Unterschied zwischen Handels- und Steuerbilanz	261
2.	Der steuerrechtliche Gewinnbegriff	261
3.	Maßgeblichkeitsgrundsätze	262
4.	Die Technik der Steuerbilanz	265

VIII. Die Bewertung

1.	Grundlagen der Bewertung	267
2.	Typische Werte nach Handels- und Steuerrecht	267
	2.1. Aufzählung der Beschaffungs- und Absatzwerte	267
	2.2. Die Anschaffungskosten	268
	2.3. Die Herstellungskosten	271
	2.4. Der Teilwert	273
	2.5. Sonstige Werte	274
	2.6. Grundsätzliche Buchungen von Wertveränderungen	276
3.	Bewertungsgrundsätze	277
	3.1. Allgemeine Bewertungsgrundsätze nach dem HGB	277
	3.2. Bewertungsprinzipien	278
4.	Wertansatz in der Bilanz	279
	4.1. Wertansatz auf der Aktivseite	279
	4.1.1. Bewertung des Anlagevermögens	279

		4.1.1.1. Abnutzbares Anlagevermögen	281
		4.1.1.1.1. Bewertung nach dem Handelsrecht	281
		4.1.1.1.2. Bewertung nach dem Steuerrecht	284
		4.1.1.1.3. Gegenüberstellung der handelsrechtlichen und steuerrechtlichen Bewertung	295
		4.1.1.1.4. Besonderheiten der Bewertung bei Kapitalgesellschaften	296
	4.1.1.2.	Nicht abnutzbares Anlagevermögen	298
	4.1.2.	Bewertung des Umlaufvermögens	302
		4.1.2.1. Allgemeiner Wertansatz des Umlaufvermögens	302
		4.1.2.2. Wertansatz beim Vorratsvermögen	306
		4.1.2.3. Forderungen	311
	4.1.3.	Transitorische Rechnungsabgrenzungsposten	320
4.2.	Bewertung der Passivseite		322
	4.2.1.	Wertansatz des Eigenkapitals	322
	4.2.2.	Wertansatz des Fremdkapitals	322

IX. Stille Reserven

1. Der Begriff „Stille Reserven" — 325
2. Arten Stiller Reserven — 325
3. Auflösung Stiller Reserven — 326

X. Bilanzanalyse und Bilanzkritik

1. Begriff, Wesen und Zweck — 329
2. Aufbereitung des Zahlenmaterials — 330
3. Methodisch-systematischer Ablauf der Unternehmensbeurteilung — 331
4. Einige Kennziffern zu Partialanalysen — 333
   4.1. Analyse des Erfolges zur Einschätzung der Ertragskraft — 333
   4.2. Beurteilung der Liquiditätssituation und Solidität der Unternehmung — 336

XI. Die EDV-Anlagenbuchhaltung

1. Einführung in die Anlagenbuchhaltung mit PC — 343
   1.1. Aufgaben der Anlagenbuchhaltung im Rahmen der Finanzbuchhaltung — 343
   1.2. Vorteile einer EDV-orientierten Anlagenbuchhaltung — 343
   1.3. Gesetzliche Grundlagen und Ordnungsmäßigkeit der Anlagenbuchhaltung — 344

1.4.	Organisation einer Anlagenbuchhaltung zur Unterstützung der Finanzbuchhaltung	344
2.	Anforderungen an eine EDV-orientierte Anlagenbuchhaltung	346
2.1.	Anforderungen an die Anlagenbuchhaltung als Nebenbuchbereich der Finanzbuchhaltung	346
2.1.1.	Anforderungen an die Verwaltung von Vermögenswerten	347
2.1.2.	Anforderungen an Berechnungen und Änderungen	349
2.2.	Zusätzliche Anforderungen an die Anlagenbuchhaltung als Nebenbuchbereich einer Kosten- und Leistungsrechnung	350

XII. Geschäftsgang „Kurklinik Harry Müller"

1.	Finanzbuchhaltung	353
2.	Anlagenbuchhaltung	366

XIII. Anhang

Literaturhinweise	375
Industriekontenrahmen – Auszug	377
Kontenrahmen nach Anlage 4 KHBV – Auszug und Erweiterungen	383
Kontenrahmen nach Anlage 4 PBV – Auszug und Erweiterungen	389
Sachverzeichnis	397

I. Einführung in das Rechnungswesen

1. Begriff, Aufgaben und Gliederung des Rechnungswesens

1.1. Begriff des Rechnungswesens

Solange Menschen wirtschaftlich handeln, haben sie ein Interesse daran sich stets über den Stand und die Entwicklung ihrer Tätigkeiten zu informieren. Je komplexer jedoch die Systeme des Handelns werden, um so aufwendiger und umfassender müssen auch die Informationstechniken sein, mit deren Hilfe man u.a. auch die Unternehmen lenken will.

Während diese Techniken im Bereich des Gesundheitswesens, z.B. in Krankenhäusern, anfangs stark durch die vereinfachten Darstellungsformen der öffentlichen Verwaltungen geprägt wurden, verlangen entsprechende Gesetze in der heutigen Zeit (im stationären Pflegebereich erst seit 1998) der Wirtschaft angepasste Formen.

Dieses **Rechnungswesen** nun beinhaltet sämtliche Verfahren zur lückenlosen Erfassung und planmäßigen Ordnung aller Mengen- und Wertbewegungen in einer Unternehmung. Jede Mengen- und Wertveränderung wird belegmäßig erfasst und entsprechend weiterverarbeitet.

Als **Unternehmen** definiert das Umsatzsteuergesetz die gesamte gewerbliche oder berufliche Tätigkeit eines Unternehmers. Ein Unternehmen ist dementsprechend ein rechtliches und wirtschaftliches Gebilde mit finanzwirtschaftlichem, leistungswirtschaftlichem und sozialem Ziel. Im Gesundheitswesen kommt dem leistungswirtschaftlichen Ziel „**Versorgungsauftrag gegenüber der Bevölkerung**" - zum Teil gesetzlich verankert - die größte Bedeutung zu; diesem sind in der Regel **Leistungserbringung** (Kombination und Transformation der Leistungsfaktoren) und **Leistungsverwertung** (Absatz), aber auch das soziale System (Menge von dazugehörigen Menschen) untergeordnet. Auf ein zweites Teilziel im sozialen Bereich sei hier mit der Dienstleistung gegenüber Menschen als Mitgliedern der Gesellschaft hingewiesen. Leistungserbringung und Leistungsverwertung als die eigentlichen Handlungsziele erfolgen in örtlichen, technischen und organisatorischen Einheiten des Unternehmens, den Betrieben.

Als **Produktions-** oder hier besser **Leistungsfaktoren** werden Betriebsmittel, Sachgüter, körperliche Arbeit, dispositive Arbeit und Information benannt. Als Leistungsverwertung (Absatz) gelten alle Maßnahmen zum Leistungsaustausch mit der Umwelt.

2 Einführung in das Rechnungswesen

Beispiel: Krankenhaus als Unternehmen

rechtliches und wirtschaftliches Gebilde mit
- Leistungswirtschaftlichem Ziel
- Finanzwirtschaftlichem Ziel
- Sozialem Ziel

Betrieb

dient der Erreichung des eigentlichen Unternehmenszieles:

- Behandlung, Pflege und Rehabilitation
von Kranken bzw. Förderung und Erhalt der Gesundheit

- wirtschaftlich kurz:
Kombination und Transformation der Leistungsfaktoren
mit Leistungsverwertung

Leistungserbringung und Leistungsverwertung in Krankenhaus und Pflegeeinrichtung

					kranker bzw. pflegebedürftiger Patient
Sekundär-input			*Sekundär-output*		↓
Leistungs-faktoren	→	Betriebs-prozess	→	Leistungen: Diagnostik, Therapie und / bzw. Pflege, Versorgung	→	Statusver-änderung
			Primärinput		*Primäroutput*

1.2. Aufgaben des Rechnungswesens

Das Rechnungswesen hat die Aufgabe, das gesamte Unternehmensgeschehen zahlenmäßig zu erfassen, zu überwachen und auszuwerten. Im Einzelnen lässt sich das Rechnungswesen in vier Hauptaufgaben unterteilen:

a) Dokumentation

Unter Dokumentation versteht man die zeitlich und sachlich geordnete Aufzeichnung aller Geschäftsfälle. Zu unterscheiden sind hier **gesetzlich** geforderte und freiwillige Dokumentationen. Die Aufzeichnung des Vermögens, des Kapitals und des Gesamterfolgs der Unternehmung sind gesetzlich gefordert. Darüber hinaus wird im Gesundheitswesen auch die Aufzeichnung des Ergebnisses der eigentlichen betrieblichen Tätigkeit aus der Leistungserbringung und Leistungsverwertung - allerdings aus der Finanzbuchhaltung abgeleitet - verlangt. **Freiwillig** wird dieses Betriebsergebnis zusätzlich von den Unternehmern auf Basis betriebswirtschaftlicher Zahlen festgehalten.

Das **Vermögen** kennzeichnet die Mittelverwendung. Es zeigt auf, wie die der Unternehmung zur Verfügung gestellten Mittel in Gütern und Rechten angelegt wurden.
Das **Kapital** gibt die Mittelherkunft an. Es zeigt an, wem die Mittel gehören, die in Vermögenswerten verwendet wurden. Eigene Mittel werden **Eigenkapital**, Mittel von Dritten **Fremdkapital** oder **Schulden** genannt.
Der **Gesamterfolg** ist das Ergebnis aus der unternehmerischen Tätigkeit, wobei unternehmerisch sich auf das gesamte rechtliche Gebilde bezieht. Der Gesamterfolg entsteht durch den Wertverzehr (Verbrauch) der Vermögenswerte - dem Aufwand - und dem Wertzuwachs durch neuerbrachte Leistungen - dem Ertrag.
Die Differenz zwischen Aufwand und Ertrag heißt bei größeren Erträgen Gewinn, bei größeren Aufwendungen Verlust.

b) Rechenschaftslegung und Information

Die Rechenschaftslegung und Information beinhaltet die gesetzlich verankerte jährliche Information, hauptsächlich für externe Interessenten, wie z.B. die Finanzbehörde, die Kranken- oder Pflegekassen und die Kreditgeber oder die freiwillige kürzerfristige Information für den Unternehmenseigner über die Vermögens-, Schulden- und Erfolgslage des Unternehmens nach Abschluss einer Periode.

4 Einführung in das Rechnungswesen

Rechnungswesen der Unternehmung
Information für:
Unternehmensleitung, Kranken- und Pflegekassen, Kapitalgeber, Lieferanten, Staat, Kunden, Gewerkschaften, Arbeitnehmer, Verbände, gesellschaftliche Umwelt

c) Kontrolle

Die Kontrolle dient der Überwachung der unternehmerischen Zielerreichung im einzelnen und insgesamt. Sie bezieht sich im Nachhinein auf Geschehenes, auf Entscheidungen oder Ausführungen. Kontrolle setzt aber für eine sinnvolle Analyse die Planung voraus.

Typische Bereiche der Kontrolle sind die Überwachung der Wirtschaftlichkeit (optimaler Einsatz der Mittel) und die Rentabilität (Verzinsung der eingesetzten Kapitalien) sowie der Zahlungsbereitschaft und Zahlungsfähigkeit des Unternehmens.

Abweichungen zwischen Ziel und erreichtem Stand können allerdings sowohl in der Planung, als auch in der Ausführung liegen.

d) Planung

Planung erfasst und analysiert als Prognoserechnung mögliche Handlungsalternativen. Als Entscheidungsrechnung führt sie zu einer auf das Unternehmensziel hin ausgerichteten Bewertung dieser Alternativen. Mit der Lenkungsrechnung sollen die Zielvorgaben für die dispositiven Stellen erarbeitet werden.

1.3. Gliederung des Rechnungswesens

Das Rechnungswesen kann in folgende Teilgebiete gegliedert sein, die aufgrund ihrer Abhängigkeit unter zeitlichen Aspekten einen Kreislauf bilden:

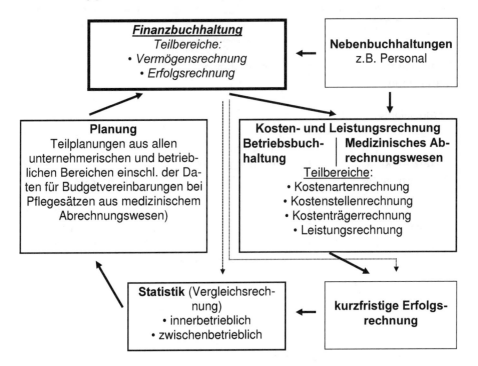

1.) Finanzbuchhaltung

In der Finanzbuchhaltung (FiBu) werden die Vermögens- und Kapitalbestände, sowie deren Veränderungen (Vermögensrechnung) und der Jahreserfolg (Erfolgsrechnung) eines Geschäftsjahres dokumentiert (Dokumentationsaufgabe). In einer besonderen Darstellung wird die Vermögens- und Erfolgsrechnung zur jährlichen Information, sowohl für Externe als auch für die Unternehmensleitung, aufbereitet (Informationsaufgabe). Dokumentation und Information unterliegen **gesetzlichen Regelungen**. Die Finanzbuchhaltung stellt mit ihrem Zahlenmaterial hauptsächlich die Verbindung der Unternehmung zu den Märkten und der öffentlichen Hand dar.

6 Einführung in das Rechnungswesen

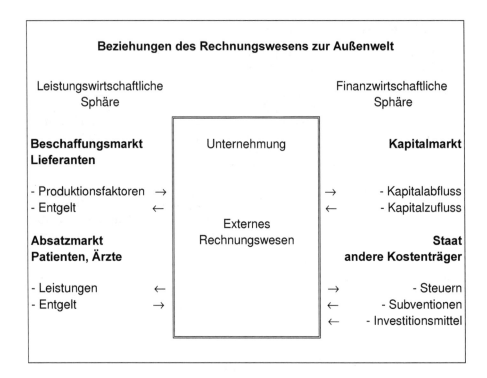

2.) Kosten- und Leistungsrechnung

Die Kosten- und Leistungsrechnung dient zum einen unter den **gesetzlichen** Aspekten - hier als **Medizinisches Abrechnungswesen** benannt - der Dokumentation von Leistungserbringung und Leistungsverwertung. Sie ist außerdem hauptsächlich Information für Externe. Ihr Zahlenmaterial muss aus der Finanzbuchhaltung hergeleitet sein.

Zum anderen steht in der **Betriebsbuchhaltung** (BeBu), wie der Name schon sagt, die Leistungserbringung mit der Erfassung des Verbrauchs der Leistungsfaktoren und der Leistungsverwertung unter **betriebswirtschaftlichen** Aspekten im Vordergrund. Sie baut auch auf den Zahlen der Finanzbuchhaltung auf, zieht aber einen betriebswirtschaftlichen Zahlenansatz dem gesetzlichen vor. Damit dient sie der Unternehmensleitung, in kürzeren Zeitabständen als der Jahresperiode, freiwillig zur Dokumentation und Information.

Das folgende Schema nennt die Teilbereiche der Kostenrechnung und die Verbindungen der Kosten- und Leistungsrechnung zu den anderen Teilbereichen:

Informations-herkunft	Zahlenmaterial: vor allem aus der FiBu, der Material-, Lohn- / Gehalts- sowie Anlagenrechnung
Teilbereiche	Kostenartenrechnung (welche Kosten sind angefallen) ↓ Kostenstellenrechnung (wo sind die Kosten angefallen) ↓ Kostenträgerrechnung (wofür sind die Kosten angefallen) ↓ Leistungsrechnung
Ergebnis	Zahlenmaterial: vor allem für die kurzfristige Erfolgsrechnung, Betriebsstatistik und die Planungsrechnung

3.) Statistik

In dem Teilbereich Betriebsstatistik werden die Zahlen des Rechnungswesens zusammengestellt und ausgewertet. Vergleichsrechnungen können sowohl innerbetrieblich, z.B. zwischen mehreren Perioden, als auch außerbetrieblich, zwischen vergleichbaren Betrieben, durchgeführt werden (z.B. Umsatzstatistiken).

4.) Planungsrechnung

Die Planung unternehmerischer Entscheidungen wird in allen betrieblichen Aufgabenbereichen durchgeführt und dann zur Gesamtplanung zusammengefasst. Das Ergebnis sollte sich in der nächsten Periode in der Finanzbuchhaltung niederschlagen.

5.) Kurzfristige Erfolgsrechnung

Die kurzfristige Erfolgsrechnung soll dem Unternehmer Zwischenergebnisse gegenüber der Jahreserfolgsrechnung liefern. Außerdem können hier für einzelne Kostenträger differenzierte Verbräuche und Zuwächse ermittelt werden, was in der Erfolgsrechnung der Finanzbuchhaltung fehlt.

6.) Nebenbuchhaltung

In den Nebenbuchbereichen werden Mengen an gleichen Buchungen, wie z.B. Lohnzahlungen, Geschäftsverkehr mit Kunden und Lieferanten aus der Finanzbuchhaltung bzw. Kosten- und Leistungsrechnung ausgeklammert. Sie werden dann als eigenständige Buchungsbereiche geführt. Finanzbuchhaltung und Kosten- und Leistungsrechnung übernehmen dann nur noch die sich ergebenden Summen. Sie werden somit übersichtlicher und bieten gezielte Informationen.

II. Grundsätze der Finanzbuchführung

1. Einführung in die Buchführung

1.1. Notwendigkeit der Buchführung

Die Finanzbuchführung ist die **lückenlose**, **planmäßige** und **ordnungsmäßige** Aufzeichnung aller Geschäftsfälle eines Unternehmens, die sich durch die Beziehungen zur Umwelt - den Märkten und der Öffentlichen Hand - ergeben (siehe letztes Kapitel).

Durch Einkauf, Leistungserbringung und -verwertung, Einnahmen und Ausgaben wird das Vermögen eines Unternehmens ständig verändert. Der Interessent soll einen Überblick über Ursachen und Höhe der Veränderungen haben (Vermögensmehrung/ -minderung). Er soll auch wissen, wie hoch Aufwand und Ertrag sind, ob ein Verlust oder ein Gewinn erwirtschaftet wurde.

1.2. Aufgaben der Buchführung

Die Buchführung sollte so aufgebaut sein, dass aus ihren buch- und rechnungsmäßigen Ergebnissen jederzeit die entsprechenden Zahlen leicht entnommen werden können, die auch für die Zwecke der Betriebsbuchhaltung, Statistik und Betriebsplanung benutzt werden.

Aus den Aufgaben des Rechnungswesens abgeleitet, ergeben sich folgende spezielle Aufgaben für die Finanzbuchhaltung:

a) Dokumentation

Die Buchführung muss **Vermögen** und **Schulden (Fremdkapital)** ermitteln. Dieses geschieht am Ende eines jeden Geschäftsjahres (Periode), aber auch bei der Gründung einer Unternehmung und bei der Liquidation.

Sie hält alle Veränderungen des Vermögens und der Schulden im Laufe des Jahres wertmäßig fest.

Sie erfasst alle **Aufwendungen** und **Erträge**, um den Erfolg des Unternehmens, also den **Gewinn** oder den Verlust zu ermitteln.

b) Information und Rechnungslegung

Sie ist Auskunftsmittel z.b. für staatliche Stellen, Kranken- und Pflegekassen, für Aktionäre und andere Gesellschafter oder für die Öffentlichkeit, aber auch für Gläubiger bezüglich der Kreditwürdigkeit.

Sie liefert genaue Unterlagen zur Berechnung der Steuern für das Finanzamt.

Sie ist in Rechts- und Vermögensstreitigkeiten, z.b. gegenüber dem Finanzamt und dem Gericht, ein wichtiges Beweismittel.

c) Kontrolle und Planung

Sie liefert wichtige Zahlen für die Betriebsbuchhaltung.

Durch Vergleiche aufgrund der bereitgestellten Zahlen werden Unterlagen für Maßnahmen und Entscheidungen des Unternehmers geschaffen, z.b. Maßnahmen zur Umsatzsteigerung usw.

1.3. Gesetzliche Grundlagen

1.3.1. Buchführungspflicht nach Handels- und Steuerrecht

Unterschiedliche Gesetze und Verordnungen verpflichten den in der Wirtschaft selbständig Tätigen zur Buchführung:

a) Vorschriften des HGB (§§ 238 - 289) für Kaufleute:

Jeder Kaufmann ist verpflichtet, **Bücher zu führen** und in diesen seine Handelsgeschäfte und die Lage seines Vermögens nach den Grundsätzen ordnungsgemäßer Buchführung ersichtlich zu machen (§ 238(1) HGB). Nach dem HGB ist nur der Kaufmann, der ein Handelsgewerbe betreibt, das heißt, wer als selbständiger Unternehmer planmäßig und nach außen erkennbar eine dauerhafte Tätigkeit ausübt, die auf Gewinnerzielung ausgerichtet ist.

Im Bereich des Gesundheitswesens sind hier eingeschränkt nur Kaufleute aus den Kategorien „Musskaufmann", „Wahlkaufmann" und „Formkaufmann" gemeint.

Musskaufmann: Alle diejenigen, die nach § 1(2) HGB zur Ausübung eines **Handelsgewerbes** einen Gewerbebetrieb benötigen, der einen nach Art und Umfang einen in kaufmännischer Weise eingerichteten Geschäftsbetrieb erfordert, sind dert, sind auf jeden Fall Kaufmann. Die Kaufmannseigenschaft beginnt mit dem Beginn des Geschäftsbetriebes, nicht erst mit der vorgeschriebenen Eintragung ins Handelsregister (HR).

Kaufmann nach Wahl: Ist der Unternehmer als Kleingewerbetreibender nach § 1(2) HGB kein Kaufmann, weil ein nach Art und Umfang eingerichteter Geschäftsbetrieb kaufmännisch nicht erforderlich ist, wird es dennoch zum **Handelsgewerbe**, wenn die Firma des Unternehmens in das Handelsregister eingetragen ist. Der Unternehmer ist berechtigt, nicht verpflichtet, die Eintragung herbeizuführen.

Formkaufmann: Unter Formkaufmann (§ 6 HGB) versteht man alle Kapitalgesellschaften, eingetragene Genossenschaften usw., auch wenn sie kein Handelsgewerbe betreiben. Die Kaufmannseigenschaft erhalten hier nicht die Vorstandsmitglieder, sondern die Gesellschaft als juristische Person durch Eintragung ins Handelsregister.

Das **Handelsregister** ist ein beim Amtsgericht geführtes öffentliches Verzeichnis aller Vollkaufleute des Amtsgerichtsbezirkes. Eine Eintragung für den Musskaufmann ist deklaratorisch (rechtsbezeugend), für den Wahl- und Formkaufmann konstitutiv (rechtserzeugend); letztere sind erst ab dem Moment der Eintragung Kaufleute.

b) **Vorschriften durch Steuergesetze, da die Buchführung Grundlage für die Berechnung der Steuern ist:**

§ 140 AO bestätigt die **Buchführungspflicht für Steuerzwecke**:

Wer **nach anderen Gesetzen** (HGB, folgende KHBV oder PBV) als den Steuergesetzen Bücher und Aufzeichnungen zu führen hat, die für die Besteuerung von Bedeutung sind, hat die Verpflichtungen, die ihm nach den anderen Gesetzen obliegen, auch für die Besteuerung zu erfüllen.

Ferner ist nach § 141 AO **zur Buchführung verpflichtet**, wer als Gewerbetreibender entweder mit dem Gewinn (z.Z. 30.000 €) oder mit dem Umsatz (z.Z. 350.000 €) eine bestimmte Höhe übersteigt. (Ähnliche Grenzen gelten auch für Land- und Forstwirte.)

Gewerbetreibende sind alle, die selbständig, nachhaltig, mit Gewinnerzielungsabsicht am Markt tätig sind, aber keine Land- und Forstwirte oder sonstig selbständig Tätige, wie z.B. Freiberufler, sind. (Im Rahmen der vereinfachten Aufzeichnungspflichten wird auf diese Differenzierung nochmals eingegangen.)

1.3.2. Erweiterte Buchführungspflicht nach KHBV und PBV

Für Krankenhäuser, die nach dem Krankenhausfinanzierungsgesetz (KHG) gefördert werden, gelten speziell die Vorschriften der **Krankenhaus-Buchführungsverordnung (KHBV)** - und zwar unabhängig von der Unternehmensform.

Für Pflegeeinrichtungen nach dem Sozialgesetzbuch (SGB) XI gelten speziell die Vorschriften der **Pflege-Buchführungsverordnung (PBV)** - und zwar auch hier unabhängig von der Unternehmensform. Hier sind kleinere Pflegeinstitutionen von der **Buchführung befreit** (Pflegedienste bis 6 Vollzeitkräfte, teilstationäre Einrichtungen oder Kurzzeitpflegeeinrichtungen bis 8 Pflegeplätze, vollstationäre Einrichtungen bis 20 Pflegeplätze). Etwas größere Institutionen können sich dann befreien lassen, wenn der Umsatz eine bestimmte Höhe nicht übersteigt (Pflegedienste – 250.000 € Umsatz - bis 10 Vollzeitkräfte, teilstationäre Einrichtungen oder Kurzzeitpflegeeinrichtungen – 250.000 € Umsatz - bis 15 Pflegeplätze, vollstationäre Einrichtungen – 500.000 € Umsatz - bis 30 Pflegeplätze).

1.3.3. Art der Buchführung

Über das „Wie" der Buchführung gibt es bei der Vielzahl der unterschiedlichen Unternehmensformen keine allzu detaillierten Vorschriften.

Im allgemeinen richtet sich die Buchführung:

a) grundsätzlich nach dem HGB

- wobei als Vorschriften für Einzelunternehmen und Personengesellschaften die §§ 238 - 263 HGB gelten, die jedoch einen großen Freiraum belassen;
- für Kapitalgesellschaften gelten zusätzlich die §§ 264 - 289 HGB, die die rechtlichen Freiheiten des Kaufmanns stärker einschränken;

b) weiter regeln einzelne Gesetze (z.B. das Genossenschaftsgesetz), darüber hinaus aber auch die Steuergesetze, wie UStG, EStG etc., die Verfahrensvorschriften;

c) soweit Vorschriften fehlen, bieten „Kaufmannsbrauch", Verbandsregelungen, Kontenrahmen usw., nicht zuletzt auch die speziellen Vorschriften für die Unternehmen, einen Anhalt.

Grundsätze der Finanzbuchführung 13

Zu den einzelnen Gesetzen sind die entsprechenden Änderungsgesetze, Verordnungen und Richtlinien zu beachten.

Gemeinschaftsrichtlinien für die Buchführung und die Grundsätze für das Rechnungswesen der Industriebetriebe dienen der Vereinheitlichung des Rechnungswesens.

KHBV und **PBV** verlangen spezielle Vorschriften für ihren Wirkungskreis im Gesundheitswesen:

So ist eine doppelte Buchführung nach dem Musterkontenrahmen der Anlage 4 KHBV bzw. nach dem Kontenrahmen der Anlage 4 PBV zu erstellen. Bei abweichenden Kontenrahmen ist eine entsprechende Umschlüsselung vorzunehmen.

Ein Jahresabschluss ist nach den Anlagen 1-3 KHBV innerhalb vier Monate, nach den Anlagen 1 - 3 PBV innerhalb 6 Monate nach Ablauf des Geschäftsjahres zu erstellen. Für die Buchführung, die Inventur und den Jahresabschluss gelten jedoch die Vorschriften des HGB. (Bilanzpolitische Wahlrechte sind jedoch durch die Abgrenzungsverordnung (AbgrV) begrenzt, bzw. durch den Gesetzgeber ausgeübt.)

Kapitalgesellschaften haben die Wahl, ihren Abschluss - auch für handelsrechtliche Bedürfnisse - nach KHBV bzw. nach PBV oder nach HGB zu erstellen. (Erleichterungen für kleine und mittlere Kapitalgesellschaften beim Jahresabschluss nach Handelsrecht gelten dann nicht.)

Krankenhausträger haben die Buchführung für die wirtschaftliche Einheit aus Besitz- und Betriebsgesellschaft zu erstellen:

Krankenhaus 1	Krankenhaus 2
Besitzgesellschaft	Besitzgesellschaft
+ Betriebsgesellschaft	+ Betriebsgesellschaft
= *wirtschaftliche Einheit*	= *wirtschaftliche Einheit*
Zusammenfassungsmöglichkeit bei KapG für handelsrechtliche Zwecke	

Träger von Pflegeeinrichtungen können als Nicht-Vollkaufleute die Buchführungen mehrerer Einrichtungen zusammenfassen. Bei gemischten Einrichtungen bezieht sich die Finanzbuchhaltung nur auf den Leistungsbereich SGB XI als begrenzter Abschluss oder als getrennte Erfassung der Erfolge in einer Teil-Gewinn-und-Verlust-Rechnung.

14 Grundsätze der Finanzbuchführung

Gültige HGB-Vorschriften nach	
§ 4 (3) KHBV	§ 4 PBV
§ 242 Pflicht zur Aufstellung § 243 Aufstellungsgrundsätze - GOB / Klarheit u. Übersichtlichkeit § 244 Sprache, Währungseinheit § 245 Unterzeichnung §§ 246 - 251 Ansatzvorschriften §§ 252 - 256 Bewertungsvorschriften	
§ 264 (2) Aufstellung für KapG § 265 (2,5,8) Allgemeine Gliederungsgrundsätze	
§ 268 (1,3) Gewinnverwendung; Nicht durch EK gedeckte Fehlbeträge § 270 (2) Gewinnrücklagen § 271 Finanzanlagen § 275 (4) Besonderheit GuV § 277 (2,3S.1,4S.1) Besonderheiten bei weiteren GuV-Posten § 279 Abschreibungseinschränkungen für KapG § 284 (2Nr.1u.3) Anhang	§ 268 (3) Nicht durch EK gedeckte Fehlbeträge

1.4. Ordnungsmäßigkeit der Buchführung

1.4.1. Grundsätze ordnungsmäßiger Buchführung und Bilanzierung (GOB)

Nach § 238(1) HGB und auch nach § 145(1) AO muss ein sachverständiger Dritter sich innerhalb einer angemessenen Zeit einen Überblick über die Geschäftsvorfälle und über die Lage des Unternehmens verschaffen können. Daraus ergeben sich z.B. folgende Vorschriften für die Buchführung; zusätzlich sind noch spezielle Richtlinien für den Jahresabschluss (Kapitel 2.3.6) zu beachten:

1. Die Eintragungen müssen in einer lebenden Sprache geschrieben werden; Abkürzungen etc. sind eindeutig festzulegen (§ 239(1) HGB).

Grundsätze der Finanzbuchführung 15

2. Alle Geschäftsvorfälle sind vollständig, richtig, zeitgerecht und geordnet zu erfassen. Es dürfen keine Geschäftsvorfälle weggelassen werden (§ 239(2) HGB).
3. Eine Eintragung oder Aufzeichnung darf nicht so verändert werden, dass der ursprüngliche Inhalt nicht mehr feststellbar ist. Die Veränderungen müssen so beschaffen sein, dass erkennbar ist, ob sie ursprünglich oder später gemacht wurden (§ 239(3) HGB).
4. Handelsbücher und sonstige erforderliche Aufzeichnungen können auch aus einer geeigneten Ablage von Belegen bestehen oder auf Datenträgern geführt werden, wobei letztere bei Bedarf in angemessener Zeit lesbar gemacht werden müssen (§ 239(4) HGB).

Diese vorgenannten einzelnen Vorschriften sind Ausschnitte aus einem Handlungsrahmen, den die Rechtsprechung im Laufe der Jahre durch sogenannte Grundsätze ordnungsgemäßer Buchführung und Bilanzierung vorgegeben hat. Wesentliche Grundsätze sind:

a) Rahmengrundsätze

1. Richtigkeit, Wahrhaftigkeit und Willkürfreiheit

Richtigkeit: Die Bilanz und Buchführung müssen den gesetzlichen Anforderungen entsprechen.
Wahrhaftigkeit: Die Bilanz und Buchführung müssen nach subjektivem Empfinden des Erstellers richtig sein.
Willkürfreiheit: Der Unternehmer hat im Rahmen der gesetzlichen Vorschriften einen Handlungsspielraum, in dem er nach seinem Ermessen eine Bilanz aufstellen darf. Die von ihm gewählte Form muss er kontinuierlich beibehalten, er darf sie nicht von Mal zu Mal ohne triftigen Grund ändern.

2. Bilanzklarheit

Unterschiedliche Posten dürfen nicht zusammengefasst werden, um so eine Vergleichbarkeit sicherzustellen. Verbindlichkeiten und Forderungen dürfen nicht gegeneinander aufgerechnet werden (Bruttoprinzip). Posten müssen zutreffend bezeichnet sein. Gewählte Bezeichnungen müssen allgemein bekannt sein.

3. Bilanzvollständigkeit

Es müssen alle Vermögensteile und Kapitalteile aufgeführt sein.

4. Bilanzidentität und Kontinuität

Alle Ziffern aus einer Schlussbilanz müssen identisch sein mit der darauffolgenden Eröffnungsbilanz. Auf der Eröffnungsbilanz aufbauend ergibt sich nach Berücksichtigung der Geschäftsvorfälle die neue Schlussbilanz.

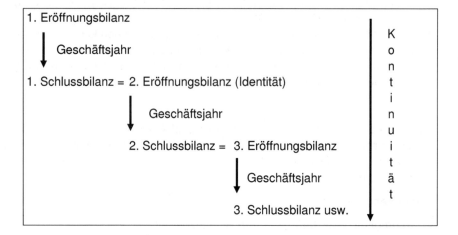

Neben den vorstehenden Rahmengrundsätzen wurden noch Abgrenzungsgrundsätze und ergänzende Grundsätze geprägt:

b) Abgrenzungsgrundsätze

Es hat eine **sachliche und zeitliche Abgrenzung**, vor allem des Erfolges der Periode, zu erfolgen.
Zukünftige vermutete Gewinne dürfen noch nicht berücksichtigt werden, da Überbewertungen nicht erlaubt sind (**Realisationsprinzip**).
Zukünftige Verluste müssen bzw. können aus Gründen des Gläubigerschutzes berücksichtigt werden (**Imparitätsprinzip**).

c) Ergänzende Grundsätze

Stetigkeit und Vergleichbarkeit müssen gewährleistet sein. Sie fallen mit der Identität und Kontinuität zusammen. Die Bilanzen müssen eine gleiche Gliederung haben, um einen Vergleich durchführen zu können. Dazu gehören auch gleiche Abschreibungsmethoden, gleiche Postenbezeichnungen, gleiche Werteberechnungen.

Aus Gründen des Gläubigerschutzes ist vorsichtig zu bilanzieren und Buch zu führen (**Vorsichtsprinzip**).

Wie unschwer zu ersehen ist, überschneiden sich die GOBs. Sie beleuchten den gleichen Aufbau von Bilanz und Buchführung von verschiedenen Standpunkten aus.

1.4.2. Zusatzgrundsätze ordnungsgemäßer Buchführung im EDV-Bereich

Mit den **Grundsätzen ordnungsgemäßer DV-gestützter Buchführungssysteme** (GOBS) wurden Anforderungen festgelegt, die an ein modernes DV-gestütztes Buchführungssystem unter Beachtung der Grundsätze ordnungsgemäßer Buchführung gestellt werden.

Als DV-gestütztes Buchführungssystem wird eine Buchführung auf DV-Trägern bezeichnet, bei der - auch teilweise - Hardware und Software unabhängig vom Zeitumfang genutzt werden. Die GOBS sind damit nicht an eine bestimmte Technik gebunden.

Diese GOBS gelten nicht nur in der klassischen Buchhaltung, sondern auch in den Bereichen, die bestimmte buchhalterische Funktionen in ihre Arbeiten integriert haben, z. B. bei Rechnungsschreibung im Verkauf die gleichzeitige automatische Buchung dieses Vorgangs.

Die wichtigsten GOBS sind im einzelnen:

Belegfunktion: Buchungen sind durch Belege nachzuweisen (Beweiskraft). Bei DV-Anwendungen werden Buchungen aber nicht mehr unbedingt über Papierbelege ausgelöst, sondern automatisch von Systemen erstellt oder übernommen. Belegaufgabe ist dann diesen Vorgang nachzuweisen (Erläuterung, Betrag, Zeitpunkt).

Journalfunktion: Mit der Journalfunktion wird die zeitgerechte, vollständige und formal richtige Erfassung der Geschäftsvorfälle (auf Papier oder Datenträger) nachgewiesen, und zwar bei Bedarf vollständig oder auszugsweise.

Kontenfunktion: Geschäftsvorfälle müssen nach Konten geordnet auf Papier, Mikrofilm, Bildschirm etc. dargestellt werden können. Bei berechtigter Anforderung (z.B. bei Gericht) muss jedoch eine ohne Hilfsmittel lesbare Wiedergabe vorliegen.

Buchung: Geschäftsvorfälle sind dann ordnungsgemäß gebucht, wenn sie zum gezielten Zugriff vollständig, formal richtig, zeitgerecht und verarbeitungsfähig (Einheit: Daten, Programme und Hardware) erfasst und gespeichert sind.
Eine Änderung, unbefugt und ohne Nachweis des alten Zustandes, darf nicht vorgenommen werden.

Internes Kontrollsystem (IKS) und Datensicherheit: Ein IKS soll den Buchführenden im Zusammenhang mit der DV-Buchführung unterstützen; Gesetzmäßigkeiten etc. sollen sichergestellt werden.
Wegen des nicht regelmäßigen bzw. nicht vollständigen Ausdrucks der Vorfälle und Ergebnisse bestehen erhöhte Anforderungen an die Datensicherheit, auch an Betriebssysteme, Anwendungsprogramme und Hardware.

Dokumentation und Prüfbarkeit: Auch eine DV-Buchführung muss von Dritten formell und sachlich prüfbar sein, einschließlich der Verfahrensdokumentation, auch bei fremder Software.

Aufbewahrungsfristen: Auch Verfahrensdokumentationen, Arbeitsanweisungen und sonstige Organisationsunterlagen sind zehn Jahre aufzubewahren.

Wiedergabe der auf Datenträgern geführten Unterlagen: Gespeicherte Buchungen, erforderliche Arbeitsanweisungen und sonstige Organisationsunterlagen müssen bei Bedarf lesbar gemacht werden können; die Übereinstimmung zwischen Wiedergabe und gespeicherten Daten muss durch ein Archivierungsverfahren sichergestellt sein.

Verantwortlichkeit: Die Verantwortlichkeit für die Einhaltung der GOB liegt auch bei fremder Software oder bei Outsourcing beim Buchführungspflichtigen.

Die **Mikroverfilmung** von aufbewahrungspflichtigen Buchführungsunterlagen ist nach § 257(3) HGB und § 147(2) AO zulässig. Das Verfahren muss die GOBs berücksichtigen. Die Mikroverfilmungsgrundsätze entsprechen den GOBS.

2. Vereinfachte Aufzeichnungspflicht mit Gewinnermittlung

Nach bürgerlichem Recht müssen aber alle, die Schuldverhältnisse eingehen, gegenüber Berechtigten Rechenschaft über ihre Ausgaben und Einnahmen ablegen. Das trifft also in besonderem Maße - neben den Buchführungspflichtigen nach HGB, KHBV oder PBV - auf die **Nicht-Kaufleute nach HGB** zu, die als selbständige Unternehmer planmäßig und nach außen erkennbar eine dauerhafte Tätigkeit ausüben, die auf Gewinnerzielung ausgerichtet ist. Es betrifft aber auch die nach PBV von der Buchführungspflicht **befreiten Pflegeeinrichtungen**.

Neben dieser globalen Vorschrift gibt es für bestimmte Branchen einzeln vorgeschriebene Aufzeichnungen, als Beispiel sei hier das Giftbuch für Apotheker genannt. Weitere können bei den jeweiligen Unternehmensinteressenverbänden bzw. bei der Industrie- und Handelskammer erfragt werden.

Steuerrechtlich aber sind alle, die ihre Einkünfte als **Gewinn** zwecks Besteuerung ermitteln müssen, dazu verpflichtet, entweder eine Buchführung (wie oben beschrieben) **oder vereinfachte Aufzeichnungen** im Rahmen des Steuerrechts zu erstellen. Die Gewinneinkunftsarten sind Einkünfte aus **Gewerbebetrieb**, aus Land- und Forstwirtschaft und aus **(sonstiger) selbständiger Tätigkeit**. All diese Unternehmer sind selbständig, nachhaltig, mit Gewinnerzielungsabsicht am Markt tätig.

Die stärkste Gruppe innerhalb der Einkunftsart „Selbständige Tätigkeit" bilden die **Freiberufler**. Gerade im Bereich des **Gesundheitswesens** gehören viele Unternehmer diesem Berufsstand an.

Freiberufler in Verbindung mit dem Gesundheitswesen können zum Beispiel sein:

Gruppe 1	Gruppe 2	Gruppe 3
Personen mit wissenschaftlicher, (künstlerischer,) schriftstellerischer, unterrichtender oder erzieherischer Tätigkeit	Berufstätigkeit als Arzt, Zahnarzt, Heilpraktiker, Dentist, Krankengymnast, Wirtschaftsprüfer, Steuerberater, beratender Volks- und Betriebswirt u.a.	ähnliche Berufe wie Gruppe 2; Freiberufler sind z.B.: Heilmasseure aber keine Freiberufler sind: DV-Berater, Software-Hersteller

Grundsätze der Finanzbuchführung

Vereinfachte Aufzeichnungen können in schriftlicher Form, als Belegsammlung oder auf Datenträger entsprechend den GOB erstellt werden. Sie müssen als Aufzeichnungen einschließlich der Organisationsunterlagen zehn Jahre, als zusätzliche Belegsammlung zehn Jahre aufbewahrt werden - jeweils ab Ende des Kalenderjahres.

Es folgt hier nun beispielhaft eine Auswahl wichtiger Aufzeichnungen im Gesundheitswesen nach steuerrechtlichen Bestimmungen:

- Branchentypische Aufzeichnungen nach verschiedensten Gesetzen und Verordnungen gelten auch im Steuerrecht
- Kasseneinnahmen und Kassenausgaben (täglich)
- Betriebseinnahmen und Betriebsausgaben
- Lohnsteuerberechnungen bei Beschäftigung von Arbeitnehmern
- Wareneingänge bei gewerblichen Unternehmern mit Netto-Entgelten, Lieferant, Warenart
- Umsatzsteuerliche Entgelte u.a.
- Güter des nicht abnutzbaren Anlagevermögens
- Geringwertige Wirtschaftsgüter

Der **Gewinn** ist zu ermitteln als **Differenz** zwischen **Betriebseinnahmen** und **Betriebsausgaben**.

Gewinn = Betriebseinnahmen - Betriebsausgaben

Als Betriebseinnahmen werden die Gewinnmehrungen bezeichnet. In der Finanzbuchhaltung handelt es sich hier um die Erträge, bei den vereinfachten Aufzeichnungen hauptsächlich um Einzahlungen (siehe unten).

Betriebsausgaben sind Gewinnminderungen, in der Finanzbuchhaltung als Aufwendungen definiert, bei den vereinfachten Aufzeichnungen als Auszahlungen bzw. weitere spezielle Gewinnminderungen (siehe unten).

Grundsätze der Finanzbuchführung 21

Einige wichtige Betriebseinnahmen sind:

Grundsätzliche Zahlungen	Anlagevermögen	Sonstige
Erlöse aus erbrachter Leistung, Nebenerlöse Zinsgutschriften aus Geld- und Bankgeschäften	Erlöse aus dem Verkauf von Gütern des nicht abnutzbaren und abnutzbaren Anlagevermögens, (Hilfsgeschäfte) - Güter des Gebrauchs wie z.b. Software, Grundstücke, Gebäude, Maschinen, Fuhrpark, Büroausstattung	Privatentnahmen Entnahmeeigenverbrauch Verwendungseigenverbrauch

Einige wichtige Betriebsausgaben sind:

Grundsätzliche Zahlungen	Anlagevermögen	Sonstige
Einkauf von Medikamenten, Lebensmitteln, Energie, Büromaterial, Literatur, sonstigen Materialien Fremdinstandhaltungen, Gehälter, Mieten Gebühren, Beratung, Rechtsschutz, Post, Werbung, Beiträge, Zinsen	nicht abnutzbares Anlagevermögen: Erfassung der damaligen Anschaffungskosten erst im Verkaufszeitpunkt (Verzeichnis) wie z.b. Grundstücke abnutzbares Anlagevermögen: planmäßige Abschreibung, bei vorzeitigem Verkauf oder Entnahme aber der noch nicht abgeschriebene Restbuchwert wie z.B. Software, Gebäude, Maschinen, ...	Aufwendungen bei Gütern mit nicht unerheblicher unternehmerischer Nutzung bei Trennung in private und unternehmerische Teile wie z.b. gemischte Nutzungen von Autos, Telefonanschlüssen, Kontokorrentkonten Verluste von Geldmitteln

22 Grundsätze der Finanzbuchführung

Aufgabe (⊃Lösung)

Sachverhalt:

Hansi Meier wohnt in 33102 Paderborn, Steinweg 13.

Hauptberuflich ist er Pfleger in einem Krankenhaus. Nebenberuflich ist er Betreiber einer kleinen Pflegeeinrichtung mit zwei Betten. Eine kaufmännische Organisation benötigt er nicht. Während seiner Haupttätigkeit vertritt ihn in der Pflege seine Frau.

M. ist kein Kaufmann im Sinne des HGB, da seine selbständige Tätigkeit keinen eingerichteten Geschäftsbetrieb erfordert, und er nicht im Handelsregister eingetragen ist. Er ist somit handelsrechtlich und nach PBV nicht zur Buchführung verpflichtet und deshalb auch grundsätzlich nicht steuerlich.
Bezüglich der erweiterten steuerlichen Buchführungspflicht für Gewerbetreibende liegen weder Gewinn, noch Umsatz über den in der Abgabenordnung genannten Grenzen.

Er führt auch nicht freiwillig Buch; als **Gewerbetreibender im Nebenberuf** muss er also nur die o.a. Aufzeichnungen vornehmen - einschließlich des Wareneingangsbuches.

M. will zwei Kassen benutzen mit Anfangsbeständen von 18.000 € (Hauptkasse) bzw. 500 € (Portokasse).

Medikamente kauft M. bei der Firma Medica AG, Frankfurt; Lebensmittel bezieht von der Firma Behrens, Paderborn.

Folgende Differenzierung (Zuordnungen) bei den Geschäftsvorfällen will M. vorsehen:

Zuordnungsnummer	Zuordnungsname
5510	Erlöse aus Pflegekasse
5520	Erlöse Sozialamt
7100	Vorräte Lebensmittel
7200	Vorräte Medikamente
1690	Einrichtungs-Kauf (Verwaltung)
3000	private Vorfälle
8730	Post
9410	Bankzinsen
9700	Abschreibungen
90000	Diverses

Geschäftsvorfälle:

Barzahlungen
- Hauptkasse:
1. Einkauf von Lebensmitteln bar bei Firma Behrens Paderborn 10.000 € + USt 1.500 € = 11.500 €
2. Zahlung der Pflegekasse bar 9.200 €
3. Zahlung des Sozialamtes bar 23.000 €

Barzahlungen
- Portokasse:
4. Kauf von Briefmarken (Werbebriefe und weiteres) bar 100 €

Bezahlungen
per Bankkonto:
5. Einkauf von Medikamenten u.a. per Scheck bei Firma Medica AG Frankfurt 4.000 € + USt 600 € = 4.600 €
6. Kauf eines PC - Banküberweisung 3.000 € + USt 450 € = 3.450 €
7. Zahlung der Bankzinsen / Überweisung 200 €

Sonstiges:
8. Buchung der PC-Abschreibung 1/3 von 3.450 € = 1.150 €
9. Private Nutzung des PC 20% der Abschreibung 230 €

Aufgabe:

Erstellen Sie folgende Aufzeichnungen:

1. Wareneingangsbuch

2. Kassenbuch mit Kassenbestand und baren Vorgängen

3. Gesamtausgabe aller Vorfälle

4. Gewinnermittlung nach § 4(3) EStG

3. Grundlagen der Buchführung

3.1. Inventur, Inventar

3.1.1. Inventur

Aufgaben der Inventur

Der Kaufmann ist nach den gesetzlichen Bestimmungen (§ 240 HGB, § 140f. AO - KHBV und PBV verweisen ebenfalls auf das HGB) verpflichtet, sein Vermögen und seine Schulden festzustellen:

1. bei der Eröffnung oder Übernahme einer Unternehmung,
2. am Schluss eines jeden Geschäftsjahres,
3. bei der Auflösung oder Veräußerung einer Unternehmung.

Die erforderliche Tätigkeit zur Feststellung des Vermögens und der Schulden heißt **Inventur** oder Bestandsaufnahme, d.h. Inventur ist die mengen- und wertmäßige körperliche Erfassung des Vermögens und der Schulden einer Unternehmung zu einem bestimmten Zeitpunkt. Bei Rechten und ähnlichen Vermögenswerten erfolgt die Erfassung buchmäßig.

Das **Geschäftsjahr** oder auch **Wirtschaftsjahr** (§ 4a EStG) ist in der Regel ein **zwölfmonatiger Zeitraum**, nach dem ein Abschluss zu erfolgen hat. Nach § 2 KHBV bzw. PBV stimmt das Geschäftsjahr mit dem **Kalenderjahr** überein.

Jedoch wird das Wirtschaftsjahr einen Zeitraum von weniger als zwölf Monaten umfassen (Rumpfwirtschaftsjahr), wenn ein Betrieb eröffnet, erworben, aufgegeben oder veräußert wird.

Bei der Inventur sind nur das **notwendige Betriebsvermögen** (oder auch Gesamtvermögen der Unternehmung) und das **gewillkürte Betriebsvermögen** nach Wahl zu erfassen, nicht das Privatvermögen.

Eine Abgrenzung hat sich im Laufe der Zeit durch die Rechtsprechung ergeben:

Erläuterung

Bei unter 10%-iger geschäftlicher Nutzung ist das Vermögen Privatvermögen.

Bei 10 - 50% geschäftlicher Nutzung kann gewählt werden, ob dieser Teil des Vermögens zum Privat- oder zum Geschäftsvermögen (gewillkürtes Betriebsvermögen) gehört.

Bei über 50% geschäftlicher Nutzung gehört der Teil des Vermögens auf jeden Fall zum Geschäftsvermögen.

Das Betriebsvermögen oder Gesamtvermögen lässt sich nach folgenden Kriterien weiter untergliedern:

1. **Schuldberücksichtigung:**
   Rohvermögen (Aktiva) oder **Reinvermögen (Aktiva - Schulden)**
   Diese Begriffe beziehen sich entweder auf das Gesamtvermögen oder jeweils auf die Vermögensgruppen, wie sie im folgenden definiert sind.

2. **Verfügbarkeit:**
   Geldvermögen und **Sachvermögen**
   Das Geldvermögen unterteilt sich in **Liquide Mittel** zuzüglich **Forderungen** abzüglich **Verbindlichkeiten**.

3. **Verwendung:**
   Neutrales Vermögen und **Betriebsnotwendiges Vermögen**
   Neutrales Vermögen ist reines Unternehmensvermögen, das nicht im Betrieb eingesetzt ist.
   Betriebsnotwendiges Vermögen wird im eigentlichen Betrieb zur Erreichung des eigentlichen Unternehmensziels eingesetzt.

4. **Fristigkeit**
   Anlagevermögen und **Umlaufvermögen**
   Beim Anlagevermögen (§ 247 (2) HGB) handelt es sich um Vermögensteile, die dem Unternehmen dauernd - über eine längere Zeitspanne - dienen sollen, die also in der Regel **gebraucht** und nicht verbraucht werden, z.B.: Grundstücke, Gebäude, Betriebs- und Geschäftsausstattung;

   Beim Umlaufvermögen werden Vermögensteile erfasst, die **verbraucht** oder umgesetzt werden, z.B.: Lebensmittel, unfertige Leistungen, Forderungen, Sichtguthaben.

Nach der **Abgrenzungsverordnung** zur KHBV gewinnt diese Einteilung an Bedeutung, da neben den **Verbrauchsgütern** des Umlaufvermögens nur bestimmte Anlagegüter - hier als **Gebrauchsgüter** definiert - als Betriebskosten pflegesatzfähig sind. Die folgende Tabelle stellt diesen Zusammenhang nochmals ausführlicher dar:

Wirtschaftsgüter			
Anlagegüter = Anlagevermögen (AV)		Verbrauchsgüter - Sachgüter - Vorräte = Teile des Umlaufvermögens (UV) (Rest: Geldvermögen)	
Nutzungsdauer > 3 ≤ 15 Jahre - **kurzfristige Güter** u.a. medizinische / andere Geräte, Apparate, Maschinen, Fahrzeuge, Mobiliar > 15 ≤ 30 Jahre - **mittelfristige Güter** u.a. Gasversorgung, Kühlanlagen, Fernsprechanlagen > 30 Jahre - **langfristige Güter** u.a. Außenanlagen, Wege, Gartenanlagen, Gebäude	Nutzungsdauer ≤ 3 Jahre - **Gebrauchsgüter** u.a. Dienstkleidung, Wäsche, Geschirr \> 51 € ≤ 410 € | > 410 €	**geborene Verbrauchsgüter,** die - aufgezehrt werden u.a. Lebensmittel - unverwendbar werden u.a. Einwegspritzen - beim Patienten verbleiben u.a. Herzschrittmacher	**gekorene (gewählte) Verbrauchsgüter** ≤ 51 €
Investitionskosten	Betriebskosten = pflegesatzfähig | als Abschreibung = pflegesatzfähig	Betriebskosten = pflegesatzfähig	Betriebskosten = pflegesatzfähig

28 Grundsätze der Finanzbuchführung

Als **Inventurarten** sind nach § 240, 241 HGB möglich:

a) Stichtagsinventur

Die Stichtagsinventur hat grundsätzlich am letzten Tag des Wirtschaftsjahres, dem Bilanzstichtag, zu erfolgen. Aus technischen Gründen kann sich die Inventur bis zehn Tage vor oder nach dem Abschlussstichtag ausdehnen. Eine mengen- und wertmäßige Änderung auf den Abschlussstichtag ist erforderlich.

b) Permanente Inventur

Die permanente Inventur wird über die Lagerkartei vorgenommen. Die Überprüfung der Bestände erfolgt irgendwann pro Jahr, wonach dann eine wertmäßige Korrektur der Karteien erfolgt. (Dabei ist das Inventurdatum zu vermerken.)

Die permanente Inventur darf nicht angewandt werden bei
- besonders wertvollen Wirtschaftsgütern,
- starken Änderungen,
- starkem Schwund.

Alle Bestände, Zugänge und Abgänge nach Tag, Art, Menge und Wert sind zu erfassen. Die jährliche Bestandsaufnahme hat manuell zu erfolgen.

Rechtsgrundlage für die Ordnungsmäßigkeit der permanenten Inventur mit EDV ist der Abschnitt 30 der EStR. Die EDV-mäßige Abstimmung zwischen Soll- und Istbeständen hat zu erfolgen, d.h. die EDV-Bestände sollen mit dem Protokoll der Bestandsaufnahme verglichen werden.

Hinweis: Eine Kontrolle der Bestandsaufnahme ist nicht notwendig, da bei richtiger Adresse eine richtige Bestandsfortführung durch die Rechnerlogik gewährleistet ist. Es ist aber erforderlich, eine Kontrolle der Daten (Ein- und Ausgabedaten) durchzuführen, damit die Bewegungsvorgänge lückenlos bearbeitet werden.

c) Verlegte Inventur

Die verlegte Inventur kann bis drei Monate vor oder zwei Monate nach dem Bilanzstichtag durchgeführt werden. Die Fortschreibung bzw. Rückrechnung der Werte auf den Bilanzstichtag ist erforderlich. In der Anwendung dieser Inventurart gelten die gleichen Einschränkungen wie in der permanenten Inventur.

Zusammenfassung von a - c:

Arten	Stichtagsinventur	Verlegte Inventur	Permanente Inventur
Rechtsquelle	§ 240 (1,2) HGB	§ 241 (3) HGB	§ 241 (2) HGB
Inventurstichtag	Bilanzstichtag	3 Mon. vor, 2 Mon. nach Bilanzstichtag	Bilanzstichtag
Zeitraum für körperliche Aufnahme	zeitnah, d.h. in der Regel 10 Tage vor bis 10 Tage nach dem Inventurstichtag		während des gesamten Jahres zu unterschiedlichen Zeitpunkten für einzelne Lager
Fortschreibung bzw. Rückrechnung zum Bilanzstichtag	innerhalb der 10-Tagesfrist mengen- und wertmäßig	innerhalb der 10-Tagesfrist mengen- und wertmäßig; vom Inventurstichtag zum Bilanzstichtag nur wertmäßig	aufgrund der Erfassung aller Zu-, Abgänge nach Tag, Art, Menge und Wert sowie belegmäßigem Nachweis
Ausnahmen		Körperliche Aufnahme am Bilanzstichtag vorgeschrieben bei: - Beständen, bei denen durch Schwund, Verdunsten, Verderb, leichte Zerbrechlichkeit oder ähnliche Vorgänge unkontrollierte Abgänge eintreten - besonders wertvollen Gütern	

Folgende Vereinfachungen von der Einzelbewertung / -erfassung (§ 240 HGB) sind möglich:

a) Gruppenbewertung § 240 (4) HGB

Es ist möglich, bei einer großen Stückzahl annähernd gleichartiger oder gleichwertiger beweglicher Vermögenswerte eine Gruppenbewertung mit dem gewogenen Durchschnitt durchzuführen.

b) Festbewertung § 240 (3) HGB

Bei Gegenständen des Sachanlagevermögens und bei Sachgütern (Medikamenten, Lebensmitteln etc.) - soweit von nachrangiger Bedeutung - ist bei regelmäßigem Ersatz eine Festbewertung mit gleichbleibender Menge und gleichbleibendem Wert möglich. Hierbei muss alle drei Jahre eine Bestandsaufnahme durchgeführt werden.

c) Stichprobeninventur § 241 (1) HGB

Sie dient der Bewertung über eine mengen- und artmäßige Stichprobenerfassung. Es handelt sich dabei um eine mathematisch statistische Inventur, gemäß § 241 (1) HGB. Voraussetzung ist jedoch, dass die Verfahren den GOB entsprechen, und der Aussagewert dem der Vollinventur entspricht.

Sie wurde möglich gemacht, da bei Großlagern (über 10.000 Positionen) die Überprüfung auf technische und wirtschaftliche Schwierigkeiten stieß, wobei bei 95% aller Inventuren die Abweichung unter 1% lagen.

Vorgehensweise bei der Stichprobeninventur zur Bewertung:
Es wird eine zufällige Auswahl von Positionen getroffen, wobei jede Position die gleiche Chance erhält. (Die richtige Menge lässt sich über eine Formel berechnen.)

Vier Schritte:
1. Lagereinteilung in Schichten (Wertstufen),
2. Positionsauswahl aus diesen Schichten,
3. mathematische Errechnung des Schätzwertes,
4. Überprüfung der Genauigkeit durch Soll- / Ist-Vergleich.

Es besteht die Möglichkeit, von der Stichprobenstichtagsinventur zur stichprobenpermanenten Inventur überzugehen.

Nach den Grundsätzen ordnungsgemäßer Inventur sind die folgenden Mindestanforderungen zu beachten:
1. Vollständige Erfassung aller im wirtschaftlichem Eigentum befindlichen Wirtschaftsgüter;
2. Genaue Mengenangabe nach Zahl, Maß und Gewicht;
3. Genaue Bezeichnung der Gegenstände, ggf. unter Angabe des Fertigstellungsgrades bei unfertigen Erzeugnissen;
4. Übersichtliche Gruppierung der Warengattungen nach Abteilungen und Lagerstätten, nach vorhandener und unterwegs befindlicher Ware;
5. Hinweise, die für die spätere Bilanzbewertung von Bedeutung sind (z.B. Mängel, Verwertbarkeit);
6. Wert je Einheit und Gesamtwert der jeweiligen Inventurposition;
7. Datum der Bestandsaufnahme;
8. Unterschriften des Aufnahmepersonals;
9. Aufbewahrung der Inventare zehn Jahre, der Inventurunterlagen und -aufzeichnungen sechs Jahre.

3.1.2. Inventar

Die Ergebnisse der Inventur werden in einem **Bestandsverzeichnis**, dem Inventar festgehalten. Das Inventar enthält **Art, Menge und Wert der Vermögensteile und Schulden**. Das Vermögen teilt sich auf in das o.a. **Anlagevermögen** und **Umlaufvermögen**.

Die **Schulden** werden in

Langfristige Schulden (z.B. Hypotheken) und **kurzfristige** Schulden (z.B. Verbindlichkeiten aus Leistungen) gegliedert.

Anlage- und Umlaufvermögen werden nach der Liquidität gegliedert. Die langfristigen und kurzfristigen Schuldposten werden nach ihrer Fälligkeit geordnet.

Da in dem Inventar das Vermögen und die Schulden getrennt aufgeführt sind, kann das Reinvermögen errechnet werden. Das Reinvermögen unter dem Aspekt der Mittelverwendung entspricht dem Eigenkapital unter dem Aspekt der Mittelherkunft. Diese Rechnung stellt einen weiteren Teil des Inventars dar:

| Summe des Vermögens | $\Rightarrow$ | Gesamtkapital |
- Summe der Schulden		- Summe der Schulden
Reinvermögen	=	Eigenkapital (EK)

Das Inventar besteht also aus drei Teilen:
        A Vermögen
        B Schulden
        C Errechnung des Reinvermögens bzw. des Eigenkapitals

Die Aufbewahrungsfrist für das Inventar beträgt zehn Jahre.

Beispiel

Inventar-Deckblatt am 31.Dezember 19..

Art, Menge	Einzelwert - €	Gesamt - €
A. Vermögen		
I Anlagevermögen		
1. Betriebsbauten lt. Anlage		300.000,--
2. Technische Anlagen in Betriebsgebäuden lt. Anlage		150.000,--
3. Einrichtungen u. Ausstattungen in Betriebsbauten lt. Anlage		60.000,--
4. Einrichtungen u. Ausstattungen in Wohngebäuden lt. Anlage		30.000,--
5. Gebrauchsgüter lt. Anlage		20.000,--
II Umlaufvermögen		
Vorratsvermögen		
1. Vorräte an Lebensmitteln	56.000,--	
2. Vorräte d. medizinischen Bedarfs	19.000,--	
3. Vorräte an Betriebsstoffen	15.000,--	
4. Vorräte des Wirtschaftsbedarfs	30.000,--	
5. Vorräte des Verwaltungsbedarfs	28.000,--	
6. Unfertige Leistungen	12.000,--	160.000,--
Forderungen lt. Saldenliste		80.000,--
Kassenbestand / Sichtguthaben		
1. Sparkasse	50.000,--	
2. Volksbank	30.000,--	
3. Kasse	10.000,--	90.000,--
Gesamtvermögen		890.000,--
B. Schulden		
I Langfristige Schulden		
1. Hypothekenbank Köln		150.000,--
2. Darlehen Volksbank Paderborn		50.000,--
II Kurzfristige Schulden		
1. Verbindlichkeiten lt. Saldenliste		120.000,--
Gesamtschulden		320.000,--
C. Errechnung des Reinvermögens / Eigenkapitals		
Gesamtvermögen / Gesamtkapital		890.000,--
- Gesamtschulden / Gesamtschulden		320.000,--
Reinvermögen / Eigenkapital		570.000,--
Paderborn, den 10. Januar 20..		

Aufgabe (⮕Lösung)

Der Buchhalter Hubert Gründlich stellte am 31.12. des vorletzten Jahres und am 31.12. des letzten Jahres folgende Werte fest:

	vorletztes	letztes Jahr
Technische Anlagen in Betriebsbauten lt. Verzeichnis	60.000,--	59.000,--
Vorräte des Verwaltungsbedarfs	65.000,--	68.000,--
Darlehen	70.000,--	60.000,--
Einrichtung und Ausstattung in Betriebsgebäuden	40.000,--	30.000,--
Kasse	2.100,--	2.900,--
Verbindlichkeiten lt. Saldenliste	20.700,--	18.300,--
Gebrauchsgüter	18.000,--	16.200,--
Vorräte d. medizinischen Bedarfs	15.000,--	21.000,--
Unfertige Leistungen	5.000,--	12.000,--
Bank (KSK Stuttgart)	6.740,--	15.280,--
Forderungen	9.900,--	12.300,--
Vorräte an Lebensmitteln	19.500,--	17.200,--
Vorräte des Wirtschaftsbedarfs	23.000,--	25.000,--

a) Stellen Sie beide Inventare vorschriftsmäßig auf!
b) Worauf führen Sie die Veränderung des Anlage- und Umlaufvermögens und der Schulden zurück?
c) Um welchen Betrag hat sich das Eigenkapital verändert?

3.2. Erfolgsermittlung durch Kapitalvergleich

Der Vergleich des Eigenkapitals zweier aufeinanderfolgender Jahre zeigt, mit welchem Erfolg das Unternehmen gearbeitet hat (Gewinn oder Verlust). Dieser Vergleich wird nach § 4 (1) EStG mit der Vermögensseite (Reinvermögen) durchgeführt.

Gemeinsam ist beiden Verfahren, dass die **rein unternehmerischen** Werte (Eigenkapital und Reinvermögen) vom Jahresende und Jahresanfang verglichen werden. Der Unterschied besteht darin, dass beim Kapitalvergleich die eigene Mittelherkunft (Kapital: Mittelherkunft) im Vordergrund steht, beim Vermögensvergleich die Verwendung der eigenen Mittel (Vermögen: Mittelverwendung).

Daraus ergibt sich folgende Berechnung:

Kapital (Gesamtkapital)	=	Vermögen (Rohvermögen)
- Schulden (Fremdkapital)	=	- Schulden (Fremdkapital)
Eigenkapital	=	Reinvermögen

Erfolg	
Reinvermögens- / Eigenkapitalmehrung = Gewinn	Reinvermögens- / Eigenkapitalminderung = Verlust

Beispiel

100.000,--	Eigenkapital am Ende des Jahres	130.000,--
- 80.000,--	Eigenkapital am Anfang des Jahres	- 135.000,--
20.000,--	= Gewinn Verlust =	5.000,--

Hat der Unternehmer während des Geschäftsjahres Geld oder Waren für Privatzwecke aus dem Betrieb entnommen oder Teile des Privatvermögens in das Betriebsvermögen eingebracht, so müssen diese Privatentnahmen und Neueinlagen bei der Erfolgsermittlung berücksichtigt werden:

Privatentnahmen erhöhen eine Kapitalmehrung bzw. schmälern eine Kapitalminderung.

Neueinlagen schmälern eine Kapitalmehrung bzw. erhöhen eine Kapitalminderung.

Der Grund für die Berücksichtigung der Privatentnahmen und Neueinlagen ist, dass diese das Kapital schmälern bzw. vermehren, den unternehmerischen Gewinn aber nicht berühren sollen.

Beispiel

100.000,--	EK am Ende des Jahres	130.000,--
80.000,--	EK am Anfang des Jahres	135.000,--
20.000,-- (+)	Kapitalveränderung	5.000,-- (-)
+ 15.000,--	Privatentnahmen	+ 15.000,--
35.000,-- (+)	Summe	10.000,-- (+)
- 30.000,--	Privateinlagen (Neueinlagen)	- 30.000,--
5.000,-- (+)	Erfolg	20.000,-- (-)

Aufgaben (⊃ Lösung)

1. Das Eigenkapital einer Unternehmung betrug am Anfang eines Geschäftsjahres 500.000,-- €, am Ende des Geschäftsjahres 540.000,-- €. Im Laufe des Jahres tätigte der Unternehmer 60.000,-- € Privatentnahmen und eine Neueinlage von 20.000,-- €. Welchen Gewinn erzielte die Unternehmung?

2. Am Ende des Geschäftsjahres hat ein Unternehmen 680.000,-- € Vermögen, 270.000,-- € Schulden.
Im Laufe des Geschäftsjahres wurde ein Gewinn von 75.000,-- € erwirtschaftet. Der Unternehmer tätigte 50.000,-- € Privatentnahmen und machte eine Neueinlage von 10.000,-- €. Wie hoch war das Eigenkapital am Anfang des Geschäftsjahres?

3.3. Die Bilanz

Im Rahmen des Jahresabschlusses hat der Kaufmann neben dem Inventar noch eine Bilanz und eine Gewinn- und Verlustrechnung aufzustellen (§ 242 HGB).

Die Bilanz ist allerdings auch als Eröffnungsbilanz bei Geschäftseröffnung unter gleichen Vorschriften anzufertigen.

An dieser Stelle soll die Bilanz näher erläutert werden, die Darstellung der Gewinn- und Verlustrechnung folgt dann im Abschnitt „Erfolgskonten".

3.3.1. Aufgaben der Bilanz

Die Bilanz wird im § 242 HGB als ein das Verhältnis des Vermögens und der Schulden darstellender Abschluss definiert.

Sie ist demgemäß eine **Gegenüberstellung von Vermögen und Kapital in kontenmäßiger Form.**

Aufgabe der Bilanz ist die Darstellung von Vermögen, Schulden und Eigenkapital zu Informationszwecken (Informationsaufgabe) für den Unternehmer und extern Interessierte, wie Krankenkassen, Gläubiger, Gesellschafter, Staat, Gewerkschaften, Arbeitgeberverbände usw.

Um den verschiedenen Interessengruppen die individuell nötige Information geben zu können, werden unterschiedliche Bilanzen erstellt, z.B.:

- Unterschiedliche Bilanzen aufgrund der **Rechtsform**: z.B.: Einzelunternehmung, AG, GmbH usw.;

- Unterschiedliche Bilanzen nach **Bilanzempfängern**: Handels - und Steuerbilanzen, sowie Bilanzen nach KHBV und PBV;

- Bilanzen für **bestimmte Anlässe**: z.B.: Eröffnungs- , Zwischen- und Schlussbilanz;

Weitere Einteilungen der Bilanzen sind möglich in:
- Gründungsbilanz,
- Umwandlungsbilanz bei Änderung der Gesellschaftsform,
- Liquidationsbilanz bei Geschäftsaufgabe,
- Erfolgsbilanz - um den Erfolg der Unternehmung besser aufzuschlüsseln,
- Liquiditätsbilanz unter dem Merkmal der Finanzierung (Flüssigkeit),
- Umschuldungsbilanz zum Erkennen des Verschuldungsgrades,
- Auseinandersetzungsbilanz, um Abfindungen für ausscheidende Gesellschafter festzulegen,
- Sanierungsbilanz bei erneuter Funktionsfähigkeit der Unternehmung durch Kapitalzufuhr,
- Fusionsbilanz bei Unternehmensvereinigungen,
- Konkurs-, Vergleichsbilanz,
- Filialbilanz, Generalbilanz, Konzernbilanz.

3.3.2. Aufstellungsgrundsätze des Jahresabschlusses

Der Jahresabschluss in Form der Bilanz und Gewinn- und Verlustrechnung muss klar und übersichtlich sein (§ 243 (2) HGB).

Er ist in einem entsprechenden Zeitraum aufzustellen (§ 243 (3) HGB); und zwar in Euro (frühestens ab dem Geschäftsjahr, das nach dem 31.12.1998 endet; spätestens ab dem Geschäftsjahr, das im Jahr 2001 endet) und deutscher Sprache (§ 244 HGB).

Er ist vom Kaufmann - mit Datum versehen - zu unterschreiben (§ 245 HGB).

Sämtliche Vermögensgegenstände, Schulden und Erfolge müssen enthalten sein (§ 246 (1) HGB).

Aufrechnungen zwischen verschiedenen Posten sind nicht erlaubt (§ 246 (2) HGB).

3.3.3. Gliederung der Bilanz

Unabhängig von bestimmten Gliederungsvorschriften wird die Bilanz in Kontenform geführt (§ 266 (1) HGB). Die linke Seite umfasst die Vermögensteile der Unternehmung; sie zeigt somit die **Mittelverwendung** auf. Bezeichnet wird sie als Aktivseite oder Aktiva. Schulden und Eigenkapital werden auf der Passivseite oder Passiva dargestellt. Es handelt sich somit um die **Mittelherkunft**, die Herkunft der Mittel, die zur Anschaffung der Vermögenswerte verwendet werden. Die Summen beider Seiten müssen also gleich sein.

Bei der Gliederung werden grundsätzlich folgende Prinzipien berücksichtigt:

Aktivseite: Prinzip der Liquidität (die Vermögenswerte mit der größten Liquidität stehen am Ende);

Passivseite: Prinzip der Rechtsverhältnisse (erst Eigenkapital, dann Fremdkapital); Prinzip der Fristigkeit (kurzfristig zur Verfügung stehende Mittel befinden sich innerhalb der obigen Gliederungsgruppen ebenfalls am Ende).

Für **beide Seiten** gilt zusätzlich das Prinzip der periodengerechten Gewinnermittlung mit den entsprechenden **Korrekturposten** in der Bilanz.

Eine allgemeine **Gliederungsform** stellt das HGB im § 247 vor: Anlagevermögen - Gegenstände, die dazu bestimmt sind, dem Geschäftsbetrieb dauernd zu dienen (§ 247 (2) HGB) -, Umlaufvermögen, Rechnungsabgrenzungsposten (o.a. Korrekturposten), Eigenkapital und Schulden sind gesondert auszuweisen.

38 Grundsätze der Finanzbuchführung

Beispiel einer Bilanzgliederung
(Die noch unbekannten Positionen werden in den weiteren Abschnitten erläutert.)

Aktiva/Aktivseite | Passiva/Passivseite

B. Anlagevermögen
   I. Immaterielle Vermögensgegenstände
   II. Sachanlagen
     1. Grundstücke mit Betriebsbauten
     2. Grundstücke mit Wohnbauten
     3. Grundstücke ohne Bauten
     4. Technische Anlagen
     5. Einrichtungen und Ausstattungen
       (Fuhrpark etc., medizinischer, Wirtschafts-, Verwaltungs-Bedarf)
   III. Finanzanlagen

C. Umlaufvermögen
   I. Vorräte
     1. an Lebensmitteln, medizinischem Bedarf, Betriebsstoffen, Wirtschaftsbedarf, Verwaltungsbedarf
     2. unfertige Erzeugnisse
   II. Forderungen und sonstige Vermögensgegenstände
     1. Forderungen aus Leistungen
     2. sonstige Vermögensgegenstände
   III. Schecks, Kassenbestand, Postbankguthaben, Guthaben bei Kreditinstituten

E. Rechnungsabgrenzungsposten

A. Eigenkapital
   1. Gezeichnetes (HGB) / Festgesetztes (KHBV) / Gewährtes (PBV) Kapital
     Rücklagen/Gewinnverrechnungen

B. Sonderposten aus Zuwendungen zur Finanzierung des Sachanlagevermögens (KHG, öffentl., Dritte)

C. Rückstellungen

D. Verbindlichkeiten g. Kreditinstituten, aus Leistungen, sonstige

F. Rechnungsabgrenzungsposten

Aufgrund der Bilanz lässt sich nochmals die Ermittlung von Reinvermögen - unter dem Gesichtspunkt der Mittelverwendung - und Eigenkapital - unter dem Gesichtspunkt der Mittelherkunft - deutlich machen:

Aktiva		Bilanz		Passiva
	Anlagevermögen	100	Eigenkapital	80
+	Umlaufvermögen	50	Fremdkapital	70
	Rohvermögen	150	Gesamtkapital	150
-	Schulden	70		
	Reinvermögen	80		

3.3.5. Wertveränderungen aufgrund von Geschäftsvorfällen

Wie oben dargestellt, handelt es sich bei der Bilanz um eine Vermögens- und Kapitalerfassung zu einem bestimmten Termin, dem Bilanzstichtag. Grundsätzlich sind zwischen zwei Bilanzstichtagen u.a. folgende Wertveränderungen durch Geschäftsvorfälle möglich:

1. Vermögenstausch,
2. Fremdkapitaltausch,
3. Vermögens-Fremdkapitalmehrung,
4. Vermögens-Fremdkapitalminderung.

Vermögenstausch

Beim Vermögenstausch werden nur Vermögensposten - zum Stichtag auf der Aktivseite der Bilanz dargestellt - durch einen Geschäftsvorfall geändert. Das Vermögen wird in der Höhe nicht verändert, ebenso bleibt das Kapital unverändert.

Beispiel

Es werden Vorräte an Lebensmitteln gegen Barzahlung (10.000,--) gekauft.

Vorräte Lebensmittel: + 10.000,--
Kasse: - 10.000,--

Fremdkapitaltausch

Beim Fremdkapitaltausch werden nur Fremdkapitalposten - zum Stichtag auf der Passivseite der Bilanz dargestellt - berührt. Wiederum ändern sich die Summen von Vermögen und Kapital nicht.

Beispiel

Eine kurzfristige Verbindlichkeit wird in ein Darlehen umgewandelt (5.000,--).

Verbindlichkeiten: - 5.000,--
Darlehen: + 5.000,--

Vermögens-Fremdkapitalmehrung

Bei der Vermögens-Fremdkapitalmehrung wird mindestens ein Vermögensposten **und** ein Fremdkapitalposten **erhöht**. Da beide Seiten erhöht werden, erhöhen sich auch zwangsläufig die Summen von Vermögen und Kapital. Man spricht in diesem Fall auch von einer **Bilanzverlängerung**. Die Höhe des Eigenkapitals bleibt unberührt.

Beispiel

Kauf von Vorräten an Lebensmitteln auf Ziel (10.000,--).

Vorräte Lebensmittel: + 10.000,--
Verbindlichkeiten: + 10.000,--

Vermögens-Fremdkapitalminderung

Hier gilt das Gleiche wie bei der Vermögens-Fremdkapitalmehrung, jedoch werden die Summen von Vermögen und Kapital nicht erhöht, sondern **vermindert**. In diesem Fall spricht man auch von einer **Bilanzverkürzung**.

Beispiel

Zahlung einer Verbindlichkeit per Bank (5.000,--).

Bank: - 5.000,--
Verbindlichkeiten: - 5.000,--

3.4. Eröffnung und Abschluß von Bestandskonten
3.4.1. Aufbau der Konten

Da sich im Laufe eines Wirtschaftsjahres sehr viele Veränderungen der einzelnen Posten ergeben, bildet man für jeden Posten - in Anlehnung an die Bilanzposten - in der Buchhaltung zur Dokumentation des Geschehens (Dokumentationsaufgabe) ein eigenes Konto. Die einzelnen Konten haben folgende Form:

Sollseite (S)   Kontobezeichnung   Habenseite (H)

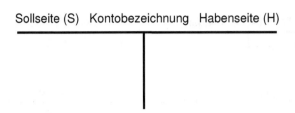

Bei Vermögenswerten - aktiven Posten - stehen die Anfangsbestände auf der Sollseite, bei Kapitalwerten - passiven Posten - auf der Habenseite. Die Konten schließen wie die Bilanz mit gleicher Summe der Soll- und Habenseite ab.

Für jeden Geschäftsvorfall ist eine Buchung auf einer Sollseite und eine Gegenbuchung auf einer Habenseite erforderlich (Doppelte Buchführung).

3.4.2. Eröffnung der Konten und Eröffnungsbilanzkonto

Um die Anfangsbestände auf den o.a. Seiten der Konten im System der **doppelten Buchführung** (Soll- und Habenbuchung - wie bei allen weiteren Geschäftsvorfällen auch) buchen zu können, werden die Gegenbuchungen dieser Bestände im **Eröffnungsbilanzkonto (EBK)** erfaßt.
Nach den Eröffnungsbuchungen bildet das Eröffnungsbilanzkonto **genau das Spiegelbild der Eröffnungsbilanz bzw. der späteren Schlussbilanzkonten.**

Beispiel

Aktiva		Bilanz	Passiva
Technische Anlagen	62.000,--	EK	126.600,--
Geschäftsausstattung	41.000,--	Darlehen	17.000,--
Vorräte Lebensmittel	22.000,--	Verbindlichkeiten	20.000,--
Forderungen	16.000,--		
Postbank	100,--		
Bank	19.000,--		
Kasse	3.500,--		
	163.600,--		163.600,--

42 Grundsätze der Finanzbuchführung

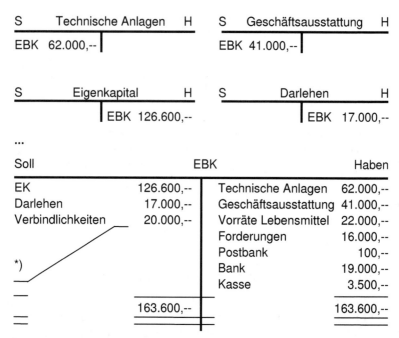

*) Das Zeichen zum Entwerten von Leerzeilen (Vorbeugung gegen spätere nicht erkennbare Veränderungen) wird als „Buchhalternase" bezeichnet.

Für jeden Anfangsbestand gibt es nun eine Sollbuchung und eine Habenbuchung (auf EBK und den einzelnen Konten).

Bei Vermögenskonten - aktiven Bestandskonten - steht der Anfangsbestand im Soll.
Bei Kapitalkonten - passiven Bestandskonten - steht der Anfangsbestand im Haben.

3.4.3. Zu- und Abgänge auf den Bestandskonten

Um die Mehrungen und Minderungen (Zu- und Abgänge) auf den Konten zu buchen, ist es unerläßlich, folgende Grundsätze zu kennen:

1. Mehrungen bei **aktiven Bestandskonten** erfolgen immer im **Soll**.
   Minderungen bei **aktiven Bestandskonten** erfolgen immer im **Haben**.

Soll	Aktives Bestandskonto	Haben
Anfangsbestand Mehrungen		Minderungen

2. Mehrungen bei **passiven Bestandskonten** erfolgen immer im **Haben**.
   Minderungen bei **passiven Bestandskonten** erfolgen immer im **Soll**.

Soll	Passives Bestandskonto	Haben
Minderungen		Anfangsbestand Mehrungen

Dort, wo der Anfangsbestand steht, werden die Zugänge gebucht.

Beispiel

Kauf von Vorräten an Lebensmitteln per Bank für 5.000,--

1. Welche Konten werden berührt? - Vorräte Lebensmittel und Bank
2. Handelt es sich um aktive oder passive Bestandskonten?
   - Vorräte Lebensmittel = aktives Bestandskonto;
   - Bank = aktives Bestandskonto
3. Handelt es sich um eine Mehrung oder um eine Minderung?
   - Vorräte Lebensmittel erhält einen Zugang; - Bank erhält einen Abgang
4. Wo werden bei aktiven bzw. passiven Bestandskonten Mehrungen bzw. Minderungen gebucht?

Soll	Bank	Haben	Soll	Vorräte Lebensmitt.	Haben
AB 10.000,--		Abgang 5.000,--	AB 5.000,-- Zugang 5.000,--		

Anmerkung: Zahlungen per Scheck werden nach Kaufmannsbrauch erst bei Gutschrift oder Lastschrift auf dem entsprechenden Konto erfaßt oder aber bis zur Gutschrift oder Lastschrift vorübergehend über ein „Geldausgleichskonto" gebucht.

3.4.4. Abschluß der Bestandskonten

Nachdem die Periode vorüber ist, muß auf jedem Bestandskonto der Endbestand (Saldo) ermittelt werden. Dieser wird dann auf dem Schlußbilanzkonto (SBK) gegengebucht, und somit erhält man die Zusammenstellung auf dem SBK.

Vorgehensweise:
1. Größere Seite des Kontos addieren,
2. Summe auf die andere Seite übertragen,
3. Differenz auf der anderen Seite ermitteln,
4. Differenz auf dem SBK gegenbuchen.

Ist der Saldo (Differenz) des Kontos auf der Sollseite, so ist er auf dem SBK im Haben zu buchen. Entsprechend wird auf dem SBK im Soll gebucht, wenn der Saldo des Bestandskontos im Haben entsteht.

Beispiel

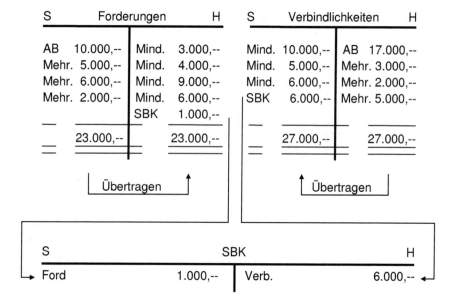

Grundsätze der Finanzbuchführung

An dieser Stelle soll noch einmal eine Gegenüberstellung von Bilanz und EBK bzw. SBK zur Verdeutlichung vorgenommen werden:

Jahr	aufgrund Inventur	Buchführung
1. Jahr	Eröffnungsbilanz ──────▶	EBK (Spiegelbild der EB)
	↓ *)	↓
	Schlußbilanz ──────=▶	SBK
	↓	↓
ab: 2. Jahr	Eröffnungsbilanz	EBK (Spiegelbild des SBK)
	↓ *)	↓
	Schlußbilanz ──────=▶	SBK

*) Übereinstimmung nach Berücksichtigung von z.B. Diebstahl, Schwund (keine Buchung aufgrund fehlender Belege).

Aufgabe (➲ Lösung)

Erstellen Sie anhand der folgenden Anfangsbestände das EBK, eröffnen Sie die erforderlichen Konten, buchen Sie die folgenden Geschäftsvorfälle, und schließen Sie die Konten ab!

Technische Anlagen	50.000,--
Büroeinrichtungen	80.000,--
Kasse	15.000,--
Bank	20.000,--
Forderungen	17.000,--
Verbindlichkeiten	22.000,--
Vorräte Lebensmittel	16.000,--
Darlehen	75.000,--
EK	?,-- (Ist zu ermitteln!)

Geschäftsvorfälle:
1. Kauf von Vorräten an Lebensmitteln auf Ziel   5.000,--
2. Begleichung von Verbindlichkeiten per Bank   8.000,--
3. Bareinzahlung bei der Bank   10.000,--
4. Barkauf eines Tischrechners   4.000,--
5. Verkauf einer technischen Anlage auf Ziel   15.000,--

3.4.5. Der Buchungssatz

Um das Buchungsverfahren übersichtlich zu gestalten, werden die Geschäftsvorfälle in Buchungssätze umgewandelt. Nach diesen Buchungssätzen werden dann die Buchungen auf den einzelnen Konten vorgenommen. Der Buchungssatz zeigt den Geschäftsvorfall wie folgt:

1. Sollbuchung,
2. Habenbuchung.

Beide Buchungen werden mit dem Wort „an" verbunden, also

Sollbuchung
an Habenbuchung

Beispiele

1. Barkauf von Technische Anlagen 10.000,-- €.

    Technische Anlagen 10.000,-- €

    an Kasse 10.000,-- €

2. Begleichung einer Verbindlichkeit per Bank in Höhe von 5.000,-- €.

    Verbindlichkeiten 5.000,-- €

    an Bank 5.000,-- €

Der erste Posten des Buchungssatzes bestimmt immer die Sollbuchung auf dem entsprechendem Konto, der zweite Posten bestimmt immer die Habenbuchung.

Zu jedem Buchungssatz erfolgt mindestens eine Soll- und eine Habenbuchung. Werden mehr als zwei Konten berührt, spricht man von einem **zusammengesetzten Buchungssatz**.

Beispiele

1. Kauf einer Anlage per Bank 5.000,-- €, per Barzahlung 5.000,-- €.

    Technische Anlagen 10.000,-- €

    an Bank 5.000,-- €

    an Kasse 5.000,-- €

2. Zahlung einer Forderung per Scheck 2.000,-- € und Barzahlung 3.000,-- €.

Kasse 3.000,-- €
Bank 2.000,-- €
        an Forderungen 5.000,-- €

Aufgaben (➲ Lösung)

1. Bilden Sie zu folgenden Geschäftsfällen die Buchungssätze:

    1. Zielkauf von Vorräten an Lebensmitteln 6.000,-- €
    2. Barkauf einer gebrauchten Rechenmaschine 500,-- €
    3. Barabhebung vom Bankkonto 2.000,-- €
    4. Patient begleicht Rechnung per Postscheck 6.500,-- €
    5. Barkauf von Vorräten des medizinischen Bedarfs 7.000,-- €
    6. Aufnahme einer Hypothek bei der Bank 20.000,-- €
    7. Verkauf eines PKWs gegen bar 5.000,-- € und Scheck 35.000,-- €
    8. Kauf eines Baugrundstückes auf Ziel 35.000,-- €, gegen bar 10.000,-- €, per Scheck 35.000,-- €
    9. Wir begleichen eine Rechnung per Scheck 2.000,-- €, per Postbank 1.000,-- €, per Kasse 500,-- €

2. Welche Geschäftsvorfälle liegen den folgenden Buchungssätzen zugrunde?

    1. Bank an Kasse
    2. Vorräte Lebensmittel an Verbindlichkeiten
    3. Fuhrpark an Bank
    4. Bank an Forderungen
    5. Kasse an Bank
    6. Postbankkonto an Bank
    7. Forderungen an Bank
    8. Vorräte Lebensmittel an Bank und an Kasse

9. Verbindlichkeiten an Bank, Postbank, Kasse

10. Bank, Postbank, Kasse an Forderungen

3. Erstellen Sie das EBK, und ermitteln Sie das Eigenkapital anhand folgender Anfangsbestände! Bilden Sie die Buchungssätze und buchen Sie diese! Schließen Sie die Konten ab, und erstellen Sie das Schlussbilanzkonto!

Anfangsbestände:

EK ???,-- €
Verbindlichkeiten (sonstige) 12.000,-- €
Kasse 5.000,-- €
Bank 20.000,-- €
Darlehen 50.000,-- €
Gebäude 250.000,-- €
Vorräte Lebensmittel 15.000,-- €
Postbank 27.000,-- €
Fuhrpark 130.000,-- €
Büroeinrichtungen 26.000,-- €
Forderungen (sonstige) 17.500,-- €

Geschäftsvorfälle:

1. Barkauf von Vorräten an Lebensmitteln 3.000,-- €

2. Begleichung einer Verbindlichkeit per Bank 5.000,-- € per Postbank 5.000,-- €, per Kasse 1.000,-- €

3. Verkauf eines Gebäudes auf Ziel 30.000,-- €, per Barzahlung 20.000,-- €

4. Tilgung einer Darlehensschuld per Bank 10.000,-- €

5. Zielkauf von Vorräten an Lebensmitteln 15.000,-- €

6. Verkauf einer Schreibmaschine gegen Barzahlung 500,-- €, Scheck 250,-- €, Postbank 150,-- €, auf Ziel 200,-- €

7. Bareinzahlung auf Bankkonto 15.000,-- €

8. Zielkauf einer Schreibmaschine 3.600,-- €

9. Kauf eines PKWs per Scheck 15.000,-- €, auf Ziel 10.000,-- €

3.5. Die Erfolgskonten
3.5.1. Das Kapitalkonto

Bisher wurden nur Geschäftsvorfälle behandelt, die das **Eigenkapitalkonto** (EK), kurz Kapitalkonto, nicht berührt haben. Sie waren erfolgsneutral. Im Unternehmen fallen jedoch auch Geschäftsvorfälle an, die sich auf den Erfolg des Unternehmens auswirken. Es handelt sich hierbei um **Betriebsvermögensveränderungen**, das heißt, dass sich das **Reinvermögen** in seiner Höhe verändert. Buchhalterisch werden diese Vorgänge auf dem Bestandskonto „Eigenkapital" (siehe Vermögensvergleich / Kapitalvergleich) als Kapitalminderung oder Kapitalmehrung erfasst. Auf dem Kapitalkonto zeigt sich also der rechnerische Erfolg, den der Kaufmann erwirtschaftet hat.

Durch die Vielfalt der Geschäftsvorfälle, die das Kapitalkonto berühren, würde die Darstellung sehr unübersichtlich, daher benutzt man **Unterkonten** des Kapitalkontos, die Erfolgskonten. Unterkonten haben denselben Kontencharakter wie ihr Hauptkonto, über das sie abgeschlossen werden. Mehrungen und Minderungen sind jeweils auf den gleichen Seiten.

Folgender **Buchungszusammenhang** zwischen Bestandskonten, Eigenkapitalkonto und den Erfolgskonten besteht:

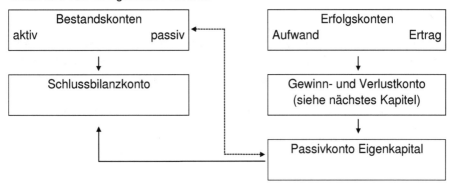

3.5.2. Aufwands- und Ertragskonten

Aufwand ist der **Wert** aller **verbrauchten** Güter und Dienstleistungen (**Wertverzehr** des Gesamtvermögens) in einer Periode, und zwar aufgrund der gesetzlichen Bestimmungen und der bewertungsrechtlichen Konventionen in der Finanzbuchhaltung.

50 Grundsätze der Finanzbuchführung

Ertrag ist der **Wert** aller **erbrachten** Leistungen (**Wertzuwachs** des Gesamtvermögens) in einer Periode, und zwar aufgrund der gesetzlichen Bestimmungen und der bewertungsrechtlichen Konventionen in der Finanzbuchhaltung.

Vermögensminderungen bzw. Eigenkapitalminderungen werden auf Aufwandskonten, Vermögensmehrungen bzw. Eigenkapitalmehrungen werden auf Ertragskonten gebucht.

Erfolgskonten	
je Aufwandsart ein Konto: z.B.	je Ertragsart ein Konto: z.B.
Löhne und Gehälter	Erlöse aus Krankenhausleistungen
Lebensmittel(verbrauch), -bedarf	bzw. aus Pflegeleistungen
Medikamenten(verbrauch), -bedarf	Nutzungsentgelte der Ärzte
Wasser, Energie, Brennstoffe	*Erträge aus Fördermitteln*
Instandhaltung	Zinsen und ähnliche Erträge
Zinsen u. ähnliche Aufwendungen	Spenden bei Gemeinnützigkeit
Zuführung von Fördermitteln	

Aufwendungen und Erträge können in **neutrale und betriebsnotwendige Aufwendungen und Erträge** je nach ihrer Vermögenszuordnung eingeteilt werden:

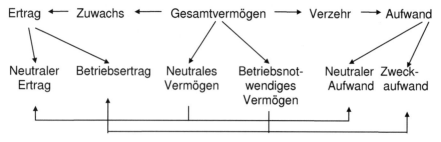

Buchen auf Erfolgskonten:

Für die Buchungstechnik gelten die gleichen Buchungsregeln wie für die Buchung auf dem Bestandskonto Eigenkapital:

Aufwendungen (Eigenkapitalminderungen) stehen auf der **Sollseite** der Aufwandskonten.

Erträge (Eigenkapitalmehrungen) stehen auf der **Habenseite** der Ertragskonten.

Hinweis

Bitte beachten Sie bei der Buchungstechnik, dass aus Vereinfachungsgründen

a) die Leistungserbringung **während** des Jahres erst als **Leistungsverwertung** berücksichtigt wird, (am Periodenende wird der Wert der bisherigen Leistung bei Patienten, die noch in Behandlung sind, als Sachvermögen erfasst);

b) der Verbrauch der Sachgüter des Vorratsvermögens für die Leistungen als Aufwand gebucht wird;

c) erbrachte und empfangene Dienstleistungen **während** der Periode **grundsätzlich** erst bei Zahlung erfasst werden können, wenn im Unternehmen nicht Organisation und Abrechnungstechnik oder aber rechtliche Vorschriften (z.B. Umsatzsteuer-Zuordnung) dagegen stehen; Ausnahme ist unter anderem die o.a. Dienstleistung als eigentlicher Betriebszweck.

3.5.3. Abschluss der Erfolgskonten

Der Abschluss der Erfolgskonten erfolgt wie bei den Bestandskonten. Die Salden der Konten werden zunächst auf dem **Sammelkonto Gewinn und Verlust (GuV)** - Teil des Jahresabschlusses (Informationsaufgabe) - gegengebucht. Der Saldo des GuVs wird auf dem Konto Eigenkapital gegengebucht.

Der Saldo auf dem GuV stellt die Differenz von Aufwand und Ertrag dar. Er ist somit der Erfolg des Unternehmens.

Schematische Darstellung des Abschlusses von Erfolgskonten:

S Verschiedene Aufwandskonten H		S Verschiedene Ertragskonten H	
Aufwendungen	Saldo	Saldo	Erträge

S	GuV	H	S	Eigenkapitalkonto	H
Aufwendungen		Erträge	Saldo (an SBK)		Anfangsbestand
Saldo (Gewinn)			= Schlussbestand		Gewinn

Aufgaben (⊃ Lösung)

Buchen Sie die folgenden Aufgaben:

1. Anfangsbestände:
   Vorräte Lebensmittel 20.000,-- €;   Eigenkapital 30.000,-- €;
   Bank 10.000,-- €;   Darlehen 10.000,-- €;
   Kasse 30.000,-- €;   Verbindlichkeiten 20.000,-- €.
   a) Lebensmittelentnahme für die Leistungserbringung 15.000,-- €.
   b) Lebensmittelkauf auf Ziel 5.000,-- €.
   c) Reparaturzahlung in bar 20.000,-- €.
   d) In-Rechnung-Stellung von Leistungen (gefordert, noch nicht bezahlt) 50.000,-- €.

2. Anfangsbestände:
   Technische Anlagen 40.000,-- €;   Eigenkapital 40.000,-- €;
   Medikamente 30.000,-- €;   Darlehen 35.000,-- €;
   Forderungen 20.000,-- €;   Verbindlichkeiten 25.000,-- €;
   Kasse 10.000,-- €;
   1.) Medikamentenentnahme aus der Apotheke 20.000,-- €.
   2.) Lohnzahlung in bar 8.000,-- €.
   3.) Patient zahlt Rechnung in bar 15.000,-- €.
   4.) Anlagenkauf bar 10.000,-- €.
   5.) In-Rechnung-Stellung von Leistungen (gefordert, noch nicht bezahlt) 50.000,-- €.
   6.) Medikamentenkauf auf Ziel 7.000,-- €

3.6. Strömungs- und Bestandsgrößen

In den vorangegangenen Abschnitten wurden getrennt voneinander die wichtigsten Vermögensgrößen (Kapitel: Inventur) als Bestandsgrößen und Veränderungen dieser Vermögenswerte durch Mehrungen und Minderungen als Strömungsgrößen (Kapitel: Wertveränderungen aufgrund von Geschäftsvorfällen; Kapitel: Aufwands- und Ertragskonten) erläutert.

Hier soll nun deren Zusammenhang dargestellt werden:
Da, z.B. wegen der Ungewissheit zukünftiger Vorfälle, ein sachlich und zeitlich auf die Lebensdauer der Unternehmung gerichtetes Planen nicht möglich ist, muss ein sachlich und zeitlich begrenztes Planen erfolgen. Durch das Unterneh-

Grundsätze der Finanzbuchführung 53

mensgeschehen ist es jedoch nicht zu vermeiden, dass Maßnahmen und Konsequenzen periodenübergreifend anfallen, z.b. Zahlungen nach der betrachteten Periode vorliegen. Das führt in der Konsequenz dazu, dass bei einer Periodenbetrachtung des Unternehmensergebnisses die Erfolge aussagekräftiger sind als noch zu erwartende Zahlungen.

In Abhängigkeit von ihrer Aufgabe gilt es, die entsprechenden Vermögensmassen und ihre Veränderungen durch Strömungsgrößen darzustellen.
Während sich **Liquide Mittel** und **Geldvermögen** mit den Strömungsgrößen **Auszahlung, Ausgabe, Einzahlung und Einnahme** vor allem auf die Ebene der Investition, Finanzplanung und Liquiditätsrechnung (I und II in der Gegenüberstellung) beziehen, wird der Erfolg der Unternehmung als Veränderung des **Gesamtvermögens** durch **Aufwand** und **Ertrag** in der Finanzbuchhaltung (Ebene III) erfasst.

Die **Definition** der Bestandsgrößen lautet:
Liquide Mittel sind die Bestände an Bargeld und Sichtguthaben.
Geldvermögen sind Liquide Mittel zuzüglich kurzfristiger Forderungen abzüglich kurzfristiger Verbindlichkeiten.
Gesamtvermögen sind Geldvermögen und Sachvermögen wie in der Bilanz angesetzt.

Strömungsgrößen werden wie folgt **definiert**:
Auszahlungen sind der Abgang liquider Mittel (Bargeld und Sichtguthaben) pro Periode.
Einzahlungen sind der Zugang liquider Mittel pro Periode.
Ausgaben sind der Wert aller **zugegangenen** Güter und Dienstleistungen pro Periode (=Beschaffungswert), für die sofort oder später eine Zahlung anfällt.
Einnahmen sind der Wert aller **veräußerten** Leistungen pro Periode (=Erlös), für die sofort oder später eine Zahlung anfällt.
Aufwand ist der Wert aller **verbrauchten** Güter und Dienstleistungen pro Periode (genauer: ... der aufgrund gesetzlicher Bestimmungen und bewertungsrechtlicher Konventionen in der Finanzbuchhaltung verrechnet wird).
Ertrag ist der Wert aller **erbrachten** Leistungen pro Periode (genauer: ... siehe Aufwand).

Stellt man Bestands- mit Strömungsgrößen einander gegenüber, so ergibt sich folgendes Schema:

54 Grundsätze der Finanzbuchführung

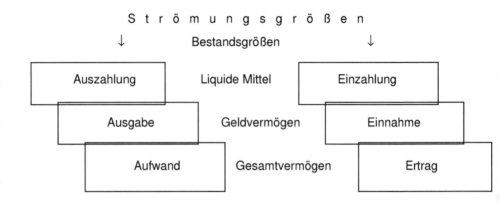

I/II : Ebene der Investitions-, Finanz- und Liquiditätsplanung
III : Ebene der Finanzbuchhaltung (Bilanz und GuV)

Anhand der verschobenen Felder lässt sich erkennen, dass es z.b. Auszahlungen gibt, die nicht mit Ausgaben übereinstimmen (Vorauszahlungen), während ein Teil der Auszahlungen nicht nur mit Ausgaben, sondern auch mit Aufwendungen (Begleichung einer Dienstleistungsrechnung) übereinstimmen; auszahlungsgleiche Ausgaben entstehen z.b. beim Barkauf von Gütern, Nur-Aufwendungen z.b. beim Verbrauch von Vorratsgütern.

3.7. Die Kontenrahmen

Die Buchführung soll nicht nur eine Übersicht über die Zusammensetzung des Vermögens und des Erfolges eines Zeitraumes verschaffen, sondern auch Unterlagen für die Selbstkostenrechnung, Statistik und die betriebliche Planung liefern.
Diesen Anforderungen kann die Buchführung nur gerecht werden, wenn der Buchungsstoff nach einheitlichen Grundsätzen verarbeitet wird. Grundlage für die systematische Einreihung des Buchungsstoffes ist der **Kontenplan** der einzelnen Unternehmung. Dieser wird zweckmäßigerweise aus dem **Kontenrahmen** des jeweiligen Wirtschaftszweiges ermittelt.

Kontenrahmen: Die Kontenrahmen sind Organisationspläne für die Buchführung der Unternehmungen einer bestimmten Branche. Sie sind Modelle und dienen der einheitlichen Ausrichtung der Buchführungsorganisation. Entsprechende Kontenrahmen wurden in den Anlagen zur KHBV bzw. PBV vorgegeben. Diese Kontenrahmen sind grundsätzlich jeweils bei geförderten Krankenhäusern bzw.

Pflegeeinrichtungen zu verwenden. Sollten jedoch andere Kontenrahmen benutzt werden, muss durch ein ordnungsgemäßes Überleitungsverfahren die Umschlüsselung auf den Kontenrahmen sichergestellt sein (§ 3 KHBV, § 3 (2) PBV).

Kontenplan: Der Kontenplan wird von der einzelnen Unternehmung nach dem entsprechenden Kontenrahmen aufgebaut. Der Kontenplan ist eine Übersicht der zu führenden Konten (individuell für das Unternehmen).

Aufbau der Kontenrahmen: Ein Kontenrahmen ist nach dem dekadischen Ordnungssystem aufgebaut, das heißt, dass er in **zehn Kontenklassen** aufgeteilt ist, und diese Klassen eine einstellige Nummer erhalten. Eine weitere Unterteilung der Klassen bekommt eine zweistellige Ziffer und heißt **Kontengruppe**. Die Kontengruppe unterteilt sich wiederum in **Kontenarten**, die eine dreistellige Nummer bekommen. Sollte noch eine Unterteilung der Kontenarten im Kontenplan erforderlich sein, so ist diese vierstellig und heißt **Kontenunterart**.

0	= Kontenklasse
00	= Kontengruppe
000	= Kontenart
0000	= Kontenunterart

3.7.1. Der Industriekontenrahmen (IKR)

Der inhaltliche Aufbau des Industriekontenrahmens (IKR) ist in seiner groben Einteilung durch die Vorschriften des handelsrechtlichen Jahresabschlusses für Kapitalgesellschaften vorgegeben.

Die folgende Übersicht stellt den Inhalt der Kontenklassen und deren Zusammenhänge dar. Ein Auszug aus dem IKR befindet sich im Anhang.

Buchungskreis	Kontenzugehörigkeit	Kontentyp	Klasse	Inhalt
Finanzbuchhaltung	Bestandskonten	Aktivkonten	0	Immaterielle Güter; Sachanlagen
			1	Finanzanlagen
			2	Umlaufvermögen; Rechnungsabgrenzung
		Passivkonten	3	Eigenkapitalien; Rückstellungen
			4	Fremdkapitalien; Rechnungsabgrenzung
	Erfolgskonten	Ertragskonten	5	Betriebliche Erträge; Sonstige Erträge; Finanzerträge
		Aufwandskonten	6	Betriebliche Aufwendungen; Sonstige Aufwendungen
			7	Weitere Aufwendungen
		Ergebnisse	8	Eröffnungen; Abschlüsse
Betriebsbuchhaltung		Kostenrechnung	9	Kostenartenrechnung mit Abgrenzungen; Kostenstellenrechnung; Kostenträgerrechnung
		Leistungsrechnung	9	Leistungsrechnung

3.7.2. Der Kontenrahmen nach KHBV - Anlage 4 und 5

Dieser Kontenrahmen ist grundsätzlich bei geförderten Krankenhäusern zu verwenden. Sollten jedoch andere Kontenrahmen benutzt werden, muss durch ein ordnungsgemäßes Überleitungsverfahren die Umschlüsselung auf den Kontenrahmen sichergestellt sein (§ 3 KHBV).

Grundsätze der Finanzbuchführung 57

Auch hier entspricht der Aufbau des Kontenrahmens in seiner Grobeinteilung den Vorschriften des handelsrechtlichen Jahresabschlusses für Kapitalgesellschaften.

Die folgende Übersicht stellt den Inhalt der Kontenklassen und deren Zusammenhänge vor. Ein Auszug des Kontenrahmens (Anlage 4) mit kommentarmäßiger Erweiterung befindet sich im Anhang.

Buchungskreis	Kontenzugehörigkeit	Kontentyp	Klasse	Inhalt
Finanzbuchhaltung Anlage 4	Bestandskonten	Aktivkonten	0	Gesamtes Anlagevermögen
			1	Umlaufvermögen; Rechnungsabgrenzung
		Passivkonten	2	Eigenkapitalien; Rückstellungen
			3	Fremdkapitalien; Rechnungsabgrenzung
	Erfolgskonten	Ertragskonten	4	Betriebliche Erträge
			5	Andere Erträge
		Aufwandskonten	6	Betriebliche Aufwendungen
			7	Weitere Aufwendungen
		Ergebnisse: sowie Kosten- und Leistungsrechnung	8	Eröffnungen; Abschlüsse; Abgrenzungen zur Betriebsbuchhaltung: Kostenartenrechnung mit Abgrenzungen zwischen Aufwendungen und Kosten, Erträgen und Leistungen
Betriebsbuchhaltung Anlage 5		Kostenrechnung	9	Kostenstellenrechnung;
		Leistungsrechnung	9	kostenstellenbezogene Leistungsrechnung (ist kostenträgerbezogen buchhalterisch nicht vorgesehen)

3.7.3. Der Kontenrahmen nach PBV - Anlage 4, 5 und 6

Dieser Kontenrahmen ist grundsätzlich bei Pflegeeinrichtungen zu verwenden. Sollten jedoch andere Kontenrahmen benutzt werden, muss durch ein ordnungsgemäßes Überleitungsverfahren die Umschlüsselung auf den Kontenrahmen sichergestellt sein (§ 3 (2) PBV).

Die folgende Übersicht stellt den Inhalt der Kontenklassen und deren Zusammenhänge vor.

Buchungskreis	Kontenzugehörigkeit	Kontentyp	Klasse	Inhalt
Finanzbuchhaltung Anlage 4	Bestandskonten	Aktivkonten	0	Gesamtes Anlagevermögen
			1	Umlaufvermögen; Rechnungsabgrenzung
		Passivkonten	2	Eigenkapitalien; Rückstellungen
			3	Fremdkapitalien; Rechnungsabgrenzung
	Erfolgskonten	Ertragskonten	4	Betriebliche Erträge
			5	Andere Erträge
		Aufwandskonten	6	Betriebliche Aufwendungen
			7	Weitere Aufwendungen
		Ergebnisse: sowie Kosten- und Leistungsrechnung	8	Eröffnungen; Abschlüsse; Abgrenzungen zur Betriebsbuchhaltung: Kostenartenrechnung mit Abgrenzungen zwischen Aufwendungen und Kosten, Erträgen und Leistungen
Betriebsbuchhaltung Anlagen 5, 6		Kostenrechnung	9	Kostenstellenrechnung;
		Leistungsrechnung	9	kostenstellenbezogene Leistungsrechnung (ist kostenträgerbezogen buchhalterisch nicht vorgesehen)

Auch hier entspricht der Aufbau des Kontenrahmens in seiner Grobeinteilung den Vorschriften des handelsrechtlichen Jahresabschlusses für Kapitalgesellschaften.

Ein Auszug des Kontenrahmens (Anlage 4) mit kommentarmäßiger Erweiterung befindet sich im Anhang.

Aufgabe (⮕ Lösung)

Ordnen Sie den folgenden Konten die Kontennummern nach IKR unter Berücksichtigung einer Umbenennung (Umschlüsselung), KHBV und PBV zu:

Betriebsgebäude,
Telefonanlage,
Herz-Lungen-Maschine (Krankenhaus) bzw. Hebelift (Pflegeeinrichtung),
Schreibmaschine (4 Jahre Nutzung),
Medikamente,
Eigenkapital,
langfristiges Bankdarlehen,
kurzfristige Bankverbindlichkeit,
Erlöse aus Leistungen,
Zinserträge,
außerordentliche Erträge,
Gehälter,
Lebensmittelverbrauch,
Verwaltungsverbrauch,
Steuern,
Zinsaufwand,
Abschreibungen.

3.8. Organisation der Buchführung

3.8.1. Belegorganisation

Wesen eines Beleges

In der Praxis gibt es für jeden Geschäftsvorfall einen Beleg. Ein Beleg kann z.B. ein Schriftstück, eine Lohnliste, eine Rechnung, eine Quittung usw. sein. Diese Belege bilden die **Grundlage ordnungsgemäßer Buchführung**. Sie weisen die **Richtigkeit und die Vollständigkeit** der Buchführung nach und sind somit die Verbindung zwischen Geschäftsvorfall und Buchung.

Geschäftsvorfall → Beleg → Buchung

Keine Buchung ohne Beleg!

Arten von Belegen

Je nach Entstehung der Belege unterscheidet man sie in vier Arten:

1. Fremdbelege
Fremdbelege sind Belege, die von **außen** in das Unternehmen gelangen. Sie werden auch als **externe Belege** bezeichnet. Darunter fallen:
- Lieferantenrechnungen (Eingangsrechnung),
- Frachtbriefe,
- Bank- und Postbankauszüge,
- Zahlkarten, Postanweisungsabschnitte und Quittungen,
- Briefe von Geschäftsfreunden über Preisnachlässe,
- Gutschriften und Rücksendungen,
- Begleitbriefe zu erhaltenen Schecks usw.

2. Eigenbelege
Eigenbelege sind die **internen** Belege, die im Unternehmen entstehen. Darunter fallen:
- Kopien der Ausgangsrechnungen und Quittungsdurchschriften,
- Briefkopien an Patienten und Kassen über Rückvergütungen usw.,
- Briefkopien zu weitergegebenen Schecks,
- Materialentnahme- und Materialrückgabescheine,
- Lohn- und Gehaltslisten,
- Belege über Privatentnahmen,
- Belege über Stornobuchungen,
- Belege über Umbuchungen und Abschlussbuchungen usw.

3. Notbelege
Notbelege werden ausgestellt, wenn kein Fremdbeleg erstellt wurde, wenn z.B. über eine Taxifahrt ein Beleg (Quittung) fehlt. In diesem Notbeleg muss **Zeit, Grund und Höhe** der Ausgabe festgehalten werden.

4. Verfahrensnachweise und –dokumentationen als Belegfunktion
Soweit nach GOBs automatische Buchungen aufgrund von EDV-Bearbeitungen (z.B. Schreiben von Rechnungen) erfolgen, dienen die entsprechenden Verfahrensnachweise und Verfahrensdokumentationen als Belegfunktion.

Belegbearbeitung bei Papierbelegen

Die **Belegaufbereitung** ist der erste Arbeitsschritt in der Belegbearbeitung. Die sorgfältige Vorbereitung der Belege ist für das **zeitige Buchen** unerlässlich. Die Vorbereitung des Beleges umfasst folgende Schritte:

1. Prüfung der rechnerischen Richtigkeit,
2. Sortieren der Belege nach ihrer Art (Grundlage für Sammelbuchungen),
3. Numerierung der Belege innerhalb ihrer Art,
4. Vorkontierung (Angabe des Buchungssatzes auf dem Beleg als gleichzeitiger Abschluss der Vorbereitung).

Für die Vorkontierung gibt es im allgemeinen einen Stempel oder einen Aufkleber für die Eintragung.

Beispiel einer Vorkontierung

Konto	Soll	Haben
2400	1.000,00	
5000		1.000,00
Gebucht	J III/18	xxxx

Journal/März/Seite oder Nr. Zeichen des Buchhalters

Der zweite Arbeitsschritt in der Belegbearbeitung ist die **Buchung**. Bei der Buchung ist zu beachten, dass **gegenseitige Vermerke** notiert werden müssen. Dieses ist zur Überprüfung unerlässlich, denn mit den Vermerken kann man vom Beleg auf die Buchung und umgekehrt von der Buchung auf den Beleg schließen.

Der dritte Arbeitsschritt ist die **Ablage und Aufbewahrung der Belege**. Nach der Buchung müssen die Belege sorgfältig abgelegt und aufbewahrt werden (§ 257 HGB):
10 Jahre: Inventare, Bilanzen, Bücher, Bücherersatz;
10 Jahre: sonstige Belege.
Die Aufbewahrungsfrist beginnt mit dem Schluss des Kalenderjahres.
Außer Bilanz und GuV dürfen alle Belege in originalgetreuer Kopie aufbewahrt werden.

3.8.2. Buchführungsbereiche und Bücher

Die folgende graphische Darstellung soll die einzelnen **Buchführungsbereiche** und die Zusammenhänge zwischen den Bereichen aufzeigen:

62 Grundsätze der Finanzbuchführung

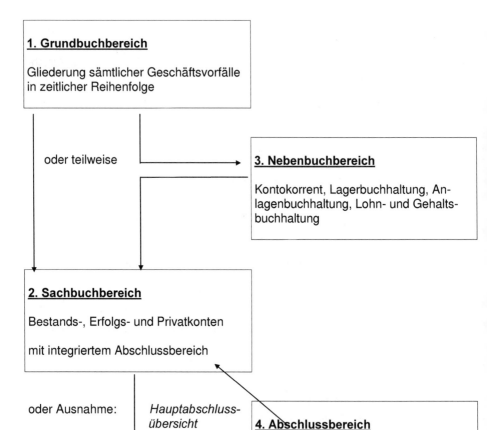

*) noch nicht bearbeitete Themen!

Grundsätze der Finanzbuchführung 63

Im **Grundbuch** (**Journal**) werden alle Buchungen in **zeitlicher** Reihenfolge erfasst:
1. Eröffnungsbuchungen,
2. Laufende Buchungen,
3. Vorbereitende Abschlussbuchungen,
4. Abschlussbuchungen.

Beispiel für den Aufbau eines Journals:

Nr.	Datum	Beleg	Text	Kontierung	Soll	Haben
10	05.05.	5	Ausgangsrechn. X	Forderung aL	50.000,--	
10	05.05.	5	- " -	Erlöse ...		50.000,--

Im **Haupt**- oder **Sachbuch** werden die Bestands-, Erfolgs- und Privatkonten geführt. Hier wird die sachliche Ordnung der Buchungen vorgenommen. Alle Buchungen aus dem Grundbuch werden ihrem Inhalt nach **sachlich zusammengefasst** und auf den entsprechenden Sachkonten gebucht.

Buchungen, die sehr häufig vorkommen, können erst im **Nebenbuchbereich** gesammelt werden, und nur das Ergebnis (Saldo) des Nebenbuchbereiches wird im Sachbuch gebucht (Darstellung auf den nächsten Seiten).

Beispiel für den Aufbau eines Kontos:

Kontonummer: 240 Kontenname: Forderungen aus Leistungen						
J.Nr.	Datum	Beleg	Text	Gegenkonto	Soll	Haben
10	05.05.	5	Ausgangsr. X	Erlöse ...	50.000,--	

Im Rahmen der EDV-Buchführung übernehmen **Unterkonten und Interimskonten** wegen der möglichen **automatischen** Berechnungen von Werten bei einem Teil der Buchungen auf einem Konto (z.B. Umsatzsteuer beim Verkauf eines KFZs; Vorsteuer beim Kauf eines KFZs) eine wichtige Rolle.

Der Einsatz dieser Konten wird später genauer erläutert! Der Aufbau dieser Konten entspricht den bisherigen Darstellungen.

Unterkonten - die Erfolgskonten als Unterkonten des Eigenkapitals wurden bereits erarbeitet - werden aus Informationszwecken oder zum Zwecke bestimmter automatischer Berechnungen als Teil eines **Hauptkontos** eingerichtet. Auf ihnen werden nur bestimmte Wertveränderungen ihrer Hauptkonten dargestellt. Deshalb werden sie auch zum **Periodenabschluss** über die entsprechenden Hauptkonten abgeschlossen.

Interimskonten werden nur zu Verrechnungszwecken erstellt. Sie sind in der Regel Zwischenkonten für mehrere Konten mit gleichen Berechnungen. Nach Erledigung dieser Aufgabe wird der korrigierte Wert **sofort** an das betreffende Bestands- oder Erfolgskonto umgebucht.

Die **Nebenbücher** dienen der Erläuterung bestimmter Hauptbuchkonten. Sie werden in der Nebenbuchhaltung geführt. Zu den Nebenbuchhaltungen zählen:
- Kontokorrentbuchhaltung (Kreditoren- und Debitorenbuchhaltung),
- Lagerbuchhaltung,
- Anlagenbuchhaltung,
- Lohn- und Gehaltsbuchhaltung.

Die Kontokorrentbuchhaltung

Der gesamte Geschäftsverkehr mit Patienten, Kassen und Lieferanten wickelt sich über die Sachkonten **Forderungen** und **Verbindlichkeiten** des Hauptbuches ab. Aus diesen Konten kann man nicht erkennen, wie die einzelnen Patienten, Kassen und Lieferanten stehen, da sie nur den Gesamtbetrag aller Forderungen und Verbindlichkeiten aufweisen. Aus verschiedenen Gründen, wie z.B.:
- Einhalten der Zahlungstermine,
- Zahlungsbedingungen,
- Mahnverfahren,
- Überwachung der Liquidität usw.,

ist es unerlässlich zu wissen, welche Beträge von Patienten oder Kassen zu fordern bzw. welche Beträge an Lieferanten zu zahlen sind.

Dazu werden für Patienten, Kassen und Lieferanten Personenkonten, meistens in Form einer Karteikarte, angelegt. Die Gesamtheit dieser Karteikarten bildet das Kontokorrentbuch.

Allerdings ist es auch möglich, offene Beträge, Fälligkeiten etc. durch eine zusätzliche namentliche Belegsammlung oder in besonderer Organisationsform, in einer Offenen-Posten-Liste, aufgrund der Belege zu erfassen.

Beispiel

```
Offene-Posten-Liste: Debitoren
Kontonummer  Krankenkasse / Patient A Anschrift
Beleg Datum  OP-Nr.  Sollbetrag  Habenbetrag   Saldo
             1       2.000,00                  2.000,00
             2       3.000,00                  3.000,00
                     Forderung                 5.000,00
Kontonummer  Krankenkasse / Patient B Anschrift
Beleg Datum  OP-Nr.  Sollbetrag  Habenbetrag   Saldo

Offene-Posten-Liste: Kreditoren
Kontonummer  Lieferant Y Anschrift
Beleg Datum  OP-Nr.  Sollbetrag  Habenbetrag   Saldo
             1                   4.000,00      4.000,00
             2                   1.000,00      1.000,00
                     Verbindlichkeit           5.000,00
Kontonummer  Lieferant X Anschrift
Beleg Datum  OP-Nr.  Sollbetrag  Habenbetrag   Saldo
```

Die **Buchungen** selbst können **ergänzend** oder **eigenständig** im Nebenbuchbereich durchgeführt werden.

Beispiel

Krankenkasse A erhält eine Rechnung im Wert von 50.000,-- €.
Patient B erhält eine Rechnung im Wert von 5.000,-- €.
Krankenkasse A zahlt später 25.000,-- € per Überweisung.

1. Ergänzende Buchung

Bei der **ergänzenden Buchung** werden die Beträge alle einzeln auf dem Sachkonto gebucht und **ergänzend** dazu noch **zusätzlich** auf dem Personenkonto im Nebenbuchbereich.

Grundbuchbereich			
		\multicolumn{2}{c}{Journal}	
Buchungssatz	Text	Soll	Haben
1. Forderungen an Erlöse a. Krhs-Leistungen	Krka A	50.000,--	50.000,--
2. Forderungen an Erlöse a. Krhs-Leistungen	Patient B	5.000,--	5.000,--
3. Bank an Forderungen	Krka A	25.000,--	25.000,--

Sachbuchbereich

S	Forderungen	H		S	Erlöse a. Krhs-Leistungen	H
Erl.	50.000,--	BA	25.000,--		Ford.	50.000,--
Erl.	5.000,--				Ford.	5.000,--

S	Bank	H
Ford.	25.000,--	

ERGÄNZEND

Nebenbuchbereich

S	Krankenkasse A	H		S	Patient B	H
Erl.	50.000,--	BA	25.000,--	Erl.	5.000,--	

2. Eigenständige Buchung

Bei der ergänzenden Buchung wurden die Beträge auf dem Sachkonto und auf dem Personenkonto gebucht. Diese Buchungen können aber auch **eigenständig** in der Kontokorrentbuchhaltung durchgeführt werden.

Das hat zur Folge, dass das Konto Forderungen bei den laufenden Buchungen nicht mehr berührt wird (das Konto Forderungen ist hier als Beispiel erwähnt). Die Beträge werden **nur** auf dem entsprechenden Personenkonto gebucht. Bei Abschluss der Personenkonten wird der Saldo auf ein Sammelkonto gebucht, dessen Saldo wiederum auf dem Konto Forderungen.

Grundsätze der Finanzbuchführung 67

Buchungssatz, Text	Grundbuchbereich			
	Sachbuchjournal		Nebenbuchjournal	
	Soll	Haben	Soll	Haben
1. Krka A an Erlöse a. Krhs-Leistung.		50.000,--	50.000,--	
2. Patient B an Erlöse a. Krhs-Leist.		5.000,--	5.000,--	
3. Bank an Krka A	25.000,--			25.000,--
4. K.Sammel-Kto an Krka A			25.000,--	25.000,--
4. K.Sammel-Kto an Patient B			5.000,--	5.000,--
5. Forderungen an K.Sammel-Konto	30.000,--			30.000,--

Sachbuchbereich

```
S       Forderungen       H         S   Erlöse a. Krhs-Leistungen  H
KSK   30.000,--                               |  K. A   50.000,--
                                              |  K. B    5.000,--

                                         S         Bank           H
                                         K. A   25.000,--  |
```

EIGENSTÄNDIG

Nebenbuchbereich

```
S     Krankenkasse A      H         S         Patient B          H
Erl.   50.000,-- | BA   25.000,--   Erl.   5.000,-- | KSK   5.000,--
                 | KSK  25.000,--

                                    S      Kundensammelkonto      H
                                    K. A   25.000,-- | Ford. 30.000,--
                                    K. B    5.000,-- |
```

Lohn- und Gehaltsbuchhaltung

Die Aufgaben dieses Nebenbuchbereichs werden aus dem Kapitel III/6 ersichtlich und deshalb hier nicht näher erläutert.

Die Lagerbuchhaltung

Die Aufzeichnungen der einzelnen Lagerbestände und Materialbewegungen an Verbrauchsgütern werden i.d.R. nicht auf Sachkonten, sondern auf Sammelkonten geführt.
Sie werden in der Lagerbuchhaltung zur Buchung auf dem Sachkonto vorbereitet. Die Lagerbuchführung hat die Aufgabe, **Bestände und Verbrauch** zu erfassen. Auch Veränderungen im Lager werden hier ständig nachgewiesen. Als Hilfsmittel dient die manuell bearbeitete **Lagerkartei** oder die EDV.
Sie ist nach Hauptgruppen untergliedert, wie z.B. Medizinischer Bedarf - bei Krankenhäusern, Lebensmittel, Wirtschaftsbedarf, Verwaltungsbedarf. Für **jede einzelne Sachgüterart** wird eine besondere Lagerkarteikarte angelegt, auf der die **Zu- u. Abgänge mengenmäßig** erfasst werden.
Dadurch ist jederzeit der Bestand einzelner Artikel zu ermitteln (permanente Inventur). Bei einer körperlichen Inventur müssen die Inventurergebnisse mit dem Bestand auf der Karteikarte übereinstimmen.
Ist dies nicht der Fall, so liegen Unregelmäßigkeiten vor, die behoben werden müssen.
Belege für die Eintragung in der Lagerkartei sind:
- Materialeingangsscheine, Materialentnahmescheine, Materialrückgabescheine
- oder EDV-mäßige Erfassungen dieser Bewegungen.

Die Anlagenbuchhaltung

Die Anlagenbuchhaltung ist erforderlich, um **die Abschreibungen genau zu ermitteln**. Hier werden die Anlagenkarten als Sammelkonten des Hauptbuches geführt. Die Anlagengruppen werden entsprechend den Anlagenkonten untergliedert.

Diese Anlagengruppen setzen sich aus zahlreichen Einzelgegenständen und -werten zusammen. Für jeden einzelnen Anlagegegenstand wird manuell oder per EDV eine **Anlagenkarte** erstellt, die u.a. folgende Angaben enthält:
- Bezeichnung der Anlage und Kontozugehörigkeit,
- Inventarnummer,
- Zeitpunkt der Anschaffung,
- Anschaffungswert,
- betriebsgewöhnliche Nutzungsdauer (BND),
- Restwert,
- Abschreibungen und Buchwert für jedes Jahr usw.

Zusätzlich werden meistens technische Angaben des betreffenden Anlagegutes erfasst.

3.8.3. Manuelle Buchführungsarten

Die Buchführungsarten oder Buchführungssysteme stellen den organisatorischen Aufbau der Finanzbuchhaltung in der Verbindung der Buchführungsbereiche dar.

Das **Amerikanische Journal** vereint das Grundbuch und das Hauptbuch auf einem Bogen. Da hier die Kontenanzahl gering ist, eignet sich das amerikanische Journal nur für kleinere Unternehmen. Die Grundbuchspalten bestehen hier nur aus drei Spalten: **Tag, Text und Betrag**.
Hier wird nicht wie sonst üblich im Soll und Haben gebucht, sondern nur in einer Spalte. Die Soll- und Habenbuchungen werden dann im Hauptbuchteil in den folgenden Spalten vorgenommen.

Muster eines amerikanischen Journals

Tag	Text	Betrag	08 Ausstattung		24 Forderung.		288 Kasse	
			Soll	Haben	Soll	Haben	Soll	Haben
1.	Eröffnung	100	50		20		5	
2.	Barzahlung Kas.Rechn.	18				18	18	
3.	PC-Barkauf	15	15					15

| Grundbuch | Hauptbuch |

Bei der **Übertragungsbuchführung** sind Grundbuch und Hauptbuch getrennt. Zunächst werden alle Buchungen chronologisch im Grundbuch erfasst und dann in das Hauptbuch übertragen. Das Journal wird in Buch- oder Lose-Blatt-Form geführt. Sachkonten sind als Karteikarten angelegt. Das System lässt sich beliebig erweitern.

Bei der **Durchschreibebuchführung** ist das Journal eine Lose-Blatt-Sammlung mit gleichem Format und Aufbau wie die Hauptbuch- und Nebenbuchblätter. Bei der Buchung wird vom Sachkonto oder Nebenkonto ins Journal durchgeschrieben, seltener wird die Durchschrift vom Journal aus vorgenommen. Auf diese Art und Weise wird Buchungszeit und Buchungsaufwand gegenüber der Übertragungsbuchführung eingespart.

Das Prinzip der Durchschreibebuchführung wurde später dann bei der Arbeitsweise von Buchungsautomaten übernommen.

3.8.4. EDV-Buchführung

a) Grundsätzliches

Vorteile der EDV

Als besondere Fähigkeiten der EDV lassen sich Speicherung und Verwaltung großer Datenmengen, exakte und bei Wiederholung immer gleiche Bearbeitung der Daten, große Geschwindigkeit, dezentrale Dateneingabe und dezentraler Datenempfang herausstellen.

Dadurch wird die Berichterstattung zur Steuerung, Planung und Kontrolle wesentlich aktueller.

Aufgaben der EDV aus Finanzbuchhaltungs-Sicht

Die Aufgaben der EDV-Buchführung lassen sich auf die Punkte Reduzierung des mechanischen Aufwandes auf ein Mindestmaß, Möglichkeit individueller Behandlung von Konten (Automatische Buchungen - Buchungen von Hand etc.) und Rationalisierung reduzieren.

Externe oder interne EDV

Für die Unternehmung spielt die Kostenfrage der EDV eine wesentliche Rolle. Für viele - vor allem kleinere - lohnt sich eine interne EDV nicht. Sie schließen sich an Dienstleistungsbetriebe (Datev, Edeka etc.), die mit ihren Rechenzentren die Buchführung kleinerer Unternehmen übernehmen, an (Externe EDV). Im letzten Fall werden lediglich Belege ordnungsgemäß gesammelt und den EDV-Zentren zur Verfügung gestellt, oder es werden die Geschäftsvorfälle mit Hilfe der Datenfernübertragung eingegeben. Ein Vorteil dieser externen EDV liegt sicherlich in der sehr komfortablen Bearbeitung und Auswertung, während man bei kleineren eigenen Systemen zwar schnellere Informationen zur Verfügung hat, auf größeren Komfort aber verzichten muss. Außerdem sind hier bei der Bearbeitung höhere Ansprüche an die Mitarbeiter gestellt.

Einteilung der Finanzbuchhaltung

In der Standardsoftware findet man in der Regel Sachkonten-, Debitoren- und Kreditorenbereich sind als ursprünglicher Bereich zusammengefasst.

Grundsätze der Finanzbuchführung 71

Anlagen, Materialien, Kosten- und Leistungsrechnungen, Löhne und Gehälter werden bei kleineren Programmen ausgegliedert, bei umfassenderen sind sie integriert.

b) Anwendung von FIBU-Software auf dem PC

Voraussetzungen

Neben der Sachkontenbuchführung ist im **Softwarebereich** eine integrierte Debitoren- und Kreditorenbuchhaltung - ergänzt um Zusatzfunktionen, wie Mahnwesen und Zahlungsvorschlagslisten, Druck von Überweisungen, Ausdruck von USt-Voranmeldungen und betriebswirtschaftliche Auswertungen - wünschenswert.
Ferner sollte grundsätzlich die Möglichkeit bestehen, andere Anwendungspakete, wie Anlagenbuchhaltung, Auftragserfassung, Fakturierung, Materialwirtschaft, Löhne und Gehälter, Kosten- und Leistungsrechnung, auch zu späteren Terminen noch einzubinden.
Aufgrund einer Programmpflege müssen Weiterentwicklungen der Software - bedingt durch Technik oder durch rechtliche Änderungen (z.B. Bilanzrichtlinien-Gesetz) dem Anwender sofort zu gute kommen.

Arbeiten zum Buchführungsbeginn

Installation einer Firma

Zu Beginn muss die Finanzbuchhaltung installiert werden. Firmenspezifische Daten (Firma, Anschrift, Firmennummer, Firmencode) und organisatorische Dinge werden angegeben.

Einrichten von Sachkonten

Aus dem Eingangsmenü der Finanzbuchhaltung heraus ist nun vor der ersten Buchung das Menü der Stammdatenverwaltung anzuwählen.
Im Bereich der Stammdatenverwaltung wird nun der **Kontenplan mit den Sachkonten** der Unternehmung erstellt. Der entsprechende Menüpunkt dient auch zum Ändern und Löschen von Konten. Bei einigen Programmpaketen ist schon ein Kontenplan vorgegeben, der nur noch modifiziert werden muss.
Auf dem Bildschirm erscheint eine Maske, die neben Kontennummer und Kontennamen Bearbeitungsmerkmale abfragt. Ist unter der eingegebenen Konten-

nummer schon ein Konto mit Hinweisen abgespeichert, werden die Daten zur Änderung angeboten.

Die vereinfachte Darstellung einer Maske könnte folgendermaßen sein:

Sachkonto	
Kontennummer:	_ _ _ _
Kontenart:	_ (Bestands-, Erfolgskonto)
Kontenbezeichnung:	_ _
Kontenfunktion:	_ _ _ (Steuerschlüssel, ZA für Zahlungskonto oder EB für Eröffnungsbilanzkonto)

Erläuterungen:

Kontennummer
Die Kontennummer eines Sachkontos wird in der Regel vierstellig angegeben.
Kontobezeichnung
Hier wird der Kontenname entsprechend dem Kontenrahmen eingegeben.
Kontenart
Unter diesen Positionen wird der Charakter des Kontos als Bestandskonto, Erfolgskonto oder sogar spezieller als Aktivkonto etc. festgelegt. **Diese Zuordnung ist für die automatische Übernahme ins SBK oder GuV wichtig.**
Kontenfunktion
In dieser Gruppe werden Steuerart oder Steuerschlüssel einzelner Konten benannt; außerdem erfolgt hier die Zuordnung zu den Zahlungskonten.

Ergänzt werden diese Positionen in der Regel um **Auswertungsangaben** oder **Budgetvorgaben.** Einige Hersteller sehen neben dem Buchführungsabschluss eine **Zuordnung der einzelnen Positionen zur Bilanz und GuV-Rechnung** im Rahmen des gesetzlichen Jahresabschlusses vor.
Außerdem erlauben einige Anwendungen über die Finanzbuchhaltung hinaus die Kosten und Leistungen den verursachenden **Kostenstellen** zuzuweisen.

Einrichten von Personenkonten

Bei der EDV-Buchführung werden entsprechende Daten für die Anlage von Personenkonten und zur Aufbereitung von OP-Listen im Menüpunkt „Anlage von Personenkonten" abgefragt.
Vereinfacht sieht die Eingabemaske folgendermaßen aus:

Grundsätze der Finanzbuchführung

Personenkonto
Kontennummer: _ _ _ _ _
Firma: _
Straße: _
PLZ, Ort: _
Kontenkurzbezeichnung: _

Folgende (weitere) Eingaben werden meist erwartet:
- Kontonummer (zur besseren Unterscheidung oft fünfstellig angelegt),
- Firmenbezeichnung (evtl. zusätzlich noch Kurzbezeichnung),
- Adresse mit Telefonnummer,
- Zahlungsziel bei Kunden bzw. Zahlungskonditionen bei Lieferanten für Mahnlisten bzw. Zahlungsvorschlagslisten,
- Bankverbindungen für Lastschriften oder Überweisungsdrucke,
- evtl. Code für statistische Auswertungen, wie z.b. Branchenschlüssel oder Vertreterregionen,
- evtl. die Angabe einer Adressennummer zur Übernahme der Daten aus einer anderen Software, wie z.b. aus der Auftragsverwaltung.

Buchen in den Buchführungsbereichen

Journal (Grundbuch)

Im Rahmen der EDV erhält das Journal besondere **Bedeutung**. Es dient als **Einzelnachweis** für verdichtete (zusammengefaßte) Buchungen auf den Sachkonten.

Das Grundbuch ist der Ausdruck der Buchungen mit gleichzeitiger Funktion eines Buchungsprotokolls oder eine entsprechende Speicherung.

Aufgrund der Buchungseingabe des Sachbearbeiters wird das Journal automatisch erstellt. Der Ausdruck erfolgt je nach Softwarebeschaffenheit bei der Buchungseingabe oder auf Wunsch zu einem späteren Termin.

Vereinfachter Journalauszug:

Journalauszug

Nr.	Datum	Beleg	Text	Kontierung	Soll	Haben

Erläuterungen:

Nr.
Eine Journalnummer wird durchgehend automatisch vergeben.
Beleg
Hier wird die in der Buchung vorgegebene Belegnummer übernommen.
Text
Ein kurzer Buchungstext definiert den Geschäftsvorfall.
Kontierung
Die entsprechenden Spalten geben das Konto der Soll- bzw. Habenbuchung an.
Soll; Haben
In diesen Spalten wird die Buchung durchgeführt.
Ergänzt werden kann die Darstellung gegebenenfalls durch **Steuerschlüssel**.

Haupt- oder Sachbuch

Hier werden die Bestands-, Erfolgs- und Privatkonten geführt.

Aufgrund der EDV-Buchführung erfolgt ein Ausdruck von Sachkonten häufig nur noch als Kontoauszug. Die größere Bedeutung des Journals als Einzelnachweis von Buchungen wurde oben schon herausgestellt.

Zur anschaulichen Darstellung eines Buchungsvorganges wird hier der folgende vereinfachte Kontoauszug aufgezeigt:

Kontoauszug					
J.Nr. Datum Beleg Text			Gegenkonto	Soll	Haben

Auch hier werden in der Regel die beim Journal aufgeführten **Ergänzungen** berücksichtigt.

Buchungseingaben

Die Buchungseingabe erfolgt wiederum in einer vorgegebenen Maske. Dabei werden die Kontenfunktionen (z.B. der Steuerschlüssel zur automatischen Berechnung und Buchung der Umsatzsteuer oder Zahlungskontoschlüssel zur Skontoberechnung und -buchung in Verbindung mit Personenkonten), die bei der Konteneingabe festgelegt wurden, berücksichtigt.

Grundsätze der Finanzbuchführung

In den FiBu-Paketen werden auch nach Eingabe der Kontennummer die Kontenbezeichnungen und augenblicklichen Kontensalden eingeblendet. Die hier verwendete vereinfachte Maske für die Buchungseingabe berücksichtigt **nicht** das übliche zusätzliche Buchungsprotokoll:

Buchungseingabe
Kontennr.-Soll: _ _ _ _ _
Kontennr.-Haben: _ _ _ _ _
Buchungstext: _
Datum: _ _._ _._ _
Beleg-Nr.:   _ _ _ _ _
Betrag: _ _ _._ _ _._ _ _._ _ €
Steuerschlüssel: _ _ _

Wie zu erkennen ist, lassen sich mittels dieser Masken nur **einfache Buchungen** durchführen; zusammengesetzte Buchungen, die in der manuellen Buchführung sehr häufig sind, entfallen hier. Sie müssen als Einzelbuchungen erfasst werden.

Die Softwareanbieter geben deshalb zur Vereinfachung bei einem gleichen Kontenruf in aufeinanderfolgenden Vorfällen verschiedenartige Lösungen vor (z.B. „rhvFibu": Leitkonto; neben der Festlegung des Leitkontos ist der gesamte zu buchende Betrag als Abstimmsumme einzugeben. Auf dem Leitkonto wird dann so lange gebucht, bis der Betrag verbraucht ist.)

Debitoren- und Kreditorenbuchhaltung

In der EDV hat sich die **Offenen-Posten-Buchhaltung** stark entwickelt. Durch eine zusätzliche namentlich sortierte **Offenen-Posten-Liste** (OP-Liste) der nicht ausgeglichenen Rechnungen werden die Informationen - wie schon oben dargestellt - ordnungsgemäß zur Verfügung gestellt. Angeschlossen sind Mahnungsschreiben, Zahlungsvorschlagslisten, Summen- und Saldenlisten usw.

Kontenabschluss

Ein vorläufiger Abschluss, z.B. zum Monatsende, wird auf Wunsch vom System **automatisch durchgeführt**. Aufgrund der eingegebenen Kontenarten werden die Salden der Sachkonten in das Schlussbilanzkonto oder Gewinn- und Verlustkonto ohne Berücksichtigung etwaiger Buchungsschlüssel übernommen.

Zum Teil werden Anfangsbestände und Verkehrszahlen der Periode noch getrennt aufgeführt.

Einige Systeme sehen zusätzlich eine Zuordnungsmöglichkeit von Konten zu den Bilanz- und GuV-Positionen eines Jahresabschlusses nach dem HGB vor.

III. Buchungs- und Ansatzschwerpunkte

1. Steuern

1.1. Abgrenzung des Begriffs Steuern

Steuern sind einmalige oder fortlaufende **Geldleistungen**, die keine **Gegenleistung** für eine besondere Leistung darstellen und von einem **öffentlich-rechtlichen Gemeinwesen** zur Erzielung von Einnahmen **allen auferlegt** werden, bei denen der **Tatbestand** zutrifft, an den das Gesetz die Leistungspflicht knüpft; die Erzielung von Einnahmen kann Nebenzweck sein. Zölle sind Steuern im Sinne der AO (§ 3 AO).

Demnach sind die Gebühren sowie die Beiträge von den Steuern zu unterscheiden, da bei ihnen eine direkte Gegenleistung geboten wird. Doch während es sich bei den Gebühren um Abgaben handelt, die als Entgelt für bestimmte Dienstleistungen oder für andere Leistungen einer öffentlichen Einrichtung zu entrichten sind, versteht man unter Beiträgen Abgaben, die zur Deckung der Kosten öffentlicher Einrichtungen oder Interessengemeinschaften abzuführen sind.

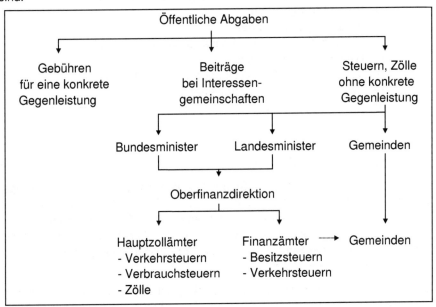

Anmerkung:
Im folgenden werden die Steuergesetze und Steuern näher erläutert, die einen stärkeren Bezug zur Buchführung haben. Außerdem erfolgt eine kurze Beschreibung der Steuern, die häufiger als Buchungsbeispiele genutzt werden.

1.2. Steuerrechtliche Grundlagen
1.2.1. Die Abgabenordnung (AO)

a) Allgemeines

In der Steuergesetzgebung unterscheidet man zwischen Einzelsteuergesetzen (Spezialsteuergesetze), wie z.B. Einkommensteuergesetz (EStG), Umsatzsteuergesetz (UStG), und allgemeinen Steuergesetzen. Die Abgabenordnung (AO) gehört zu der zweiten Gruppe und wird oft als „**Grundgesetz des Steuerrechts**" bezeichnet. Sie enthält grundlegende Bestimmungen, die für alle Steuern gelten, wie z.B.:

--- Aufgaben, Aufbau und Zuständigkeit der Steuerbehörden,
--- **Buchführungspflicht,**
--- **Steuerbegünstigungen**
--- Zahlung, Stundung und Erlass von Steuerbescheiden,
--- Rechtsbehelfsverfahren,
--- Verzinsung von Nachzahlungen und Erstattungen
--- Zwangsvollstreckung, Strafverfahren, u.a.m.

b) Das Besteuerungsverfahren

Die jeweilige Steuerschuld eines Steuerpflichtigen hängt von der Bemessungsgrundlage ab. Es handelt sich hierbei um einen Betrag, wie z.B. die Höhe des Einkommens. Diese Grundlage kann entweder durch „**Selbstveranlagung**" des Steuerpflichtigen ermittelt werden, wie z.B. bei der Umsatzsteuervoranmeldung, oder **durch das Finanzamt**, das den Steuerpflichtigen gegebenenfalls zur Abgabe einer Steuererklärung auffordert.

Im ersten Falle berechnet der Steuerpflichtige die Steuer selbst, im zweiten macht er dem Finanzamt gegenüber nur die Angaben zur Ermittlung (§ 149 ff AO). Das Finanzamt stellt die Steuer fest und erteilt einen Steuerbescheid.

c) Der Rechtsbehelf

Rechtsbehelfe nennt man die Möglichkeit, gegen **ungerechtfertigte Verfügungen** der Finanzbehörden vorzugehen. Sie bedürfen keiner besonderen Form, müssen jedoch binnen eines Monats eingelegt werden. Man unterscheidet allerdings zwischen **außergerichtlichen** (Einspruch bei Steuerbescheiden; Beschwerde gegen sonstige Verfügungen) und **gerichtlichen** Rechtsbehelfen. Die außergerichtlichen sind in der Abgabenordnung (AO), die gerichtlichen in der Finanzgerichtsordnung (FGO) geregelt.

d) Steuerbegünstigungen

Die Abgabenordnung sieht für **Körperschaften, Personenvereinigungen und Vermögensmassen** nach dem Körperschaftsteuergesetz, die ausschließlich und unmittelbar gemeinnützige, mildtätige oder kirchliche Zwecke verfolgen, **Steuerbegünstigungen gemäß §§ 53 - 68 AO** vor. Diese gelten nicht für Einzelpersonen, Personengesellschaften und ähnliche Unternehmer.

Eine Körperschaft verfolgt **mildtätige** Zwecke, wenn sie Personen unterstützt, die aufgrund körperlichen, geistigen oder seelischen Zustandes Hilfe bedürfen oder deren Bezüge begrenzt sind (4-fache d. Sozialsatzes). Sie verfolgt **gemeinnützige** Zwecke, wenn ihre Tätigkeit darauf ausgerichtet ist, die Allgemeinheit zu fördern, u.a. auch die Förderung der Altenhilfe und des Gesundheitswesens.

Diese Förderung muss selbstlos sein. Das heißt, Mittel dürfen nur satzungsgemäß verwendet werden (bestimmte Ausnahmen sind unschädlich), Vergütungen dürfen nicht unverhältnismäßig hoch sein usw.

Die Körperschaft darf nur die steuerbegünstigten, satzungsgemäßen Zwecke verfolgen.

Diese Zwecke müssen durch die Körperschaft selbst - auch als Geschäftsführungskörperschaft - verfolgt werden.

Begünstigt sind jedoch nur **Wirtschaftbetriebe** einer Körperschaft, die **Zweckbetriebe** in der o.a. Art und Weise sind. Alle weiteren Wirtschaftsbetriebe, z.B. Cafeterien, Krankenhausapotheken und Wäschereien, fallen wegen ihres Wettbewerbes mit nicht geförderten Unternehmen nicht unter die Begünstigungen.

Krankenhäuser sind dann Zweckbetriebe, wenn sie mindestens 40% der Pflegetage nach BPflV abgerechnet werden, oder wenn mindestens 40% der Pflegetage nicht höher als nach BPflV abgerechnet werden.

Alten-, Altenwohn-, Pflegeheime, Erholungsheime und Mahlzeitendienste sind Zweckbetriebe, wenn sie in besonderem Maße mildtätig tätig werden und nicht mehr als 20% an Außenstehende leisten.

1.2.2. Weitere gesetzliche Grundlagen des Steuerrechts

Zur Klärung steuerrechtlicher Fragen dienen nicht nur die Steuergesetze, sondern auch Durchführungsverordnungen und Richtlinien.

Als **allgemeine Steuergesetze** werden die Abgabenordnung (AO) und das Bewertungsgesetz (BewG) bezeichnet. **Einzelsteuergesetze** sind das Einkommensteuergesetz (EStG), das Umsatzsteuergesetz (UStG) etc. **Durchführungsverordnungen** sind Rechtsverordnungen zu den einzelnen Steuergesetzen, z.b. Umsatzsteuerdurchführungsverordnung (UStDV), Einkommensteuerdurchführungsverordnung (EStDV). **Richtlinien** sind Verwaltungsvorschriften, die Anweisungen für die Finanzbehörden darstellen, z.b. Einkommensteuerrichtlinien (EStR), Gewerbesteuerrichtlinien (GewStR).

Weiter wird auf **Kommentare, Erlasse, Verfügungen** und auf die **Urteile des Bundesfinanzhofes** und der weiteren Rechtsprechung zurückgegriffen.

1.3. Arten von Steuern

1.3.1. Überblick der Steuerarten

Der folgende Überblick soll helfen, einen groben Überblick über die Vielzahl der Steuerarten zu bekommen:

Einteilung nach ihrer wirtschaftlichen Auswirkung	**direkte Steuer:** Steuerschuldner und Steuerträger sind ein und dieselbe Person.
	indirekte Steuer: Steuer kann abgewälzt werden; Steuerschuldner und Steuerträger nicht identisch.
Einteilung in der Verwaltungspraxis	**Besitzsteuer:** Es handelt sich um Steuern vom Einkommen (Personensteuern, auch Subjektsteuern) mit Berücksichtigung persönlicher Verhältnisse.
	Verkehrsteuer: Durch sie werden rechtliche oder wirtschaftliche Akte oder Vorgänge besteuert.
	Realsteuer: Bedeutung bestimmter Gegenstände steht im Vordergrund (Objekt- oder Sachsteuer).
	Verbrauchsteuer: Diese indirekte Steuer erfasst den Verbrauch der Ware (Waren des Massenkonsums). Die Steuer wird in den Preis einkalkuliert und abgewälzt.

	Zölle: Sie werden bei Warenbewegungen über die Grenze erhoben. Man unterscheidet Einfuhrzölle und Ausfuhrzölle.
Einteilung nach dem Zufluss	**Bundessteuern, Landessteuern, Gemeindesteuern, Gemeinschaftsteuern** (letztere fließen dem Bund, den Ländern und den Gemeinden zu bestimmten Teilen zu).

Gesamtübersicht:

Einteilung der Steuern [1]		
nach Auswirkung	**nach Verwaltungspraxis**	**nach Steuerzufluss**
Direkte Steuern: - Einkommensteuer - Lohnsteuer - Grundsteuer - Grunderwerbsteuer **Indirekte Steuern:** - Umsatzsteuer - Zölle - Verbrauchsteuern	**Besitzsteuern:** - Einkommensteuer - Körperschaftsteuer **Verkehrsteuern:** - Umsatzsteuer - Grunderwerbsteuer - Versicherungsteuer **Realsteuern:** - Gewerbesteuer - Grundsteuer **Zölle:** - Einfuhrzölle - Ausfuhrzölle **Verbrauchsteuern:** - Mineralölsteuer - Tabaksteuer - Biersteuer - Branntweinsteuer - Einfuhrumsatzsteuer	**Bundessteuern:** - Zölle - Versicherungsteuer - Verbrauchsteuer (Ausnahme der Biersteuer) **Landessteuern:** - Kraftfahrzeugsteuer - Grunderwerbsteuer - Biersteuer - Erbschaftsteuer **Gemeindesteuern:** - Gewerbesteuer [2] - Grundsteuer - Hundesteuer - Vergnügungsteuer **Gemeinschaftsteuern:** - Umsatzsteuer - Einkommensteuer - Körperschaftsteuer - Lohnsteuer - Kapitalertragsteuer

[1] Keine vollständige Aufzählung
[2] Gewerbesteuerumlage an Bund und Länder

82 Buchungs- und Ansatzschwerpunkte

Die o.a. Steuerbegünstigungen nach §§ 53 - 68 AO sind mit zwei Ausnahmen in den Einzelsteuergesetzen geregelt. Die folgende Tabelle soll an dieser Stelle eine erste Übersicht bieten; bei den einzelnen Steuerbeschreibungen wird nochmals auf diese Begünstigungen hingewiesen.

spezielle Steuerbegünstigungen, Steuerbefreiungen bei Krankenhaus- und Pflege-Zweckbetrieben	spezielle Steuerbegünstigungen, Steuerbefreiungen bei sonstigen Wirtschaftsbetrieben in Verbindung mit o.a. Zweckbetrieben
• Umsatzsteuer - § 4 Nr. 16 UStG (u.a. bestimmte Krankenhäuser; Pflegeeinrichtungen mit mindestens 40% zweckgebundener Leistungen)	• Umsatzsteuer - § 4 Nr. 16 UStG keine; aber ermäßigter Steuersatz - nach § 12 (2) Nr. 8 UStG mit anteiligem VSt-Abzug
• Körperschaftsteuer - § 5 Ziff. 9 KStG	• Körperschaftsteuer - § 5 Ziff. 9 KStG keine; Ausnahme: befreit, wenn Einnahmen mit USt ≤ 30.678 € § 64 (3) AO
• Grundsteuer - § 3 (1) Ziff. 3 GrStG	• Grundsteuer - § 3 (1) Ziff. 3 GrStG keine
• Gewerbesteuer - § 3 Ziff. 6 GewStG	• Gewerbesteuer - § 3 Ziff. 6 GewStG keine; Ausnahme: befreit, wenn Einnahmen mit USt ≤ 30.678 € § 64 (3) AO
• Erbschaft- und Schenkungsteuer - § 13 Ziff. 16/17 ErbStG	• Erbschaft- und Schenkungsteuer - § 13 Ziff. 16/17 ErbStG keine
• Kapitalertragsteuer - § 44c (1) Ziff. 2 EStG	• Kapitalertragsteuer - § 44c (1) Ziff. 2 EStG keine

Buchungstechnische Einteilung der Steuern

Auch in buchungstechnischer Hinsicht lässt sich eine Einteilung vornehmen. Hier soll nun dargestellt werden, welche Einteilungen man treffen muss, um Steuern richtig buchen zu können.

Die folgende Übersicht mag dieses verdeutlichen:

Überblick über die wichtigsten Steuern und ihre Buchung			
Unternehmenssteuern - Betriebliche Steuern	Steuern des Unternehmers	Steuern als Bestandteil des Anschaffungswertes (aktivierte Steuern)	Steuern als durchlaufende Posten
Gewerbesteuer Kraftfahrzeugsteuer Grundsteuer (auf Betriebsgrundstücke und -gebäude)	Einkommensteuer Kirchensteuer (des Inhabers) Grundsteuer (auf Privatgrundstücke und -gebäude) Körperschaftsteuer	Grunderwerbsteuer Zölle	Lohnsteuer und Kirchensteuer der Arbeitnehmer Umsatzsteuer
Buchungen: Buchung als Aufwand (Betriebsausgabe)	Buchungen: Buchung als Privatentnahme (Einzelunternehmung und Personengesellschaften) bzw. Buchung als nicht abzugsfähige Betriebsausgabe (Kapitalgesellschaften)	Buchungen: Buchung als zusätzliche Anschaffungskosten des betreffenden Wirtschaftsgutes (Aktivierung)	Buchungen: Buchung bei Zahlung ist der Ausgleich einer Verbindlichkeit gegenüber der Finanzverwaltung

Bei den Veranlagungssteuern sind **Steuervorauszahlungen** auf die voraussichtliche Jahressteuerschuld zu zahlen. Diese sind ebenfalls wie o.a. zu buchen.

84 Buchungs- und Ansatzschwerpunkte

Nachzahlungen von **Unternehmenssteuern** auf die Jahressteuer sind periodenfremde Aufwendungen, Erstattungen von Unternehmenssteuern periodenfremde Erträge.

1.3.2. Die Einkommensteuer

a) Allgemeines

Durch die Erhebung der Einkommensteuer (ESt) soll **die wirtschaftliche Leistungsfähigkeit** der natürlichen Personen besteuert werden. Deshalb werden die persönlichen Verhältnisse des Steuerpflichtigen (z.b. Familienstand, Alter) und besondere Umstände, die seine wirtschaftliche Leistungsfähigkeit beeinträchtigen können (z.b. Krankheit, Unterstützung mitteloser Angehöriger), berücksichtigt.

Zur Einkommensteuer gehören aber auch die **Körperschaftsteuer** sowie die **Lohnsteuer** und die **Kapitalertragsteuer**. Während durch die Körperschaftsteuer nach dem Körperschaftsteuergesetz das Einkommen der juristischen Personen (z.B. der Aktiengesellschaften) besteuert wird, stellen die Lohnsteuer und die Kapitalertragsteuer lediglich besondere Erhebungsformen der Einkommensteuer dar.

Einkommensteuer			
Veranlagte Einkommensteuer	Körperschaftsteuer	Lohnsteuer	Kapitalertragsteuer

Zum Überblick sei hier das vereinfachte Einkommensberechnungsverfahren der veranlagten Einkommensteuer vorgestellt, soweit eine Erörterung erforderlich ist, folgt sie im Anschluss.

Ermittlung des zu versteuernden Einkommens (vereinfachte Darstellung nach § 2 EStG)

Einkünfte:
  Gewinneinkünfte:
    1. Einkünfte aus Land- und Forstwirtschaft,
    2. Einkünfte aus Gewerbebetrieb,
    3. Einkünfte aus selbständiger Arbeit.

Überschusseinkünfte:
4. Einkünfte aus nichtselbständiger Arbeit,
5. Einkünfte aus Kapitalvermögen,
6. Einkünfte aus Vermietung und Verpachtung,
7. Sonstige Einkünfte,
   Spekulationsgewinne, Einkünfte aus wiederkehrenden Leistungen.

(Verrechnung positiver und negativer Einkünfte)
Summe der Einkünfte
- Altersentlastungsbetrag   (§ 24 EStG)

Gesamtbetrag der Einkünfte
- Sonderausgaben   (§§ 10,10b,10c EStG)
- außergewöhnliche Belastungen (§§ 33-33b EStG)

Einkommen
- Haushaltsfreibetrag   (§ 32 EStG)
(- Kinderfreibeträge,
    bei Nicht-Inanspruchnahme von Kindergeld   (§ 32 EStG))

zu versteuerndes Einkommen

b) Die Einkunftsarten

Das Einkommensteuergesetz (EStG) kennt **sieben Einkunftsarten**. Jede Einkunftsart hat mehrere Einkunftsquellen. Die Einkünfte aus allen Einkunftsquellen einer Einkunftsart zusammengefasst stellen die Einkünfte und somit den Reinertrag der betreffenden Einkunftsart dar.

Nur die Einkünfte, die in den Rahmen der sieben Einkunftsarten passen, unterliegen der Einkommensteuer. Alle anderen Einkünfte, wie z.B. Lotteriegewinne, bleiben bei der Einkommensbesteuerung außer Betracht.

Die drei ersten Einkunftsarten sind die schon bekannten Gewinneinkünfte, wobei die **Betriebseinnahmen** abzüglich der **Betriebsausgaben** den **Gewinn** ergeben. Alle drei Einkunftsarten werden selbständig, nachhaltig, mit Gewinnabsicht und mit Beteiligung am wirtschaftlichen Verkehr ausgeübt.

Die restlichen Einkunftsarten werden als Überschusseinkünfte bezeichnet. Der sogenannte Überschuss ergibt sich aus den **Einnahmen abzüglich der Werbungskosten**, wobei unter Einnahmen alle Güter gemeint sind, die in Geld oder

Geldeswert bestehen und dem Steuerpflichtigen aus der betreffenden Einkunftsart zufließen (§ 8 Abs.1 EStG).

Was die Werbungskosten betrifft, so handelt es sich um Aufwendungen zur Erwerbung, Sicherung und Erhaltung der Einnahmen.

Werbungskosten bei den Einkünften aus nichtselbständiger Arbeit:
--- Aufwendungen für Fahrten zwischen Wohnung und Arbeitsstätte,
--- Aufwendungen für Arbeitsmittel und Fortbildungen,
--- Beiträge zu Berufsverbänden (Gewerkschaft).

c) Ermittlung des zu versteuernden Einkommens

Addiert man nun positive sowie negative Einkünfte, dann erhält man die **Summe der Einkünfte**. Hiervon ist nun der **Altersentlastungsbetrag** (§ 24 EStG) abzuziehen. Dieser Betrag steht jedem Steuerpflichtigen zu, der vor Beginn des Kalenderjahres, in dem er sein Einkommen bezogen hat, das 64. Lebensjahr vollendet hat. Vorausgesetzt er hat nicht nur Einkünfte aus Versorgungsbezügen oder Leibrenten.

Das Ergebnis dieser Subtraktion ist der **Gesamtbetrag der Einkünfte**. Hier kommen nun die **Sonderausgaben** (§§ 10, 10b, 10c EStG) und die **außergewöhnlichen Belastungen** (§§ 33 - 33 b EStG) zum Abzug.

Sonderausgaben

Man unterscheidet zwei Arten von Sonderausgaben:
      a) Vorsorgeaufwendungen
      b) Übrige Sonderausgaben

Bei den **Vorsorgeaufwendungen** handelt es sich um besondere Zahlungen, die zur Absicherung des Lebens geleistet werden. Hierunter fallen die

      --- Kranken-, Unfall- und Haftpflichtversicherungen, etc

Sie sind allerdings nur im Rahmen von Höchstbeträgen, also im **beschränkten Umfang**, als Sonderausgaben abzugsfähig.

Die **übrigen Sonderausgaben** sind im EStG vollständig aufgezählt. Es handelt sich hierbei um Zahlungen für:

      --- mildtätige und ähnliche Zwecke (Spenden),
      --- Nachforderungs-, Stundungs- und Aussetzungszinsen,

Buchungs- und Ansatzschwerpunkte 87

--- Kirchensteuer,
--- Renten und dauernde Lasten,
--- Steuerberatungskosten,
--- Ausbildungskosten.

Diese Ausgaben sind bis auf die Spenden und Ausbildungskosten **unbeschränkt** abzugsfähig.

Außergewöhnliche Belastungen

Hierbei handelt es sich um außergewöhnliche Aufwendungen, die dem Steuerpflichtigen **zwangsläufig** entstehen. Es sind dies z.b.:

--- Arztkosten, Beerdigungskosten,
--- Unterhaltsaufwendungen,
--- Ausbildungsfreibeträge,
--- Kosten für eine Haushaltshilfe bzw. für eine Heimunterbringung etc.

Unter zwangsläufig versteht das EStG, wenn sich der Steuerpflichtige den Aufwendungen aus

--- rechtlichen Gründen (z.B.: Unterstützung der Eltern),
--- tatsächlichen Gründen (z.B.: Krankheit)
--- oder sittlichen Gründen (z.B.: Unterstützung bedürftiger Geschwister)

nicht entziehen kann. Außerdem müssen die Aufwendungen den Umständen nach **notwendig** sein und dürfen einen angemessenen Betrag nicht übersteigen.

Zu versteuerndes Einkommen

Zieht man diese Aufwendungen nun vom Gesamtbetrag der Einkünfte ab, so erhält man das **Einkommen**. Wird dieses Einkommen noch um die **Sonderfreibeträge** (§ 32 EStG), d.h. um den

--- Haushaltsfreibetrag und
--- Kinderfreibeträge, soweit kein Kindergeld gezahlt wurde bzw. das Kindergeld zurückgezahlt wird (nur noch bei Familien mit hohem Einkommen interessant)

gekürzt, so ergibt sich das **zu versteuernde Einkommen** und die sich daraus ergebende **Einkommensteuer**.

d) Die Veranlagung

Die Einkommensteuer selbst ist eine **Veranlagungssteuer**, wobei von dem Grundsatz der Einzelveranlagung ausgegangen wird. Das bedeutet, dass grundsätzlich der einzelne Steuerpflichtige mit dem von ihm bezogenen Einkommen veranlagt wird. Durch die **Ehegattenbesteuerung** wird jedoch dieser Grundsatz der Einzelveranlagung durchbrochen. Denn hier werden Eheleute zusammen oder getrennt veranlagt, wenn sie die Voraussetzungen des § 26 Abs.1 EStG erfüllen.

Eine Erhebung der Einkommensteuer erfolgt im Jahresturnus. Allerdings sind vierteljährliche Vorauszahlungen zu leisten, die später wie die gezahlte Lohnsteuer und Kapitalertragsteuer von der gesamten Steuerschuld des Veranlagungszeitraumes wieder abgezogen werden. Auf die Steuer wird lt. o.a. Berechnung ein Solidaritätszuschlag in Höhe 5,5 % erhoben, soweit der ermittelte Betrag bei Ledigen 51,-- € und bei Verheirateten 102,-- € übersteigt.

1.3.3. Die Lohnsteuer

a) Allgemeines

Nach § 38 Abs.1 EStG wird **bei Einkünften aus nichtselbständiger Arbeit** die Einkommensteuer durch Abzug vom Arbeitslohn erhoben. Diese Steuer bezeichnet man als Lohnsteuer. Die Lohnsteuer ist daher nicht eine Steuer für sich, sondern nur eine besondere Erhebungsform der Einkommensteuer.

Auf die Steuer wird lt. o.a. Berechnung ein Solidaritätszuschlag in Höhe 5,5 % erhoben, soweit der ermittelte Betrag bei Ledigen 51,-- € und bei Verheirateten 102,-- € übersteigt.

b) Die Lohnsteuerkarte

Jeder unbeschränkt einkommensteuerpflichtige Arbeitnehmer bekommt jedes Jahr von der für ihn zuständigen Gemeinde unentgeltlich eine Lohnsteuerkarte zugestellt. Die Gemeinde hat auf der Lohnsteuerkarte die vorgeschriebenen Eintragungen vorzunehmen. Für die Eintragungen sind die Verhältnisse zu Beginn des Kalenderjahres maßgebend, für das die Lohnsteuerkarte gilt.

Der Arbeitnehmer hat die Lohnsteuerkarte seinem Arbeitgeber vor Beginn des Kalenderjahres oder zu Beginn des Dienstverhältnisses auszuhändigen. Dieser hat die Aufgabe, unter Berücksichtigung der Eintragungen auf der Lohnsteuerkarte, die Lohnsteuer einzubehalten und für den Arbeitnehmer an das Finanzamt abzuführen – Lohnsteueranmeldung an das Finanzamt ab 2004 elektronisch.

Der Arbeitnehmer ist also der Steuerschuldner. Der Arbeitgeber hingegen haftet für die Lohnsteuer, die er einzubehalten und abzuführen hat, weil er insoweit eine öffentlich-rechtliche Aufgabe erfüllt.

c) Die Lohnsteuertabellen

Die Lohnsteuer ergibt sich aus der maßgebenden Lohnsteuertabelle. Es handelt sich hierbei um Monats-, Wochen- oder Tageslohnsteuertabellen, die von Jahreslohnsteuertabellen abgeleitet sind.

d) Die Lohnsteuerklassen

Da sich die Lohnsteuer insbesondere nach den **persönlichen Verhältnissen** des Steuerpflichtigen richtet, hat der Gesetzgeber verschiedene Lohnsteuerklassen geschaffen. Bei gleichem Bruttolohn ist die steuerliche Belastung in den verschiedenen Lohnsteuerklassen unterschiedlich hoch, was sich aus der **Einarbeitung von Freibeträgen** in die Lohnsteuertabellen ergibt (z.B.: Arbeitnehmer-Freibetrag 920,-- € ab 2004).

Die den Steuerklassen beigeordneten Kinderfreibeträge sind nur noch bei fünf Prozent der Arbeitnehmerfamilien mit hohem Einkommen interessant. Ansonsten wird das Kindergeld als Steuervergütung - nach von der Familienkasse des Arbeitsamtes festgesetzten Bescheid - monatlich vom Arbeitgeber bzw. durch die Familienkasse ausgezahlt. Die auf der Lohnsteuerkarte eingetragenen Kinderfreibeträge haben dann nur noch Bedeutung bezüglich Kirchensteuer und Solidaritätszuschlag.

Den einzelnen Lohnsteuerklassen sind folgende Personengruppen zuzuordnen:

Lohnsteuerklasse I:
--- Ledige, Geschiedene, Verwitwete,
--- Verheiratete, die von ihrem Ehegatten dauernd getrennt leben oder deren Ehegatte nicht unbeschränkt steuerpflichtig ist.

Lohnsteuerklasse II:
--- wie Lohnsteuerklasse I,
Voraussetzung: Der Arbeitnehmer muss ein berücksichtigungsfähiges Kind haben.

Lohnsteuerklasse III:
--- Verheiratete, wenn beide Ehegatten unbeschränkt steuerpflichtig sind und nicht dauernd getrennt leben und
 - der Ehegatte des Arbeitnehmers keinen Arbeitslohn bezieht, oder
 - der Ehegatte des Arbeitnehmers auf Antrag beider Ehegatten der Klasse V zugeordnet wird.

--- Verwitwete für das Kalenderjahr, das dem Todesjahr des Ehegatten folgt.

--- Arbeitnehmer, deren Ehe durch Tod, Scheidung, Aufhebung aufgelöst worden ist, wenn bestimmte Voraussetzungen vorliegen.

Lohnsteuerklasse IV:
--- Verheiratete, die nicht dauernd getrennt leben, und deren Ehegatte ebenfalls unbeschränkt steuerpflichtig ist, wenn beide Ehegatten Arbeitslohn beziehen und nicht die Steuerklassenkombination III/V gewählt haben.

Lohnsteuerklasse V:
--- Arbeitnehmer, die die Voraussetzungen für die Steuerklasse IV erfüllen, aber ein Ehegatte die Steuerklasse III und der andere die Steuerklasse V erhält.

Lohnsteuerklasse VI:
--- Arbeitnehmer, die gleichzeitig in mehreren Dienstverhältnissen stehen.
Auf der ersten Lohnsteuerkarte wird die seinen persönlichen Verhältnissen entsprechende Steuerklasse (I-IV) eingetragen; auf der zweiten und jeder weiteren Lohnsteuerkarte die Klasse VI.

e) Der Lohnsteuer-Jahresfreibetrag

Das Finanzamt kann auf Antrag, der **bis zum 30. November** des jeweiligen Kalenderjahres zu stellen ist, auf der Lohnsteuerkarte einen Freibetrag eintragen. Es handelt sich hierbei um negative Einkünfte, Beträge zur Förderung des selbstgenutzten Wohnungseigentums einschl. Baukindergeld, Pauschbeträge für Behinderte u.a.

Für Werbungskosten, Sonderausgaben (nicht Versicherungen) oder restliche außergewöhnliche Belastungen können ebenfalls – allerdings nur über eine Antragsgrenze von 600 € – Freibeträge eingetragen werden, soweit sie nicht schon in die Lohnsteuertabellen eingearbeitet wurden.

Sind die entsprechenden Voraussetzungen gegeben, so wird der eingetragene Freibetrag in Monatsbeträgen, erforderlichenfalls in Wochen- und Tagesbeträgen, auf das Kalenderjahr gleichmäßig verteilt. Die einzelnen Freibeträge werden dann vom entsprechenden Arbeitslohn abgezogen, bevor der Lohnsteuerabzug vorgenommen wird.

f) Die Lohnsteuer-Ausgleichsveranlagung

Der bisher mögliche Lohnsteuer-Jahresausgleich für unbeschränkt steuerpflichtige Arbeitnehmer wurde durch eine Einkommensteuer-Veranlagung ersetzt.

Arbeitnehmer erhalten so die Möglichkeit, im Laufe des Jahres zuviel gezahlte Lohnsteuer durch diese Veranlagung erstattet zu bekommen.

Gründe für eine zu hohe abgezogene Lohnsteuer sind, jemand
--- hat höhere Werbungskosten, Sonderausgaben und außergewöhnliche Belastungen als die Pauschbeträge,
--- macht steuerfreie Beträge geltend,
--- hat nicht das ganze Jahr gearbeitet oder
--- hat ein unterschiedlich hohes Einkommen bezogen.

Sollte es aber zu einer Steuernachforderung kommen, kann der Antrag auf die Einkommensteuer-Veranlagung zurückgenommen werden, auch noch innerhalb der Einspruchsfrist des ergangenen Bescheides.

Eine Einkommensteuer-Veranlagung wird von Amts wegen durchgeführt,
--- bei Nebeneinkünften bzw. Einkünften, die dem Progressionsvorbehalt unterliegen, über 410,-- € pro Jahr,
--- bei Arbeitnehmern mit mehreren Arbeitsverhältnissen,
--- wenn ein Ehegatte nach Steuerklasse V oder VI besteuert wird.

1.3.4. Die Körperschaftsteuer

a) Allgemeines

Die Körperschaftsteuer (KSt) ist die Einkommensteuer der **juristischen Personen**. Ihr unterliegt grundsätzlich das zu versteuernde Einkommen, das eine juristische Person innerhalb eines Kalenderjahres bezogen hat (Ausnahme: abweichendes Wirtschaftsjahr).

Der Begriff des Einkommens und des zu versteuernden Einkommens im Sinne des Körperschaftsteuerrechts weicht jedoch von dem des Einkommensteuerrechts ab. Hier gibt es keine Sonderausgaben, keine Sonderfreibeträge, keine

außergewöhnlichen Belastungen und infolgedessen auch kein Einkommen bzw. zu versteuerndes Einkommen im Sinne des EStG.
Vielmehr werden zur Ermittlung der Bemessungsgrundlage Beträge in Abzug gebracht, die im Körperschaftsteuergesetz (KStG) gesondert aufgeführt sind.
Was die Bewertungs- und Veranlagungsvorschriften betrifft, so entsprechen sie denen des Einkommensteuerrechts.

b) Die Körperschaftsteuersätze

Das KStG kennt grundsätzlich die folgenden unterschiedlichen Steuersätze:
- Für **thesaurierte Gewinne** der Kapitalgesellschaften, d.h. für Gewinne, die nicht an die Anteilseigner ausgeschüttet werden, sondern im Betrieb verbleiben, beträgt der **Steuersatz 25%** des zu versteuernden Einkommens im Sinne des KStG.
- **Gewinnausschüttungen** werden ebenfalls einheitlich mit **25% Körperschaftsteuer** belastet.

Kleinere Körperschaften, Erwerbs- und Wirtschaftsgenossenschaften und Vereine, die Land- und Forstwirtschaft betreiben, werden dadurch begünstigt, dass besondere Freibeträge bei der Berechnung der Bemessungsgrundlage in Abzug gebracht werden können.

Auf die Steuer wird lt. o.a. Berechnung ein Solidaritätszuschlag in Höhe 5,5 % erhoben.

Im Rahmen der Einkommensteuer der Kapitaleigner werden die Ausschüttungen im Rahmen des Halbeinkünfteverfahrens nur zur Hälfte als Einkünfte berücksichtigt.

c) Körperschaftsteuerbefreiung

Körperschaften, Personenvereinigungen und Vermögensmassen, die ausschließlich und unmittelbar mildtätige bzw. gemeinnützige Zwecke verfolgen sind für den Wirtschaftszweckbetrieb von der Körperschaftsteuer befreit. Befreit sind auch sonstige Wirtschaftsbetriebe, wenn Einnahmen einschließlich der enthaltenen Umsatzsteuer 30.678,-- € nicht übersteigen.

1.3.5. Die Kapitalertragsteuer

Bei Erträgen aus **inländischen** Kapitalerträgen, wie
--- Gewinnanteilen aus Aktien und anderen Risikopapieren,
--- Erträgen aus GmbH- und Genossenschaftsanteilen,
--- Einkünften als stiller Gesellschafter etc.
wird die Kapitalertragsteuer von der zahlenden Firma (Steuerhafter) einbehalten und binnen eines Monats an das Finanzamt abgeführt. Auch diese Steuer stellt lediglich eine besondere Erhebungsform der Einkommensteuer dar. Der Steuersatz beträgt grundsätzlich fünfundzwanzig Prozent.

Zinseinnahmen aus Sparguthaben, festverzinslichen Wertpapieren und sonstigen verbrieften und nicht verbrieften Kapitalforderungen werden grundsätzlich einer dreißigprozentigen Kapitalertragsteuer - Quellensteuer - unterworfen.

Von der Steuer befreit sind als Personen Steuerausländer, als Besteuerungsgrundlagen Sichteinlagen mit bis zu einprozentiger Verzinsung, Bausparzinsen für Bauspareinlagen ohne Arbeitnehmer-Sparzulage oder Wohnungsbauprämie mit bis zu einprozentiger Verzinsung, Stückzinsen.

Zum Schutze der Kleinanleger wird ein Sparerfreibetrag von 3.100,-- € je Steuerpflichtigem und Ehegatten schon von den zahlenden Institutionen auf Wunsch berücksichtigt (Ausnahme: Bankgeschäfte über den Schalter).

Auf die Steuer wird lt. o.a. Berechnung ein Solidaritätszuschlag in Höhe 5,5 % erhoben, soweit der ermittelte Betrag bei Ledigen 51,-- € und bei Verheirateten 102,-- € übersteigt.

Die Kapitalertragsteuer wird bei der Veranlagung auf die Einkommensteuer angerechnet. Somit ist sie für den Steuerpflichtigen nichts weiter als eine Vorauszahlung.

1.3.6. Die Kraftfahrzeugsteuer

Die Kfz-Steuer erfasst das **Halten von Fahrzeugen zum Verkehr auf öffentlichen Straßen**. Grundlage hierfür ist das Kraftfahrzeugsteuergesetz. Steuerpflichtig nach diesem Gesetz ist jeder Halter eines Kraftfahrzeuges oder -anhängers. Es sei denn, es liegen besondere Gründe für Steuerermäßigungen oder Steuerbefreiungen (z.B. für Schwerbehinderte als Halter, bei besonders schadstoffarmen Personenkraftwagen) vor.

Das Kraftfahrzeugsteuergesetz sieht u.a. folgenden Bemessungsgrundlagen vor:
--- bei Pkw und Krafträdern (mit Hubkolbenmotoren):

nach Hubraum, Ottomotor oder Dieselmotor und zusätzlich nach Schadstoff- und Kohlendioxidemissionen;
--- bei anderen inländischen Fahrzeugen:
nach zulässigem Gesamtgewicht, sowie nach Schadstoff- und Geräuschemission ;
Die Höhe der Steuersätze ist unterschiedlich und richtet sich nach Art und Zweck des Kraftfahrzeuges.

1.3.7. Die Gewerbesteuer

a) Allgemeines

Die Gewerbesteuer (GewSt) ist eine **Gemeindesteuer**, weil die Berechtigung zur Erhebung dieser Steuer nach § 1 GewStG nur den Gemeinden zusteht. Allerdings müssen die Gemeinden auf Grund dieser Einnahme Umlagen in bestimmter Höhe an die Finanzbehörden abführen. Ferner ist die Gewerbesteuer eine **Betriebsteuer** und auch eine **Realsteuer**, weil der Gewerbebetrieb als Objekt besteuert wird.

Die Rechtsgrundlagen dieser Steuerart sind das Gewerbesteuergesetz (GewStG) und die Gewerbesteuer-Durchführungsverordnung (GewStDV). Als Verwaltungsanweisung stehen die Gewerbesteuer-Richtlinien (GewStR) zur Verfügung.

b) Der Gewerbebetrieb

Unter Gewerbebetrieb ist ein gewerbliches Unternehmen im Sinne des EStG zu verstehen. Ein solches gewerbliches Unternehmen liegt vor, wenn bei Ausübung einer Tätigkeit folgende Tatbestandsmerkmale gegeben sind:
--- Die Tätigkeit muss **selbständig** ausgeübt werden.
--- Die Tätigkeit muss **nachhaltig** ausgeübt werden.
  -- Nachhaltigkeit ist gegeben, wenn eine gleichartige Handlung wiederholt oder mit der Absicht der Wiederholung zur Erzielung von Einnahmen vorgenommen wird.
--- Es muss die **Absicht** bestehen, **Gewinn zu erzielen**.
  -- Der Betrieb muss darauf ausgerichtet sein, für die ausgeführten Leistungen einen Mehrwert gegenüber den erbrachten eigenen Leistungen zu erbringen.

--- Es muss eine **Beteiligung am allgemeinen wirtschaftlichen Verkehr** vorliegen.
-- Die ausgeübte Tätigkeit muss sich an die Allgemeinheit richten.
--- Es darf sich **nicht um die Ausübung einer Land- und Forstwirtschaft** im Sinne des EStG handeln.
--- Es darf sich **nicht um die Ausübung einer selbständigen Arbeit** im Sinne des EStG handeln.

Demzufolge fallen also Einzelgewerbetreibende, Personengesellschaften und Kapitalgesellschaften unter den Begriff „**Gewerbebetrieb**". Steuerschuldner sind in diesem Fall der oder die Unternehmer; Steuergläubiger dagegen die hebeberechtigten Gemeinden. Es handelt sich hierbei um die Gemeinden, die den Gewerbesteueranspruch unmittelbar gegenüber den Steuerschuldnern geltend machen.

c) Die Besteuerungsgrundlage

Durch die Gewerbesteuer soll die Ertragskraft, d.h. **die wirtschaftliche Leistungsfähigkeit des Gewerbebetriebes**, besteuert werden.

Besteuerungsgrundlage für die **Gewerbesteuer ist der Gewerbeertrag**.

Den Gewerbeertrag bildet der **Gewinn aus dem Gewerbebetrieb**, der nach den Vorschriften des EStG oder des KStG zu ermitteln ist, mit den entsprechenden **Hinzurechnungen** (§ 8 GewStG) und **Kürzungen** (§ 9 GewStG).

Der Grund, weshalb bei der Errechnung des Gewerbeertrages Beträge hinzuzurechnen oder zu kürzen sind, liegt darin, dass durch die Gewerbesteuer das besteuert werden soll, was der Gewerbebetrieb tatsächlich erwirtschaftet hat. Der Gewinn stellt aber nicht immer nur diesen Wert dar. Oft ist der ausgewiesene Gewinn niedriger, oft auch höher. Dementsprechend sind dann Hinzurechnungen bzw. Kürzungen vorzunehmen. Danach ist der Gewerbeertrag auf volle 50,-- € abzurunden.

Der Gewerbeertrag ist dann um einen Freibetrag von 24.500,-- €, höchstens jedoch in Höhe des abgerundeten Gewerbeertrages, zu kürzen, wenn es sich nicht um juristische Personen handelt. Der sich ergebende Betrag wird mit einer Steuermesszahl von 5% multipliziert.

96 Buchungs- und Ansatzschwerpunkte

Für Einzelunternehmen und Personengesellschaften gilt eine ermäßigte Besteuerung nach folgender Staffel:

Gewerbeertrag	Steuermesszahl
von 24.550 €	1 %
von 36.550 €	2 %
von 48.550 €	3 %
von 60.550 €	4 %
von 72.550 €	5 %

Schema zur Ermittlung der Gewerbesteuer
Nach dem Gewerbeertrag:
Gewinn aus Gewerbebetrieb + bestimmte Hinzurechnungen - bestimmte Kürzungen - Gewerbeverlust (§ 10aGewStG)
= Gewerbeertrag - Freibetrag (§ 11 Abs.1 GewStG)
× Steuermesszahl
= Steuermessbetrag nach dem Gewerbeertrag
× Hebesatz der Gemeinde
= Gewerbesteuerschuld

d) Zerlegung des einheitlichen Steuermessbetrages

Unterhält ein Gewerbebetrieb in mehreren Gemeinden Betriebsstätten, so muss eine Aufteilung der Gewerbesteuer auf die hebeberechtigten Gemeinden erfolgen, damit jede Gemeinde den ihr zustehenden Anteil an der Gewerbesteuer bekommt. Dies wird durch die Zerlegung des einheitlichen Steuermessbetrages auf alle Gemeinden, in denen im Erhebungszeitraum Betriebsstätten unterhalten wurden, erreicht (§ 28 Abs.1 GewStG).

Folgender Zerlegungsmaßstab wird hierfür genommen (§ 29 Abs.1 GewStG):
--- bei Wareneinzelhandelsunternehmen: Zur einen Hälfte im Verhältnis der Betriebseinnahmen und zur anderen Hälfte im Verhältnis der Löhne;
--- bei sonstigen Unternehmen: Im Verhältnis der Löhne.

e) Gewerbesteuerbefreiung

Körperschaften, Personenvereinigungen und Vermögensmassen, die ausschließlich und unmittelbar mildtätige bzw. gemeinnützige Zwecke verfolgen, sind für den Wirtschaftszweckbetrieb von der Gewerbesteuer befreit. Befreit sind auch sonstige Wirtschaftsbetriebe, wenn Einnahmen einschließlich der enthaltenen Umsatzsteuer 30.678,-- € nicht übersteigen.

1.3.8. Die Grunderwerbsteuer

Die Gesetzesgrundlage für die Grunderwerbsteuer ist das Grunderwerbsteuergesetz (GrEStG). Durch die Grunderwerbsteuer, die zugleich Landes-, Verkehrs- und direkte Steuer ist, wird der Eigentumswechsel von inländischen Grundstücken besteuert.

Steuerschuldner sind alle am Erwerbsvorgang beteiligten Partner (Veräußerer und Erwerber). Steuerträger ist im allgemeinen der Käufer, der im Innenverhältnis die Steuer zu zahlen hat. Als Bemessungsgrundlage gilt grundsätzlich der Kaufpreis oder aber in bestimmten Fällen der Einheitswert des Grundstücks.

Der Steuersatz beträgt 3,5% (§ 13 Abs.1 GrEStG).

Nicht jeder Grunderwerb ist steuerpflichtig. So ist der Grunderwerb aus Schenkungen und Erbschaften oder bei geringen Werten steuerbefreit.

1.3.9. Die Grundsteuer

Gesetzesgrundlage für die Grundsteuer ist das Grundsteuergesetz (GrStG). Aber auch das Bewertungsgesetz (BewG) wird bei der Ermittlung hinzugezogen.

Die Grundsteuer ist eine reine Gemeindesteuer, die vom inländischen Grundbesitz erhoben wird. Die Bemessungsgrundlagen hierfür sind:

--- Einheitswerte des land- und forstwirtschaftlichen Vermögens,
--- Einheitswerte des Grundvermögens,
--- Einheitswerte der Betriebsgrundstücke.

Bei der Ermittlung der Grundsteuer wird vom Einheitswert ausgegangen, von dem der Messbetrag mit Hilfe der Steuermesszahl vom Finanzamt festgestellt wird. Auf den Messbetrag wendet dann die Gemeinde ihren Hebesatz an. Er ist für land- und forstwirtschaftliche Betriebe meistens niedriger (Grundsteuer B) als für andere Grundstücke (Grundsteuer A).

Einheitswert × Steuermesszahl = **Steuermessbetrag**

Steuermessbetrag × Hebesatz = **Grundsteuer**

Die sich ergebende Grundsteuer hat dann der Eigentümer des Grundbesitzes (Steuerschuldner) - soweit nicht befreit - zu tragen.

Die für die Besteuerung benötigten **Steuermesszahlen** werden vom Finanzamt festgelegt.

Grundsteuerbefreiung

Körperschaften, Personenvereinigungen und Vermögensmassen, die ausschließlich und unmittelbar mildtätige bzw. gemeinnützige Zwecke verfolgen sind für den mit dem Zweck eng verbundenen Grundbesitz von der Grundsteuer befreit.

1.3.10. Die Umsatzsteuer

a) Allgemeines zum Wesen der Umsatzsteuer

Das Umsatzsteuergesetz (UStG) und die Umsatzsteuerdurchführungsverordnung (UStDV) bilden die Rechtsgrundlagen dieser Steuerart. Ihr Aufkommen steht dem Bund und den Ländern gemeinsam zu. Deshalb bezeichnet man sie auch als **Gemeinschaftsteuer**. Aber auch die Begriffe **Verkehrsteuer** und **indirekte Steuer** sind ihr zuzuordnen.

Bei der Steuererhebung wird davon ausgegangen, dass auf jeder Stufe des Leistungsweges „mehr Wert" geschaffen wird. Dieser **Mehrwert** je Stufe kommt im Unterschied zwischen Einkaufspreis und Verkaufspreis einer Leistung zum Ausdruck. Und eben diese Wertschöpfung belegt der Staat mit der Umsatzsteuer. Der Unternehmer führt jedoch nur die Umsatzsteuer von seiner **eigenen Mehrwertschöpfung** an das Finanzamt ab. Sie stellt für ihn die eigentliche **Steuerzahllast** dar, ermittelt aus dem gesamten Umsatzsteuerbetrag aufgrund seiner Leistung und der ihm vom Vorunternehmer in Rechnung gestellten Umsatzsteuer (Vorsteuer), die er aber vom Finanzamt zurückverlangen kann.

Letztendlich hat aber **der Endverbraucher** der Leistung die Umsatzsteuer zu tragen. Deshalb wird die Umsatzsteuer in der Kette der Unternehmungen vom ersten Erzeuger einer (Teil-)Leistung bis zum letzten Verbraucher offen übergewälzt.

Zur Zeit wird das Entgelt einer Leistung als Bemessungsgrundlage mit einem allgemeinen Steuersatz von 16 % (ab April 1998) oder ermäßigten Steuersätzen - der allgemein ermäßigte Steuersatz bei Lebensmitteln, Kulturgütern etc. beträgt 7 % - besteuert.

Hinweis: Der Einfachheit halber wird die Umsatzsteuer in diesem Buch immer mit einem Steuersatz von 10% ermittelt.

Im folgenden Beispiel wird die Besteuerung als „Brutto-Allphasensteuer" noch einmal verdeutlicht:

Beispiel eines vierstufigen Warenweges				
Umsatzstufen	Rechnungen	Umsatzsteuer	- Vorsteuer	= Zahllast
Landwirtschaftliche Lebensmittelherstellung	Nettowert 2.000 + 10% USt 200 Rechnungsbetrag 2.200	200		200
Weiterverarbeitende Industrie	Nettowert 6.500 + 10% USt 650 Rechnungsbetrag 7.150	650	200	450
Großküche	Nettowert 8.000 + 10% USt 800 Rechnungsbetrag 8.800	800	650	150
Pflegeinstitution: Endverbraucher „Patient"	Nettowert 10.000 + 10% USt 1.000 Rechnungsbetrag 11.000	1.000	800	200
	Probe:	2.650 Schuld	- 1.650 - Forderung	= 1.000 = Zahllast

b) Die Umsatzbesteuerung

Zum Überblick sei hier das vereinfachte Umsatzsteuerbesteuerungsverfahren vorgestellt, soweit eine Erörterung erforderlich ist, folgt sie im Anschluss.

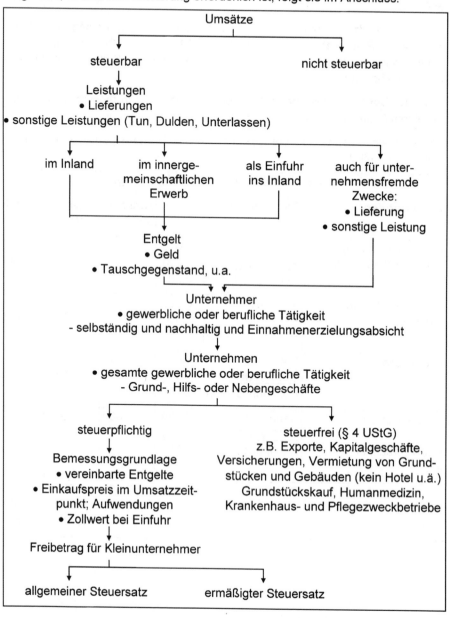

Der Umsatzsteuer unterliegen die Umsätze, die im **§ 1 Abs.1 UStG** erschöpfend aufgezählt werden; hier nun eine Auswahl der wichtigsten:

1. die **Lieferungen und sonstigen Leistungen**, die ein **Unternehmer** im **Inland** gegen **Entgelt** im **Rahmen seines Unternehmens** ausführt;

2. dazu gehören ferner auch Lieferungen und Leistungen für **unternehmensfremde Zwecke**, soweit Kauf und Herstellung mit zum Vorsteuerabzug berechtigter Umsatzsteuer belastet war;

3. die **Einfuhr von Gegenständen** (aus Ländern außerhalb der EG) in das Zoll-
gebiet (Einfuhrumsatzsteuer);

4. der **innergemeinschaftliche Erwerb** gegen Entgelt.

Nur Vorgänge, die diesen Definitionen entsprechen, sind Umsätze im Sinne des UStG. Man bezeichnet sie als **steuerbare Umsätze**.

Zu Nr. 1:

Das Umsatzsteuerrecht nennt hier fünf verschiedene Kriterien, die alle zutreffen müssen, damit ein steuerbarer Umsatz vorliegt.

Leistungen (§ 3 UStG): Das Gesetz unterscheidet hier noch einmal in **Lieferungen** und **sonstige Leistungen**. Eine Lieferung liegt vor, wenn der Unternehmer die Verfügungsmacht über den Gegenstand der Lieferung an den Abnehmer weitergibt. Dies kann auch über dritte Personen erfolgen.

Alle anderen Leistungen sind sonstige Leistungen. Sie können in einem **Tun, Dulden oder Unterlassen** einer Handlung oder eines Zustandes bestehen.

Beispiele

Tun: Eine Pflegeinstitution versorgt seine Patienten.

Dulden: Der Softwarehersteller überlässt der Pflegeinstitution die Nutzung seiner Software in Lizenz.

Unterlassen: Eine Pflegeinstitution verzichtet auf die Eröffnung eines Heimes in einem bestimmten Gebiet und erhält von der Konkurrenz eine Vergütung.

Unternehmer (§ 2 UStG): Unternehmer im Sinne des UStG ist, wer eine **gewerbliche oder berufliche Tätigkeit selbständig** ausübt. Als gewerblich oder beruflich gilt **jede nachhaltige Tätigkeit** zur **Erzielung von Einnahmen**, auch wenn die Absicht, Gewinn zu erzielen, fehlt.

Unternehmen (§ 2 UStG): Das Unternehmen im Sinne des UStG umfasst die **gesamte gewerbliche oder berufliche Tätigkeit**. Hierzu gehören auch die **Hilfsgeschäfte**. Es handelt sich hierbei um Geschäfte, die nicht zum „normalen" Betriebsablauf gehören.

Beispiel
Ein Lebensmittelverkäufer verkauft seine gebrauchte Registrierkasse.

Ebenso dazu gehören die **Nebengeschäfte**. Dies sind z.B. ehrenamtliche Tätigkeiten in Prüfungsausschüssen.

Entgelt (§ 10 UStG): Entgelt im Sinne des UStG ist alles, was der Empfänger einer Lieferung oder sonstigen Leistung aufwendet, um die Leistung zu erhalten, jedoch **abzüglich der Umsatzsteuer**. Das Entgelt stellt also die Bemessungsgrundlage dar.

Das Entgelt muss aber nicht in Geldwerten bestehen. Es kann sich auch um eine Lieferung (Tausch) oder um eine sonstige Leistung (tauschähnlicher Umsatz) handeln. Grundlage hierfür ist der § 3 Abs.12 UStG.

Inland (§ 1 Abs.2 UStG): Unter Inland im Sinne des UStG ist der **Geltungsbereich des Gesetzes** zu verstehen, mit Ausnahme der Zollausschlüsse und der Zollfreigebiete.

Zu Nr 2:

Damit der Unternehmer selbst umsatzsteuerlich nicht besser gestellt ist als sein Abnehmer, hat der Gesetzgeber aus Gründen der Gleichbehandlung bestimmt, dass auch unternehmensfremde Leistungen der Umsatzsteuer unterliegen.

unternehmensfremde Zwecke liegen vor:
--- wenn der Unternehmer Gegenstände aus seinem Unternehmen für Zwecke entnimmt, die außerhalb des Unternehmens liegen;
--- wenn ein Unternehmer im Rahmen seines Unternehmens sonstige Leistungen für Zwecke ausführt, die außerhalb des Unternehmens liegen;
--- soweit ein Unternehmer Aufwendungen tätigt, die den Gewinn nicht mindern dürfen / s. § 4 Abs.5 EStG. Das gilt auch für Geldgeschenke.

Voraussetzung ist jeweils, dass die Anschaffungs- oder Herstellungskosten des entnommenen Gegenstandes mit Umsatzsteuer belastet waren, und der Unternehmer hinsichtlich dieser Steuer entweder zum vollen oder teilweisen Vorsteuerabzug berechtigt war.

(siehe auch im nächsten Kapitel „Privatkonto")

Zu Nr. 3:

Die Einfuhrumsatzsteuer wird von der Zollverwaltung erhoben. Bemessungsgrundlage ist hier der Zollwert.

Zu Nr. 4:

Mit dem Wegfall der Grenzkontrollen ab 1.1.1993 entfällt beim innergemeinschaftlichen Leistungsaustausch auch der bisherige Grenzausgleich (Entlastung der Ausfuhren und Belastung der Einfuhren). Um Steuerverschiebungen ins Herstellungsland der Lieferungen zu vermeiden, gilt im Rahmen einer Übergangsregelung ein Mischsystem, nach dem die Leistungen zwischen Unternehmern grundsätzlich im Ursprungs- und im Bestimmungsland steuerbar sind.

Steuerpflichtige Umsätze

Liegt ein steuerbarer Umsatz im Sinne des UStG vor, so ist zu prüfen, ob dieser auch steuerpflichtig ist. Letzteres ist der Fall, wenn der Umsatz nicht unter die **Steuerbefreiungen** des § 4 UStG fällt.

Im Bereich der **Krankenhäuser** und **Pflegeeinrichtungen** sind insbesondere die Leistungen der folgenden Zweckbetriebe befreit:

- Krankenhäuser mit üblichen Leistungen (Die Unterbringung von Kranken muss notwendig, üblich oder zweckmäßig sein, mit dem Kranken gewidmeter
individueller ärztlicher Tätigkeit, Akut-Krankenhäuser, Kurkliniken, u.a.);
Übliche Umsätze sind u.a.:
  - •• Aufnahme, Betreuung, Behandlung, Versorgung von Patienten;
  - •• Beherbergung und Verpflegung des Personals;
  - •• Lieferung von Getränken, zusätzlichen Lebensmitteln, Zeitschriften an Patienten, in geringem Umfang an Nichtpatienten;
  - •• Überlassung von Einrichtungen und Personal an Ärzte des Krankenhauses.

Nicht übliche Umsätze - damit nicht steuerfrei, aber **mit ermäßigtem Steuersatz** und anteiligem Vorsteuerabzug versehen - sind u.a.:

- •• Lieferung von Körperersatzstücken durch die orthopädische Werkstatt des Krankenhauses ohne Zusammenhang zu einer Heilbehandlung;
- •• Verpflegung von Gästen und Besuchern;
- •• Lieferung von Arzneimitteln an Besucher oder andere Apotheken, aber *üblich* (steuerfrei) an Personal;
- •• Vermietung / Lieferung von Wirtschaftsgütern an andere Anstalten.

- Diagnosekliniken u.ä. unter ärztlicher Aufsicht, wenn mindestens 40% der Leistungen im Vorjahr an Sozialhilfeempfänger, Sozialversicherte u.a. gingen;

- Alten-, Altenwohn-, Pflegeheimzweckbetriebe, bzw. ambulante Pflegezweckbetriebe oder Zweckbetriebe zur vorübergehenden Pflege, wenn mindestens 40% der Leistungen im Vorjahr an minderbemittelte Personen gingen;

- Lieferungen (und Eigenverbrauch) von Anlagegütern (Hilfsgeschäfte), die ausschließlich (mehr als 90%) steuerfrei im Unternehmen genutzt wurden.

Durch Steuerbefreiungen wird beim innergemeinschaftlichen Leistungsaustausch eine Doppelbesteuerung der steuerbaren Leistungen zwischen Unternehmern in mehreren Ländern der EG vermieden. Der Nachweis der Steuerbefreiung im Herstellerland oder der Ortsbestimmung erfolgt über die Umsatzsteuer-Identifikationsnummer, mit der Abnehmer die Besteuerung in einem anderen Mitgliedstaat übernimmt.

Außerdem wird bei **Kleinunternehmern** (Umsätze im Vorjahr bis 17.500 €, im laufenden Jahr voraussichtlich nicht über 50.000 €) Umsatzsteuer bis zu einer bestimmten Umsatzhöhe nicht erhoben (§ 19 UStG - Nullbesteuerung).

Ist der Umsatz jedoch steuerpflichtig, so ist entweder der **allgemeine Steuersatz** oder ein **ermäßigter Steuersatz** für die Berechnung der Umsatzsteuer auf die jeweilige Bemessungsgrundlage - bei Leistungen ist es grundsätzlich das vereinbarte Entgelt - anzuwenden.

c) Rechnungserteilung

Wird an einen Unternehmer geliefert, so besteht nach § 14 UStG eine **Pflicht der Rechnungserteilung**. Was die Rechnung enthalten muss, steht ebenfalls in diesem Paragraphen. Wesentlich ist die Vorschrift des gesonderten Ausweises der Umsatzsteuer. Nur bei Kleinbetragsrechnungen bis 100,-- € und bei Rechnungen an den Endverbraucher braucht die Steuer nicht gesondert ausgewiesen zu werden. Hier reicht die Angabe des Steuersatzes.

Merkmal einer ordnungsgemäß ausgestellten Rechnung (nicht einer Kleinbetragsrechnung) ist unter anderem neuerdings auch die Steuernummer des Unternehmers oder die vom Bundesamt für Finanzen erteilte Umsatzsteuer-Identifikationsnummer, außerdem das Ausstellungsdatum.

d) Vorsteuerabzug

Bei der Vorsteuer handelt es sich um die **vom Vorunternehmer in Rechnung gestellte Umsatzsteuer** für Lieferungen und sonstige Leistungen, die für ein Unternehmen bei mindestens 10%-iger unternehmerischer Nutzung der Leistung ausgeführt worden sind. Demzufolge ist also nur ein Unternehmer mit den steuerpflichtigen Umsätzen zum Vorsteuerabzug berechtigt (§ 15 UStG). Maßgebend für die Geltendmachung des Vorsteuerabzuges ist grundsätzlich der **Zeitpunkt des Rechnungseingangs** sowie der **Zeitpunkt der Zahlung**.

e) Aufzeichnungspflicht

Der Unternehmer ist verpflichtet, zur Feststellung der Steuer und der Grundlagen ihrer Berechnung, Aufzeichnungen zu machen, aus denen hervorgeht (§ 22 UStG):

--- die Entgelte getrennt nach steuerpflichtigen und steuerfreien Umsätzen sowie
   nach Steuersätzen und die Umsatzsteuer,
--- die Bemessungsgrundlage für unternehmensfremde Lieferungen und sonstige Leistungen und die Umsatzsteuer,
--- die Nettoentgelte für steuerpflichtige Leistungen an das Unternehmen sowie die darauf entfallene Vorsteuer,
--- die eingeführten Gegenstände, die Bemessungsgrundlage und die Einfuhrumsatzsteuer.

Zur Angabe der Identifikationsnummer des Abnehmers in den Rechnungen muss diese Nummer des Kunden bzw. des Lieferanten also ebenfalls aufgezeichnet werden.

In Deutschland haben Anspruch auf die Erteilung einer Umsatzsteuer-Identifikationsnummer (USt-IdNr. - mit „DE", es folgen dann weitere neun Stellen) beim Bundesamt für Finanzen alle deutschen Unternehmer, die zum Vorsteuerabzug berechtigt sind.

f) Durchführung der Besteuerung

Der Unternehmer hat grundsätzlich binnen zehn Tagen nach Ablauf jedes Kalendermonats (Voranmeldungszeitraum) eine **Steuervoranmeldung** (ab 2005: elektronisch) beim Finanzamt abzugeben. Handelt es sich um eine geringe Umsatzsteuerschuld, so kann sich der Voranmeldungszeitraum auf ein Vierteljahr oder sogar auf ein Jahr verlängern. In jedem Fall ist aber mit der Voranmeldung eine **Vorauszahlung** zu leisten. Bei einem Vorsteuerüberhang von mehr als 6.136 € kann der Unternehmer ebenfalls monatliche Voranmeldungen abgeben.

Soweit in einem vierteljährlichen Zeitraum steuerfreie innergemeinschaftliche Umsätze getätigt wurden, muss dem Bundesamt für Finanzen über das Finanzamt eine „Zusammenfassende Meldung" der Umsätze mit Identifikationsnummern der Erwerber und die Summe der Bemessungsgrundlagen abgegeben werden.

Nach Ablauf des Kalenderjahres (Besteuerungszeitraum) ist dann eine **Steuererklärung** beim Finanzamt einzureichen. Daraufhin wird die Umsatzsteuer ermittelt und falls Vorauszahlungen geleistet wurden, mit diesen verrechnet.

g) Umsatzsteuerkonto und Vorsteuerkonto

Die nach dem UStG zu erfüllenden Aufzeichnungspflichten werden von buchführenden Betrieben im Rahmen der kaufmännischen Buchführung erfüllt.
Dies geschieht zum einen durch das Einrichten des Kontos „**Umsatzsteuer**". Hierbei handelt es sich um **ein passives Bestandskonto**, dessen Saldo in der Regel eine Verbindlichkeit an das Finanzamt ausweist.

Zum anderen wird ein Konto „**Vorsteuer**" eingerichtet. Es ist ein **aktives Bestandskonto**, dessen Saldo eine Forderung an das Finanzamt bedeutet.

Darstellung des Vorsteuer- und Umsatzsteuerkontos

S	Vorsteuer	H	S	Umsatzsteuer	H
(AB) Eingangsrechnungen	Saldo: USt / SBK / Bank		Saldo: VSt / SBK / Bank	(AB) Leistungsausgang Lieferungen aus Verkauf von	
	Berichtigungen Rücksendungen		Berichtigungen Rücksendungen *)	- Anlagevermögen *) - Produkten *)	
	Preisnachlass - Mängelrüge		Preisnachlass - Mängelrüge *)	sonstige Leistungen	
	- Bonus		- Bonus *)	oder für unternehmensfremde Zwecke	
	- Skonto		- Skonto *)		
	Verbindlichkeitsausfall		Forderungsausfall		

*) grundsätzliche Möglichkeit - im Gesundheitswesen jedoch nicht üblich!

h) Buchung der Umsatzsteuer (im steuerpflichtigen Unternehmen)

Die Vorsteuer

Die Buchung der Vorsteuer erfolgt immer, wenn die Rechnung vorliegt.

Beispiel: Kauf von Lebensmittel auf Ziel (Eingangsrechnung): Lebensmittel 50.000,-- € + 10% USt 5.000,-- € = Rechnungsbetrag 55.000,-- €

Buchung: Lebensmittel 50.000,-- €
Vorsteuer 5.000,-- €
      an Verbindlichkeiten aLuL 55.000,-- €

S	Lebensmittel	H	S	Verbindlichk. aLuL	H	S	Vorsteuer	H
50.000,--					55.000,--	5.000,--		

Die Umsatzsteuer

Die Buchung der Umsatzsteuer erfolgt immer, wenn die Leistung vorliegt.

Beispiel: In-Rechnung-Stellung von Leistungen (Ausgangsrechnung): Leistungswert 70.000,-- € + 10% USt 7.000,-- € = Rechnungsbetrag 77.000,-- €

Buchung: Forderungen aLuL 77.000,-- €
            an Umsatzerlöse 70.000,-- €
            an Umsatzsteuer 7.000,-- €

S Forderung. aLuL H	S Umsatzerlöse H	S Umsatzsteuer H
77.000,--		70.000,--		7.000,--

Abschluss der Steuerkonten

Ermittlung der Zahllast

Die Umsatzsteuerzahllast, die mit Abgabe der Voranmeldung an das Finanzamt abzuführen ist, wird **während** des Jahres auf dem Unterkonto „Umsatzsteuervorauszahlungen" als Gegenbuchung zur Überweisung des Betrages gesammelt. Am **Ende** des Jahres wird dann dieses Konto wie das Vorsteuerkonto (unten aufgeführt) abgeschlossen.
Hierbei können zwei Situationen eintreten: Zum einen kann eine **restliche Umsatzsteuerschuld**, zum anderen ein **Erstattungsanspruch** vorliegen.

Beispiel

1. Bisher gezahlte Umsatzsteuer 54.000 €.
2. Überweisung aufgrund einer Umsatzsteuer-Voranmeldung: 5.000 €.
3. Umbuchung der Vorauszahlungen.
4. Vorsteuerbuchungen des Jahres: a) 60.000 €; b) 80.000 €
5. Umsatzsteuerbuchungen des Jahres 120.000 €.

Buchung:

2) Umsatzsteuervorauszahlungen 5.000,-- €   an Bank 5.000,-- €

S Umsatzsteuer-vorauszahlungen H	S Bank H
54.000,--			2) 5.000,--
2) 5.000,--			

Nettoabschluss

Beim Nettoabschluss werden **am Jahresende die Umsatzsteuer, die Umsatzsteuervorauszahlungen und die Vorsteuer miteinander verrechnet**. Das Konto mit dem Saldo wird dann über das „SBK" abgeschlossen.

a) Buchung der niedrigeren Vorsteuer

3) Umsatzsteuer 59.000,-- €
　　　　　　　　　　an Umsatzsteuervorauszahlungen 59.000,-- €

4) Umsatzsteuer 60.000,-- €
　　　　　　　　　　an Vorsteuer 60.000,-- €

5) Umsatzsteuer 1.000,-- €
　　　　　　　　　　an SBK 1.000,-- €

S	Umsatzsteuer-vorauszahlungen	H		S	Umsatzsteuer	H
1) 54.000,--	3) 59.000,--			3) 59.000,--	Bu. 120.000,--	
2) 5.000,--				4) 60.000,--		
				5) 1.000,--		

S	Vorsteuer	H		S	SBK	H
Bu. 60.000,--	4) 60.000,--				5) 1.000,--	

b) Buchung der höheren Vorsteuer

3) Umsatzsteuer 59.000,-- €
　　　　　　　　　　an Umsatzsteuervorauszahlungen 59.000,-- €

4) Umsatzsteuer 80.000,-- €
　　　　　　　　　　an Vorsteuer 80.000,-- €

5) SBK 19.000,-- €
　　　　　　　　　　an Umsatzsteuer 19.000,-- €

S	Umsatzsteuer-vorauszahlungen	H		S	Umsatzsteuer	H
1) 54.000,--	3) 59.000,--			3) 59.000,--	Bu. 120.000,--	
2) 5.000,--				4) 80.000,--	5) 19.000,--	

110 Buchungs- und Ansatzschwerpunkte

```
S         Vorsteuer        H    S           SBK           H
Bu.   80.000,-- | 4)  80.000,--   5)   19.000,--|
```

Bruttoabschluss

Beim Bruttoabschluss werden am Jahresende die **Konten „Umsatzsteuer"** und **„Vorsteuer"** über das **„SBK"** abgeschlossen. Die beiden Konten erscheinen also in der Schlussbilanz.

Vorsteuer: 60.000 €
Umsatzsteuer: 120.000 €
Umsatzsteuervorauszahlungen: 59.000 €

1) SBK 60.000,-- €   an Vorsteuer 60.000,-- €

2) Umsatzsteuer 59.000,-- €
                                            an Umsatzsteuervorauszahlungen 59.000,-- €

3) Umsatzsteuer 61.000,-- €   an SBK 61.000,-- €

i) Umsatzsteuer und EDV-Buchführung

Durch eine EDV-Buchführung werden die sehr arbeitsintensiven Tätigkeiten, wie Erstellung der Umsatzsteuer-Voranmeldungen, Buchung von steuerpflichtigen Umsätzen, Buchung der Vorsteuer und Errechnung der Zahllast stark vereinfacht.

Diese Buchungen und Berechnungen lassen sich mit Hilfe von Umsatzsteuer- bzw. Vorsteuerschlüsseln und deren Zuordnung zu den Konten, bei denen Umsatzsteuer oder Vorsteuer berücksichtigt werden muss, automatisieren. Je nach Art der Berechnungsvorgabe wird lediglich entweder der Netto- oder Bruttorechnungsbetrag als Buchung eingegeben.

Beispiel

Steuer-Schlüssel VSt = V; USt = U	Steuersatz	Berechnung (B)rutto;(N)etto	Steuerkonto VSt/USt
V10	10 %	B	2600 (IKR)
U10	10 %	B	4800 (IKR)

Buchungs- und Ansatzschwerpunkte 111

Sollten auf einem Konto unterschiedliche Steuersätze zu verrechnen sein, so wird auf dem Konto ein sogenannter variabler Schlüssel (z.B. V*/U*) eingegeben. In diesem Fall wird bei einer Buchung der gültige Steuersatz oder ein entsprechender Schlüssel abgefragt.

Soweit das betreffende Bestandskonto auch **nicht steuerbare Umsätze** erfasst, wie z.B. Schwund oder reine Wertminderungen aufgrund von Abnutzungen, kann ein Unter- oder Zwischenkonto als Einnahmen- bzw. Ausgabenkonto zur Umsatz- bzw. Vorsteuererfassung gebildet werden.

Je nach Informationswunsch können diese **Konten zur Umsatzsteuer- und Vorsteuerberechnung** als **Unterkonten** mit Umbuchung am Periodenende jedem Bestandskonto zugeordnet werden, oder sie können als **Zwischenkonten** (Interimskonten) bei gleichzeitiger Umbuchung mehreren gleichartigen Konten als Steuererfassung dienen. (In den weiteren Kapiteln wird auf Unterkonten gebucht!)

Entsprechende Konten sind auch bei den Umsatzsteuer- und Vorsteuerkorrekturen zu berücksichtigen.

Beispiel

Barverkauf eines genutzten PKWs zum Buchwert von 4.000,-- € + USt 400,-- € = 4.400,-- €. (Siehe auch Kapitel IV.5.1. „Buchungen bei Verkauf abnutzbarer Wirtschaftsgüter".)

Buchungsschlüssel: Variabler Umsatzsteuerschlüssel auf dem Konto „Einnahmen aus Anlagenverkauf" - Berechnung: Bruttowert.

Buchungsvorgabe: Steuersatz 10%
Kasse 4.400,-- €
    an Einnahmen aus Anlagenverkauf 4.400,-- €

Buchung im System: Kasse 4.400,-- €
    an Einnahmen aus Anlagenverkauf 4.000,-- €
    an Umsatzsteuer 400,-- €

dann: Steuersatz 0%
Einnahmen aus Anlagenverkauf 4.000,-- €
    an Fuhrpark 4.000,-- €

Buchung im System: Einnahmen aus Anlagenverkauf 4.000,-- €
    an Fuhrpark 4.000,-- €

Die Erstellung der Voranmeldungen mit der Ermittlung der Zahllast geschieht ebenfalls automatisch.

Aufgaben (⮡ Lösung)

1. Beurteilen Sie die folgenden Sachverhalte hinsichtlich ihrer Steuerbarkeit und Steuerpflicht:
   a) Ein Buchhalter beschäftigt sich in seiner Freizeit mit dem An- und Verkauf von gebrauchten PKWs. Im vorherigen Kalenderjahr hatte er 14 Fahrzeuge für insgesamt 35.000,-- € im Inland verkauft.
   b) Ein Uhrmacher hat in seinem Geschäft in Wuppertal eine Armbanduhr an einen Touristen aus den USA für netto 140,-- € verkauft.
   c) Ein Schuster aus München fertigt für sich Schuhe im Werte von 150,-- € an.
   d) Der Klinikeigentümer Müller fährt mit seinem Geschäftswagen im Urlaub nach Paris, um sich dort zu erholen.

	Aufgabe 2	Aufgabe 3
bis zum 10.12. ergaben sich folgende Summen auf den Konten: Umsatzsteuer-Voranmeldungen Umsatzsteuer Vorsteuer	Soll: 200.000,-- € Haben: 500.000,-- € Soll: 300.000,-- €	Haben: 200.000,-- € Haben: 500.000,-- € Soll: 700.000,-- €
Geschäftsvorfälle: 1. Kauf von Lebensmitteln auf Ziel 2. In-Rechnung-Stellung von Unterbringung und Verpflegung	20.000,-- € + USt 2.000,-- € 30.000,-- € + USt 3.000,-- €	50.000,-- € + USt 5.000,-- € 40.000,-- € + USt 4.000,-- €

a) Buchen Sie die o.a. Geschäftsvorfälle!
b) Erstellen Sie die Umsatzsteuervoranmeldung! Rechnen Sie mit dem Finanzamt ab!
c) Erstellen Sie den Jahresabschluss,
   I.: als Nettoabschluss,
   II.: als Bruttoabschluss.

2. Das Privatkonto

2.1. Aufgaben des Privatkontos

Das Privatkonto ist das **Kapitalunterkonto für alle privat verursachten Kapitaländerungen**.

Es handelt sich dabei einmal um die **Kapitalminderungen**. Sie entstehen dadurch, dass der Unternehmer dem Betrieb Vermögensgegenstände für private Zwecke entnimmt. Solch ein Vorgang stellt keinen unternehmerischen Vermögensverzehr dar und ist deshalb als Privatentnahme kapitalschmälernd, **nicht** aber **gewinnschmälernd**, zu buchen.

Dem gegenüber stehen die **Kapitalmehrungen**. Hierbei handelt es sich um einen Vermögenszuwachs aus dem privaten Bereich, der als Neueinlage (Kapitaleinlage) ebenfalls nur das Eigenkapital, aber nicht den Gewinn, erhöhen darf.

2.2. Buchungstechnische Behandlung des Privatkontos

Auch für das Privatkonto gelten die Buchungsregeln des Kapitalkontos (Passivkonto). Entnahmen sind demnach auf der Sollseite, Einlagen auf der Habenseite zu buchen. Der Saldo des Privatkontos wird am Jahresende auf das Kapitalkonto gebucht, und das Privatkonto somit abgeschlossen.

Häufig findet man auch ein **Privatentnahme- und ein Neueinlagekonto** vor. Hier handelt es sich nur um eine Teilung des Privatkontos. Die buchungstechnische Behandlung bleibt die gleiche.

S	Privatentnahmen	H	S	Neueinlagen	H
Entnahmen		Saldo	Saldo		Einlagen

S	Eigenkapitalkonto	H
Privatentnahmen		Anfangsbestand
Schlussbestand ans SBK		Neueinlagen
		Gewinn vom GuV

2.3. Bewertung und Buchung der privaten Vorfälle

Sowohl die Privatentnahmen als auch die Neueinlagen sind mit einem geschätzten Wert, dem so genannten **Teilwert** anzusetzen (§ 6 Abs.1 Nr.4 und 5 EStG). Nur bei Entnahmen von Wirtschaftsgütern in Verbindung mit Sachspenden kann der Buchwert anstelle des Teilwertes angesetzt werden.

Teilwert:
Teilwert ist der Betrag, den ein Erwerber des ganzen Betriebes im Rahmen des Gesamtkaufpreises für das einzelne Wirtschaftsgut ansetzen würde; dabei ist davon auszugehen, dass der Erwerber den Betrieb fortführt. (§ 6 Abs.1, Punkt 1, Satz 3 EStG)

Handelt es sich bei der Privatentnahme um ein Wirtschaftsgut, das der Abnutzung unterliegt und somit buchmäßig abgeschrieben werden muss, so kann es durchaus sein, dass der Teilwert höher oder niedriger als der durch die Abschreibung sich ergebende Buchwert ist. In jedem Fall muss das Wirtschaftsgut ausgebucht werden; d.h. unter Berücksichtigung des Teilwertes kann es zu einem zusätzlichen **Ertrag oder Aufwand** kommen.

Beispiel: Entnahme einer Rechenmaschine

a.)	Buchwert:	700,-- €	b.)	Buchwert:	200,-- €
-	Teilwert:	400,-- €	-	Teilwert:	400,-- €
	Aufwand :	300,-- €		Ertrag :	200,-- €

(Ermittlung des Buchwertes vergleiche Kapitel IV/4. „Abschreibungen".)

Außerdem handelt es sich bei den Privatentnahmen um **umsatzsteuerrechtliche Leistungen** (für betriebsfremde Zwecke). Sie sind **umsatzsteuerbar** und **umsatzsteuerpflichtig**, wenn die Anschaffungs- oder Herstellungskosten des entnommenen Gegenstandes mit Umsatzsteuer belastet waren, und der Unternehmer hinsichtlich dieser Steuer zum Vorsteuerabzug berechtigt war.
Die Bemessungsgrundlagen (§ 10 UStG) sind:
--- bei der Entnahme eines Gegenstandes der Einkaufspreis zuzüglich Nebenkosten oder in Ermangelung die Selbstkosten im Zeitpunkt des Umsatzes,
--- bei einer sonstigen Leistung die bei der Ausführung der Umsätze entstandenen **Aufwendungen,**
--- bei Repräsentationsleistungen die **tatsächlichen Aufwendungen.**

(Der **Vorsteuerabzug** aus der Anschaffung usw. und dem Betrieb von Fahrzeugen wurde bis 2003 bei **unternehmensfremder Mitverwendung** auf 50 % beschränkt.)

Buchung beim Entnahmeeigenverbrauch

Die Buchungstechnik folgt hier dem Bruttoprinzip. Der Teilwert wird als Gegenbuchung zur Privatentnahme in voller Höhe auf einem Ertragskonto „Eigenverbrauch" (Gruppe: sonstige betriebliche Erträge) gebucht. Der Buchwert wird als Abgang vom Anlagenkonto an das Aufwandskonto „Eigenverbrauch" (Gruppe: sonstige betriebliche Aufwendungen) gebucht.

Ein niedrigerer Teilwert als der Buchwert wirkt sich so als Aufwand, ein höherer Teilwert als Ertrag aus.

Bei Buchung auf einem **EDV-System** lässt sich diese Buchungstechnik ebenfalls nutzen! Das Ertragskonto ist in diesem Fall mit einem **Steuerschlüssel** zu versehen!

Beispiele

Geschäftsvorfall: Der Unternehmer S. entnimmt seinem Unternehmen einen Kaffeeautomaten. (Entnahme am 02.01.)
a) Buchwert: 2.000,-- €, Neuwert = Teilwert: 3.000,-- €

Teilwert / Neuwert 3.000,-- € + 10% USt 300,-- €
= Privatentnahme 3.300,-- €

Buchungssatz: Privatentnahmen 3.300,-- €
an (Erträge aus) Eigenverbrauch 3.000,-- €
an Umsatzsteuer 300,-- €

(Aufwendungen aus) Eigenverbrauch 2.000,-- €
an Einrichtung 2.000,-- €

S	Privatentnahmen	H	S	(Erträge) Eigenverbrauch	H
3.300,--					3.000,--

S	Umsatzsteuer	H	S	(Aufwend.) Eigenverbrauch	H
		300,--	2.000,--		

S	Einrichtung	H
AB 2.000,--		2.000,--

(Differenz der Eigenverbrauchskonten: 1.000,-- € als Ertrag!)

Buchungssatz:

b) Buchwert: s.o., Teilwert: 400,-- €, Neuwert: 300,-- €

Privatentnahmen 430,-- €
  an (Erträge aus) Eigenverbrauch 400,-- €
  an Umsatzsteuer 30,-- €

(Aufwendungen aus) Eigenverbrauch 2.000,-- €
  an Einrichtung 2.000,-- €

(Differenz der Eigenverbrauchskonten: 1.600,-- € als Aufwand!)

Handelt es sich bei der Privatentnahme um ein abnutzbares Wirtschaftsgut des Anlagevermögens, so ist in jedem Fall diese Abnutzung in Form von **Abschreibungen** vor der Buchung der Privatentnahme zu berücksichtigen.
(Ermittlung und Buchung der Abschreibung siehe Kapitel „Abschreibungen".)

Buchung beim Verwendungseigenverbrauch

Als umsatzsteuerlicher **Verwendungs-** oder **Leistungseigenverbrauch** wird der Nutzungsanteil erfasst, der auf die private Nutzung des Gegenstandes fällt, und für den ein Vorsteuerabzug im Unternehmen bestand.
Die gesamte Verwendung wird erfahrungsgemäß **in Prozentsätzen** angegeben. Mit ihnen ermittelt man dann den entsprechenden privaten Kostenanteil.

Beispiele

- Private Verpflegung (im Sinne: Personalverpflegung):
  Privat (brutto)   **an Eigenverbrauch-Erträge**

- bei vorsteuerberechtigten Aufwendungen, z.B. Mobilfunk-Karten / Gästeanteil
  (bei Bezahlung:
  Fernsprechaufwendungen-Vst-berechtigt- + VSt   an Bank)
  und Abschreibung der Eigentumsanlage Mobiltelefon / Gästeanteil:
  (am Jahresende:
    Abschreibung Mobiltelefon   an Telefonanlagen)

Privatbuchung:
Privat (brutto) an **Eigenverbrauch-Erträge + USt**

- bei nicht vorsteuerberechtigten Aufwendungen - z.b. Abschreibung der Eigentumsanlage Mobiltelefon / Patientenanteil:
(am Jahresende:
Abschreibung Mobiltelefon an Telefonanlagen)

Privatbuchung:
Privat an **Eigenverbrauch-Erträge / Abschreibungen**

- bei <u>fremden</u> Gütern (z.B. Miete der Telefonanlage) muss Aufteilung in private und unternehmerische Aufwandanteile erfolgen - evtl. Entnahme der privaten Zahlungsmittel (brutto)

- Die private Nutzung eines betrieblichen Pkw kann jedoch durch Belege und Fahrtenbuch nachgewiesen werden. Ohne einen Nachweis wird für jeden Kalendermonat 1% des inländischen Listenpreises (bei Erstzulassung) zuzüglich der Sonderausstattungskosten und Umsatzsteuer angesetzt. Aufgrund des ab 2004 vollständigen **Vorsteuerabzuges** bei der Anschaffung usw. und dem Betrieb von Fahrzeugen bei unternehmensfremder Mitverwendung ist die private Nutzung nun wieder umsatzsteuerbar und gegebenenfalls umsatzsteuerpflichtig. Die Finanzbehörden ziehen hierbei einen 20%-igen Abschlag für nicht mit Vorsteuer belastete Kosten (Kfz-Steuer, Versicherung etc.) ab.

Geschäftsvorfall: Der Unternehmer S. nutzt seinen Geschäftswagen auch privat. Der Listenpreis beträgt 80.000,-- €.

1 % vom Listenpreis	800,00 €
80 % des Wertes	640,00 €
enthaltene Umsatzsteuer	64,00 €
Monatsbelastung	704,00 €
Jahresbelastung	8.448,00 €
Höhe der Privatentnahme einschl. USt	9.292,80 €

Buchungssatz: Privatentnahmen 9.292,80 €
an (Erträge aus) Eigenverbrauch 8.448,00 €
an USt 844,80 €

Bei nachgewiesenen Aufwendungen des privat mitgenutzten PKW (Tanken, Reparaturen, Versicherungen und Steuern etc.) sollten diese aus Abgrenzungsgründen getrennt von den Kfz-Aufwendungen anderer Fahrzeuge gebucht werden. In diesem Fall sind ein Konto „Kfz-Aufwendungen mit Vorsteuerabzug", ein Konto „Kfz-Aufwendungen ohne Vorsteuerabzug" und ein Konto „Abschreibungen" einzurichten.

Die **Abnutzung eines Wirtschaftsgutes (Abschreibung)** stellt einen Aufwand dar und muss somit ebenfalls als Leistung mit berücksichtigt werden.
(Ermittlung und Buchung der Abschreibung siehe Kapitel „Abschreibungen".)

Buchung der Neueinlagen

Geschäftsvorfall: Der Unternehmer S. bringt seinen privaten Diaprojektor in die Unternehmung ein, um betriebliche Vorführungen durchführen zu können.
Der Kaufpreis betrug 1.800,-- €. (Teilwert: 1.000,-- €).

Buchungssatz: Geschäftsausstattung 1.000,-- €
an Neueinlagen 1.000,-- €

Aufgaben (➲ Lösung)

1. Bilden Sie die Buchungssätze!
   a) Der Unternehmer entnimmt Essen für den Haushalt im Wert von 2.000,-- € (Teilwert: 1.500,-- €).
   b) Die Kfz-Aufwendungen betragen insgesamt 8.000,-- €. Hierauf entfällt eine private Nutzung von 35%.
   c) Überweisung der Einkommensteuer: 2.500,-- €.
   d) Entnahme einer Rechenmaschine aus dem Unternehmen. Der Buchwert zur Zeit der Entnahme betrug 2.000,-- €,
   da) der Teilwert / Neuwert: 2.500,-- €,
   db) der Teilwert: 1.000,-- €, Neuwert 2.300,-- €.
   e) Banküberweisung für die Hundesteuer:
   Wachhund für das Betriebsgelände: 24,-- €; Jagdhund: 72,-- €.
   f) Unternehmer bringt Privatschrank in die Unternehmung ein. Der Schrank wird auf 2.800,-- € geschätzt.

2. Erläutern Sie, welche Geschäftsvorfälle das Eigenkapitalkonto verändern!
   a) Der Geschäftsinhaber entnimmt der Kasse Geld für Urlaubsreise.
   b) Der Sohn des Geschäftsinhabers benutzt den Firmenwagen seines Vaters zum Besuch seiner Mutter im Krankenhaus.
   c) Der Sohn des Unternehmers entnimmt dem Warenlager Wein für eine Party.
   d) Der Unternehmer kauft einen Geschäftswagen gegen Barscheck.
   e) Der Unternehmer überweist von seinem Privatkonto Geld auf das Bankkonto des Geschäfts.

3. Sachgüter, Leistungserbringung, Leistungsverwertung

3.1. Buchungen im Rahmen der Leistungserbringung

3.1.1. Grundschema der Leistungserbringung

Wie schon als Buchungsvereinfachung bei der Erfolgsbuchung beschrieben, wird der Verbrauch der Sachgüter des Vorratsvermögens für die Leistungen als Aufwand gebucht. Die Leistungserbringung **während** des Jahres wird erst als Leistungsverwertung berücksichtigt. Nur am Periodenende wird der Wert der bisherigen Leistung bei Patienten, die noch in Behandlung sind, als Sachvermögen erfasst.

Unter Berücksichtigung der Leistungsfaktoren-Einteilung der Gesundheitsökonomie in sekundäre und primäre Leistungszusammenhänge ergibt sich demnach folgendes Leistungsschema:

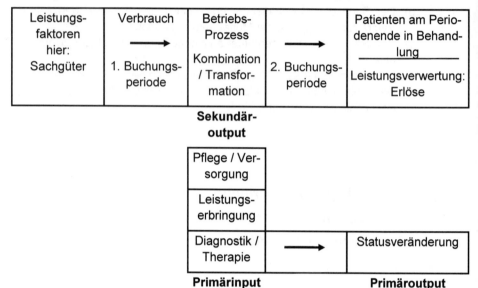

3.1.2. Erlöse

Die Kontenrahmen in den Anlagen 4 KHBV und PBV - dargestellt im Buchanhang - sehen für die **betrieblichen Erlöse** eine umfangreiche Gliederung vor.

Grob dargestellt ergeben sich folgende Gruppierungen:

Erlöse aus der Leistungserbringung **bei geförderten Krankenhäusern**:
- Erlöse aus Krankenhausleistungen
  (aus: Basispflegesätzen - voll- / teilstationär; Abteilungspflegesätzen - voll- / teilstationär; Fallpauschalen; Sonderentgelten; vor- und nachstationärer Behandlung etc.)
- Erlöse aus Wahlleistungen (wahlärztlich, Unterkunft etc.)
- Erlöse aus ambulanten Leistungen
- Nutzungsentgelte und sonstige Abgaben der Ärzte
- Rückvergütungen u.ä. vom Personal
- Erträge aus Hilfs- und Nebenbetrieben, z.B. Notarztdienst

Erlöse aus der Leistungserbringung **bei Pflegeeinrichtungen**:
- Erträge aus ambulanten Leistungen
(aufgeteilt nach: Pflegestufen - I bis III, Härtefälle; Zahler: Pflegekassen, Sozialhilfeträger, Selbstzahler, übrige; sonstige Erträge)
- Erträge aus teilstationären Leistungen
(aufgeteilt nach Pflegestufen - I bis III, Unterkunft; Zahler: Pflegekassen, Sozialhilfeträger, Selbstzahler, übrige; sonstige Erträge)
- Erträge aus vollstationären Leistungen
(aufgeteilt nach Pflegestufen - I bis III, Unterkunft; Zahler: Pflegekassen, Sozialhilfeträger, Selbstzahler, übrige; sonstige Erträge)
- Erträge aus Leistungen der Kurzzeitpflege
(aufgeteilt nach Pflegestufen - I bis III, Unterkunft; Zahler: Pflegekassen, Sozialhilfeträger, Selbstzahler, übrige; sonstige Erträge)

Erlöse aus der Leistungserbringung **bei nicht geförderten Krankenhäusern** könnten dagegen folgendermaßen gegliedert sein:
- Erlöse von Krankenkassen
- Erlöse von Privatpatienten
- Erlöse von Nicht-Patienten (Gästen)

Entsprechend sind die Konten wie folgt aufgebaut:

S	Erlöse ...		H
GuV	150	Kasse, Forderungen o.ä.	150

Zum Zwecke einer **automatischen Umsatzsteuerberechnung** bei steuerpflichtigen Umsätzen - wie z.B. bei der Aufnahme von Gästen (Angehörigen) in Kurkliniken - werden die entsprechenden Konten mit einem Steuerschlüssel versehen.

Beispiele

Leistungserbringung

Geschäftsvorfall: Die Klinik K. stellt Gästen Leistungen in Rechnung:
Leistung 5.000 € + 10% USt 500 € = 5.500,-- €

Buchungsvorgabe: Forderungen aL 5.500,-- €
an Erlöse ... 5.500,-- €

Buchung im System: Forderungen aL 5.500,-- €
an Erlöse ... 5.000,-- €
an Umsatzsteuer 500,-- €

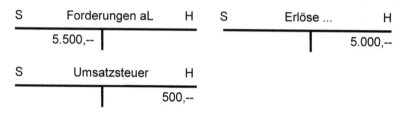

3.1.3. Sachgüter und Sachgüterverbrauch im Rahmen der Leistungserbringung

Während der gesamte Einkauf von Sachgütern bislang auf den Bestandskonten (z.B. Lebensmittel) erfasst und ein Verbrauch als entsprechender Abgang berücksichtigt wurde, sind auf diesen Bestandskonten in der neueren Buchführungsorganisation nur noch die Buchungen der **Anfangs- und Endbestände (Schlussbestände lt. Inventur)** und damit die der **Bestandsänderungen** innerhalb eines Wirtschaftsjahres vorgesehen.

Diese Konten stehen dann ohne Vorsteuerschlüssel und Zu- bzw. Abgänge im Jahresabschluss für bewertungstechnische Vorfälle zur Verfügung.

Wegen der kurzfristigen Lagerhaltung des Sachgüterbestandes werden die **gekauften Sachgüter des Vorratsvermögens gleichzeitig innerhalb der Periode als Verbrauch aufwandsmäßig** erfasst.

Hierhin gehören die **geborenen Verbrauchsgüter**, die aufgezehrt werden (z.B. Lebensmittel), unverwendbar werden (z.B. Einwegspritzen) oder beim Patienten verbleiben: (z.B. Herzschrittmacher). Hier werden auch die **geborenen Verbrauchsgüter**, deren Wert einundfünfzig Euro nicht übersteigt, erfasst. Auch hier sehen die Kontenrahmen eine detaillierte Einteilung vor.

Die wichtigsten Positionen sind:

nach Anlage 4 KHBV	nach Anlage 4 PBV
Lebensmittel - auch Getränke, Kindernährmittel, Muttermilch Medizinischer Bedarf - Arzneimittel, Heil- und Hilfsmittel, Blut, Blutkonserven, Blutplasma, Verbandsmittel, Verbrauchsmaterial und Instrumente, Bedarf an Röntgen und Nuklearmedizin, Laborbedarf, weitere spezielle Bedarfe an medizinischen Dingen, Implantate, Transplantate Wasser, Primärenergie, Brennstoffe Wirtschaftsbedarf - Reinigungs- und Desinfektionsmittel, Wäsche, Wäschereinigung und -pflege, Haushaltsverbrauchsmittel, Geschirr, Gartenpflege Verwaltungsbedarf - Büromaterialien und Druckarbeiten, Briefmarken Ausbildungsbedarf	Lebensmittel - auch Getränke, spezielle Seniorennährmittel Wasser, Primärenergie, Brennstoffe Wirtschaftsbedarf - Reinigungs- und Desinfektionsmittel, Wäsche, Wäschereinigung und -pflege, Haushaltsverbrauchsmittel, Geschirr, Gartenpflege Verwaltungsbedarf - Büromaterialien und Druckarbeiten, Briefmarken Ausbildungsbedarf

Hat sich der Schlussbestand des Bestandskontos gegenüber dem Anfangsbestand erhöht, handelt es sich um eine **Lagermehrung**, das heißt, nicht alle Sachgüter, die eingekauft wurden, wurden auch verbraucht. Die Bestandsveränderung, die sich auf der **Sollseite** des Bestandskontos ergibt, wird als **Ertrag** dem Einkaufsaufwand gegengebucht.

Ist der Endbestand kleiner, wurden mehr Sachgüter verbraucht als gekauft. Der **Minderbestand** der **Habenseite** wird als zusätzlicher **Aufwand** gebucht.

Neben der Vereinfachung und Vereinheitlichung in der Buchungstechnik besteht ein weiterer Vorteil darin, dass diese Aufwandskonten bei steuerpflichtigen Umsätzen mit einem **Vorsteuerschlüssel** belegt werden können, ohne dass dieser bei den Abschlussbuchungen im Wege steht.

3.2. Sachgüter und EDV-Buchführung

Auf den Konten sind die jeweiligen Steuerschlüssel angegeben. Die Steuerberechnung erfolgt vom Bruttowert.

Beispiele

1. Sachgütereinkauf

Geschäftsvorfall: Die Kurklinik K. kauft im Gästebereich Lebensmittel auf Ziel:
Preis: 3.000 € + 10% USt 300 € = 3.300,--€

Buchungsvorgabe: Aufwand an Lebensmitteln 3.300,-- €
                                                     an Verbindlichkeiten aL 3.300,-- €

Buchung im System: Aufwand an Lebensmitteln 3.000,-- €
                             Vorsteuer 300,-- €
                                                  an Verbindlichkeiten aL 3.300,-- €

S Aufwand an Lebensmitteln H	S Verbindlichkeiten aL H
3.000,-- |	| 3.300,--

S Vorsteuer H
300,-- |

2. Privatentnahme von Sachgütern

Geschäftsvorfall: Der Unternehmer entnimmt einen Teil dieser Lebensmittel zum Teilwert, der dem Einkaufspreis entspricht:
Einkaufspreis: 2.000 € +10% USt 200 € = 2.200 €

Buchungsvorgabe: Privatentnahmen 2.200,-- €
                                                 an Erlöse ... 2.200,-- €

Buchung im System: Privatentnahmen 2.200,-- €
                                                  an Erlöse ... 2.000,-- €
                                                  an Umsatzsteuer 200,-- €

3.3. Buchungstechnische Behandlung von Bezugskosten

Bei den Bezugskosten handelt es sich um Frachten, Rollgelder, Transportversicherungen, Verpackungskosten etc. Sie sind **Nebenkosten des Erwerbs** und stellen damit Anschaffungskosten der zu bilanzierenden Vorräte dar. Somit könnten diese Kosten unmittelbar auf dem Aufwandskonto für Sachgüter gebucht werden. Doch in der Praxis werden aus Gründen der Klarheit bzw. aus kalkulatorischen Gründen **Unterkonten** für die Bezugskosten eingerichtet.

Am Jahresende sind dann die Bezugskostenkonten wegen ihres wirtschaftlichen Zusammenhangs mit dem Anschaffungsvorgang über das **Sachgüteraufwandskonto** abzuschließen. Damit gehen diese Aufwendungen im Sachgütereinsatz unter.

Beispiel

Geschäftsvorfall:	Klinik K. zahlt Eingangsfrachten lt. Rechnung anteilig für die Gäste in bar: Eingangsfracht 150 € + 10% USt 15 € = 165 €
1. Buchungssatz:	Eingangsfrachten 150,-- € Vorsteuer 15,-- € an Kasse 165,-- €

Zum Jahresschluss ist zu buchen:

2. Buchungssatz:	Aufwand an Lebensmitteln 150,-- € an Eingangsfrachten 150,-- €

S	Eingangsfrachten	H	S	Aufwand an Lebensmitteln	H
1.	150,--	2. 150,--	2.	150,--	

S	Vorsteuer	H	S	Kasse	H
1.	15,--				1. 165,--

Das Unterkonto wird bei **EDV-Buchführung mit automatischer Vorsteuerberücksichtigung** mit einem entsprechenden Schlüssel versehen.

3.4. Buchungstechnische Behandlung von Rücksendungen und Gutschriften

Werden z.B. Privatpatienten Gutschriften auf Grund von Mängelrügen gewährt, werden diese entweder direkt auf dem Konto „Erlöse ..." oder meist auf einem besonderen Unterkonto - **vor allem bei automatischer Steuerkorrektur** - mit der Bezeichnung „Gutschriften" erfasst.

Diese Gutschriften führen zu einer **Minderung der Erlöse**, und damit zu einer Minderung der Bemessungsgrundlage für die Umsatzsteuer - bei steuerpflichtigen Umsätzen. Demzufolge müssen sowohl die Erlöse als auch die Umsatzsteuer berichtigt werden.

Zum Jahresschluss ist dann das Konto „Gutschriften" über das Konto **„Erlöse ..."** abzuschließen.

Beispiel

Geschäftsvorfall: Ein Gast erhält auf Grund seiner Mängelrüge einen Preisnachlass.
Preis 400 € + 10% USt 40 € = 440 €

1. Buchungssatz: Gutschriften 400,-- €
Umsatzsteuer 40,-- €
an Forderungen aL 440,-- €

Zum Jahresschluss ist zu buchen:

2. Buchungssatz: Erlöse ... 400,-- €
an Rücksendungen und Gutschriften 400,-- €

S	Gutschriften	H		S	Forderungen aL	H
1.	400,--	2.	400,--		1.	440,--

S	Umsatzsteuer	H		S	Erlöse ...	H
1.	40,--		500,--	2.	400,--	5.000,--

Die Berichtigung der Rechnung wurde somit vollzogen. Es verbleibt ein Leistungswert von:
4.600 € + 10% USt 460 € = Forderung an den Patienten 5.060 €

Rücksendungen an die Lieferanten und Gutschriften, die von den Lieferanten auf Grund von Mängelrügen gewährt werden, **mindern die Einkaufspreise der bezogenen Sachgüter** und damit ebenfalls die Bemessungsgrundlage für die Vorsteuer. Auch hier muss eine Berichtigung erfolgen. Dieses geschieht entweder direkt über das Konto „Sachgüteraufwand". Oder es besteht jedoch auch hier vor allem aus Gründen der **automatischen Steuerkorrektur** die Möglichkeit wieder ein **Unterkonto** einzurichten, das am Jahresschluss über das Sachgüteraufwandskonto abgeschlossen wird.

Beispiel

Geschäftsvorfall:	Klinik K. schickt Lebensmittel, die die Gäste betreffen, wieder an den Lieferanten zurück.
	Lebensmittelwert 500 € + 10% USt 50 € = 550 €
Buchungssatz:	Verbindlichkeiten aL 550,-- €
	an Aufwand an Lebensmitteln 500,-- €
	an Vorsteuer 50,-- €

3.5. Abschluss der Sachgüter- und Erlöskonten

Nettoabschluss

Beim Nettoabschluss werden Sachgüteraufwendungen und Bestandskonten **untereinander** abgeschlossen. Der Saldo des Bestandskontos (Bestandsveränderung) wird auf das Warenaufwandskonto gebucht, so dass sich nun dort der Wareneinsatz ergibt. Dieser wird auf das GuV übertragen. In der Jahreserfolgsrechnung stehen sich demnach Sachgüter- / Materialeinsatz und Erlös gegenüber.

S	Aufwand an Sachgütern	H	S	Erlöse ...	H
Einkauf	Rücksendungen		Preisnachlässe	Leistungen	
Bezugskosten	Preisnachlässe		Saldo (GuV)	Entnahmen	
	Sachgüter				
	Saldo (GuV)				

S	Sachgüter	H	S	GuV	H
Anfangsbestand	Schlussbestand		Aufw.Sachgüter	Erlöse ...	
Mehr. Aufw.S.					

Beispiel

Der Anfangsbestand beträgt:	15.000,-- €
Der Endbestand beträgt:	10.000,-- €
Der Sachgütereinkauf beträgt:	35.000,-- €
Die erbrachten Leistungen betragen:	80.000,-- €

Aufwand an Sachgütern 5.000,-- €   an Sachgüter (Minderbestand) 5.000,-- €

GuV 40.000,-- €   an Aufwand an Sachgütern 40.000,-- €

Erlöse 80.000,-- €   an GuV 80.000,-- €

Bruttoabschluss

Beim Bruttoabschluss werden das Bestandskonto mit der Bestandsveränderung, das Aufwandskonto und das Erlöskonto **über das GuV** abgeschlossen. Damit erfolgt innerhalb der Erfolgsrechnung eine Gegenüberstellung der Aufwendungen aufgrund der Sachgütereinkäufe und einem eventuellen Minderbestand mit den Erlösen und einem eventuellen Mehrbestand.

S	Aufwand an Sachgütern	H		S	Erlöse ...	H
Einkauf	Rücksendungen			Preisnachlässe	Leistungen	
Bezugskosten	Preisnachlässe			Saldo (GuV)	Entnahmen	
	Saldo (GuV)					

S	Sachgüter	H		S	GuV	H
Anfangsbestand	Schlussbestand			Aufw.Sachgüter	Erlöse ...	
Mehr. Aufw.S.					**Sachgüter**	

Beispiel

Der Anfangsbestand beträgt:	15.000,-- €
Der Endbestand beträgt:	10.000,-- €
Der Sachgütereinkauf beträgt:	35.000,-- €
Die erbrachten Leistungen betragen:	80.000,-- €

GuV 5.000,-- €   an Sachgüter (Minderbestand) 5.000,-- €

GuV 35.000,-- €   an Aufwand an Sachgütern 35.000,-- €
Erlöse 80.000,-- €   an GuV 80.000,-- €

Aufgaben (➲ Lösung)

1. Bilden Sie die Buchungssätze für ein umsatzsteuerpflichtiges Unternehmen:
   a) nach der Nettoabschlussmethode, b) nach der Bruttoabschlussmethode.

   1.1. Der Lebensmittelanfangsbestand beträgt 15.000,-- €, der Endbestand 17.000,-- €.

   1.2. Er werden Lebensmittel für 20.000,-- € + USt 2.000,-- € = 22.000,-- € auf Ziel gekauft.

2. Bilden Sie die Buchungssätze für ein umsatzsteuerpflichtiges Unternehmen:
   a) nach der Nettoabschlussmethode, b) nach der Bruttoabschlussmethode.

   2.1. Der Lebensmittelanfangsbestand beträgt 10.000,-- €, der Endbestand 7.000,-- €.

   2.2. Es werden Lebensmittel für 40.000,-- € + USt 4.000,-- € = 44.000,-- € auf Ziel gekauft.

   2.3. In-Rechnung-Stellung von Leistungen für 50.000,-- € + USt 5.000,-- € = 55.000,-- €.

3. Bilden Sie die Buchungssätze für ein umsatzsteuerfreies Unternehmen:
   a) nach der Nettoabschlussmethode, b) nach der Bruttoabschlussmethode.

   3.1. Der Lebensmittelanfangsbestand beträgt 16.500,-- €, der Endbestand 18.700,-- €.

   3.2. Er werden Lebensmittel für 20.000,-- € + USt 2.000,-- € = 22.000,-- € auf Ziel gekauft.

4. Bilden Sie die Buchungssätze für ein umsatzsteuerfreies Unternehmen:
   a) nach der Nettoabschlussmethode, b) nach der Bruttoabschlussmethode.

   4.1. Der Lebensmittelanfangsbestand beträgt 11.000,-- €, der Endbestand 7.700,-- €.

   4.2. Es werden Lebensmittel für 40.000,-- € + USt 4.000,-- € = 44.000,-- € auf Ziel gekauft.

   4.3. In-Rechnung-Stellung von Leistungen für 55.000,-- €.

4. Am Periodenende in Behandlung befindliche Patienten – „unfertige Erzeugnisse"

4.1. Berücksichtigung der Patienten in Behandlung

Wie die Überschrift dieses Kapitels schon darstellt, geht es im folgenden um Leistungen, die über einen bestimmten Zeitraum eine **Leistungseinheit** zur Statusveränderung bilden. In diesen Fällen gilt die Gesamtleistung erst zum Abschluss hin als erbracht.

Typisch ist diese Leistungsdefinition in **Krankenhäusern**. Hier ist der Patient nicht Empfänger von verschiedenartigen einzelnen Leistungen, sondern die **Gesamtleistung** ist erst mit der Statusveränderung (Genesung) erbracht, und diese wird (abzüglich eventueller Vorauszahlungen) erst abschließend in Rechnung gestellt. Im Pflegebereich werden die Leistungen in der Regel zeitraumbezogen (monatlich) verrechnet.

In den bisher abgehandelten Kapiteln wurden die buchhalterischen Bestandsveränderungen an am Periodenende noch weiter zu behandelnden Patienten (unfertigen Erzeugnissen) nicht berücksichtigt. Es wurde also angenommen, dass sich der Behandlungswert der Patienten in Behandlung zum Anfang und am Ende des Geschäftsjahres nicht verändert hat. Dies wiederum bedeutete aber, dass die im Jahr begonnenen Behandlungen auch alle im Laufe des Jahres beendet und verwertet wurden. Das wird aber in der Regel nicht so sein.

Behandlungs-Anfangs- und -Endwerte der Patienten in Behandlung (Anfangs- und Endbestände der unfertigen Erzeugnisse) können aber erheblich voneinander abweichen. Würde man diesen Umstand buchhalterisch außer acht lassen, so käme es auf dem Gewinn- und Verlustkonto zu einer Gegenüberstellung der gesamten auf die **Leistungserbringung angefallenen Aufwendungen** mit den **Umsatzerlösen aus der Leistungsverwertung (Absatz)**. Demzufolge müssen die Bestandsdifferenzen auf dem Gewinn- und Verlustkonto gebucht werden, damit die auf **die Umsatzerlöse angefallenen Aufwendungen den Umsatzerlösen gegenüberstehen**.

Je nachdem, ob eine Leistung voll erbracht und verwertet wird, oder ob der Patient am Ende der Periode noch in Behandlung ist, wird ein anderer Wert berücksichtigt. Während die erbrachten und verwerteten Leistungen mit dem entsprechenden **Leistungspreis** (Verkaufswert) bewertet werden müssen, werden die noch fortzusetzenden Behandlungen nach § 255(2) HGB mit ihren **entsprechenden Herstellungskosten** angesetzt.

Erfolgsauswirkung bei Bestandsmehrungen und Bestandsminderungen

a) Bestandsmehrung

Eine Bestandsmehrung liegt vor, wenn **der Schlussbestand an „Patienten noch in Behandlung" größer ist als der Anfangsbestand**. In diesem Falle wurden im Abrechnungszeitraum mehr Leistungen begonnen als fertiggestellt und verwertet. Wird die Bestandsmehrung gebucht, kommt es zu einer **Erhöhung des Gewinns**.

Beispiel

Eine Klinik verwertet in einer Periode Leistungen an 1.000 Patienten für insgesamt 200.000,-- €. Aufwendungen sind allerdings für die Leistungserbringung für 1.100 Patienten angefallen. Sie betragen insgesamt 110.000,-- €.

Diese beiden Faktorgrößen kann man jedoch nicht miteinander verrechnen, da augenscheinlich nicht alle Leistungen fertiggestellt wurden.
Demzufolge ist der Patientenbestand zu ermitteln, der am Periodenende noch in Behandlung ist. Er beläuft sich in diesem Fall auf 100 Patienten, die diesbezüglichen Leistungen sind zu den Herstellungskosten zu bewerten.

Herstellungskosten / Patient = 110.000,-- € $\div$ 1.100 = 100,-- €
Gesamte Herstellungskosten der noch weiter zu behandelnden Patienten:
100,-- € $\times$ 100 = 10.000,-- €

Diese 10.000,-- € müssen nun die Periodenaufwendungen der erbrachten Leistungen mindern bzw. buchhalterisch die Habenseite als Erträge erhöhen, damit die verwertungsbezogenen Aufwendungen den verwertungsbezogenen Erlösen gegenüberstehen. Somit ergibt sich ein Gewinn von 100.000,-- €.

S	Gewinn- und Verlustkonto		H
Leistungsaufwand	110.000,--	Erlöse	200.000,--
Gewinn	100.000,--	**Bestandsmehr.**	**10.000,--**
	210.000,--		210.000,--

b) Bestandsminderung

Eine Bestandsminderung liegt vor, wenn **der Schlussbestand an „Patienten noch in Behandlung" kleiner ist als der Anfangsbestand**. In diesem Fall wurden im Abrechnungszeitraum mehr Leistungen verwertet als vollständig erbracht. Die Klinik hat also nicht nur alle Patienten des Jahres behandelt und entlassen, sondern darüber hinaus zusätzlich Patienten aus der Vorperiode. Wird die Bestandsminderung gebucht, kommt es zu einer **Minderung des Gewinns**.

Beispiel

Eine Klinik verwertet in einer Periode Leistungen an 1.000 Patienten für insgesamt 200.000,-- €. Aufwendungen sind allerdings für die Leistungserbringung für 900 Patienten angefallen. Sie betragen insgesamt 90.000,-- €.

Gegenüber verwerteten Leistungen an 1.000 Patienten sind nur Aufwendungen für 900 Patienten in dieser Rechnungsperiode angefallen. Demnach sind die restlichen Leistungen an 100 Patienten in einer der früheren Perioden begonnen worden und haben dort Aufwendungen verursacht, die aber in den Vorperioden als Mehrungen erfasst wurden.

Demzufolge ist der Patientenbestand zu ermitteln. Er beläuft sich in diesem Fall auf 100 Patienten, die diesbezüglichen Leistungen sind zu den Herstellungskosten zu bewerten.

Herstellungskosten / Patient: 100,-- € (siehe Mehrbestand der Vorperiode)
Gesamte Herstellungskosten der noch weiter behandelten Patienten:
100,-- € × 100 = 10.000,-- €

Diese 10.000,-- € müssen nun die Periodenaufwendungen der erbrachten Leistungen erhöhen bzw. buchhalterisch die Sollseite als Aufwendungen erhöhen, damit die verwertungsbezogenen Aufwendungen den verwertungsbezogenen Erlösen gegenüberstehen. Somit ergibt sich ein Gewinn von 100.000,-- €.

S	Gewinn- und Verlustkonto		H
Leistungsaufwand	90.000,--	Erlöse	200.000,--
Bestandsminder.	**10.000,--**		
Gewinn	100.000,--		
	200.000,--		200.000,--

4.2. Buchungstechnische Behandlung der Bestandsveränderungen

In der Praxis werden die Werte der Bestandsveränderungen allerdings nicht über die Leistungsmenge ermittelt. Hier wird der jeweilige Endbestand an „Patienten noch in Behandlung", bewertet zu den Herstellungskosten (Herstellungsaufwendungen), über die Inventur festgestellt. Die Differenz aus End- und Anfangsbestand ist dann jeweils der **Mehr- oder Minderbestand** als Bestandsveränderung.

Mit Hilfe dieser Erfassung der **effektiven Bestandsveränderungen** kann jede Leistungsverwertung weiterhin als Erlös gebucht werden. Die Gegenbuchung der Bestandsveränderung selbst kann auf einem gesonderten Sammelkonto erfolgen. Es trägt die Bezeichnung „**Bestandsveränderungen**". Hier werden die Bestandsminderungen im Soll und die Bestandsmehrungen im Haben erfasst. Der Abschluss des Kontos erfolgt über das GuV.

Geschäftsvorfall: Die Klinik R. stellt am Ende des 1. Jahres fest, dass Leistungen im Wert von 10.000,-- € nicht fertiggestellt wurden (lt. Inventur).

Buchungen: 1. SBK 10.000,-- €
   an „Patienten noch in Behandlung" 10.000,-- €

2. „Patienten noch in Behandlung" 10.000,-- €
   an Bestandsveränderungen 10.000,-- €

3. Bestandsveränderungen 10.000,-- €
   an GuV 10.000,-- €

Geschäftsvorfall: Die Klinik R. stellt am Ende des 2. Jahres fest, dass Leistungen im Wert von 15.000,-- € nicht fertiggestellt wurden (lt. Inventur).

Buchungen: **Zum Jahresanfang**

1. „Patienten noch in Behandlung" 10.000,-- €
   an EBK 10.000,-- €

Zum Jahresabschluss

2. SBK 15.000,-- €
   an „Patienten noch in Behandlung" 15.000,-- €

3. „Patienten noch in Behandlung" 5.000,-- €
   an Bestandsveränderungen 5.000,-- €
4. Bestandsveränderungen 5.000,-- €
   an GuV 5.000,-- €

S	EBK	H		S	SBK	H
	1) 10.000,--			2) 15.000,--		

S	„Patient. noch in Behandl."	H		S	Bestandsveränderungen	H
1) 10.000,--	2) 15.000,--			4) 5.000,--	3) 5.000,--	
3) 5.000,--						
15.000,--	15.000,--					

S	GuV	H
Aufwend. 30.000,--	Erlöse 60.000,--	
Gewinn 35.000,--	4) 5.000,--	
65.000,--	65.000,--	

Es liegt eine **Bestandsmehrung** in Höhe von 5.000,-- € vor. Demzufolge erhöht sich der Gewinn um 5.000,-- €.

Geschäftsvorfall: Die Klinik R. stellt am Ende des 3. Jahres fest, dass Leistungen im Wert von 12.000,-- € nicht fertiggestellt wurden (Endbestand lt. Inventur).

Buchungen: **Zum Jahresanfang**

1. „Patienten noch in Behandlung" 15.000,-- €
   an EBK 15.000,-- €

Zum Jahresabschluss

2. SBK 12.000,-- €
   an „Patienten noch in Behandlung" 12.000,-- €

3. Bestandsveränderungen 3.000,-- €
   an „Patienten noch in Behandlung" 3.000,-- €

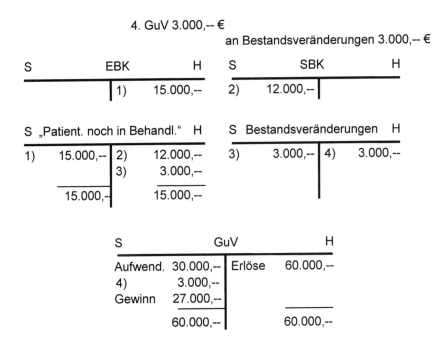

Es liegt eine **Bestandsminderung** in Höhe von 3.000,-- € vor. Demzufolge mindert sich der Gewinn um 3.000,-- €.

Die Bestandskonten „Patienten noch in Behandlung" (buchhalterisch: „unfertige Erzeugnisse") weisen in der Regel - wie die **Sachgüterkonten** - nur drei Buchungen auf:

1. den Anfangsbestand,
2. den Schlussbestand lt. Inventur,
3. die Bestandsveränderung (Mehrung und Minderung).

5. Preisnachlässe

5.1. Rabatte

Rabatte treten im Wirtschaftsleben in verschiedenen Formen und unter verschiedenen Bezeichnungen auf. Die eigentlichen Rabatte sind die, die sofort bei Kauf und Rechnungserteilung gewährt werden, weil eine bestimmte Menge abgenommen wird (**Mengenrabatte**), und die, die aufgrund sofortiger Zahlung eingeräumt werden. Sie stellen eine **Minderung der Netto-Rechnungsbeträge** dar und damit **bei umsatzsteuerpflichtigen Unternehmen** eine Minderung der Bemessungsgrundlage für die Umsatzsteuer.

Eine besondere Buchung der Rabatte erfolgt jedoch nicht. Somit hat der Käufer von Sachgütern den um den Rabatt geminderten Netto-Rechnungsbetrag sowie die darauf entfallende Vorsteuer zu buchen. (Dementsprechend würde ein Verkäufer in **anderen Unternehmensarten** den verminderten Netto-Verkaufserlös sowie die sich daraus ergebende Umsatzsteuer berücksichtigen.)

Begründet wird diese Handhabung mit dem Grundsatz, dass eine Bewertung nur zu den Anschaffungskosten erfolgen darf, und ein Ausweis nicht realisierter Gewinne nicht zulässig ist.

Beispiel

Geschäftsvorfall: Kauf von Lebensmitteln in einem umsatzsteuerpflichtigen Unternehmen:
  Listenpreis der Lebensmittel 10.000,-- €
  - 10% Sonderrabatt 1.000,-- €
  = Netto-Rechnungsbetrag 9.000,-- €
  + 10% Umsatzsteuer 900,-- €
  = Rechnungsbetrag 9.900,-- €

Buchung als Eingangsrechnung: Lebensmittelaufwand 9.000,-- €
Vorsteuer 900,-- €
an Verbindlichkeiten aL 9.900,-- €

(Buchung als Ausgangsrechnung: Forderungen aL 9.900,-- €
an Umsatzerlöse 9.000,-- €
an Umsatzsteuer 900,-- €)

5.2. Boni

Auch die Boni stellen eine Art Rabatt dar. Sie werden im Gegensatz zu den sonstigen Rabatten nicht sofort, sondern nachträglich gewährt; z.B. beim Bezug bestimmter Warenmengen in einem Geschäftsjahr. Ihre Gewährung ist also meist an bestimmte Bedingungen (Mindestumsatz) oder an langjährige Geschäfts-

Buchungs- und Ansatzschwerpunkte 137

verbindungen (Treuerabatte) geknüpft. Oft sind die Boni noch nach der Höhe des Umsatzes gestaffelt. Sie werden deshalb auch als **Umsatzvergütung** bezeichnet.

§ 255(1) und § 277(1) HGB sehen eine eindeutige Handlungsweise für Preisnachlässe vor. Danach **mindern** erhaltene Boni die **Anschaffungskosten**. Sie sind auf den Konten „Aufwendungen für Lebensmittel, Medikamente u.a." - bzw. auf deren Unterkonten - zu buchen. (Gewährte Boni würden **bei anderen Wirtschaftsunternehmen** eine **Erlösschmälerung** bedeuten; Konto: „Umsatzerlöse".)

Boni können erst auf getrennten Unterkonten („Lieferantenboni" und „Kundenboni") gesammelt werden. Sie müssen aber am Periodenende über die **Sachgüteraufwandskonten** (bzw. die Umsatzerlöskonten - bei anderen Unternehmensarten) abgeschlossen werden.

Auf jeden Fall aber stellt der Bonus **bei umsatzsteuerpflichtigen Unternehmen** eine Minderung der umsatzsteuerlichen Bemessungsgrundlage dar. Das bedeutet, dass eine Berichtigung der Umsatzsteuer bzw. Vorsteuer vorzunehmen ist.

Bei **EDV-Buchführung mit automatischer Umsatzsteuer- bzw. Vorsteuerberücksichtigung** sind die entsprechenden Steuerschlüssel zu berücksichtigen.

Geschäftsvorfall: Die Klinik R. erhält eine Gutschrift von seinem Lieferanten für Boni (umsatzsteuerpflichtiger Gästeanteil):
                              Warenwert: 400,-- €
                              + 10% Steuerberichtigung: 40,-- €
                              = Gutschriftbetrag: 440,-- €

Buchung: Verbindlichkeiten aL 440,-- €
                      an Lebensmittelaufwendungen 400,-- €
                      an Vorsteuer 40,-- €

S Aufwand an Lebensmitteln H	S Verbindlichkeiten aL H
400,--	440,-- | AB 55.000,--

S Vorsteuer H
AB 5.000,-- | 40,--

(Geschäftsvorfall: Der o.a. Lieferant bucht:
Buchung: Umsatzerlöse aus Waren 600,-- €
                      Umsatzsteuer 60,-- €
                                  an Forderungen aL 660,-- €)

5.3. Skonti

Der Skonto ist ein Rechnungsabzug für die Zahlung innerhalb einer bestimmten Frist. Auch die Skonti müssen als **Preisnachlässe** behandelt werden. Der Lieferantenskonto mindert die Anschaffungskosten, ein Kundenskonto würde bei anderen Unternehmensarten die Erlöse (§ 255(1) bzw. § 277(1) HGB) schmälern.

Skonti können auch erst auf getrennten Unterkonten („Lieferantenskonti" und „Kundenskonti") gesammelt werden. Sie müssen aber am Periodenende über die **Sachgüteraufwandskonten** (bzw. die Umsatzerlöskonten - bei anderen Unternehmensarten) abgeschlossen werden.

Die Skonti stellen eine nachträgliche Minderung des Nettowertes dar. Somit verändert sich auch die Bemessungsgrundlage für die Umsatzsteuer **bei steuerpflichtigen Umsätzen**. Wird also Skonto in Anspruch genommen, muss eine **Berichtigung des Nettowertes** und der auf den Nettowert **angefallenen Umsatzsteuer** erfolgen.

Bei **EDV-Buchführung mit automatischer Umsatzsteuer- bzw. Vorsteuerberücksichtigung** werden entsprechende Steuerschlüssel eingesetzt.

Bruttobuchung

Bei der Bruttobuchung wird der Skontobetrag brutto, d.h. vom Rechnungsbetrag (Nettobetrag zuzüglich in Rechnung gestellte Umsatzsteuer) berechnet und gebucht. **Am Ende des Umsatzsteuer-Voranmeldungszeitraums** erfolgt dann - falls umsatzsteuerpflichtige Umsätze vorliegen - die Steuerberichtigung. Aus den Bruttobeträgen wird die anteilige Umsatzsteuer bzw. Vorsteuer herausgerechnet und auf die entsprechenden Steuerkonten gebucht. Hier empfiehlt es sich dann aber in jedem Fall, entsprechende Unterkonten zur Ermittlung der Steuerkorrekturen einzuführen!

Buchungs- und Ansatzschwerpunkte

Geschäftsvorfall: Die Klinik R. hat von seinem Lieferanten Lebensmittel bezogen (umsatzsteuerpflichtiger Gästeanteil):
Warenwert: 2.000,-- €
+ 10% Umsatzsteuer: 200,-- €
= Rechnungsbetrag: 2.200,-- €

Buchung der Rechnung:
1. Lebensmittelaufwendungen 2.000,-- €
   Vorsteuer 200,-- €
                    an Verbindlichkeiten aL 2.200,-- €

Skonto-Berechnung:
Rechnungsbetrag: 2.200,-- €
- 2% Skonto: 44,-- €
= Zahlungsbetrag: 2.156,-- €

Buchung bei Zahlung:
2. Verbindlichkeiten aL 2.200,-- €
             an Lieferantenskonti auf Lebensmittel 44,-- €
             an Bank 2.156,-- €

Berechnung am Ende des Umsatzsteuer-Voranmeldungszeitraumes:
Brutto-Skontobetrag: 44,-- €
- 1/11 Umsatzsteuer: 4,-- €
= Netto-Skontobetrag: 40,-- €

Berichtigungsbuchung:
3. Lieferantenskonti auf Lebensmittel 4,-- €
             an Vorsteuer 4,-- €

S	Aufwand an Lebensmitteln	H		S	Verbindlichkeiten aL	H
1)	2.000,--			2)	2.200,-- 1)	2.200,--

S	Vorsteuer	H		S	Lieferantenskonti a. Leb.	H
1)	200,-- 3)	4,--		3)	4,-- 2)	44,--

S	Bank	H
	2)	2.156,--

(Geschäftsvorfall: Der o.a. Lieferant bucht:

Buchung der Rechnung:

1. Forderungen aL 2.200,-- €
   an Umsatzerlöse 2.000,-- €
   an Umsatzsteuer 200,-- €

Buchung bei Zahlung:

2. Bank 2.156,-- €
   Kundenskonti 44,-- €
   an Forderungen aL 2.200,-- €

Berichtigungsbuchung:

3. Umsatzsteuer 4,-- €
   an Kundenskonti 4,-- €)

Nettobuchung

Eine weitere Möglichkeit für die Berichtigung ist die Nettobuchung. Hier wird der Skonto - **bei umsatzsteuerpflichtigen Umsätzen** - direkt vom Nettowert berechnet und mit der anteilmäßigen Steuerberichtigung bei der Zahlung gebucht.

Geschäftsvorfälle: -- siehe Bruttobuchung --

Buchung der Rechnung:

1. Lebensmittelaufwendungen 2.000,-- €
   Vorsteuer 200,-- €
   an Verbindlichkeiten aL 2.200,-- €

Skonto-Berechnung:

Rechnungsbetrag:	2.200,-- €
- 2% Skonto vom Nettowert:	40,-- €
- Steuerberichtigung:	4,-- €
= Zahlungsbetrag:	2.156,-- €

Buchung bei Zahlung:

2. Verbindlichkeiten aL 2.200,-- €
   an Lebensmittelaufwendungen bzw. Lieferantenskonti auf Lebensmittel 40,-- €
   an Vorsteuer 4,-- €
   an Bank 2.156,-- €

S	Aufwand an Lebensmitteln	H	oder	S	Lieferantenskonti a. Leb.	H
1) 2.000,--		2) 40,--		1) 2.000,--		2) 40,--

S	Vorsteuer	H		S	Verbindlichkeiten aLuL	H
1) 200,--		2) 4,--		2) 2.200,--		1) 2.200,--

S	Bank	H
		2) 2.156,--

(Geschäftsvorfall: Der o.a. Lieferant bucht:

Buchung der Rechnung:

1. Forderungen aL 2.200,-- €
 an Umsatzerlöse 2.000,-- €
 an Umsatzsteuer 200,-- €

Buchung bei Zahlung:

2. Bank 2.156,-- €
 Umsatzerlöse bzw. Kundenskonti 40,-- €
 Umsatzsteuer 4,-- €
 an Forderungen aL 2.200,-- €)

5.4. Abschluss der Konten Boni und Skonti mit Unterkonten

Die „**Nachlasskonten**", auf denen Lieferantenskonti und Lieferantenboni gebucht werden, sind **Unterkonten des Sachgüteraufwands**. Demzufolge werden sie auch am Periodenende über das jeweilige Konto des Sachgüteraufwands abgeschlossen. Sie führen so zu einer Kürzung des Sachgüterbestandes.

(Bei anderen Unternehmensarten werden Kundenskonti und Kundenboni als „**Erlösschmälerungen**" über das Konto „**Umsatzerlöse**" abgeschlossen. Es findet demzufolge eine Kürzung des Erlöses statt.

Geschäftsvorfall: Die Klinik B. hat während der Periode 2.000,-- € Skonti und 1.000,-- € Boni für Lebensmittel auf einem gemeinsamen Konto „Nachlässe" gebucht.

Buchung: Nachlässe 3.000,-- €
　　　　　　　　an Lebensmittelaufwendungen 3.000,-- €

```
S  Aufwand an Lebensmitteln  H        S        Nachlässe      H
   | Nachl.   3.000,--                 Saldo  3.000,-- | Skonti  2.000,--
   |                                                   | Boni    1.000,--
```

(Geschäftsvorfall: Der o.a. Lieferant bucht:
Buchung: Umsatzerlöse 3.000,-- €
　　　　　　　　an Erlösschmälerungen 3.000,-- €)

5.5. Zusammenfassung „Buchung von Preisnachlässen"

An dieser Stelle sollen die verschiedenartigen Preisnachlässe mit ihren Buchungen nochmals in einem Schaubild zusammengefasst werden:

Vorfälle	Buchungen
Preisnachlass aufgrund einer Mängelrüge	Verbindlichkeiten aL an Vorsteuer, Sachgüteraufwand Lieferant: Umsatzerlöse, Umsatzsteuer an Forderungen aL
	oder oben angegebene Unterkonten
Rabatte	(Kürzung der Rechnungsbeträge)
Boni	Verbindlichkeiten aL an Vorsteuer, Sachgüteraufwand Lieferant: Umsatzerlöse, Umsatzsteuer an Forderungen aL
	oder oben angegebene Unterkonten
Skonti	Verbindlichkeiten aL an Bank, Sachgüteraufwand, Vorsteuer Lieferant: Bank, Umsatzerlöse, Umsatzsteuer an Forderungen aL
	oder oben angegebene Unterkonten

5.6. Preisnachlässe und EDV-Buchführung

Softwarehersteller nutzen die Möglichkeit, Skontibuchungen zu automatisieren, auf folgende Weise:
Kunden- und Lieferantenskontikonten wurden an die Zahlungskonten und über die Umsatzsteuerdatei an das Forderungs- bzw. Verbindlichkeitskonto und jeweils an einen Umsatz- bzw. Vorsteuerschlüssel gekoppelt.
Bei einer Zahlung, die die o.a. Konten berührt, wird je nach System der Skontobetrag als Prozentzahl oder als absoluter Betrag abgefragt und unter Berücksichtigung der Steuer gebucht.
Die automatische Skontobuchung erfolgt auf einem Skonto-**Interimskonto** oder Skonto-**Unterkonto**. Die **Umbuchung** erfolgt auf die o.a. Verkaufs- bzw. Beschaffungskonten.

In den komfortableren Programmen lassen sich die Skonti - denkbar wäre eine entsprechende Lösung auch bei einem festgefügten Bonussystem - automatisch und manuell berechnen.

Bei festgesetzten Skontosätzen pro jeweiliger Zeiteinheit und feststehenden Fälligkeitsperioden lassen sich die Skonti jeweils vom System berechnen und bei Zahlungen mit Umsatzsteuer- bzw. Vorsteuerkorrektur berücksichtigen.

Beispiel

Fälligkeitsfrist: drei Monate;
Skonti: bei Zahlung bis zwei Monate vor Fälligkeit 3%;
bei Zahlung bis einen Monat vor Fälligkeit 2%;
bei Zahlung bis vierzehn Tage vor Fälligkeit 1%.

Darüber hinaus lassen sich jedoch auch weitere Skonti manuell buchen.

Auch lässt sich bei den Preisnachlässen die Umsatzsteuer- oder Vorsteuerkorrektur automatisieren. Je nach Vorgabe sind die Beträge brutto oder netto anzugeben. Das System berechnet dann die Steuerberichtigung und führt die entsprechende Buchung durch.

144 Buchungs- und Ansatzschwerpunkte

Aufgaben (⮕ Lösung)

1. Bilden Sie Buchungssätze für ein reines Krankenhaus!

    Kontenplan: Lebensmittel, Patienten am Periodenende in Behandlung, Forderungen, Kasse, Verbindlichkeiten, Lebensmittelaufwendungen, Erlöse, Lieferantenkonti, Bestandsveränderungen für Patienten in Behandlung.

    1. Anfangsbestände: Lebensmittel 10.000 €; Patienten am Periodenende noch in Behandlung 5.000,-- €.
    2. Lebensmittelkauf auf Ziel 120.000 € + USt 12.000 € = 132.000 €.
    3. Bezugskosten auf Ziel 10.000 € + USt 1.000 € = 11.000 €.
    4. Barzahlung von 2. unter Abzug von 1% Skonto.
    5. In-Rechnung-Stellung von erbrachten Leistungen über 220.000 €.
    6. Abschlussangaben:
       a) Lebensmittel: SB 8.000 € (Nettomethode)
       b) Patienten (am Periodenende noch in Behandlung): SB 10.000 €.

2. Bilden Sie Buchungssätze für ein umsatzsteuerpflichtiges Gästehaus!

    Kontenplan: Lebensmittel, Forderungen, Vorsteuer, Kasse, Verbindlichkeiten, Umsatzsteuer, Lebensmittelaufwendungen, Erlöse, Lieferantenkonti.

    1. Anfangsbestände: Lebensmittel 10.000 €.
    2. Lebensmittelkauf auf Ziel 120.000 € + USt 12.000 € = 132.000 €.
    3. Bezugskosten auf Ziel 10.000 € + USt 1.000 € = 11.000 €.
    4. Barzahlung von 2. unter Abzug von 1% Skonto.
    5. In-Rechnung-Stellung von erbrachten Leistungen über 200.000 € + USt 20.000 € = 220.000 €.
    6. Abschlussangaben: Lebensmittel: SB 8.000 € (Nettomethode).

3. Bilden Sie Buchungssätze für ein reines Krankenhaus!

    Kontenplan: Arzneien, Patienten am Periodenende in Behandlung, Forderungen, Kasse, Verbindlichkeiten, Arzneimittelaufwendungen, Bezugskosten, Erlöse, Bestandsveränderungen für Patienten in Behandlung.

1. Anfangsbestände: Arzneien 5.000 €; Patienten am Periodenende noch in Behandlung 8.000,-- €.
2. Arzneimittelkauf auf Ziel 100.000 € + USt 10.000 € = 110.000 €.
3. Bezugskosten auf Ziel 10.000 € + USt 1.000 € = 11.000 €.
4. Barzahlung von 2. unter Abzug von 1% Skonto.
5. In-Rechnung-Stellung von erbrachten Leistungen über 220.000 €.
6. Abschlussangaben:
   a) Arzneien: SB 3.000 € (Bruttomethode)
   b) Patienten (am Periodenende noch in Behandlung): SB 7.000 €.

4. Bilden Sie Buchungssätze für ein umsatzsteuerpflichtiges Gästehaus!

   Kontenplan: Lebensmittel, Forderungen, Vorsteuer, Kasse, Verbindlichkeiten, Umsatzsteuer, Lebensmittelaufwendungen, Bezugskosten, Erlöse.

   1. Anfangsbestände: Lebensmittel 10.000 €.
   2. Lebensmittelkauf auf Ziel 100.000 € + USt 10.000 € = 110.000 €.
   3. Bezugskosten auf Ziel 10.000 € + USt 1.000 € = 11.000 €.
   4. Barzahlung von 2. unter Abzug von 1% Skonto.
   5. In-Rechnung-Stellung von erbrachten Leistungen über 200.000 € + USt 20.000 € = 220.000 €
   6. Abschlussangaben: Lebensmittel: SB 8.000 € (Bruttomethode).

6. Personalaufwendungen

6.1. Gehälter, Löhne und Soziale Abgaben im Gesundheitswesen

Personalaufwendungen bedeuten für Dienstleistungsbetriebe - insbesondere im Gesundheitswesen - einen der größten **Aufwendungsschwerpunkte** überhaupt. So wird diese Gruppe von den Verwaltungsleitern mit 60% bis 75% der Gesamtaufwendungen angegeben.

In diese spezielle Gruppe gehören:

> - **Gehälter und Löhne**
> - **gesetzliche Sozialabgaben mit Kosten für die Altersversorgung, für Beihilfen und Unterstützungen**
> - **sonstige Personalkosten**

Gehälter und Löhne

Arbeitnehmer erhalten als Entgelt für ihre Tätigkeit als Angestellte ein **Gehalt** und als Arbeiter **Lohn**. Das Gehalt berechnet sich monatlich, der Lohn dagegen stündlich.

Aufgrund ihrer großen Bedeutung verlangen die Kontenrahmen nach KHBV und PBV eine exakte Auflistung der unterschiedlichen Arten:

Kontengruppierungen der Gehälter und Löhne nach KHBV	Kontengruppierungen der Gehälter und Löhne nach PBV
60 Löhne und Gehälter	60 Löhne und Gehälter
6000 Ärztlicher Dienst (für alle Ärzte und Ärzte im Praktikum bei Anrechnung auf die Besetzung)	600 Leitung der Pflegeeinrichtung
6001 Pflegedienst (stat. Pflege-, Pflegehilfspersonal - am Krankenbett, auch Intensivpflege, Dialysebehandlung, Schüler und Stationssekretärinnen bei Anrechnung auf die Besetzung)	601 Pflegedienst (Pflege-, Pflegehilfspersonal - am Patienten - auch Schüler und Sekretärinnen bei Anrechnung auf die Besetzung)

6002 Medizinisch-technischer Dienst (Apothekenpersonal, Arzthelfer, Chemiker, Chemotechniker, Diätassistenten, Krankengymnasten, Krankenhausingenieure, Laboranten, Logopäden, Masseure und Bademeister, Medizinisch-technische Assistenten, Dokumentare, Psychologen, Schreibkräfte, Sozialarbeiter etc.)	
6003 Funktionsdienst (Krankenpflegepersonal im OP-Dienst, in der Ambulanz, in der Endoskopie, Hebammen, Kindergärtnerinnen zur Betreuung kranker Kinder, Krankentransportdienst, Beschäftigungstherapeuten, Personal der Zentralsterilisation etc.)	
6004 Klinisches Hauspersonal (Haus- und Reinigungspersonal der Kliniken und Stationen)	
6005 Wirtschafts- und Versorgungsdienst (Handwerker, Hausmeister, Hof- und Gartenarbeiter, Hol- und Bringedienste, Küchen und Lagerpersonal, Reinigungs-, Wäscherei-, Nähstubendienste, Bettenaufbereitungsdienste, Bedienstete von Wirtschaftsbetrieben - z.B. Metzgereien)	602 Hauswirtschaftlicher Dienst (Handwerker, Hausmeister, Hof- und Gartenarbeiter, Hol- und Bringedienste, Küchen und Lagerpersonal, Reinigungs-, Wäscherei-, Nähstubendienste)
6006 Technischer Dienst (Betriebsingenieure, Versorgungspersonal für Heizung, Wasser, Instandhaltung, etc.)	604 Technischer Dienst (Betriebsingenieure, Versorgungspersonal für Heizung, Wasser, Instandhaltung, etc.)
6007 Verwaltungsdienst (Aufnahme-, Bewachungs-, Bücherei-, Einkaufs-, Buchhaltungs-, Personalverwaltungs-, Telefonpersonal, Verwaltungs-	603 Verwaltungsdienst (Bewachungs-, Einkaufs-, Buchhaltungs-, Personalverwaltungs-, Verwaltungsschreibkräfte etc.)

leitung, Verwaltungsschreibkräfte etc.) 6008 Sonderdienste (Oberinnen, Seelsorger, Personalbetreuer etc.) 6010 Personal in Ausbildungsstätten (Lehrkräfte mit Dienstvertrag) 6011 Sonstiges Personal (Schüler, Praktikanten - soweit nicht o.a. Besetzung zugerechnet) 6012 Nicht zurechenbare Personalkosten	605 Sonstige Dienste (Oberinnen, Seelsorger, Personalbetreuer, Lehrkräfte mit Dienstvertrag, Schüler, Praktikanten - soweit nicht o.a. Besetzung zugerechnet - etc.)

Den Gehältern und Löhnen rechnet man auch alle weiteren leistungsbedingten Entgelte wie Überstunden-, Bereitschaftsvergütungen, Zeitzuschläge, Vergütungen in Form freier Unterkunft und Verpflegung (Sachbezüge) und sonstige Zulagen - auch Mutterhausabgaben und Gestellungsgelder für Angehörige der Ordensgemeinschaften - zu; ebenfalls seien genannt Weihnachtsgratifikationen und Urlaubsgelder.

Im folgenden werden beispielhaft die Überstundenvergütungen, Zeitzuschläge und Zuschläge für Bereitschaftsdienste in Krankenhäusern nach dem Tarif des BAT vorgestellt:

Überstundenvergütungen sollen grundsätzlich in Freizeitausgleich gewährt werden; Arbeitnehmer erhalten bei der Inanspruchnahme ab der Folgewoche einen Zuschlag von 25% des tariflichen Stundenlohnes. Können Überstunden aus dienstlichen Gründen jedoch nicht abgefeiert werden, werden sie auf Antrag mit 125% des tariflichen Stundenlohnes vergütet.

Zeitzuschläge werden bei Freizeitausgleich (bF) oder ohne Freizeitausgleich (oF) gezahlt für:
- Arbeiten an Sonntagen: 25% (bF), 125% (oF);
- Arbeiten an Feiertagen: 35% (bF), 135% (oF);
- Arbeiten am Tage vor Ostern und Pfingsten nach 12 Uhr: 25% (bF), 125% (oF);
- Arbeiten am Tage vor dem ersten Weihnachtstag und Neujahr nach 12 Uhr: 0 % (bF), 100% (oF);
- Nachtarbeit (20:00 Uhr bis 06:00 Uhr: 1,28 € / Stunde);
- Arbeiten an Samstagen von 13:00 Uhr bis 20:00 Uhr: 0,64 € / Stunde.
(Bei mehreren gleichzeitigen Zeitzuschlägen wird jeweils der höchste gezahlt, zuzüglich eventueller Zeitzuschläge für Nachtdienste.)

Rufbereitschaften werden angeordnet, wenn erfahrungsgemäß in Ausnahmefällen Arbeit vorliegt. Der Diensthabende muss ständig erreichbar sein und in zwanzig bis dreißig Minuten im Krankenhaus sein. Die Bereitschaft wird pauschal mit 12,5% des Stundensatzes vergütet. Für Arbeits- und Wegezeit werden Überstundenvergütungen (siehe dort) gezahlt; bei - auch kürzerem - Arbeitsanfall werden mindestens drei Stunden berechnet.

Anwesenheitsbereitschaften werden angeordnet, wenn Arbeit erfahrungsgemäß anfällt, die Zeit ohne Arbeitsleistung aber überwiegt. Der Diensthabende muss anwesend und ständig erreichbar sein.

Die Dienste werden je nach Menge der erfahrungsgemäßen Arbeitsleistungen in Stufen A (bis 15%) bis D (bis 55%) eingeteilt und als Arbeitszeitzuschlag bewertet. Außerdem wird die Anzahl der Bereitschaftsdienste prozentual in drei Gruppen ebenfalls als Zusatzarbeitszeiten erfasst. Für diese errechneten Zeiten werden Überstundenvergütungen gewährt. In der Regel erfolgt am folgenden Tag ein ein- bis achtstündiger Freizeitausgleich, der übersteigende Anteil wird bezahlt.

Beispiel: Bereitschaftsdienst von 16:00 Uhr bis 08:00 Uhr, Arbeitsleistungen nach Stufe C, 5 Dienste im Monat:
  Wertung: Arbeitszeit = 40% (Stufe C) + 25% (5 Dienste) = 65%
  65% von 16 Stunden = 10,4 Stunden
  Freizeit am folgenden Tag: 8 Stunden und Vergütung mit 25% Zuschlag 2,4 Stunden.

Löhne und Gehälter fallen also nicht nur im Bereich der eigentlichen Leistungserbringung (Patientenversorgung) an. Entsprechend ihrer Beteiligung an dieser eigentlichen Leistungserstellung kann man sie im Vorfeld der **Betriebsbuchhaltung** schon deutlich in patientenorientierte Löhne und Gehälter gruppieren, z.B. im Rahmen von Diagnose, Therapie und Pflege, sowie Hilfslöhne bzw. -gehälter, z.B. im Rahmen von Verwaltung, Versorgung (Wäsche und Lebensmittel), Röntgen, Labor, Raumpflege, Hausmeistertätigkeiten. Patientenorientierte Löhne und Gehälter entstehen also im Rahmen der eigentlichen Leistung am Patienten, während Hilfslöhne bzw. -gehälter für Arbeitsleistungen, die nur mittelbar dieser Leistung dienen, gezahlt werden.

Sozialabgaben und weitere Versorgungen

Arbeitgeber übernehmen für die Arbeitnehmer zusätzlich zum Entgelt weitere Absicherungen. Auch hier verlangen die Kontenrahmen nach KHBV und PBV eine exakte Auflistung der unterschiedlichen Arten:

150 Buchungs- und Ansatzschwerpunkte

Kontengruppierungen der Sozialabgaben und weiteren Versorgungen nach KHBV		Kontengruppierungen der Sozialabgaben und weiteren Versorgungen nach PBV	
61	Gesetzliche Sozialabgaben (Aufteilung wie 6000 - 6012)	61	Gesetzliche Sozialabgaben (Aufteilung wie 600 - 605)
62	Aufwendungen für die Altersversorgung (Aufteilung wie 6000 - 6012)	62	Altersversorgung (Aufteilung wie 600 - 605)
63	Aufwendungen für Beihilfen und Unterstützungen (Aufteilung wie 6000 - 6012)	63	Beihilfen und Unterstützungen (Aufteilung wie 600 - 605)

Zu den Sozialabgaben zählen die **Arbeitgeberanteile zur Sozialversicherung** (50% der **Kranken-** und **Pflegeversicherung**, der **Rentenversicherung** und der **Arbeitslosenversicherung**).
Eine weitere an den Arbeitgeber gerichtete Auflage ist die **Unfallversicherung** an die Berufsgenossenschaften, bemessen nach den beruflichen Risikogruppen. Sie muss vollständig von ihm entrichtet werden.

Aufwendungen für die **Altersversorgung** sind Beiträge zu Ruhegehalts- und Zusatzversicherungskassen oder Ruhegehälter an frühere Mitarbeiter.
Aufwendungen für **Beihilfen** und **Unterstützungen** kommen den Mitarbeitern zugute, die ein beamtenähnliches Arbeitsverhältnis haben und deshalb in beamtenähnlicher Art und Weise abgesichert werden müssen.

Sonstige Personalaufwendungen (Kontengruppe 64) - aufgeteilt in gleicher Weise wie die obigen Gruppen - sind freiwillige soziale Leistungen und Zuschüsse, z.B. Weihnachtsfeier, aber auch Anwerbungskosten und Abfindungen.

Sonstige Auszahlungen und Aufwendungen

Pflichtzulagen z.B. bei Betrieben mit bis zu zwanzig Arbeitnehmern im Bereich der Sozialaufwendungen - Lohnfortzahlung im Krankheitsfall oder bei Mutterschaft - wurden aus Vereinfachungsgründen weggelassen.

6.2. Abzüge vom Bruttoentgelt

Die Ermittlung der Gehälter und Löhne für die einzelnen Arbeitnehmer erfolgt in dem **Nebenbuchbereich „Lohn- und Gehaltsabrechnungen"**. Auf Basis der notwendigen Personaldaten werden hier Bruttoverdienst, einzelne Abzüge, Gesamtbezüge und Auszahlungen ermittelt.

Auf Grund gesetzlicher Bestimmungen behält der Arbeitgeber vom **Bruttoentgelt** eines jeden Arbeitnehmers folgende Steuern und Versicherungen ein:

> 1. Lohn-, Kirchensteuer und Solidaritätszuschlag
> 2. Arbeitnehmeranteil zur Sozialversicherung
>   --- Kranken- und Pflegeversicherung
>   --- Rentenversicherung
>   --- Arbeitslosenversicherung

Sie sind aufgrund der gesetzlichen Bestimmungen vom Arbeitgeber an das Finanzamt bzw. grundsätzlich an die Krankenkassen weiterzuleiten.

Folgende Prozentzahlen gelten für die Abzüge innerhalb des Jahres **2004**:

Art der Abgabe	Prozentsatz vom zu versteuernden Einkommen (Grundtabelle)	zu versteuerndes Einkommen (Grundtabelle - jährlich) - Lohnsteuerhöhe
Lohnsteuer	Grundfreibetrag 16% - 24,97% 24,97% - 45% 45%	bis 7.664 € 7.664 € - 12.755 € 12.756 € - 52.292 € von 52.293 €
Kirchensteuer	8% - 9%	der Lohnsteuer (abzüglich best. Kinderfreibeträge)
Solidaritätszuschlag	5,5%	der Lohnsteuer (abzüglich best. Kinderfreibeträge)

Art der Abgabe	Prozentsatz vom Bruttogehalt	Beitragsbemessungsgrenzen (monatlich)
Krankenversicherung	unterschiedlich: AOK PB 13,9%	3.487,50 €
Pflegeversicherung	1,7%	3.487,50 €
Rentenversicherung	19,5%	5.150,00 €
Arbeitslosenversicherung	6,5%	5.150,00 €

Zu beachten ist jedoch, dass der Sozialversicherungsbeitrag nur zur Hälfte vom Arbeitnehmer getragen wird (**Arbeitnehmeranteil**). Die andere Hälfte zahlt - wie oben beschrieben - der Arbeitgeber (**Arbeitgeberanteil**).

(Aus Vereinfachungsgründen wird wegen der jährlichen Beitragsänderungen in der folgenden Darstellung mit 10 % Kranken- und Pflegeversicherungs-, 20 % Rentenversicherungs- und 4 % Arbeitslosenversicherungsbeiträgen gerechnet!)

Lohnsteuerpauschalierungen und Sozialversicherungsbefreiungen, wie z.B. bei Aushilfen und Teilzeitkräften werden hier nicht weiter berücksichtigt.

Zuschläge für Nachtarbeit, Sonn- und Feiertagsarbeit sind insoweit **steuer- und versicherungsfrei**, wie die folgenden Grenzen des Grundgehaltes nicht überschritten werden. Diese Höchstgrenzen sind ab 2004 auf den Grundlohn anzuwenden, der 50 € pro Stunde nicht übersteigen darf. (Zur Ermittlung dieses Grundlohnes ist das zeitliche Gehalt / der Lohn des Arbeitnehmers, das / der auf die für ihn maßgebliche regelmäßige Arbeitszeit entfällt, auf einen Stundenlohn um zurechnen.)

- Feiertagszuschläge bis 125% (Weihnachten / 1.Mai: 150%);
- Sonntagszuschläge bis 50%;
- für Folgetage auf Sonn- und Feiertage gelten in der Zeit von 0:00 bis 4:00 Uhr ebenfalls o.a. Zuschläge, wenn die Dienste vor 0.00 Uhr beginnen;
- Nachtzuschläge bis 25% bzw. bis 40% in der Zeit von 0:00 bis 4:00 Uhr.

(Aus Vereinfachungsgründen wird insgesamt mit steuerfreien Zuschlägen gerechnet!)

Beispiel

Das Grundgehalt des Pflegers Emsig beträgt 1.900,-- €, dazu erhält er eine Zulage für Sonntagsarbeit von 500,-- €. Zum 15. jeden Monats bekommt er seine Gehaltsabrechnung.

Bruttogehalt:			2.400,00 €
Steuer- und versicherungspflichtiges Gehalt:		1.900,00 €	
- Lohnsteuer (geschätzt 20% auf 1.900,-- €):		380,00 €	
- Kirchensteuer (auf LSt bezogen 9%):		34,20 €	
- Solidaritätszuschlag (auf LSt bezogen 5,5 %):		20,90 €	435,10 €
- Krank. / Pflegeversicherung	(10%): 190,-- : 2 =	95,00 €	
- Rentenversicherung	(20%): 380,-- : 2 =	190,00 €	
- Arbeitslosenversicherung	(4%): 76,-- : 2 =	38,00 €	323,00 €
Nettogehalt = Auszahlung:			1.641,90 €
	Abzuführende Steuern:	435,10 €	
+	Abzuführende Versicherungen:	323,00 €	
	Gesamtabzüge	758,10 €	

6.3. Buchung der Löhne und Gehälter

Löhne und Gehälter werden buchmäßig auf den o.a. getrennten Aufwandskonten erfasst.

Der Einfachheit halber soll hier aber nur das Konto „**Gehälter Pflegedienst**" benutzt werden. Es ist ein **Aufwandskonto**, das über das GuV-Konto abgeschlossen wird.

Die Zahlung der Abzugsbeträge sowie des Arbeitgeberanteils zur Sozialversicherung, erfolgt in der Regel erst innerhalb einer bestimmten Frist nach der Lohnzahlung. Wenn die Buchführung jederzeit den wirklichen Stand des Vermögens und den richtigen Erfolg zeigen soll, dann kann mit der Buchung der noch abzuführenden Abgaben nicht bis zum Tag ihrer Abführung gewartet werden. Darum werden sie am Tag der Lohnzahlung als „**sonstige Verbindlichkeiten**" auf den Konten „**Verbindlichkeiten gegenüber dem Finanzamt**" und „**Verbindlichkeiten gegenüber Sozialversicherungsträgern**" erfasst. Letztendlich wirkt sich die eigentliche Abführung zum späteren Zeitpunkt **erfolgsneutral** aus (Minderung der Verbindlichkeiten und der Bank). Zeigen diese Verbindlichkeitskonten am Ende eines Geschäftsjahres noch einen Saldo, da die Abführung erst im neuen Jahr stattfindet, so ist dieser, wie die Lieferantenverbindlichkeiten, über das SBK abzuschließen.

Geschäftsvorfall: Buchung der o.a. Gehaltsabrechnung.

Buchung am Tag der Gehaltszahlung:
1. Gehälter Pflegedienst 2.400,00 €
 an Bank 1.641,90 €
 an Verbindlichk. gegenüber d. Finanzamt 435,10 €
 an Verbindlichk. g. Sozialversicherungsträgern 323,00 €
 (Arbeitnehmeranteil)
2. Gesetzliche Sozialabgaben Pflegedienst 323,00 €
 an Verbindlichk. g. Sozialversicherungsträgern 323,00 €
 (Arbeitgeberanteil)

Die Beiträge für die Unfallversicherung an die Berufsgenossenschaft, sowie die Altersversorgungen werden ebenfalls vom Arbeitgeber getragen, so dass die Buchung der des 2. Buchungssatzes entspricht.

Zur besseren periodenmäßigen Abgrenzung kann statt der o.a. Buchung vorerst eine Gegenbuchung der Gehälter und Sozialabgaben auf einem Verrechnungskonto stattfinden!

Buchung am Tag der Abführung der Abzüge:
3. Verbindlichk. gegenüber d. Finanzamt 435,10 €
 Verbindlichk. g. Sozialversicherungsträgern 646,00 €
 an Bank 1.081,10 €

S	Bank	H	S	Gehälter Pflegedienst	H
1)	1.641,90		1)	2.400,00	GuV 2.400,00
3)	1.081,10				

S	Verb. g. d. Finanzamt	H	S	Verb. g. Sozialvers.Träg.	H
3) 435,10	1) 435,10		3) 646,00	1) 323,00	
				2) 323,00	

S	Gesetzl. Sozialabg. Pfleged.	H	S	GuV	H
2) 323,00	GuV 323,00		Gehält. 2.400,00		
			G.Soz. 323,00		

6.4. Vorschüsse

Werden Lohn- und Gehaltsvorschüsse gezahlt, so werden sie durch Verrechnung mit dem laufenden Arbeitsentgelt getilgt. Solche Vorschüsse müssen erfolgsneutral gebucht werden. Deshalb werden sie über das Konto „**Sonstige Forderungen**" abgewickelt. In der Praxis wird jedoch sehr häufig extra ein Konto „**Vorschüsse**" eingerichtet. Eine übersichtliche Abwicklung der Gehaltsverrechnung wird dadurch gewährleistet.

Geschäftsvorfall: Der o.a. Pfleger E. bittet um einen Vorschuss von 600,-- €. Es wird eine monatliche Rückzahlung von 50,-- €vereinbart, die mit dem Gehalt verrechnet werden soll.

Buchung des Vorschusses:

1. Sonstige Forderungen 600,-- €
 an Bank 600,-- €

Buchung des Gehaltes unter Berücksichtigung der 1. Rückzahlung:

2. Gehälter Pflegedienst 2.400,00 €
 an Bank 1.591,90 €
 an Sonstige Forderungen 50,00 €
 an Verbindlichk. gegenüber d. Finanzamt 435,10 €
 an Verbindlichk. g. Sozialversicherungsträgern 323,00 €
 (Arbeitnehmeranteil)

3. Gesetzliche Sozialabgaben Pflegedienst 323,00 €
 an Verbindlichk. g. Sozialversicherungsträgern 323,00 €
 (Arbeitgeberanteil)

Buchung am Tag der Abführung der Abzüge:

4. Verbindlichk. gegenüber d. Finanzamt 435,10 €
 Verbindlichk. g. Sozialversicherungsträgern 646,00 €
 an Bank 1.081,10 €

S	Bank		H	S	Gehälter Pflegedienst		H
	1)	1.000,00		2)	2.400,00	GuV	2.400,00
	2)	1.591,90					
	4)	1.081,10					

S	Verb. g. d. Finanzamt	H
4) 435,10	2) 435,10	

S	Verb. g. Sozialvers.Träg.	H
4) 646,00	2) 323,00	
	3) 323,00	

S	Gesetzl. Sozialabg. Pfleged.	H
3) 323,00	GuV 323,00	

S	GuV	H
Gehält. 2.400,00		
G.Soz. 323,00		

S	Sonstige Forderungen	H
1) 1.200,00	2) 100,00	

6.5. Vermögenswirksame Leistungen

Allgemeines

Sehr häufig tritt in den Gehalts- oder Lohnabrechnungen der Begriff „Vermögenswirksame Leistungen" auf. Hierbei handelt es sich um die Möglichkeit für den Arbeitnehmer einen Teil seines Einkommens begünstigt zu sparen; d.h. **der Arbeitgeber legt für den Arbeitnehmer einen Teil seines Einkommens langfristig vermögenswirksam an.** Das kann auf verschiedene Art und Weise geschehen:

Vermögenswirksame Anlagen
a) Sparverträge über Wertpapiere oder andere Vermögensbeteiligungen
b) Kaufverträge über Wertpapiere
c) Kaufverträge über Beteiligungsverträge und Beteiligungskaufverträge
d) Bausparverträge sowie Aufwendungen im Bereich des Baus / Erwerbs von Wohnraum und Wohnrechten
e) Kapitalversicherungsverträge
f) Sparverträge über Geldleistungen

Buchungs- und Ansatzschwerpunkte 157

zu a):
Ein Sparvertrag mit einem Kreditinstitut kann auch zum Erwerb von Wertpapieren (Vermögensbeteiligungen) abgeschlossen werden. Auch hier gilt die Festlegungsfrist von sechs Jahren. Eine Veräußerung der Wertpapiere vorher ist unschädlich, wenn der Erlös in andere Papiere wieder angelegt wird.

zu b):
Statt eines Sparvertrages über Wertpapiere mit einem Kreditinstitut kann der Arbeitnehmer auch direkt einen Kaufvertrag über Wertpapiere mit dem Arbeitgeber abschließen. Sperrfristen und unschädliche Vorgänge gelten wie unter a).

zu c):
Ein Beteiligungs-Kaufvertrag ermöglicht eine Beteiligung bei einer anderen Unternehmung - über den Arbeitgeber oder direkt über die andere Unternehmung.
Ein Beteiligungsvertrag beinhaltet eine Beteiligung am Unternehmen des Arbeitgebers.
Alle anderen Bedingungen entsprechen denen unter a).

zu d):
Eine weitere Anlagemöglichkeit ist der Bausparvertrag, wenn mit der Auszahlung der Bausparsumme noch nicht begonnen wurde. Auch hier gelten die o.a. Festlegungsfristen. Weiterhin gelten Aufwendungen zum Bau, zum Erwerb oder zur Erweiterung eines Wohngebäudes oder einer Eigentumswohnung, zum Erwerb eines Dauerwohnrechtes, zum Erwerb eines Grundstücks oder zur Erfüllung von Verpflichtungen im Zusammenhang mit den o.a. Vorhaben als vermögenswirksame Leistungen.

zu e):
Dieser Vertrag wird mit einem Versicherungsunternehmen (z.B. Lebensversicherung, Rentenversicherung) abgeschlossen. Die Mindestvertragsdauer beträgt hier zwölf Jahre. Eine vorzeitige Verfügung ist jedoch bei Tod, Arbeitslosigkeit etc. unschädlich.

zu f):
Der Sparvertrag über Geldleistungen wird zwischen Arbeitnehmer und Kreditinstitut abgeschlossen (Kontensparen). Die Festlegungsfrist beträgt sechs Jahre, wobei nach sechs Jahren Einzahlung ein siebtes Jahr als Ruhejahr genutzt wird. Danach erfolgt die Auszahlung der Sparsumme, die sich aus den eingezahlten Beträgen und den Zinsen zusammensetzt.
Die eingezahlten vermögenswirksamen Leistungen können vom Arbeitnehmer auch zum Erwerb von bestimmten festverzinslichen Wertpapieren verwendet werden.

Die vermögenswirksamen Sparleistungen werden entweder ganz vom Arbeitnehmer bzw. Arbeitgeber oder **in der Regel von beiden gemeinsam** erbracht. Wie hoch im Einzelfall die jeweilige Leistung ist, hängt von Tarifverträgen, Einzelarbeitsverträgen oder sonstigen betrieblichen Vereinbarungen ab.

In jedem Fall aber sind die vermögenswirksamen Leistungen, die der Arbeitgeber trägt, den sozialen Aufwendungen zuzuordnen. Sie erhöhen somit die **Lohn- und Gehaltskosten**. Dies wiederum bedeutet für den Arbeitnehmer eine **Erhöhung seines steuer- und versicherungspflichtigen Bruttoverdienstes**, und damit eine erhöhte Lohn- und Kirchensteuer sowie erhöhte Versicherungsabzüge.

Der Arbeitgeber hat am Anfang jeden Monats diese vermögenswirksame Leistung auf die entsprechende Anlage des Arbeitnehmers einzuzahlen. Der Arbeitnehmer erhält nur den um die vermögenswirksame Leistung verringerten Betrag.

Um den Arbeitnehmer zu solchem Sparen zu motivieren, fördert der Staat die Vermögensbildung in Form einer **Sparzulage**. Sie beträgt 18% der jeweils angesparten Beträge (22% in den neuen Bundesländern) bei Wertpapierspar- und -kaufverträgen und bei Beteiligungs-Verträgen und -kaufverträgen, wobei die jährliche **Sparsumme** maximal auf 400,-- € beschränkt ist. Bei den anderen Vermögensbildungen beträgt sie 9% (außer bei Geld-Sparverträgen und Kapitalversicherungen) mit einer Begrenzung der Sparsumme auf 470,-- €. Beide Sparzulagen werden auch nebeneinander gewährt. Zusätzlich zur Sparzulage wird bei Bausparverträgen nach dem Wohnungsbauprämiengesetz noch eine Wohnungsbauprämie in Höhe von 8,8% gewährt. Die Auszahlung der Sparzulage erfolgt nach Ablauf der jeweils o.a. Sperrfrist. Eine Arbeitnehmer-Sparzulage wird jedoch nur gewährt, wenn das **zu versteuernde Einkommen** bei einem alleinstehenden Arbeitnehmer nicht mehr als 17.900,-- € beträgt. Bei Verheirateten erhöht sich dieser Grenzwert auf 35.800,-- €.

Buchungstechnische Abwicklung der vermögenswirksamen Leistungen

Die vermögenswirksame Leistung des Arbeitgebers erhöht das steuer- und sozialversicherungspflichtige Bruttogehalt, wird aber in ihrer gesamten Höhe wie die Lohn- und Kirchensteuer und der Sozialversicherungsanteil des Arbeitnehmers vom Arbeitgeber einbehalten. Da eine Weiterleitung an den Vertragspartner erst zu einem späteren Zeitpunkt erfolgt, stellt sie für den Unternehmer eine sonstige Verbindlichkeit dar. Es handelt sich also hier um eine „**Verbindlichkeit aufgrund vermögenswirksamer Leistungen**".

Beispiel

Der o.a. Pfleger E. erhält laut Tarifvertrag von seinem Arbeitgeber monatlich zusätzlich 13,29 € zu seinen vermögenswirksamen Leistungen.

Bruttogehalt:		2.400,00 €
+ vermögenswirksame Leistungen des Arbeitgebers:		13,29 €
Summe: Bruttogehalt und AG zur vermögenswirksamen Leistung:		2.413,29 €
Steuer- und versicherungspflichtiges Gehalt:	1.913,29 €	
- Lohnsteuer (geschätzt 20% auf 1.913,29 €):	382,66 €	
- Kirchensteuer (auf LSt bezogen 9%):	34,44 €	
- Solidaritätszuschlag (auf LSt bezogen 5,5%):	21,05 €	438,15 €
- Krank. / Pflegeversicherung (10%): 191,33 : 2 =	95,67 €	
- Rentenversicherung (20%): 382,66 : 2 =	191,33 €	
- Arbeitslosenversich. (4%): 76,53 : 2 =	38,27 €	325,27 €
		1.649,87 €
- Vermögenswirksame Sparleistung		40,00 €
Nettogehalt = Auszahlung:		1.609,87 €

Buchung am Tag der Gehaltszahlung:
1. Gehälter Pflegedienst 2.413,29 €
   an Bank 1.609,87 €
   an Verbindlichk. aufgr. vermög. Leistungen 40,00 €
   an Verbindlichk. gegenüber d. Finanzamt 438,15 €
   an Verbindlichk. g. Sozialversicherungsträgern 325,27 €
   (Arbeitnehmeranteil)
2. Gesetzliche Sozialabgaben Pflegedienst 325,27 €
   an Verbindlichk. g. Sozialversicherungsträgern 325,27 €
   (Arbeitgeberanteil)

Buchung am Tag der Abführung der Abzüge:
3. Verbindlichk. gegenüber d. Finanzamt 438,15 €
   Verbindlichk. g. Sozialversicherungsträgern 650,54 €
   Verbindlichk. aufgr. vermög. Leistungen 40,00 €
   an Bank 1.128,69 €

Buchungs- und Ansatzschwerpunkte

S	Bank		H
		1)	1.609,87
		3)	1.128,69

S	Gehälter Pflegedienst		H
1)	2.413,29	GuV	2.413,29

S	Verb. g. d. Finanzamt		H
3)	438,15	1)	438,15

S	Verb. g. Sozialvers.Träg.		H
3)	650,54	1)	325,27
		2)	325,27

S	Gesetzl. Sozialabg. Pfleged.		H
2)	325,27	GuV	325,27

S	Verb. aufgr. vermög. Leist.		H
3)	40,00	1)	40,00

S	GuV	H
Gehält.	2.413,29	
G.Soz.	325,27	

Aufgaben (⊃ Lösung)

1. Das Grundgehalt des Pflegers A. beträgt 2.300,-- €, dazu erhält er eine Zulage für Sonntagsarbeit, Überstunden und Bereitschaften von 650,-- €. Die Lohnsteuer beträgt 25% (keine Kirchensteuer), der Arbeitgeberanteil zur vermögenswirksamen Leistung (40,-- €) ist 6,65 €.

2. Das Gehalt des Verwaltungsangestellten B. (katholisch, 2 Kinder) beträgt 2.400,-- €. Im Vormonat wurde ihm ein Vorschuss ausgezahlt, der monatlich mit 100,-- € verrechnet wird. Die Lohnsteuer beträgt 20%, Kirchensteuer (nach Jahresfreibetrag je Kind: 3.564 € auf die Einkünfte berechnet) 32,63 €, Solidaritätszuschlag (nach Jahresfreibetrag je Kind: 3.564 € auf die Einkünfte berechnet) 19,94 €, der Arbeitgeberanteil zur vermögenswirksamen Leistung (40,-- €) ist 6,65 €.

3. Das Grundgehalt des Oberarztes C. beträgt 5.700,-- €, dazu erhält er eine Zulage für Sonntagsarbeit, Überstunden und Bereitschaften von 1.200,-- €. Die Lohnsteuer beträgt 30% (keine Kirchensteuer), der Arbeitgeberanteil zur vermögenswirksamen Leistung (40,-- €) ist 6,65 €.

Die Beitragsbemessungsgrenzen zur Sozialversicherung sind zu beachten! Arbeitnehmeranteil und Arbeitgeberanteil zur Krankenversicherung betragen je 285,-- €.

4. Wiederholungsaufgaben

Es sind Buchungssätze aufgrund von Geschäftsvorfällen zu bilden, oder aber, wenn ein Buchungssatz schon vorliegt, ein möglicher Geschäftsvorfall zu konstruieren. In jedem Fall aber ist die Auswirkung auf den Gewinn und auf das Betriebsvermögen festzustellen und zu erläutern!

a) Zahlung der Wagenmiete durch Banküberweisung.

b) Steuerüberzahlung bei der Einkommensteuer wird verrechnet mit:
--- Umsatzsteuer: 2.500,-- €
--- Grunderwerbsteuer: 2.300,-- €
--- Kfz-Steuer: 540,-- €

c) Privat 7.566,-- €
Kundenskonto 212,73 €
Umsatzsteuer 21,27 €
an Forderungen aL 7.800,-- €

d) Gehaltszahlung in bar, brutto: 3.000,-- € Arbeitgeberanteil zur Sozialversicherung: 530,-- €
Einbehalten werden:
Arbeitnehmeranteil zur Sozialversicherung: 530,-- €
Lohnsteuer: 510,-- €
Kirchensteuer: 46,-- €

e) Zinsen für betriebliche und private Darlehen werden bar bezahlt.

f) Bestandsveränderungen 4.500,-- € an unfertige Erzeugnisse 4.500,-- €

g) Für innerbetriebliche Zwecke (Reinigung des Personal-WC) werden Waren verbraucht, deren Anschaffungskosten 480,-- € betragen.

IV. Anlagevermögen und planmäßige Abschreibungen

1. Das Anlagevermögen (AV)

Unter **Anlagevermögen** versteht man nach § 247(2) HGB die Zusammenfassung all der Wirtschaftsgüter, die dem Betrieb **dauernd** dienen sollen. Es sind die Güter, die im Unternehmen **gebraucht** werden, im Gegensatz zum Umlaufvermögen, dessen Sachgüter oder Materialien verbraucht werden.

Nach KHBV und PVB werden die Anlagegüter aufgrund der Nutzungsdauer in drei Gruppen eingeteilt:

Nutzungsdauer	Gruppe
≤ 3 Jahre	Gebrauchsgüter (Kontenart 076 KHBV)
> 3 ≤ 15 Jahre	kurzfristige Anlagegüter - Einrichtungen und Ausstattungen (Kontengruppe 07 KHBV bzw. 06 PBV)
> 15 ≤ 30 Jahre	mittelfristige Anlagegüter - Technische Anlagen (Kontengruppe 06 KHBV bzw. 05 PBV)
> 30 Jahre	langfristige Anlagegüter - Grundstücke und Bauten, Außenanlagen, Wege, Gartenanlagen (Kontengruppen 01 - 05 KHBV bzw. 01 - 04 PBV

Zum **Jahresabschluss** eines geförderten Krankenhauses (§ 4(1) KHBV) und einer Pflegeeinrichtung (§ 4(1) PBV) gehört auch ein tabellarischer, ergänzender **Anlagennachweis** (Anlage 3 zur KHBV bzw. Anlage 3a zur PBV) über die Entwicklung des Anlagevermögens. Der Aufbau weicht hier bezüglich der horizontalen Gliederung in einigen Punkten vom **Anlagenspiegel** oder **Anlagengitter** nach HGB - Teil der Bilanz oder des Anhangs - ab.

Ebenfalls ergeben sich in den vertikalen Gliederungen, die den jeweiligen Bilanzierungsvorschriften nachempfunden wurde, geringfügige Unterschiede.

164 Anlagevermögen und planmäßige Abschreibungen

Horizontale Gliederung - Anlagennachweis

Bilanzposten	Entwicklung der Anschaffungswerte					Entwicklung der Abschreibungen					BW
	AB	Zug	Um	Ab	EB	AB	AfA	Um	Zu	Ent	EB	
1	2	3	4	5	6	7	8	9	10	11	12	13

Anschaffungswerte:
AB = Anfangsbestand   Zug = Zugang   Um = Umbuchungen
Ab = Abgang   EB = Endbestand
Abschreibungen:
AB = Anfangsbestand (kumulierte Abschreibungen bis Jahresbeginn)
AfA = Abschreibungen des Geschäftsjahres
Um = Abschreibungen aufgrund von Umbuchungen
Zu = Zuschreibungen
Ent = Entnahme für Abgänge (Kürzungen der Gesamtabschreibungen)
EB = Endbestand (kumulierte Abschreibungen bis Jahresende)
BW = Restbuchwerte (Stand 31.12.) - (Pos. 6 - Pos. 12 = Pos. 13)

Horizontale Gliederung - Anlagengitter

Bilanzposten		aus dem Geschäftsjahr					aus dem Geschäftsjahr	
	AB	Zug	Ab	Um	Zu	KA	AfA	EB
1	2	3	4	5	6	7	12	9

bewertet zu Anschaffungskosten (AK) bzw. Herstellungskosten (HK):
AB = Anfangsbestand   Zug = Zugang   Ab = Abgang
Um = Umbuchungen
Abschreibungen / Zuschreibungen:
Zu = Zuschreibungen ohne Abgänge
KA = kumulierte Abschreibungen bis Jahresende einschließlich Zuschreibungen
AfA = Abschreibungen des Geschäftsjahres
EB = Endbestand (Restbuchwerte)

Vertikale Gliederung - Anlagennachweis (nach Bilanzgliederung - Anlage 1)

B. Anlagevermögen
   I. Immaterielle Vermögensgegenstände
   II. Sachanlagen
      1. Grundstücke mit Betriebsbauten
      2. Grundstücke mit Wohnbauten
      3. Grundstücke ohne Bauten
      4. Technische Anlagen
      5. Einrichtungen und Ausstattungen
         Fahrzeuge - nur nach PBV
      6. geleistete Anzahlungen und Anlagen im Bau
   III. Finanzanlagen

Vertikale Gliederung - Anlagengitter (nach Bilanzgliederung § 266(2) HGB)

A. Anlagevermögen
   I. Immaterielle Vermögensgegenstände
   II. Sachanlagen
      1. Grundstücke, grundstücksgleiche Rechte und Bauten ...
      2. technische Anlagen und Maschinen
      3. andere Anlagen, Betriebs- und Geschäftsausstattung
      4. geleistete Anzahlungen und Anlagen im Bau
   III. Finanzanlagen

2. Immaterielle Wirtschaftsgüter und Aufwendungen für die Ingangsetzung bzw. Erweiterung des Geschäftsbetriebes

2.1. Begriff und Abgrenzung der immateriellen Wirtschaftsgüter

Eine Erläuterung des Begriffes **„Wirtschaftsgut"** fehlt in den einschlägigen Gesetzen. Deshalb hat die Rechtsprechung eine sehr umfassende Beschreibung gegeben. Wie beim handelsrechtlichen Begriff der „Vermögensgegenstände" handelt es sich beim Wirtschaftsgut um Sachen und Rechte sowie um sonstige wirtschaftliche Güter, die nach der Verkehrsauffassung und den GOBs **selbständig bewertungs- und bilanzierungsfähig** sind. Der Bundesfinanzhof folgt hier vor allem der Beurteilung, ob ein Erwerber des ganzen Betriebes nach kaufmännischer Übung im Rahmen des Gesamtkaufpreises ein besonderes Entgelt ansetzen würde.

Immaterielle Wirtschaftsgüter sind demnach die Wirtschaftsgüter eines Unternehmens, die **nicht körperlich zu erfassen** sind. Es handelt sich hierbei um Rechte, rechtsähnliche Werte und sonstige Vorteile.

Selbstverständlich können diese immateriellen Wirtschaftsgüter auch einem **Wertverzehr durch ihre betriebliche Nutzung** unterliegen. Ihr Nutzen ist somit nur zeitlich begrenzt. Für außerplanmäßige Wertminderungen gelten die grundsätzlichen Bewertungsvorschriften, die wie die planmäßigen Abschreibungen später erläutert werden.

2.2. Bilanzansatz der immateriellen Wirtschaftsgüter

a) Handelsrechtlicher Ansatz

Gemäß § 248(2) HGB **darf** für unentgeltlich erworbene Wirtschaftsgüter des **Anlagevermögens kein** Aktivposten berücksichtigt werden. Dabei ist nicht entscheidend, ob Aufwendungen für Dienstleistungen und sonstige Aufwendungen angefallen sind. Es wird hier kein echter Leistungsaustausch von Vermögen unterstellt. Diese Wirtschaftsgüter sind **originär**.

Aus dieser Vorschrift wird für entgeltlich erworbene Wirtschaftsgüter - man spricht von **derivativen** immateriellen Wirtschaftsgütern - ein **Aktivierungsgebot** abgeleitet. (Im Gegensatz zum alten Recht!)

§ 266(2) HGB sieht bei der Bilanzgliederung für Kapitalgesellschaften eine Gliederung in drei Gruppen vor:

1. gewerbliche Schutzrechte (auch: absolute Rechte) und ähnliche Rechte (auch: relative Rechte),
2. Geschäfts- oder Firmenwert,
3. geleistete Anzahlungen für immaterielle Wirtschaftsgüter.

Zu den **gewerblichen Schutzrechten** gehören Patente, Markenrechte, Gebrauchsmuster, Warenzeichen, Urheberrechte, Verlagsrechte und Konzessionen als öffentlich-rechtliche Rechtspositionen.

Zu den **ähnlichen Rechten** zählt man Wettbewerbsrechte, Optionsrechte, Lizenzen, Nutzungsrechte (im Bereich Pacht, Miete, Nießbrauch), Brenn- und

Braurechte, aber auch Vermögenswerte ohne Rechtscharakter wie ungeschützte Erfindungen, Knowhow usw.

Dieser Gruppe muss man auch einen Teil der **Anwender-Software** zuordnen.

Der **Geschäfts- oder Firmenwert** darf als positive Differenz aus der Gegenleistung und dem Wert der einzelnen Vermögensgegenstände abzüglich der Schulden bei einer Geschäftsübernahme (derivativ § 255(4) HGB) angesetzt werden.
Dieser Firmenwert ist aber in jedem folgenden Jahr mit mindestens einem Viertel abzuschreiben, daneben kann er aber auch auf die voraussichtliche Nutzungsdauer planmäßig verteilt werden. Die Position wird also über Jahre hin aufgelöst.
Somit wird das „**Muss**" des Ansatzes immaterieller derivativer Wirtschaftsgüter **beim Firmenwert durchbrochen**!

Immaterielle Wirtschaftsgüter des **Umlaufvermögens** sind (auch als originäre!), da sie anderen gegen Entgelt überlassen werden sollen, im Rahmen des Vorratsvermögens zu aktivieren.

Die möglichen Buchungen beim Erwerb eines derivativen immateriellen Gutes sollen hier nun an Hand von zwei Beispielen dargestellt werden.

Beispiele

1. Geschäftsvorfall: Firma M. erwirbt ein Patent für 16.000,-- € zuzüglich 10% USt. Das Geld wird per Bank überwiesen.

Buchung: Immaterielle Wirtschaftsgüter* 16.000,-- €
Vorsteuer 1.600,-- €
an Bank 17.600,-- €

2. Geschäftsvorfall: E. übernimmt einen Einzelhandelsladen. Der Kaufpreis beträgt netto 500.000,-- €. Der Wert der Vermögensgegenstände in dem erworbenen Unternehmen beträgt netto 350.000,-- €.

Firmenwert (netto): 150.000,-- €
+ 10% USt: 15.000,-- €

Firmenwert (brutto): 165.000,-- €

Buchungen: außerordentlicher Aufwand
für Firmenwert 150.000,-- €
Vorsteuer 15.000,-- €
                              an Bank 165.000,-- €

oder

Firmenwert* 150.000,-- €
Vorsteuer 15.000,-- €
                              an Bank 165.000,-- €

Abschreibungen 37.500,-- €
                              an Firmenwert 37.500,-- €
(pro Jahr mindestens 1/4)

*Das Konto wird bei **EDV-Buchführung mit automatischer Vorsteuerberücksichtigung** wegen unterschiedlicher Buchungen (ohne Vorsteuer / mit Vorsteuer) bei steuerpflichtigen Vorfällen durch ein entsprechendes Ausgabenunterkonto oder Interimskonto ersetzt.

b) Steuerlicher Ansatz

Nach § 5(2) EStG **ist** ein immaterielles Wirtschaftsgut des **Anlagevermögens**, das entgeltlich erworben wurde, anzusetzen. Für **originäre** ist damit auch hier der **Ansatz verboten**.

Das Steuerrecht nimmt jedoch keine Gruppeneinteilung vor. Ein **derivativer Firmenwert** wird deshalb wie die anderen immateriellen Wirtschaftsgüter behandelt. Die planmäßige Abschreibung ist hier über **fünfzehn** Jahre vorzunehmen (§ 7(1) EStG).

Für immaterielle Wirtschaftsgüter des **Umlaufvermögens** fehlt eine eigene steuerliche Vorschrift. Hier gilt das im Rahmen des Handelsrechtes Gesagte.

2.3. Aufwendungen für Ingangsetzung und Erweiterung des Geschäftsbetriebes

Handelsrechtlich **dürfen** gemäß § 269 HGB Aufwendungen für Ingangsetzung und Erweiterung des Geschäftsbetriebes als Bilanzierungshilfe zur Vermeidung einer Überschuldung vor dem Anlagevermögen **aktiviert** werden, soweit sie nicht einzeln im Anlagevermögen aktiviert werden müssen.

Das betrifft jedoch **nicht** die Aufwendungen für die Gründung des Unternehmens bzw. die Aufwendungen für die Eigenkapitalbeschaffung (§ 248 (1) HGB)! Gemäß § 282 HGB sind diese Aufwendungen um mindestens ein Viertel in jedem folgenden Jahr zu **kürzen**.

Nach **steuerrechtlicher Meinung** stellen diese Aufwendungen jedoch **keine aktivierbaren Wirtschaftsgüter** dar. - Sie sollen dem Unternehmen nach Handelsrecht nur als Bilanzierungshilfe dienen. - Entsprechende Ausgaben sind **direkt als Aufwand** zu buchen.

2.4. Besonderheiten bei der Software

Wie schon eben erwähnt, ist ein Teil der Software für DV-Anwender den immateriellen Wirtschaftsgütern zuzuordnen. (Computer-Programme mit Anschaffungskosten bis zu 410 € sind jedoch wegen ihres relativ geringen Dienstleistungsumfanges als körperliche und zugleich bewegliche Geringwertige Wirtschaftsgüter zu berücksichtigen.) Das ist auch der Anlaß für die Darstellung der Software an dieser Stelle. Weitere Zuordnungen werden unter dem Aspekt der gesamten Software-Erläuterung hier ebenfalls mit vollzogen.

Die Rechtsprechung hat sich schon in vielen Urteilen und Grundsatzentscheidungen mit der Materie Software befaßt, weil ihr in den Betrieben immer mehr Bedeutung zukommt. Der Trend der Rechtsprechung geht dabei in die folgende Richtung:

Grundsätzlich unterscheidet man beim Bilanzierenden in **Anwendersoftware**, die der Unternehmer in seinem Betrieb einsetzt, und **Herstellersoftware**, die vom Hersteller verkauft oder vermietet werden soll.

Zu dem Bereich der **Anwendersoftware** gehören die Firmware, die Systemsoftware und die Anwendungsprogramme.

Unter **Firmware** versteht man die Mikroprogramme, die der Steuerung des Ablaufs der Maschinenbefehle dienen. Durch diese Programme werden z.B. erst Betriebssysteme im PC-Bereich geladen. Die Firmware wird mit der Anlage zur Verfügung gestellt und nicht gesondert berechnet. Sie ist also **kein selbständig bewertbares Wirtschaftsgut**. Sie ist grundsätzlich in den Anschaffungskosten der Hardware enthalten. **Emulationsprogramme** zur Anpassung des Rechneraufbaus einer alten Anlage an ein neues System oder zum Mikrorechner-

Zentralrechner-Verbund werden, obwohl bewertungsfähig, sofort als Aufwendungen behandelt.

Die **Systemsoftware** dient dem optimalen Ablauf aller Arbeiten auf einem System. Programmabläufe werden durch sie gesteuert, verbunden, protokolliert usw.
Als **Basisprogramme** (Betriebssysteme, u.a.) sind sie **unverzichtbarer Bestandteil der Anlage**. Die Kosten sind **in den Anschaffungskosten der Hardware** enthalten.

Die **systemnahe Software** (wie z.B. Datenbankprogramme, spezielle Übersetzungsprogramme) dagegen muss grundsätzlich gesondert bezahlt werden. Sie sind selbständig bewertbar, und damit fallen sie unter den Begriff der **immateriellen Wirtschaftsgüter**, die bei entgeltlichem Erwerb **aktiviert** werden **müssen**.

Anwendungsprogramme werden unterteilt in Standardprogramme und betriebsindividuelle Programme.
Bei **fixen Standardprogrammen** besteht keine Möglichkeit der Modifikation und betrieblichen Anpassung. Da jedoch auch hier der geistige Inhalt im Vordergrund steht (neuere BFH-Rechtsprechung vom 3. 7. 87), handelt es sich grundsätzlich - außer „in bestimmten Wirtschaftskreisen" - um **immaterielle Wirtschaftsgüter**, die als derivative aktiviert werden müssen.
Variable Standardprogramme können betriebsindividuell angepaßt werden. Hier entstehen durch die Anpassung wirtschaftlich neue Anlagegüter. Sie gelten als **immaterielle Wirtschaftsgüter** und **sind als solche zu aktivieren**. Wird ein fremder Programmierer aber nur im Sinne eines Dienstleistungsvertrages tätig (nur Schulden der Dienstleistung - nicht des Wirtschaftsgutes), liegt kein derivatives Gut vor. Erst die Tätigkeit aufgrund eines Werkvertrages führt zum derivativen immateriellen Wirtschaftsgut.
Betriebsindividuelle Programme sind maßgeschneiderte Programme. Auch hier steht die geistige Tätigkeit der Programmierung im Vordergrund. Es handelt sich also auch um **immaterielle Wirtschaftsgüter**.

Da die Nutzbarkeit der Software einem Wertverzehr aufgrund neuer, modernerer Angebote usw., unterliegt, ist hier eine **planmäßige Abschreibung** (linear) vorgeschrieben. Die Methode wird später genauer dargestellt. Grundsätzlich wird von fünf Jahren Nutzungsdauer ausgegangen; bei einem Update kann der Restwert des alten Programms insgesamt abgeschrieben werden; bei einem Upgrade (nur einige neue Dateien) sind die Aufwendungen nachträgliche Anschaffungskosten der Vollversion, bei älteren Vollversionen jedoch Erhaltungsaufwand.

Bei der **Herstellersoftware** lässt sich eine Unterteilung in Auftragsproduktion und Vorratsproduktion vornehmen.

Als **Auftragsproduktion** kann man die betriebsindividuellen Programme und variablen Standardprogramme ansehen. Diese müssen als originäre oder derivative Wirtschaftsgüter im Rahmen des **Vorratsvermögens** mit den **Herstellungskosten** angesetzt werden.

Vorratsproduktionen sind insbesondere die fixen Standardprogramme. Auch diese werden im Rahmen des **Vorratsvermögens** mit den **Herstellungskosten** angesetzt.

Bei einer **Software-Vermietung** gehört die Software, da sie dem vermietenden Unternehmen dauernd zu dienen bestimmt ist, zum **Anlagevermögen**. Als **selbsterstellte (originäre) immaterielle Vermögenswerte** dürfen sie im Gegensatz zu käuflich erworbenen **nicht** aktiviert werden.

Aufwendungen aufgrund einer nicht berechneten Serviceleistung gegenüber dem Kunden anlässlich der EDV-Einführung einschließlich der Mithilfe bei der Erstellung von Software sind beim Hersteller sofort abziehbar.

Werden den Kunden im Rahmen eines **Dienstvertrages** Mitarbeiter zur Verfügung gestellt, entsteht (siehe oben) nur ein **Anspruch aus erbrachten Dienstleistungen**.

Handelsrechtlich können **Ingangsetzungskosten** der Unternehmung ebenfalls als immaterielle Wirtschaftsgüter unter dem gesonderten Ausweis aktiviert werden (siehe oben). Das gilt in diesem Rahmen auch für die Aufwendungen, die in Zusammenhang mit der **Erstellung von Programmen zum Unternehmensbeginn oder zur Unternehmenserweiterung** anfallen.
Sie sind allerdings dann auch mit mindestens 1/4 abzuschreiben. **Steuerrechtlich** ist dieser Ansatz jedoch **nicht möglich**!

Aufgaben (⬥ Lösung)

Bilden Sie Buchungssätze von den folgenden Geschäftsvorfällen!
Allerdings sind, soweit Wahlmöglichkeiten bestehen, beide Methoden zu berücksichtigen (Es handelt sich um Nettobeträge).

172 Anlagevermögen und planmäßige Abschreibungen

a) Fabrikant S. erwirbt ein Patent für 50.000,-- € per Banküberweisung.
b) Anmeldung eines eigenen Patentes beim Patentamt; (Wert: 10.000,-- €).
c) Herr S. kauft fixe Standardprogramme für 20.000,-- € per Scheck.
d) Kauf von Individual-Software für 50.000,-- € per Banküberweisung.
e) Es wird eine Anlage mit Betriebssystem in bar für 50.000,-- € gekauft.
f) Fabrikant S. kauft ein Datenbankprogramm für 6.000,-- € per Scheck.
g) Die Hauskonferenz entschließt sich, Standardsoftware für 12.000,-- € anpassen zu lassen. Die Zahlung erfolgt per Scheck.

Weiterhin wird in der Firma S. beschlossen, nunmehr eine eigene Software-Firma zu gründen. Somit wird ein alter Softwarebetrieb aufgekauft und fortgeführt.

h) Der Kaufpreis des Softwarebetriebes beträgt 700.000,-- €. Der Wert der Vermögensgegenstände dagegen nur 580.000,-- €. Die Zahlung erfolgt zu einem späteren Zeitpunkt.

i) Softwarehaus S. vermietet neu erstellte Datenbankprogramme im Wert von 100.000,-- € für 1.000,-- € im Jahr. Der Kunde zahlt per Banküberweisung.

j) Einem Kunden wird unentgeltlich ein Mitarbeiter zur Einweisung (siehe Geschäftsvorfall: i) zur Verfügung gestellt. Die Lohnkosten betragen 3.000,-- €.

3. Finanzanlagen und sonstige Wertpapiere des Umlaufvermögens

3.1. Allgemeines über die Finanzanlagen

Die Finanzanlagen gehören zu dem **nicht abnutzbaren Anlagevermögen**. Ihr Nutzen ist somit nicht zeitlich begrenzt und eine **Abschreibung nicht möglich**.

In der Bilanz einer Kapitalgesellschaft werden sie gemäß § 266(2) HGB folgendermaßen gegliedert:

Anlagevermögen und planmäßige Abschreibungen   173

1. Anteile an verbundenen Unternehmen,
2. Ausleihungen an verbundene Unternehmen,
3. Beteiligungen,
4. Ausleihungen an Unternehmen mit Beteiligungsverhältnis,
5. Wertpapiere des Anlagevermögens,
6. sonstige Ausleihungen.

Schwierigkeiten bereitet hierbei jedoch oft die Einordnung der Wertpapiere, da sie sowohl Anlagevermögen als auch Umlaufvermögen sein können. Deshalb soll in diesem Kapitel genauer auf einzelne Finanzanlagen und die sonstigen Wertpapiere des Umlaufvermögens eingegangen werden.

Wie im Kapitel „Steuern" dargestellt, unterliegen die Einnahmen aus Kapitalvermögen der Einkommensteuer bzw. der Körperschaftsteuer (siehe dort). Als Zinsabschlagsteuer wird die Kapitalertragsteuer in der Regel bei Auszahlung durch eine Bank einbehalten und abgeführt. Im Rahmen der entsprechenden Veranlagung werden Kapitalertragsteuer und anzurechnende Körperschaftsteuer als Vorauszahlungen berücksichtigt.

3.2. Beteiligungen - Verbundene Unternehmen

Eine **Beteiligung** liegt dann vor, wenn jemand **Anteile** an einer anderen Unternehmung mit der Absicht erwirbt, eine **dauerhafte Verbindung** aufzubauen. Dabei ist es unerheblich, ob die Anteile durch Wertpapiere verbrieft sind oder nicht (§ 271(1) HGB).
Somit gelten auch Anteile an einer Personengesellschaft als Beteiligung. Anteile an einer Genossenschaft sind durch das Gesetz ausgenommen.
Liegen jedoch Zweifel an einer Beteiligungsabsicht vor, so gilt der Besitz von mehr als **20%** der Anteile einer Kapitalgesellschaft als Beteiligung.
Die Absicht der Einflussnahme auf die Geschäftsführung der anderen Unternehmung ist nach der neuen Gesetzgebung kein Kriterium mehr.

Von **verbundenen Unternehmen** spricht das Gesetz, wenn die Unternehmung, von der man Anteile hält, als Mutter- oder Tochterunternehmen in einen Konzernabschluss mit einzubeziehen ist (§ 271(2) HGB).
Entsprechende Anteile sind unter der o.a. Position aufzuführen.

174 Anlagevermögen und planmäßige Abschreibungen

3.3. Wertpapiere

3.3.1. Wertpapiere des Anlagevermögens (ohne Beteiligungsabsicht)

Im allgemeinen unterscheidet man zwei Gruppen von Wertpapieren, die zur Anlage von Kapital dienen. Es handelt sich hierbei zum einen um **Dividendenpapiere** und zum anderen um **Zinspapiere**.

Dieser Position „Wertpapiere des Anlagevermögens" werden **Dividenden- und Zinspapiere** dann zugeordnet, wenn die Absicht einer langfristigen Anlage besteht, bei den Dividendenpapieren jedoch keine dauerhafte Anlage vorgesehen ist bzw. es sich nicht um Anteile verbundener Unternehmen handelt.

Beide Gruppen sollen nun etwas näher beschrieben werden.

a) Dividendenpapiere

Bei den Dividendenpapieren handelt es sich um **verbriefte Teilhaberrechte** in Form von **Aktien (AG)** oder **Kuxen (Berggewerkschaft)**. Weiterhin gehören zu dieser Gruppe **Investmentzertifikate**, die Anteile eines bestimmten Fonds darstellen. Solch ein Fond wird von den Banken aus Aktien verschiedener Unternehmungen und aus festverzinslichen Wertpapieren zusammengestellt.

Der Inhaber solcher Wertpapiere erhält aufgrund seiner Teilhaberschaft jährlich einen entsprechenden Anteil am Gewinn in Form einer Dividende oder in Form einer Ausschüttung. Ebenso ist er am Vermögenszuwachs bzw. Vermögensverlust beteiligt.

Werden nun solche Dividendenpapiere gekauft, so entstehen zusätzlich zu dem Anschaffungskurs auch noch **Nebenkosten** wie **Maklergebühr und Bankprovision**:
- Bei Aktien betragen die Courtage 0,6 0/00 vom Kurswert, die Bankprovision 1% vom Kurswert (bei unterschiedlich hohen Mindestgebühren).
- Bei Investmentzertifikaten sind im allgemeinen die Verwaltungskosten durch die Differenz zwischen höherem Ausgabekurs und niedrigerem Rücknahmekurs gedeckt.

Auch beim Verkauf fallen Nebenkosten in dieser Höhe an. Sie mindern dann den Erlös, der durch die Wertpapiere erzielt wurde.

b) Zinspapiere

Unter diesen Zinspapieren versteht man festverzinsliche Wertpapiere, die **Gläubigerrechte** verbriefen. Es handelt sich hierbei um **Anleihen öffentlich-rechtlicher Körperschaften, Pfandbriefe** oder **Obligationen (AG, GmbH)**.
Auf diese Zinspapiere erhält der Inhaber heute im allgemeinen jährlich einen festen Zins. Kommt es zum Kauf von Zinspapieren, so entstehen auch hier zu den Anschaffungskursen noch **Nebenkosten**, die denen der Dividendenpapiere entsprechen:
Bei Anleihen öffentlicher Körperschaften, Pfandbriefen und Obligationen betragen die Courtage grundsätzlich 0,75 0/00 vom Nennwert, die Bankprovision 0,5% vom Kurswert. (Die Courtage-Sätze verringern sich jedoch in Stufen ab 50.000 € Nennwert aufwärts. Bei der Bankprovision gelten unterschiedlich hohe Mindestgebühren. Weiter werden hier Kurse unter 50% in der Regel auf 50%, Kurse unter 100% auf 100% aufgerundet.)

3.3.2. Sonstige Wertpapiere des Umlaufvermögens

Die wichtigsten Wertpapiere sind auch hier die Dividenden- und Zinspapiere (aber auch z.B. Finanzwechsel). Nur haben diese Wertpapiere **keinen Anlagecharakter**. Im Grunde hat man es mit **Spekulationspapieren** zu tun, die zu jeder Zeit ge- und verkauft werden können.
Das Gesetz sieht für Kapitalgesellschaften eine Trennung in Anteile an verbundenen Unternehmen, eigene Anteile und sonstige Wertpapiere (§ 266(2) HGB) vor.

3.3.3. Buchungstechnische Abwicklung der Wertpapiere

Buchungstechnisch soll hier nach der nun schon bekannten Bruttobuchung verfahren werden.

Da der Aufbau der Buchungen in allen oben aufgeführten Fällen vom Prinzip her gleich ist, sollen hier die einzelnen Buchungen an Hand der „**sonstigen Wertpapiere des Umlaufvermögens**" aufgezeigt werden.
Das Bestandskonto „sonstige Wertpapiere des Umlaufvermögens" übernimmt die Bestandsführung am Anfang und Ende der Periode, Zugänge werden auf

dem Konto „Aufwendungen aus Wertpapierkauf des Umlaufvermögens", Abgänge auf dem Konto „Erträge aus Wertpapierabgängen des Umlaufvermögens" erfasst.

Zu beachten ist, dass die Anschaffungskosten sich aus dem **Anschaffungskurs zuzüglich der Nebenkosten** zusammensetzen. Beim Verkauf mindern diese Verkaufskosten die Erlöse.

Beispiele

1. Geschäftsvorfall: S. kauft per Bank 50 BBC-Aktien zu einem Stückkurs von 170,-- €.

Anschaffungskurs:	8.500,-- €
0,6 0/00 Courtage: 5,10 €	
+ 1,0% Bankprovision: 85,-- €	
+ 1,06% Nebenkosten:	90,10 €
Anschaffungskosten:	8.590,10 €

Buchung: Aufwendungen aus
Wertpapierkauf des UV 8.590,10 €
an Bank 8.590,10 €

2. Geschäftsvorfall: Der Stückkurs der BBC-Aktien ist auf 190,-- € gestiegen. S. verkauft 40 Aktien über die Bank.

Verkaufskurs:	7.600,-- €
- 1,06% Verkaufskosten:	80,56 €
Bankgutschrift:	7.519,44 €

Buchung: Bank 7.519,44 €
an Erträge aus Wertpapierabgängen
des UV 7.519,44 €

Abschluß: Zum Abschluss werden nun die restlichen zehn Aktien mit ihren **Anschaffungskosten** an das „**SBK**" gebucht.

Anschaffungskurs:	1.700,-- €
+ 1,06% Nebenkosten:	18,02 €
Zu aktivierender Buchwert:	1.718,02 €

Anlagevermögen und planmäßige Abschreibungen

Buchung: SBK 1.718,02 €
  an sonstige Wertpapiere des Umlaufvermögens 1.718,02 €

Der Mehrbestand als Saldo auf dem Bestandskonto wird dann auf dem Ertragskonto gegengebucht (ein Minderbestand auf dem Aufwandskonto).

Buchung: sonstige Wertpapiere des Umlaufvermögens 1.718,02 €
  an Erträge aus Wertpapierabgängen des UV 1.718,02 €

S Aufwend. a. Wertpapierk. UV H		S Ertr. a. Wertpapierabg. UV H	
Buch. 8.590,10	GuV 8.590,10	GuV 9.237,46	Buch. 7.519,44
			s.W. 1.718,02

S sonstige Wertpapiere d.Umlaufverm. H		S SBK H	
AB 0,--	SBK 1.718,02	Wertp. 1.718,02	
Mehrung 1.718,02			

(Es ergibt sich so ein Gesamtertrag von 647,36 €!)

(Nach der Netto-Buchungsmethode werden Kauf und Verkauf von Aktien ebenfalls über das Wertpapierbestandskonto abgewickelt. Der sich dann ergebende Saldo (hier von 647,36 €) wird als Ertrag oder Verlust auf die o.a. Erfolgskonten gebucht.)

Beim Einzug der Dividenden durch die Bank behält diese eine Kapitalertragsteuer in Höhe von 25% der Bardividende ein, soweit keine Nicht-Veranlagungs-Bescheinigung vorliegt. Vorher wurde die Dividende durch die Gesellschaft schon um die anteilige Körperschaftsteuer gekürzt. Als Vorauszahlungen auf **Unternehmersteuern** (siehe Kapitel „Steuern") werden diese wie allgemeine Vorauszahlungen als Privatentnahmen bzw. nicht abziehbare Betriebsausgaben behandelt.

Beispiel

Geschäftsvorfall:	S. erhält eine Dividende in Höhe von 1.000,-- €. Die Bank rechnet ab:

Bardividende
(Bruttodividende 1.000,-- €
- Körperschaftsteuer 300,-- €)   700,-- €
- 25% Kapitalertragsteuer   175,-- €

Gutschrift   525,-- €

Buchung: Bank 525,-- €
Privatentnahme 475,-- €
an sonstige Zinsen und ähnliche Erträge 1.000,-- €

Wie schon anfangs beschrieben, erhält der Inhaber von Zinspapieren zu bestimmten jährlich Zinsterminen einen festen Zins. Werden festverzinsliche Wertpapiere **zwischenzeitlich** ge- oder verkauft, müssen die Zinsen **anteilig** berücksichtigt werden.

Werden Papiere **mit** einem **Zinsschein** für die bisher angefallenen Zinsen veräußert, so hat der **Käufer** dem Verkäufer diese sogenannten **Stückzinsen** des Zinsscheines zu erstatten. Der Zinsschein ist als selbständige Urkunde ebenfalls wie der Börsenwert der Papiere zu **aktivieren** (Konto „Zinsscheine"). Bei Einlösung des Zinsscheins werden diese Anschaffungskosten als Erträge ausgebucht. Beim **Verkäufer** werden die Stückzinsen als **Erträge** (Konto „**Zinserträge**") erfaßt.

Werden festverzinsliche Wertpapiere **ohne** laufenden **Zinsschein** gehandelt, ersetzt der Verkäufer dem Käufer die **Stückzinsen**, die auf die Zeit vom Verkauf bis zum nächsten Zinszahlungstermin berechnet werden. Es entsteht ihm ein Aufwand (Konto „**Zinsaufwendungen**"), der Käufer hat einen entsprechenden Ertrag (Konto „**Sonstige Zinsen und ähnliche Erträge**").

Beispiele

1. Geschäftsvorfall: S. kauft am 31.08. Obligationen, die zu 6% verzinst werden und einen Nennwert von 10.000,-- € haben. Die Zinsen hierauf werden jährlich im Januar gezahlt, und der Kurswert beträgt zur Zeit 99%.

Anschaffungskurs:	9.900,-- €
0,75 0/00 Court. / NW: 7,50 €	
+ 0,5% Bankprovision: 50,-- €	
+ Nebenkosten:	57,50 €
Anschaffungskosten:	9.957,50 €
- anteilige Zinsen:	
6% von 10.000,-- € = 600,-- €	
600,-- € : 12 Mon. = 50,-- €	
50,-- € * 4 Mon. =	200,-- €
Banklastschrift:	9.757,50 €

Buchung: Aufwendungen aus Wertpapierkauf des UV 9.957,50 €
 an sonstige Zinsen und ähnliche Erträge 200,-- €
 an Bank 9.757,50 €

2. Geschäftsvorfall: S. verkauft die am 31.08. erworbenen Obligationen am 30.09 zum Kurswert von 98%.

Verkaufskurs:	9.800,-- €
0,75 0/00 Court. / NW: 7,50 €	
+ 0,5% Bankprovision: 50,-- €	
- Nebenkosten:	57,50 €
Verkaufserlös:	9.742,50 €
- anteilige Zinsen: (50,-- € * 3 Mon.)	150,-- €
Bankgutschrift:	9.592,50 €

Buchung: Bank 9.592,50 €
Zinsaufwendungen 150,-- €
 an Erträge aus Wertpapierabgängen des UV 9.742,50 €

Stückzins- und Zinserträge unterliegen ebenfalls der **Kapitalertragsteuer**. Diese beträgt hier allerdings 30%. Im gleichen Jahr gezahlte Zinsen aus den Geschäften mit festverzinslichen Wertpapieren dürfen jedoch abgezogen werden. Zum Zwecke der jährlichen Verrechnung führen die Kreditinstitute deshalb für jedes Depot eine **Stückzinsdatei** „**Stückzinstopf**". Bei höheren Zinserträgen behält die Bank die Kapitalertragsteuer, soweit keine Nicht-Veranlagungs-Bescheinigung vorliegt, ein. Wie bei der Dividende wird diese als Privatentnahme bzw. nicht abziehbare Betriebsausgabe behandelt. (Höhere Zinsaufwendungen werden dem Steuerpflichtigen gemeldet, jedoch nicht dem nächsten Jahr vorgetragen.)

Beispiel

Geschäftsvorfall: S. erhält die letzte Zinsgutschrift des Jahres für festverzinsliche Wertpapiere in Höhe von 400,-- €.
Gleichzeitig wird ihm die folgende Stückzinsdatei für das Jahr von der Bank vorgelegt:

Stückzinsen und Zinserträge	1.500,-- €
- Zinsaufwendungen	500,-- €
Effektive Zinserträge	1.000,-- €
- 30% Kapitalertragsteuer	300,-- €
Jahres-Gutschrift	700,-- €

Buchung: Bank 100,-- €
Privatentnahme 300,-- €
   an sonstige Zinsen und ähnliche Erträge 400,-- €

Aufgaben (↻ Lösung)

1. Der Industrielle V. erwirbt zwanzig Aktien zu einem Stückkurs von 150,-- €. Kurze Zeit später erhält er, aufgrund der erworbenen Aktien eine Dividende von 120,-- €.
Ein halbes Jahr danach verkauft Herr V. fünfzehn Aktien zu einem Stückkurs von:
   a) 160,-- €
   b) 70,-- €
Der Stückkurs am Ende des Jahres beträgt:
   a) 160,-- €
   b) 70,-- €

Aufgabe: Führen Sie die notwendigen Buchungen für Herrn V. durch!

2. Der Industrielle V. kauft am 31.03. 6% Pfandbriefe im Nennwert von 5.000,-- € zu 85% ohne Zinsschein. Auf diese Pfandbriefe werden jährlich im Januar Zinsen gezahlt. Am 31.08. desselben Jahres verkauft Herr V. o.a. Pfandbriefe im Wert von 3.000,-- € zu 90% ebenfalls ohne Zinsschein. Am Ende des Jahres haben die restlichen Pfandbriefe einen Kurswert von 84%.
Aufgabe: Führen Sie auch hier die notwendigen Buchungen für Herrn V. durch! Weitere Zinspositionen sind in der Stückzinsdatei dieses Jahres nicht vorhanden. (Ü Lösung)

3. Auch Herr N. hat sich sechzig Daimler-Benz Aktien zu einem Stückkurs von 420,-- € zugelegt. Eine Dividende von 160,-- € kommt ihm ebenfalls sehr gelegen.
Einige Wochen später steigt der Stückkurs der Aktien um 50,-- €. Herr N. verkauft vierzig Aktien.
Der Stückkurs beträgt am Bilanzstichtag 470,-- €.
Aufgaben: a) Helfen Sie Herrn N. bei der buchungstechnischen Abwicklung! Wie hoch ist sein Erfolg und welchen Wert muss er aktivieren?
b) Wie hoch wäre sein Erfolg, wenn der Stückkurs beim Verkauf 380,-- € betragen würde?

4. Planmäßige Abschreibung der abnutzbaren Anlagegüter

Die Wirtschaftsgüter des Anlagevermögens können **abnutzbar** und **nicht abnutzbar** sein.

Anlagevermögen	
abnutzbar	nicht abnutzbar

Zum **abnutzbaren Anlagevermögen** gehören die Güter dann, wenn ihre **Nutzung zeitlich begrenzt** ist (§ 253(2) HGB). Dazu zählen z.B. Gebäude, technische Anlagen, Kfz, Einrichtungen usw.

Das **nicht abnutzbare Anlagevermögen**, wie z.B. Grund und Boden, Finanzanlagen usw., unterliegt hingegen **keiner zeitlich begrenzten Nutzung**.

4.1. Wesen der Abschreibung

Beim abnutzbaren Anlagevermögen müssen gemäß § 253(2) HGB planmäßige Abschreibungen vorgenommen werden.
Der Wert der abnutzbaren Anlagegüter wird geringer durch

a) **verbrauchs- oder gebrauchsbedingten Werteverzehr** (Substanzverringerung, echter technischer Verschleiß),

b) **wirtschaftlich bedingten Werteverzehr** (technischer Fortschritt, Nachfrageverschiebungen, sinkende Wiederbeschaffungskosten),

c) **zeitlich bedingten Werteverzehr** (auslaufende Nutzungsverträge).

Dieser Werteverzehr muss buchtechnisch planmäßig durchgeführt werden, wobei die Anschaffungs- oder Herstellungskosten auf die Geschäftsjahre der voraussichtlichen Nutzung zu verteilen sind.
Steuerrechtlich wird er „Absetzung für Abnutzung" (AfA) genannt.

Die Buchung findet auf dem Aufwandskonto **„Abschreibungen auf Anlagevermögen"** statt. Durch die Gegenbuchung wird der Buchwert auf den Bestandskonten gemindert.

Buchung: Abschreibungen a. AV 1.000,-- €
an „Bestandskonto" 1.000,-- €

Abschreibungen sind zunächst erst einmal Zweckaufwand und Kosten. Somit fließen sie in den Verkaufspreis hinein. Bei Verkauf der Produkte fließen sie in den Geldstrom (Umsatzerlöse) zurück und erhöhen damit das Geldvermögen. Zu berücksichtigen ist hierbei, dass das Geldvermögen nur beim Kauf einer Maschine abgenommen hat, nicht aber bei der Buchung der AfA. **Sie stellt einen reinen Aufwand dar, aber keine Ausgabe.**

Theoretisch könnte also die Erhöhung des Geldvermögens durch die Erlöse angespart werden und zur Investition eines Wirtschaftsgutes nach Verkauf des alten zu den alten Anschaffungskosten genutzt werden. Man spricht deshalb von **nomineller Kapitalerhaltung**.

Beispiel

Kasse	Maschine	Zweckaufwand
30.000,-- €	Kauf → 10.000,-- €	
		3.000,-- € Lohn (Ausgabe)
		+ 2.000,-- € u.a. (Ausgabe)
	keine Ausgabe ←	+ 2.000,-- € AfA
	↓	
	2.000,-- €	7.000,-- €
		12.000,-- € Umsatzerlöse
Erhöhung des Gesamtvermögens	+ 5.000,-- € ←	5.000,-- € Gewinn
Erhöhung des Geldvermögens	7.000,-- €	

4.2. Lineare planmäßige Abschreibung

Planmäßig abzuschreiben bedeutet nach § 253(2) HGB, dass die Anschaffungs- oder Herstellungskosten eines abnutzbaren Gutes planmäßig auf die Geschäftsjahre verteilt werden, in denen das Wirtschaftsgut voraussichtlich genutzt werden kann. Eine Methode dieser planmäßigen Verteilung ist die **lineare Abschreibung**.

KHBV und PBV verweisen ebenfalls auf die handelsrechtlichen Abschreibungsvorschriften.
Vor allem aber die Krankenhausfinanzierung ist durch das „duale" oder „dualistische" Finanzierungssystem gekennzeichnet. Hier werden die Kosten der Leistungserstellung durch Pflegesätze gedeckt und die **Investitionen** (mit Ausnahme der Gebrauchsgüter) durch **öffentliche Förderungen**.
Zum einen dürfen Fördermittel den Erfolg der Institution nicht beeinflussen. Die Abschreibung würde aber zu einem Aufwand führen. Deshalb muss sie neutralisiert werden. Zum anderen fehlt der Investitionscharakter der Abschreibung! Aufgrund dieser Besonderheiten wird in diesem Falle nach der **linearen Methode** abgeschrieben.

184 Anlagevermögen und planmäßige Abschreibungen

(Diese gesamte geschilderte Problematik wird in dem Kapitel „Buchungen beim Kauf und Verkauf von abnutzbaren Anlagegütern - Buchung bei gefördertem Anlagevermögen" mit Buchungsbeispielen näher erläutert.)

Ist der Nutzen aus einem Wirtschaftsgut in allen Perioden der Nutzungsdauer im wesentlichen gleich, so ist die gleichmäßige Verteilung der Anschaffungskosten (AK) oder Herstellungskosten (HK) auf die Jahre der Nutzungsdauer betriebswirtschaftlich gesehen richtig. Für die lineare Abschreibung wird der Abschreibungsbetrag pro Periode wie folgt berechnet:

$$a = AK \div n_{BND}$$

Erläuterungen:

a = Abschreibungsbetrag
AK = Anschaffungskosten
n_{BND} = Anzahl Jahre der betriebsgewöhnlichen Nutzungsdauer

Die betriebsgewöhnliche Nutzungsdauer muss geschätzt werden. Grundlage dazu bieten Abschreibungstabellen, die von den Finanzverwaltungen - auch speziell für das Gesundheitswesen - aufgrund durchschnittlicher Nutzungswerte erstellt werden.

Diese Methode ist eine **grundsätzliche**. Sie ist handelsrechtlich sowie steuerrechtlich für alle abnutzbaren Güter erlaubt bzw. vorgeschrieben. Wie oben dargestellt wird sie auch im Rahmen **öffentlicher Investitionsförderungen** genutzt. Weitere Abschreibungsmethoden werden im Kapitel „Bewertung des Anlagevermögens" aufgezeigt.

Beispiel

Anschaffungskosten: 80.000,-- €
Betriebsgewöhnliche Nutzungsdauer (BND): 10 Jahre
Abschreibungsbetrag: 80.000÷10

Abschreibungsbetrag pro Jahr = 8.000,-- €

Der Abschreibungsbetrag in prozentualer Höhe wird wie folgt ermittelt:

Berechnung des Prozentsatzes:

$$p = 100 \div n_{BND}$$

Beispiel

Prozentsatz = $100 \div 10$

Der lineare Abschreibungssatz beträgt 10% von den AK / HK.

Zuweilen kann es erforderlich sein, den Buchwert in einem bestimmten Jahr zu ermitteln. Diesen Buchwert erhält man wie folgt:

$$BW_n = AK - n \times AK \div n_{BND} \quad \text{oder} \quad BW_n = AK \times (1 - n \times p \div 100)$$

Erläuterungen:

BW_n = Buchwert zum Ende des n-ten Jahres

Beispiel

Wie hoch ist der Buchwert im 4. Jahr?

$BW_4 = 80.000 - 4 \times 80.000 \div 10$ **oder** $BW_4 = 80.000 - 4 \times 80.000 \times 0,1$

$BW_4 = 80.000 - 32.000 = 48.000$

Der Buchwert am Ende des 4. Jahres beträgt 48.000,-- €.

Probe:

Anschaffungskosten	80.000,-- €
− Abschreibung 1. Jahr	8.000,-- €
Buchwert am Ende des 1. Jahres	72.000,-- €
− Abschreibung 2. Jahr	8.000,-- €
Buchwert am Ende des 2. Jahres	64.000,-- €
− Abschreibung 3. Jahr	8.000,-- €
Buchwert am Ende des 3. Jahres	56.000,-- €
− Abschreibung 4. Jahr	8.000,-- €
Buchwert am Ende des 4. Jahres	48.000,-- €

Graphisch stellt sich die Abschreibung wie folgt dar:

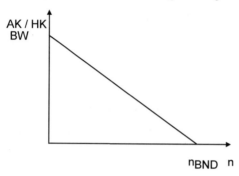

Aufgaben (⊃ Lösung)

Ermitteln Sie jeweils die unten benannten Abschreibungsbeträge bzw. Buchwerte jeweils nach linearer Abschreibung in den genannten Nutzungsjahren!

Aufgaben-Nr.	Anschaffungskosten	Nutzungsdauer	zu ermitteln
1.1	15.000,-- €	10	a_9
1.2	100.000,-- €	20	BW_{14}
1.3	20.000,-- €	5	a_2
1.4	40.000,-- €	15	BW_9
1.5	15.000,-- €	20	a_4
1.6	100.000,-- €	10	BW_7
1.7	20.000,-- €	15	a_{15}
1.8	40.000,-- €	5	BW_4

4.3. Besonderheiten der Abschreibung

Zeitanteilige Abschreibung

Die Abschreibung beginnt zum **Zeitpunkt der Anschaffung oder der Ingebrauchnahme**. Welcher der beiden Zeitpunkte genau zutrifft, ist im § 7 EStG nicht definiert.
Geht ein Wirtschaftsgut während des laufenden Wirtschaftsjahres zu oder ab, so muss die AfA für dieses Wirtschaftsjahr **zeitanteilig** erfolgen. Das gilt für einen **Kauf**, eine **Neueinlage** oder **sonstigen Zugang** bzw. für einen **Verkauf**, eine **Privatentnahme** oder **sonstigen Abgang** gleichermaßen. Die zeitanteilige Berechnung erstreckt sich nur **über volle Monate**:

1. Beim Kauf eines Wirtschaftsgutes zählt der **Zugangsmonat** voll mit. Die Jahre der Nutzungsdauer beginnen also mit diesem Anschaffungsmonat, sie sind somit von den Wirtschaftsjahren unabhängig.
2. Beim Verkauf eines Wirtschaftsgutes zählt der **Abgangsmonat nicht** mit.

Beispiel

AK: 10.000,-- €; n_{BND}: 5 Jahre; a: 2.000,-- €

1. Kauf des Wirtschaftsgutes am 15.07. des Jahres.
   Anteilige AfA = 6/12 von 2.000,-- € (v. 01.07. bis 31.12.) = 1.000,-- €
2. Verkauf des Wirtschaftsgutes am 15.10. des Jahres.
   Anteilige AfA = 9/12 von 2.000,-- € (v. 01.01. bis 30.09.) = 1.500,-- €

(Aus Vereinfachungsgründen war es vor dem Jahr **2004** gestattet, beim **Kauf** eines **beweglichen Wirtschaftsgutes** im **ersten Halbjahr die volle Jahresabschreibung** und beim Kauf im **zweiten Halbjahr die Hälfte der Jahresabschreibung** zu verrechnen. Beim Verkauf war diese Vereinfachung nicht gestattet!)
Eine zeitanteilige Berechnung der Abschreibung ist auch bei **öffentlich geförderten Investitionen** im Bereich des Gesundheitswesens erforderlich!

Aufgabe (➲ Lösung)

Ermitteln Sie die AfA für die folgenden Wirtschaftsgüter! (Es handelt sich um Nettobeträge.)
a) Einrichtung am 01.01. angeschafft, Preis 12.000,-- €, BND 6 Jahre
b) KFZ am 12.03. angeschafft, Preis 7.200,-- €, BND 5 Jahre
c) Einrichtung am 06.06. angeschafft, Preis 26.400,-- €, BND 11 Jahre

d) Technische Anlage am 15.01. verkauft, bisherige Jahres-AfA 7.000,-- €
e) Einrichtung am 12.05. verkauft, bisherige Jahres-AfA 3.600,-- €
f) KFZ am 11.11. verkauft, bisherige Jahres-AfA 1.560,-- €

Abschreibung von geringwertigen Wirtschaftsgütern

Geringwertige Wirtschaftsgüter (GWG) sind bewegliche abnutzbare Wirtschaftsgüter des Anlagevermögens, deren **Anschaffungs- / Herstellungskosten** (abzüglich der darin enthaltenen nichtabziehbaren Vorsteuer) **410,-- € nicht übersteigen** (§ 6(2) EStG). Die Anschaffungs- / Herstellungskosten dieser GWG können im Jahr der Anschaffung oder Herstellung in voller Höhe als Aufwand abgesetzt werden. Voraussetzung sind eine ordnungsgemäße Buchführung oder die Aufstellung eines Verzeichnisses der GWG.

Buchung: Aufwandskonto GWG und Vorsteuer an Bank

    oder

    Aktivkonto GWG und Vorsteuer an Bank

    Abschreibungen auf AV an Aktivkonto GWG

Ein besonderer Augenmerk gilt hier dem Computer. Zentraleinheit, Bildschirm und Tastatur sind ein **einheitliches Wirtschaftsgut**. Die Nutzungsdauer beträgt vier Jahre. Peripheriegeräte (Drucker etc.) können zwar selbständig abgeschrieben werden, wegen der fehlenden eigenständigen Nutzung sind sie jedoch keine geringwertigen Wirtschaftsgüter!

Dieser insbesondere steuerliche Vorteil besteht bei steuerbegünstigten Institutionen nicht. Aber z.B. nach der Abgrenzungsverordnung zur KHBV sind diese Güter als besondere Gebrauchgüter ebenfalls im ersten Jahr schon pflegesatzfähig. (Einige Autoren empfehlen jedoch - zwecks Vermeidung stiller Reserven - diese Güter auf die Nutzungsdauer abzuschreiben.)

Außerordentliche Abschreibung

Eine außerordentliche Abschreibung für technische oder wirtschaftliche Abnutzung kann bei der linearen AfA (und bei der später beschriebenen Leistungsabschreibung) vorgenommen werden, wenn durch ein besonderes Ereignis (z.b. Beschädigungen, Zerstörung, Katastrophen) eine höhere Wertminderung eintritt als der Abschreibungsbetrag (§ 7(1) EStG).
Ab der neuen Periode muss dann allerdings vom Restbuchwert die AfA entsprechend der Restnutzungsdauer neu ermittelt werden.
Da aber auch diese Art der Abschreibung insbesondere der Erfolgsminderung und nominellen Kapitalerhaltung dient, kommt sie bei öffentlich geförderten Investitionsgütern selten vor.

Beispiel

Eine technische Anlage wurde zu 10.000,-- € Anschaffungskosten installiert. Die betriebsgewöhnliche Nutzungsdauer beträgt fünf Jahre. Durch ein herabstürzendes Teil wurde der Wert der Anlage nach dem zweiten Jahr um zusätzlich 1.000,-- € verringert.
Es ergeben sich folgende Werte:
Abschreibungsbetrag pro Jahr: 2.000,-- €; Anfangsbestand im 3. Jahr: 6.000,-- €; Außerordentliche Abschreibung im 3. Jahr: 3.000,-- €; Restbuchwert nach dem 3. Jahr: 3.000,-- €; Restnutzungsdauer: 2 Jahre; Neuer Abschreibungsbetrag: 3.000,--:2 = 1.500,-- €.
Der Abschreibungsbetrag für die letzten 2 Jahre beträgt 1.500,-- €
Die außerordentliche Abschreibung kann im 3. Jahr buchungstechnisch auf zwei Arten durchgeführt werden:

Buchung: 1. außerplanm. Abschreib. a. AV 3.000,-- €
　　　　　　　　　　　　　　　　an technische Anlagen 3.000,-- €

　　　　　2. Abschreibungen a. AV 2.000,-- €
　　　　　　　außerplanm. Abschreib. a. AV 1.000,-- €
　　　　　　　　　　　　　　　　an technische Anlagen 3.000,-- €

Erinnerungswert

Im letzten Jahr der Abschreibung eines Wirtschaftsgutes wird, sofern das Wirtschaftsgut weiterhin genutzt wird, nicht auf 0,- € abgeschrieben, sondern bis auf 1,-- €. Dieser Erinnerungswert soll im Anlagevermögen den weiteren Bestand des abgeschriebenen Wirtschaftsgutes sichtbar machen.

5. Buchungen beim Kauf und Verkauf von abnutzbaren Anlagegütern

5.1. Buchung bei umsatzsteuerpflichtigen Umsätzen

Beim Einkauf eines Anlagengutes auf dem Anlagenkonto fallen Buchungen mit Vorsteuerabzug an, beim Verkauf Buchungen mit Umsatzsteuerabrechnung, während bei der Bewertung am Jahresende ohne Steuerberücksichtigung zu buchen ist. Diese unterschiedlichen Vorkommnisse zur Nutzung der Steuerautomatisierung werden deshalb unterschiedlich erfasst.

Beim Einkauf erfolgt die Vorsteuerabrechnung i.d.R. für alle Käufe von Anlagegütern über ein Zwischenkonto mit variablen Steuerschlüssel. Nach Steuerberechnung und -buchung wird der Nettowert an das Anlagenkonto umgebucht.

Beispiel

Barkauf eines PKW: 40.000,-- € + USt 4.000,-- € = 44.000,-- €.

Buchungsschlüssel: Variabler Vorsteuerschlüssel auf dem Konto „Ausgaben für Anlagenkauf" - Berechnung vom Bruttowert.

Buchungsvorgabe: Steuersatz 10%
Ausgaben für Anlagenkauf 44.000,-- €
an Kasse 44.000,-- €

Buchung im System: Ausgaben für Anlagenkauf 40.000,-- €
Vorsteuer 4.000,-- €
an Kasse 44.000,-- €

dann:

Buchungsvorgabe: Steuersatz 0%
Fuhrpark 40.000,-- €
an Ausgaben für Anlagenkauf 40.000,-- €

Buchung im System: Fuhrpark 40.000,-- €
an Ausgaben für Anlagenkauf 40.000,-- €

Bei Verkauf von abnutzbaren Wirtschaftsgütern des Anlagevermögens ist **vorher** die anteilige AfA zu buchen. Etwaige Abweichungen des Verkaufserlöses vom Restbuchwert sind als Erträge oder Aufwendungen zu erfassen.

Im Rahmen der **EDV-Buchführung mit automatischer Umsatzsteuerberücksichtigung** bietet sich eine **Bruttobuchung** an:

Der Verkauf des Vermögenswertes wird in voller Höhe über ein Ertragskonto mit Steuerschlüssel abgewickelt. Die Vermögensminderung wird in einem zweiten Buchungssatz als Aufwand gegengebucht (Erfolgsauswirkung in Höhe der Erfolgsdifferenz beider Buchungen).

Beispiele

1. Der Verkaufserlös ist höher als der Restbuchwert: Anfangsbestand der Techn. Anlage 15.000,-- €; Verkaufspreis 12.000,-- €; Abschreibungsbetrag 5.000,-- €; Umsatzsteuer 1.200,-- €; Verkaufsdatum 12.09. des Jahres

Buchungsschlüssel: auf dem Konto „Erträge aus Anlagenverkauf":
10% USt - Berechnung vom Bruttowert

Buchungsvorgabe: a) Abschreibungen a. AV 3.333,33 €
  an Techn.Anlagen 3.333,33 €

b) Bank 13.200,-- €
  an Erträge a. Anlagenverk. 13.200,-- €

c) Aufwend. aus Anlagenverk. 11.666,67 €
  an Techn.Anlagen 11.666,67 €

Buchung im System: a) Abschreibungen a. AV 3.333,33 €
  an Techn.Anlagen 3.333,33 €

b) Bank 13.200,-- €
  an Erträge a. Anlagenverk. 12.000,-- €
  an Umsatzsteuer 1.200,-- €

c) Aufwend. aus Anlagenverk. 11.666,67 €
  an Techn.Anlagen 11.666,67 €

(Effektiver Ertrag: 333,33 €)

2. Der Verkaufserlös ist niedriger als der Restbuchwert, Beispiel wie oben, jedoch nur 10.000,-- € Verkaufserlös;

Buchungsvorgabe: a) Abschreibungen a. AV 3.333,33 €
  an Techn.Anlagen 3.333,33 €

b) Bank 11.000,-- €
an Erträge a. Anlagenverk. 11.000,-- €

c) Aufwend. aus Anlagenverk. 11.666,67 €
an Techn.Anlagen 11.666,67 €

Buchung im System: a) Abschreibungen a. AV 3.333,33 €
an Techn.Anlagen 3.333,33 €

b) Bank 11.000,-- €
an Erträge a. Anlagenverk. 10.000,-- €
an Umsatzsteuer 1.000,-- €

c) Aufwend. aus Anlagenverk. 11.666,67 €
an Techn.Anlagen 11.666,67 €

(Effektiver Aufwand: 1.666,67 €)

5.2. Buchung bei umsatzsteuerfreien Umsätzen

Beim Einkauf eines Anlagengutes kann die Buchung direkt über das Anlagenkonto erfolgen.

Beispiel

Barkauf eines PKW: 40.000,-- € + USt 4.000,-- € = 44.000,-- €.

Buchungsvorgabe: Fuhrpark 44.000,-- €
= Buchung im System: an Kasse 44.000,-- €

Bei Verkauf von abnutzbaren Wirtschaftsgütern des Anlagevermögens ist auch hier **vorher** die anteilige AfA zu buchen. Etwaige Abweichungen des Verkaufserlöses vom Restbuchwert sind als Erträge oder Aufwendungen zu erfassen.

Der Verkauf des Vermögenswertes wird in voller Höhe über ein Ertragskonto ohne Steuerschlüssel abgewickelt. Die Vermögensminderung wird in einem zweiten Buchungssatz als Aufwand gegengebucht (Erfolgsauswirkung in Höhe der Erfolgsdifferenz beider Buchungen).

Anlagevermögen und planmäßige Abschreibungen

Beispiele

1. Der Verkaufserlös ist höher als der Restbuchwert: Anfangsbestand der Techn. Anlage 15.000,-- €; Verkaufspreis 12.000,-- €; Abschreibungsbetrag 5.000,-- €; Umsatzsteuer 1.200,-- €; Verkaufsdatum 12.09. des Jahres.

Buchungsvorgabe: a) Abschreibungen a. AV 3.333,33 €
= Buchung im System: an Techn.Anlagen 3.333,33 €

b) Bank 12.000,-- €
an Erträge a. Anlagenverk. 12.000,-- €

c) Aufwend. aus Anlagenverk. 11.666,67 €
an Techn.Anlagen 11.666,67 €

(Effektiver Ertrag: 333,33 €)

2. Der Verkaufserlös ist niedriger als der Restbuchwert, Beispiel wie oben, jedoch nur 10.000,-- € Verkaufserlös;

Buchungsvorgabe: a) Abschreibungen a. AV 3.333,33 €
= Buchung im System: an Techn.Anlagen 3.333,33 €

b) Bank 10.000,-- €
an Erträge a. Anlagenverk. 10.000,-- €

c) Aufwend. aus Anlagenverk. 11.666,67 €
an Techn.Anlagen 11.666,67 €

(Effektiver Aufwand: 1.666,67 €)

Aufgaben (◌ Lösung)

Bilden Sie die Buchungssätze zum Kauf und Verkauf von Gütern bei steuerpflichtigen und steuerfreien Umsätzen

1. Kauf eines KFZ (Anschaffungskosten 50.000,-- €) am 30.01., BND 5 Jahre, (bar).

2. Kauf einer Techn. Anlage (Anschaffungskosten 115.000,-- €) am 15.07., BND 10 Jahre (bar).

3. Verkauf eines KFZ (Anfangsbestand 3.000,-- €) am 30.07., Jahres-AfA 2.000,-- €, Preis 5.000,-- € (bar).

4. Verkauf einer Techn. Anlage (Anfangsbestand 15.000,-- €) am 15.09., Jahres-AfA 3.600,-- €, Preis 11.000,-- € (bar).
5. Verkauf einer Techn. Anlage (Anfangsbestand 2.000,-- €) am 11.12., Jahres-AfA 1.900,-- €, Preis 1.500,-- € (bar).

5.3. Buchung bei investitionsgefördertem Anlagevermögen

Die Buchung im Anlagenbereich sind durch die Besonderheiten im Finanzierungssystem geprägt. Das „duale" oder „dualistische" Finanzierungssystem ist dadurch gekennzeichnet, dass die Kosten der Leistungserstellung durch Pflegesätze gedeckt werden und die Investitionen (mit Ausnahme der Gebrauchsgüter) durch öffentliche Förderungen.

(Im weiteren wird hier auf die Krankenhausförderung abgestellt. Bei einer entsprechenden Förderung in Pflegeeinrichtungen erfolgt eine Buchung in gleicher Art und Weise.)

Bei der Buchung sind demnach zwei Dinge grundsätzlich zu beachten:

1. Normalerweise sind die bei zweckentsprechender Verwendung nicht zurückzahlbaren Fördermittel als Ertrag zu buchen. Das soll jedoch hier vermieden werden.

2. Die Abschreibung würde bei abnutzbaren Anlagegütern als Wertverzehr in den Jahren, in denen kein Förderungsertrag ansteht, zu einem Aufwand führen. Deshalb muss sie neutralisiert werden.

Fördermittel sollen den Erfolg der Institution nicht beeinflussen!

Bei der Förderung **lang- und mittelfristiger Anlagegüter** handelt es sich um eine **Antrags-Förderung** auf **Einzelantrag** hin, bei **kurzfristigen Anlagegütern** um eine **Pauschal-Förderung**.

Da es sich auch hier um Unternehmen mit steuerfreien Umsätzen handelt, ähnelt die engere Buchungsweise des Kaufs und Verkaufs der Darstellung unter 5.2.

Die weitere Darstellung erfolgt anhand von Beispielen!

Kauf von geförderten Anlagegütern
Beispiel

Fördermittel in Höhe von 10.000.000 € werden einzeln beantragt, der Bewilligungsbescheid geht ein, später gehen die Fördermittel auf dem Bankkonto ein; Kauf des Betriebsgebäudes in o.a. Höhe und In-Betriebnahme, Zahlung per Bank, Abschreibungen 4%.

(**Buchung:** Buchungsvorgabe = Buchung im System)

(Beantragung der Fördermittel bei Einzelantrag: keine Buchung)

Bewilligung der Fördermittel:
   15 Forderungen nach KHG 10.000.000 €
                  an 46 Erträge aus Fördermitteln 10.000.000 €

   752 Zuführung der Fördermittel nach KHG zu Verbindlichk. 10.000.000 €
                  an 350 Verbindlichkeiten nach KHG 10.000.000 €

Banküberweisung - Eingang der Fördermittel:
   13 Guthaben bei Kreditinstituten 10.000.000 €
                  an 15 Forderungen nach KHG 10.000.000 €

Verwendung der Fördermittel bei Gebäudeanschaffung:
   011 Betriebsbauten 10.000.000 €
                  an 13 Guthaben bei Kreditinstituten 10.000.000 €

   350 Verbindlichkeiten nach KHG 10.000.000 €
                  an 22 Sonderposten aus Fördermitteln nach KHG 10.000.000 €

Abschreibung:
   761 Abschreibung auf Sachanlagen 400.000 €
                  an 011 Betriebsbauten 400.000 €

   22 Sonderposten aus Fördermitteln nach KHG 400.000 €
                  an 490 Erträge a. d. Auflösung von Sonderp. nach dem KHG 400.000 €

Solange Fördermittel nicht zweckentsprechend verwendet sind, bedeuten sie eine Verbindlichkeit wegen einer möglichen Rückzahlungspflicht bei Nicht-Anschaffung des Anlagegutes. Erst mit Verwendung wird die Verbindlichkeit zu einem eigenkapitalähnlichen Sonderposten.

(Darlehensförderung und Eigenmittelförderung werden hier nicht behandelt!)

Verkauf von geförderten Anlagegütern

Beispiel

Verkauf eines Röntgengerätes (Anfangsbestand 10.000,-- €) am 1.7., Jahres-AfA 8.000 €, Verkaufspreis 12.000 € per Banküberweisung

(**Buchung:** Buchungsvorgabe = Buchung im System)

Abschreibung:
    761 Abschreibung auf Sachanlagen 4.000 €
        an 070 Einrichtung u. Ausstattung 4.000 €
    22 Sonderposten aus Fördermitteln nach KHG 4.000 €
        an 490 Erträge a. d. Auflösung von Sonderp. nach dem KHG 4.000 €

Banküberweisung:
    13 Guthaben bei Kreditinstituten 12.000 €
        an 52 Erträge aus Anlagenabgängen 12.000 €

Ausbuchung:
    791 Aufwendungen aus Anlageabgängen 6.000 €
        an 070 Einrichtung u. Ausstattung 6.000 €
    22 Sonderposten aus Fördermitteln nach KHG 6.000 €
        an 490 Erträge a. d. Auflösung von Sonderp. nach dem KHG 6.000 €
    752 Zuführung der Fördermittel nach KHG zu Verbindlichk. 12.000
        an 350 Verbindlichkeiten nach dem KHG 12.000 €

Aufgaben (⮕ Lösung)

Bilden Sie die Buchungssätze zum Kauf und Verkauf von Gütern bei geförderten Institutionen (Bewilligung und Mitteleingang sind jeweils beim Kauf noch zu erfassen)

1. Kauf eines KFZ (Anschaffungskosten 50.000,-- €) am 30.01., BND 5 Jahre, (Banküberweisung).
2. Kauf einer Techn. Anlage (Anschaffungskosten 115.000,-- €) am 15.07., BND 10 Jahre (Banküberweisung).
3. Verkauf eines KFZ (Anfangsbestand 3.000,-- €) am 30.07., Jahres-AfA 2.000,-- €, Preis 5.000,-- € (Banküberweisung).

4. Verkauf einer Techn. Anlage (Anfangsbestand 15.000,-- €) am 15.09., Jahres-AfA 3.600,-- €, Preis 11.000,-- € (Banküberweisung).
5. Verkauf einer Techn. Anlage (Anfangsbestand 2.000,-- €) am 11.12., Jahres-AfA 1.900,-- €, Preis 1.500,-- € (Banküberweisung).

V. Der Jahresabschluss

Grundsätzliches zum Jahresabschluss

Hauptaufgaben der Finanzbuchhaltung sind - oben näher ausgeführt - die zeitliche und sachliche **Dokumentation** der sich in Zahlen niederschlagenden Geschäftsvorfälle, sowie die besonders aufbereitete **Information** und **Rechenschaftslegung** über den Unternehmensstand von Vermögen und Fremdkapital am Ende einer Periode, sowie über das Unternehmensergebnis.

Während die Dokumentation in Form der „reinen" Buchhaltung fortlaufend durchgeführt wird, erfolgt die Informationsaufbereitung von **Vermögen, Schulden (Fremdkapital)** und **Gesamterfolg** am Ende eines Geschäfts- oder Wirtschaftsjahres, aber auch bei der Gründung einer Unternehmung und bei der Liquidation.

Das **Geschäftsjahr** oder auch **Wirtschaftsjahr** (§ 4a EStG) ist ein **zwölfmonatiger Zeitraum**, nach dem ein **Abschluss** zu erfolgen hat. Im Gesundheitswesen bestimmen Krankenhaus-Buchführungsverordnung „KHBV" und Pflege-Buchführungsverordnung „PBV" die Übereinstimmung zwischen Geschäftsjahr und Kalenderjahr. Wird ein Betrieb eröffnet, erworben, aufgegeben, veräußert oder bei den o.a. Vollkaufleuten umgelegt, entsteht ein Rumpfwirtschaftsjahr über einen kürzeren Zeitraum.

Im Vorfeld der Informationsaufbereitung hat der Kaufmann nach den gesetzlichen Bestimmungen (§ 240 HGB, § 140f. AO) sein Vermögen und seine Schulden zu den o.a. Terminen durch eine **Inventur** festzustellen, zu bewerten und im **Inventar** darzustellen. Hierbei sind jedoch nur die zum notwendigen und gewillkürten Betriebsvermögen (Gesamt- oder Unternehmensvermögen) gehörigen Vermögenswerte und Fremdkapitalien zu erfassen.

Im Rahmen des Jahresabschlusses haben geförderte Krankenhäuser und Pflegeeinrichtungen nach § 4 KHBV und PBV neben dem Inventar eine Bilanz und eine Gewinn- und Verlustrechnung aufzustellen. Ergänzt werden diese um einen Anhang mit einem Anlagennachweis und - bei Pflegeeinrichtungen – einem Förderungsnachweis. Das HGB verlangt bei Kapitalgesellschaften zusätzlich einen Lagebericht (§ 264 HGB).

Der Jahresabschluss

Die Informationsunterlagen sind hauptsächlich Auskunftsmittel für Externe über externe Unternehmensbeziehungen, z.B. für Kostenträger, für Aktionäre, für die Öffentlichkeit oder für Gläubiger bezüglich der Kreditwürdigkeit.

Alle Informationen sind aus diesem Grunde so aufzubereiten, dass sich ein sachverständiger Dritter (§ 238(1) HGB, § 145(1) AO) innerhalb einer angemessenen Zeit einen Überblick über die Geschäftsvorfälle und über die Lage des Unternehmens verschaffen kann.

Wie schon an den zahlreichen Gesetzeshinweisen erkenntlich, muss diese Informationsaufgabe deshalb sehr stark gesetzlich reglementiert sein.

Diese Vorschriften werden ergänzt um Vorschriften bezüglich der speziellen Darstellungsweisen des Jahresabschlusses. Es wird weiter beschrieben, welche Positionen jeweils in der Bilanz oder Gewinn- und Verlustrechnung anzusetzen sind (**Ansatzvorschriften**). Hierbei wird auch das Prinzip der **periodengerechten Gewinnermittlung** verfolgt, das heißt, dass Erfolge ihren Entstehensperioden verursachungsgemäß zuzurechnen sind. Einen hohen Stellenwert nehmen weiter die Werte (**Bewertungsvorschriften**) der Vermögensgüter und Schulden ein.

Da - wie oben dargestellt - die Dokumentation alle Geschäftsvorfälle umfasst, die sich in Zahlen niederschlagen. müssen sich auch diese aus der Informationsaufgabe ergebenden Anpassungen entsprechend in der Dokumentation, der „reinen" Buchhaltung, niederschlagen.

Jahr	aufgrund Inventur		Buchführung
1. Jahr	Eröffnungsbilanz ↓ Schlussbilanz	┈┈┈▶ *) ⇒	EBK (Spiegelbild der EB) ↓ SBK
	↓		↓
ab: 2. Jahr	Eröffnungsbilanz ↓ Schlussbilanz	*) = ▶	EBK (Spiegelbild des SBK) ↓ SBK

*) Übereinstimmung nach Berücksichtigung von Jahresabschlussbuchungen.

Vorbereitende Jahresabschlussbuchungen - Jahresabschlussbuchungen

Im Zusammenhang mit dem Jahresabschluss fallen **vorbereitende Jahresabschlussbuchungen** und **Jahresabschlussbuchungen** an. Letztere sind gekennzeichnet durch die Saldenbildung auf den Konten, die je nach Kontenart ans Gewinn- und Verlustkonto oder ans Schlussbilanzkonto gegengebucht werden (sachliche Dokumentation). Jeder dieser Vorfälle wird ebenfalls im Journal erfasst (zeitliche Dokumentation).

Bei den vorbereitenden Jahresabschlussbuchungen kann man drei Arten unterscheiden:
- Buchungen der periodengerechten Gewinnermittlungen,
- Buchungen aufgrund von Netto-, Unterkonten- oder Nebenkontenabschlüssen,
- Korrekturbuchungen.

Im Rahmen der **periodengerechten Gewinnermittlung** fallen z.B. die folgenden Buchungen an:
- Abschreibungen (Wertminderungen) und Aufwertungen (Werterhöhungen),
- Bestandsveränderungen aufgrund der Patienten, die am Periodenende noch in Behandlung sind, sowie an Sachgütern (Medikamente, Lebensmittel u.a.)
- Bildung von Rückstellungen und steuerfreien Rücklagen,
- transitorische und antizipative Abgrenzungen.

Beispiele für **Netto-**, **Unterkonten-** oder **Nebenkontenabschlüsse** sind:
- Ermittlung und Buchung der Umsatzsteuerzahllast oder Abschluss der Vorratskonten über die entsprechenden Vorratsaufwandskonten,
- Abschluss der Privatkonten, der Bezugskosten, der Preis- oder Erlösschmälerungen,
- Abschluss der Nebenkonten (im Kontokorrentbereich) bei eigenständiger Buchungen auf den Nebenkonten als Unterkonten der jeweiligen Sachkonten.

Als **Korrekturbuchungen** sind beispielhaft zu nennen:
- Ausgleichsbuchungen zwischen Bilanz- und Buchwerten (diese können auch der Gruppe der periodengerechten Gewinnermittlung zugerechnet werden),
- Stornierung von Falschbuchungen,
- Ergänzung fehlender Buchungen.

VI. Buchungsschwerpunkte zum Jahresschluss

1. Die zeitliche Abgrenzung

1.1. Wesen der zeitlichen Abgrenzung

Die zeitliche Abgrenzung dient der **periodengerechten Gewinnermittlung**. **Erträge** als Wert aller erbrachten Leistungen pro **Periode** und **Aufwendungen** als Wertverzehr aller Güter und Dienstleistungen pro **Periode** werden **dem** Wirtschaftsjahr verursachungsgerecht zugerechnet, in das sie wirtschaftlich gehören. Erfolgs- und Zahlungsvorgänge werden getrennt.

1.2. Die transitorische Abgrenzung

Die transitorische Abgrenzung wird erforderlich, wenn Einzahlungen und Auszahlungen des **laufenden** Wirtschaftsjahres sich im **folgenden** Wirtschaftsjahr als Ertrag oder Aufwand auswirken. Beträge müssen, evtl. nach den einzelnen Wirtschaftsjahren differenziert, als **Erträge** des neuen Jahres über das Bestandskonto „**passive Rechnungsabgrenzungsposten**" § 250(2) HGB und als **Aufwendungen** des neuen Jahres über das Bestandskonto „**aktive Rechnungsabgrenzungsposten**" § 250(1) HGB am Ende des Wirtschaftsjahres abgegrenzt werden. Würde die Abgrenzung nicht erfolgen, würde der Gewinn durch **periodenfremde Erträge oder Aufwendungen** verfälscht werden.

Beispiel

Ein Mieter überweist uns 6.000,-- € Miete für den Zeitraum vom 01.10.n_1 (dieses Jahr) bis 30.09.n_2 (nächstes Jahr) am 30.09.n_1.

Die Buchung am 30.09.n_1 lautet:

Bank 6.000,-- €
an Mieterträge 6.000,-- €

Wenn diese Buchung so beibehalten wird, so bedeutet das, dass in n_1 Erträge gebucht werden, die erst n_2 beeinflussen dürfen. Um dieses zu vermeiden, muss der Anteil der Mieterträge errechnet werden, der n_1 und der n_2 angehört:

Jahr n_1: 01.10. - 31.12. = 3 Monate; Jahr n_2: 01.01. - 30.09. = 9 Monate

6.000,-- €÷12 Monate = 500,-- € pro Monat
Jahr n_1: 500,-- €×3 Monate = 1.500,-- €;
Jahr n_2: 500,-- €×9 Monate = 4.500,-- €

Der Ertrag des Jahres n_2, muss nun buchungstechnisch über das „**SBK und EBK**" in das Jahr n_2 übertragen werden.
Dazu bedient man sich der o.a. **Rechnungsabgrenzungsposten**. In diesem Falle handelt es sich um einen Ertrag. Man nimmt dazu den „**passiven Rechnungsabgrenzungsposten (passive RAP)**". Die Buchungen lauten:

Bei Zahlungseingang im Jahr n_1:

    1. Bank 6.000,-- €
                          an Mieterträge 6.000,-- €

Am Jahresschluss:

    2. Mieterträge 4.500,-- €
                          an passive RAP 4.500,-- €

    3. passive RAP 4.500,-- €
                          an SBK 4.500,-- €

    4. Mieterträge 1.500,-- €
                          an GuV 1.500,-- €

Jahr n_2:

    1. EBK 4.500,-- €
                          an passive RAP 4.500,-- €

    2. passive RAP 4.500,-- €
                          an Mieterträge 4.500,-- €

Somit ist sichergestellt, dass der ins nächste Jahr gehörende Ertrag auf dem entsprechendem Konto im nächsten Jahr wieder erscheint.

Beispiel

Wir überweisen die Kfz-Steuer in Höhe von 1.200,-- € für den Zeitraum vom 01.04.n_1 bis 31.03.n_2 am 30.03.n_1.

Buchung:

    Kfz-Steuer 1.200,-- €
                          an Bank 1.200,-- €

Würde nur diese Buchung durchgeführt werden, würden für das Jahr n_1 Aufwendungen gebucht, die erst das Jahr n_2 betreffen.
Um dieses zu verhindern, bedient man sich wiederum der Rechnungsabgrenzungsposten. Da es sich in diesem Falle um einen Aufwand handelt, nimmt man dazu den „**aktiven Rechungsabgrenzungsposten (aktive RAP)**". Die Buchungen lauten nach anteiliger Aufwandsaufteilung:

Bei Zahlung im Jahr n_1:

    1. Kfz-Steuer 1.200,-- €
                          an Bank 1.200,-- €

    2. aktive RAP 300,-- €
                          an Kfz-Steuer 300,-- €

    3. SBK 300,-- €
                          an aktive RAP 300,-- €

    4. GuV 900,-- €
                          an Kfz-Steuer 900,-- €

Jahr n_2:

    1. aktive RAP 300,-- €
                          an EBK 300,-- €

    2. Kfz-Steuer 300,-- €
                          an aktive RAP 300,-- €

Somit sind die anteiligen Kosten für das Jahr n_2 auch auf dem Aufwandskonto in dem Jahr n_2 erfasst.

In **kleineren Betrieben** wird aus organisatorischen Gründen die Abgrenzung auch schon während der Zahlungsbuchung mit durchgeführt.

    a) Bank 6.000,-- €
                          an Mieterträge 1.500,-- €
                          an passive RAP 4.500,-- €

    b) Kfz-Steuer 900,-- €
       aktive RAP 300,-- €
                          an Bank 1.200,-- €

Die Abschluss- und Eröffnungsbuchungen unterscheiden sich nicht von den o.a. Buchungen.

1.3. Die antizipative Abgrenzung

Die antizipative Abgrenzung wird erforderlich, wenn sich Ein- oder Auszahlungen im Folgejahr noch im alten Geschäftsjahr als Ertrag oder Aufwand auswirken müssen. Beträge müssen dann, evtl. nach den Wirtschaftsjahren differenziert, als das alte Jahr betreffende Aufwendungen auf dem Bestandskonto „**sonstige Verbindlichkeiten**" und das alte Jahr betreffende Erträge auf dem Bestandskonto „**sonstige Forderungen**" („sonstige Vermögensgegenstände"), im **vorherigen** Wirtschaftsjahr gebucht werden.

Beispiel

Ein Mieter überweist uns 6.000,-- € Miete für den Zeitraum vom 01.10.n_1 bis 30.09.n_2 am 01.10.n_2.

Wenn nun das Jahr n_1 abgeschlossen wird, muss die anteilige Miete für n_1 bereits gebucht werden, der Zahlungseingang ist aber erst am 01.10.n_2. Buchungstechnisch geschieht dieses wie folgt:

Jahr n_1:

1. sonstige Forderungen 1.500,-- €
    an Mieterträge 1.500,-- €

2. SBK 1.500,-- €
    an sonstige Forderungen 1.500,-- €

3. Mieterträge 1.500,-- €
    an GuV 1.500,-- €

Jahr n_2:

1. sonstige Forderungen 1.500,-- €
    an EBK 1.500,-- €

01.10.n_2:

2. Bank 6.000,-- €
    an sonstige Forderungen 1.500,-- €
    an Mieterträge 4.500,-- €

Somit ist der Ertrag richtig auf die Entstehungszeiträume verteilt und verfälscht den Gewinn nicht.

Gleichermaßen wird bei Aufwendungen verfahren, nur dass anstatt des Kontos „sonst. Forderungen" das Konto „**sonstige Verbindlichkeiten**" verwendet wird.

Beispiel

Wir überweisen die Zinsen in Höhe von 1.200,-- € für den Zeitraum vom 01.04.n_1 bis 31.03.n_2 am 31.03.n_2.

Wenn nun das Jahr n_1 abgeschlossen wird, müssen die anteiligen Zinsen für n_1 schon gebucht werden, die Überweisung findet aber erst in n_2 statt. Buchungstechnisch wird wie folgt verfahren:

Jahr n_1:

    1. Zinsaufwendungen 900,-- €
        an sonstige Verbindlichkeiten 900,-- €

    2. Sonstige Verbindlichkeiten 900,-- €
        an SBK 900,-- €

    3. GuV 900,-- €
        an Zinsaufwendungen 900,-- €

Jahr n_2:

    1. EBK 900,-- €
        an sonstige Verbindlichkeiten 900,-- €

31.03.n_2:

    2. Sonstige Verbindlichkeiten 900,-- €
       Zinsaufwendungen 300,-- €
        an Bank 1.200,-- €

Somit ist der Aufwand richtig auf die Entstehungszeiträume verteilt und verfälscht den Gewinn nicht.

1.4. Abgrenzung der Vorsteuer und der Umsatzsteuer

Zur Zeit wird das Entgelt einer Leistung als Bemessungsgrundlage mit einem allgemeinen Steuersatz von 16 % (ab April 1998) oder ermäßigten Steuersätzen - der allgemein ermäßigte Steuersatz bei Lebensmitteln, Kulturgütern etc. beträgt 7 % - besteuert.

Hinweis: Der Einfachheit halber wird die Umsatzsteuer in diesem Buch immer mit einem Steuersatz von 10 % ermittelt.

a) Vorsteuer

Für die **Vorsteuer** gilt weiterhin, dass sie bei Rechnungseingang bzw. bei Zahlung mit entsprechendem Beleg abziehbar ist.

Transitorische Abgrenzung

Rechnungseingang und Zahlung sind im alten Jahr, der Aufwand betrifft das neue Jahr. Die Vorsteuer kann also im **alten Jahr** berücksichtigt werden.

Beispiel: Mietaufwand für Anlagen 1.000,-- €
VSt 100,-- €
an Bank 1.100,-- €

aktive RAP 1.000,-- €
an Mietaufwand für Anlagen 1.000,-- €

Antizipative Abgrenzung

Der Aufwand betrifft das alte Jahr, Rechnungseingang und Zahlung sind im neuen Jahr. Die Vorsteuer betrifft also **das neue Jahr**. Um die richtige Verbindlichkeitshöhe zu buchen, wird eine „**Vorsteuerabgrenzung**" berücksichtigt.

Beispiel: Provisionsaufwand 1.000,-- €
noch zu berichtigende VSt 100,-- €
an sonstige Verbindlichkeiten 1.100,-- €

(im neuen Jahr) sonstige Verbindlichkeiten 1.100,-- €
an Bank (im neuen Jahr) 1.100,-- €

VSt 100,-- €
an noch zu berichtigende VSt 100,-- €

b) Umsatzsteuer

Die **Umsatzsteuer** fällt weiterhin grundsätzlich mit der entsprechenden Leistung an.

Transitorische Abgrenzung

Hier fällt die Zahlung des Geschäftspartners in das alte Jahr, die umsatzsteuerliche Leistung mit dem Ertrag aber **ins neue Jahr**.

Der Abgrenzungsbetrag entspricht somit einer **Vorauszahlung**. Bei Vorauszahlungen bzw. Anzahlungen muss aber ab 1994 die Umsatzsteuer in der Rechnung gesondert ausgewiesen werden. Die Umsatzsteuer ist dann mit dem **Ende des Monats der Rechnungserteilung bzw. mit dem Ende des Vorauszahlungsmonats der Zahlung** fällig.

Beispiel:

	Bank 1.100,-- €
	an Mieterträge für Anlagen 1.000,-- €
	an USt 100,-- €
	Mieterträge für Anlagen 1.000,-- €
	an passive RAP 1.000,-- €
(im neuen Jahr)	passive RAP 1.000,-- €
	an Mieterträge für Anlagen 1.000,-- €

Antizipative Abgrenzung

Fällt der Ertrag und die erbrachte Leistung ins alte Jahr, die Zahlung des Geschäftspartners aber ins neue Jahr, so ist die Umsatzsteuer **im alten Jahr** zu zahlen.

Beispiel:

	sonstige Forderung 1.100,-- €
	an Provisionserträge 1.000,-- €
	an USt 100,-- €
(im neuen Jahr)	Bank 1.100,-- €
	an sonstige Forderung 1.100,-- €

Anmerkung zur EDV-Anwendung

Bei der Erfolgsabgrenzung von Konten mit festen Steuerschlüsseln ist darauf zu achten, dass die Abgrenzung erst in Bruttohöhe (einschl. der Steuer) vorgenommen wird. Anschließend ist folgendermaßen zu verfahren:

- Die fälschlicherweise automatisch korrigierte Vorsteuer bei der aktiven Rechnungsabgrenzung ist mit einer Gegenbuchung über das Abgrenzungskonto zu berichtigen.

- Die automatisch berechnete Vorsteuer bei einer sonstigen Verbindlichkeit ist über das Konto „zu berichtigende VSt" aufzulösen.

- Die Abgrenzung in Höhe des Steuerbetrages ist bei einer passiven Rechnungsabgrenzung über das Konto „Umsatzsteuer" zu korrigieren.

Zum Jahresbeginn sind die o.a. Buchungen einschließlich der Abgrenzung in Höhe des Bruttobetrages wieder spiegelbildlich vorzunehmen.

1.5. Disagio/Damnum

Ist der Rückzahlungsbetrag einer Schuld höher als der Ausgabebetrag, so **kann** die **Differenz**, das Damnum, Disagio oder Agio, als „aktiver Rechnungsabgrenzungsposten" erfasst werden (§ 250(3) HGB). Die genaue Bewertung wird später näher erläutert (Bewertung der transitorischen Abgrenzungen).
Bei Kapitalgesellschaften **muss** gemäß § 268(6) HGB diese Differenz bei gewähltem Ausweis unter den „aktiven Rechnungsabgrenzungsposten" **gesondert** ausgewiesen werden oder im Anhang erläutert werden.

1.6. Höherer Steueraufwand aufgrund eines höheren steuerlichen Gewinns (latente Steuern)

Ist der früheren Geschäftsjahren zuzurechnende Steueraufwand zu hoch, weil der steuerliche Gewinn höher ist als der handelsrechtliche, und gleicht sich der Steueraufwand in den Folgejahren voraussichtlich aus, so **darf** von Kapitalgesellschaften gemäß § 274(2) HGB ein „aktiver Rechnungsabgrenzungsposten" **gesondert** ausgewiesen werden. Er ist zusätzlich im Anhang zu erläutern.
Ursachen können sein: niedrigere Herstellungskosten in der Handelsbilanz, unterschiedliche Abschreibungsverfahren, in der Steuerbilanz nicht anerkannte Rückstellungen, nicht aktivierter Firmenwert in der Handelsbilanz.

1.7. Zusammenfassung

Betreffende Aufwandsposten	
Vor dem Bilanzstichtag gezahlt:	Am Bilanzstichtag noch zu zahlen:
Im alten Jahr Auszahlung Im neuen Jahr Aufwand = **aktive RAP** transitorisch	Im alten Jahr Aufwand Im neuen Jahr Auszahlung = **sonstige Verbindlichkeit** antizipativ

Betreffende Ertragsposten	
Vor dem Bilanzstichtag erhalten:	Am Bilanzstichtag noch zu erhalten:
Im alten Jahr Einzahlung Im neuen Jahr Ertrag = **passive RAP** **transitorisch**	Im alten Jahr Ertrag Im neuen Jahr Einzahlung = **sonstige Forderung** **antizipativ**

Aufgaben (⮕ Lösung)

Bilden Sie die Buchungssätze im alten und neuen Jahr!

1. Vertreterprovision 5.000,-- € für Dezember wird im Januar per Bank bezahlt.
2. Wir erhalten die Miete für Maschinen am 31.01. in Höhe von 6.000,-- € für Dezember und Januar.
3. Wir erhalten eine Provision in Höhe von 10.000,-- € für Vermittlung im Dezember erst im Januar.
4. Wir zahlen Gebäudemiete für Januar am 31.12. in Höhe von 5.000,-- €.
5. Wir zahlen Maschinenmiete für Dezember und Januar in Höhe von 8.000,-- € im Dezember.
6. Wir erhalten Maschinenmiete für Januar in Höhe von 5.000,-- € im Dezember.
7. Wir zahlen Vertreterprovision in Höhe von 5.000,-- € für Januar im Dezember.
8. Wir zahlen Maschinenmiete in Höhe von 9.000,-- € für Januar im Dezember.
9. Wir erhalten Provision in Höhe von 5.000,-- € für Januar im Dezember.
10. Wir erhalten die Maschinenmiete in Höhe von 8.000,-- € für Dezember und Januar im Dezember.

Anmerkung: Alle Beträge sind **netto** aufgeführt!

2. Die Rückstellungen
2.1 Begriff der Rückstellungen

Rückstellungen sind Passivposten der Bilanz, erkennbare wahrscheinliche Verbindlichkeiten, für Aufwendungen, die wirtschaftlich das **alte Jahr** betreffen.

§ 249 HGB nennt unter dem Begriff der Rückstellungen:

1. Ungewisse Verbindlichkeiten

Die Voraussetzungen für ungewisse Verbindlichkeiten sind:
a) eine Verpflichtung gegenüber Dritten,
b) die Fälligkeit und/oder Höhe sind noch ungewiss.

Weitere Voraussetzungen sind unter dem „Begriff der Rückstellungen" genannt. Beispiele sind:
- zu erwartende Steuernachzahlungen,
- Prozesskosten,
- Inanspruchnahme aus Bürgschaften,
- rechtliche Garantieverpflichtungen.

2. Drohende Verluste aus schwebenden Geschäften

Hier handelt es sich um ein zweiseitig verpflichtendes Rechtsgeschäft im Zeitpunkt des Vertrages (noch nicht erfülltes Rechtsgeschäft), wo voraussichtlich die eigene Leistung die Gegenleistung übersteigen wird.

3. Steuerrückstellungen für latente Steuern

Von den Kapitalgesellschaften werden gemäß § 274(1) HGB Rückstellungen im Sinne des § 249(1) S.1 HGB verlangt für Steuern, die augenblicklich oder in den Vorjahren auf niedrigere steuerliche Gewinne gegenüber den handelsrechtlichen Gewinnen zurückzuführen sind. Hierbei muss es sich jedoch um eine voraussichtliche Anpassung der Steuerwerte an die Handelsbilanzwerte über mehrere Geschäftsjahre hinweg handeln.
Durch den niedrigeren steuerlichen Gewinn ergibt sich vorerst eine niedrigere Steuer als nach dem handelsrechtliche Gewinn berechnet.
Ursachen können sein: eine Aktivierung der Ingangsetzungskosten in der Handelsbilanz.

4. Im Geschäftsjahr unterlassene Aufwendungen für Instandhaltung oder für Abraumbeseitigung

a) Diese Aufwendungen müssen **für Instandhaltung** innerhalb der ersten drei Monate des folgenden Geschäftsjahres oder für **Abraumbeseitigung** im folgenden Geschäftsjahr nachgeholt werden.

b) Diese im Geschäftsjahr unterlassenen Aufwendungen für **Instandhaltung** werden im folgenden Geschäftsjahr nach Ablauf der ersten drei Monate nachgeholt.

5. Gewährleistungen ohne rechtliche Verpflichtungen

Hierbei handelt es sich um Gewährleistungen, die ohne gesetzliche oder vertragliche Verpflichtungen erbracht werden (Kulanzleistungen).

6. Rückstellungen für genau umschriebene Aufwendungen

Für genau umschriebene Aufwendungen, die dem Geschäftsjahr oder früheren Geschäftsjahren zuzuordnen sind, und die am Stichtag in ihrer Begründung wahrscheinlich oder sicher sind, aber noch nicht aufgrund ihrer Höhe oder ihres Eintritts, dürfen Rückstellungen gebildet werden.
Diese Rückstellungen müssen genau in ihrer Eigenart unterschieden sein. Es handelt sich im Grunde um Stilllegungs-, Abbruch- und Entfernungskosten etc.

7. Pensionsrückstellungen und Rückstellungen für Jubiläumsaufwendungen

Pensionsrückstellungen für **laufende** Pensionen und **Anwartschaften** auf Pensionen sind im neuen HGB nicht mehr eigens benannt. Sie werden den ungewissen Verbindlichkeiten zugerechnet.
Steuerrechtlich werden sie nur anerkannt, wenn Basis der Vereinbarungen eine vertragliche Verpflichtung, Betriebsvereinbarung, Besoldungsordnung oder ein Tarifvertrag ist.
Unter gleichen Voraussetzungen kann eine Rückstellung für Jubiläumsaufwendungen (5(4) EStG) für Arbeitnehmer mit mindestens zehnjähriger Betriebszugehörigkeit frühestens zum fünfzehnjährigen Dienstjubiläum gebildet werden, wenn die Anwartschaft nach dem 31.12.92 erworben wurde.

2.2. Bilanzierung der Rückstellungen

Handelsrechtlich müssen die Rückstellungen für ungewisse Verbindlichkeiten, drohende Verluste aus schwebenden Geschäften, unterlassene Aufwendungen für Instandhaltung (Position 4a im Kapitel 2.1.) bzw. Abraumbeseitigung und für Kulanzleistungen vorgenommen werden (einschl. der Pensionsrückstellungen). Für die Positionen 4b und 6 besteht ein Ansatzwahlrecht.

Steuerrückstellungen müssen ebenfalls von Kapitalgesellschaften gebildet werden. Sie sind gesondert auszuweisen und in der Bilanz oder im Anhang zu erläutern.

Weiter haben Kapitalgesellschaften gemäß § 266(3) HGB die Rückstellungen in die Gruppen
 - Rückstellungen für Pensionen und ähnliche Verpflichtungen,
 - Steuerrückstellungen,
 - sonstige Rückstellungen
zu gliedern. Unter der letzten Position sind die Rückstellungen gesondert auszuweisen oder im Anhang zu erläutern (§ 285 Ziff. 12 HGB).

Steuerrechtlich müssen die Rückstellungen der Positionen 1, 4a, 5 und 6 ebenfalls gebildet werden. Pensionsrückstellungen können grundsätzlich gebildet werden (§ 6a EStG); es ist hier jedoch der „Muss-Ansatz" der Handelsbilanz bei Gewerbetreibenden maßgebend. Rückstellungen der Positionen 2, 3, und 4b dürfen nicht gebildet werden. Rückstellungen dürfen auch nicht für die Anschaffungs- oder Herstellungskosten zukünftiger Güter gebildet werden.

2.3. Bildung und Auflösung der Rückstellungen

Rückstellungen können nur im Jahr der Entstehung gebildet werden, wobei sich die Höhe der gebildeten Rückstellungen aus geschätzten Beträgen aufgrund kaufmännischer Beurteilung ergibt.
Steuerrechtlich sind bei gleichartigen Verpflichtungen die Erfahrungen der Vergangenheit (Teilinanspruchnahme) zu berücksichtigen. Rückstellungen für Sachleistungen sind mit Einzelkosten und einem angemessenen Teil Gemeinkosten zu bewerten. Wie Verbindlichkeiten sind sie als Verpflichtungen mit einer Restlaufzeit von mehr als 12 Monaten abzuzinsen. Voraussichtliche Einnahmen in Zusammenhang mit der Erfüllung einer ungewissen Verpflichtung sind ebenfalls rückstellungsmindernd zu berücksichtigen.

Wenn bei einer späteren Inanspruchnahme verrechenbare Vorsteuer anfällt, kann diese bei der Bildung der Rückstellung nicht berücksichtigt werden, da noch keine Rechnung oder Zahlung vorliegt.

Es handelt sich bei Rückstellungen um geschätzte Beträge. Deshalb sind bei der Auflösung eventuell entstehende Differenzen zwischen geschätztem und tatsächlichem Betrag als weiterer Aufwand bzw. in der Gruppe der „sonstigen betrieblichen Erträge" zu buchen. Die Auflösung der Rückstellungen erfolgt, wenn sie ihren Zweck erfüllt haben, das heißt, wenn die Zahlungen geleistet werden, oder wenn die Zahlungen nicht mehr geleistet werden müssen.

Beispiel

Kunde W. hat gegen uns einen Prozess angestrebt. Voraussichtlich werden wir verlieren und ca. 2.000,-- € Gerichtskosten zahlen müssen.

Buchung:

Prozesskosten 2.000,-- €
an Rückstell. f. Prozesskosten 2.000,-- €

Buchung bei Auflösung:

1. Tatsächliche Prozesskosten 2.000,-- €

Rückstell. für Prozesskosten 2.000,-- €
an Bank 2.000,-- €

2. Tatsächliche Prozesskosten 3.000,-- €

Rückstell. für Prozesskosten 2.000,-- €
Prozesskosten[*] 1.000,-- €
an Bank 3.000,-- €

3. Tatsächliche Prozesskosten 1.000,-- €

Rückstell. für Prozesskosten 2.000,-- €
an Bank 1.000,-- €
an sonst. betriebl. Erträge[*] 1.000,-- €

[*] früher bzw. noch bei Einzelunternehmen und Personengesellschaften möglich: a.o. Aufwand oder a.o. Ertrag.

Anmerkung zur EDV-Anwendung

Bei der Rückstellungsbildung auf Aufwandskonten mit festen Vorsteuerschlüsseln ist darauf zu achten, dass die Rückstellung erst in Bruttohöhe (einschl. der Steuer) vorgenommen wird. Anschließend ist die automatisch berechnete Vorsteuer über das Rückstellungskonto aufzulösen.
Bei Zahlung ist die Vorsteuer dann manuell zu buchen.

Aufgaben (⊃ Lösung)

Bearbeiten Sie die Sachverhalte unter Berücksichtigung folgender Fragestellungen:

a) Welche Rückstellungen fallen an?
b) Welche Rückstellungen müssen, welche können angesetzt werden?
c) Wie lauten die Buchungssätze bei einer Kapitalgesellschaft? - Zahlungen erfolgen per Bank! Die aufgeführten Beträge sind Nettobeträge!

1. Es wird mit einer Gewerbesteuernachzahlung im nächsten Jahr in Höhe von 5.000,-- € dieses Jahr betreffend gerechnet.

2. In diesem Jahr können Instandhaltungen nicht mehr durchgeführt werden, die Höhe wird auf 6.000,-- € geschätzt.
   2.1. Die Instandhaltung wird im Februar des folgenden Jahres - wie geplant - allerdings für 7.000,-- € durchgeführt.
   2.2. Die Instandhaltung wird im Juni des folgenden Jahres - wie geplant - für 5.000,-- € durchgeführt.

3. Es wird mit einer Garantieleistung aufgrund eines Vertrages in Höhe von 4.000,-- € gerechnet. Die tatsächliche Leistung beträgt nur 3.000,-- €.

4. Wir rechnen mit einer Kulanzleistung, die wir erbringen wollen, in Höhe von 6.000,-- €. Sie wird in Höhe von 7.000,-- € fällig.

5. Es wird mit einer Vertragsstrafe vor Beginn der Leistungserstellung gerechnet. Die Strafe wird auf 10.000,-- € geschätzt. Die Leistung erfolgt jedoch pünktlich, es erfolgt keine Zahlung.

6. Der Steuerberater wird vermutlich 2.000,-- € für den ausstehenden Jahresabschluss berechnen. Er verlangt jedoch 2.500,-- €.

Buchungsschwerpunkte zum Jahresschluss

Zeitliche Abgrenzungen

Abgrenzungsart	Ertrag		Aufwand		Rückstellungen
	antizipativ	transitorisch	antizipativ	transitorisch	
Abgrenzungskonto	Sonstige Forderungen	Passive RAP	Sonstige Verbindlichkeiten	Aktive RAP	Versch. Rückst.Konten (abhängig von der Rückstellungsart)
Fälligkeit der Zahlung	Neues Wirtschaftsjahr	Altes Wirtschaftsjahr	Neues Wirtschaftsjahr	Altes Wirtschaftsjahr	Neues Wirtschaftsjahr (Termin unbestimmt)
Perioden- abgrenzung — Erfolg	Altes Wirtschaftsjahr	Neues Wirtschaftsjahr	Altes Wirtschaftsjahr	Neues Wirtschaftsjahr	Altes Wirtschaftsjahr
Perioden- abgrenzung — USt/VSt	USt-Buchung im alten Jahr	USt-Buchung im alten Jahr	VSt-Abgrenzung	USt-Buchung im alten Jahr	
Höhe der Leistung	bekannt	bekannt	bekannt	bekannt	unbekannt
Buchung im alten Wirtschaftsjahr	Sonstige Forderungen an Ertragskonto + USt	Ertragskonto an passive RAP	Aufwandskonto n. zu ber. VSt an sonstige Verbindl.	Aktive RAP an Aufwandskonto	Aufwandskonto an Rückstellungskonto
Buchungsstichtag	Bilanzstichtag	Bilanzstichtag oder Zahlungseingang	Bilanzstichtag	Bilanzstichtag oder Zahlungseingang	Zeitpunkt d. Entstehung der Schuld oder spätest. Bilanzstichtag/Schuld- entstehung
Buchung bei Auflösung der Abgrenzung		Passive RAP an Ertragskonto	VSt an n. zu ber. VSt	Aufwandskonto an aktive RAP	
Buchungsstichtag im neuen Jahr	Zahlung	Beginn des Wirtschafts- jahres	Zahlung	Beginn des Wirtschafts- jahres	
Buchung bei Zahlung	Zahlungskonto an sonstige Forderung.		Sonstige Verbindlichk. an Zahlungskonto		Rückst. = Schuld Rückstellungskonto an Zahlungskonto
					Rückst. < Schuld Rückstellungskonto + Aufwandskonto an Zahlungskonto
					Rückst. > Schuld Rückstellungskonto an Zahlungskonto + so. b. Erträge

3. Steuerfreie Rücklagen

3.1. Allgemeine Grundsätze

Nach dem § 247(3) HGB **können** steuerfreie Rücklagen als Passivposten gebildet werden, wenn sie steuerlich zulässig sind.

Diese sogenannten **steuerfreien Rücklagen** sind zweckgebundene, befristete Rücklagen, die erst bei ihrer Auflösung zu versteuern sind. Steuerrechtlich besteht hierfür ein Ansatzwahlrecht. Mit ihnen sollen steuerliche Härten oder unbefriedigende wirtschaftliche Ergebnisse abgebaut werden, oder sie dienen politischen (z.B. konjunkturpolitischen) Zwecken.

Die Rücklage wirkt sich in der Regel als **Steuerstundung** aus, kann jedoch bei Abbau des Einkommensteuertarifs zu einer echten **Steuererleichterung** führen.

Steuerfreie Rücklagen - auch benannt als Sonderposten mit Rücklagenanteil - **dürfen** handelsrechtlich **bei Einzelunternehmen und Personengesellschaften** gebildet werden, unabhängig davon, ob das Steuerrecht eine Bindung an den Handelsbilanzansatz vorsieht.

Bei **Kapitalgesellschaften** ist der Ansatz von **Sonderposten** nach § 247(3) HGB aufgrund des § 273 HGB eingeschränkt auf die steuerfreien Rücklagen, für die das Steuerrecht einen handelsrechtlichen Ansatz voraussetzt (z.B. Zuschussrücklage, Ersatzbeschaffungsrücklage, Ansparabschreibungs-Rücklage, Re-Investitionsrücklage). Daneben dürfen aber auch die sich ergebenden Wertdifferenzen aus steuerlichen Sonderabschreibungen und den Werten aufgrund handelsrechtlich erlaubter Abschreibungen als Sonderposten ausgewiesen werden (einzige **indirekte** Wertberichtigungsmöglichkeit bei Kapitalgesellschaften). Die entsprechenden Aufwandsbuchungen sind unter dem Posten „sonstige betriebliche Aufwendungen" gesondert auszuweisen oder im Anhang zu erläutern.

Soweit staatliche Förderungen im Gesundheitswesen vorliegen, oder die Unternehmen gemeinnützig bzw. mildtätig tätig sind, sind steuerfreie Rücklagen nicht von Bedeutung. Entsprechende Förderungen aber werden - wie im Kapitel „Anlagevermögen und planmäßige Abschreibungen" näher erläutert - ebenfalls als Eigenkapital „Sonderposten ..." behandelt.) Interessant wird das Thema jedoch im Zusammenhang mit Wirtschaftsbetrieben und den hierauf entfallenden Gewinnsteuern - siehe Kapitel „Steuern".

Folgende steuerfreie Rücklagen zeigen einige wichtige Rücklagenmöglichkeiten auf. Weitere werden anschließend noch beispielhaft genannt.

3.2. Die Zuschussrücklage (Abschn. 34 EStR)

Bei Erteilung eines Zuschusses aus öffentlichen und privaten Mitteln zur Anschaffung oder Herstellung eines Wirtschaftsgutes kann dieser entweder **in der Kontengruppe der sonstigen betrieblichen Erträge (früher bzw. noch bei Einzelunternehmen und Personengesellschaften möglich: a.o. Ertrag)** oder als **„Zuschussrücklage"** gebucht werden.

Buchungen:	Finanzkonto	an sonstige betriebliche Erträge
	oder	
	Finanzkonto	an Zuschussrücklage

Bei Anschaffung des Wirtschaftsgutes muss dann jedoch die Rücklage durch Verrechnung mit dem Anschaffungspreis aufgelöst werden.

Buchungen:	Maschinen* und Vorsteuer	an Finanzkonto
	Zuschussrücklage	an Maschinen

* Das Konto wird bei **EDV-Buchführung mit automatischer Vorsteuerberücksichtigung** wegen unterschiedlicher Buchungen (ohne Vorsteuer / mit Vorsteuer) bei steuerpflichtigen Vorfällen durch ein entsprechendes Ausgabenunterkonto ersetzt.

Da die Abschreibung für die Abnutzung immer von den Anschaffungs- oder Herstellungskosten (Preis - Zuschussrücklage) vorzunehmen ist, wird sie nach der Rücklagenbuchung geringer als im Falle des sonstigen betrieblichen Ertrages. Durch diesen geringeren Aufwand (Werteverzehr) wird dann in den Folgejahren der **Gewinn entsprechend höher.**

Wird das bezuschusste Wirtschaftsgut nicht **spätestens im folgenden Wirtschaftsjahr** gekauft, muss die Rücklage über die Gruppe der „sonstigen betrieblichen Erträge" aufgelöst werden.

Aufgabe (◌ Lösung)

Herr S. erhält einen Zuschuss zu einem Maschinenkauf von 8.000,-- €. Der Anschaffungspreis der Maschine beträgt netto 20.000,-- €. Die Maschine ist in fünf Jahren abzuschreiben.
Buchen Sie nach beiden Möglichkeiten einschließlich der Abschreibung!

3.3. Rücklagen für Ersatzbeschaffung und Re-Investition
3.3.1. Die Rücklage für Ersatzbeschaffung (Abschn. 35 EStR)

Die Rücklage für Ersatzbeschaffung darf für Wirtschaftsgüter angesetzt werden, die **aufgrund höherer Gewalt** oder **aufgrund eines behördlichen Eingriffs** ausfallen, und bei denen eine Entschädigung bei Auflösung des Bilanzpostens **zu einem Ertrag** führt.

Von höherer Gewalt ist dann zu sprechen, wenn ein außerordentliches Ereignis bei entsprechender Sorgfalt (Nicht-Schuld) nicht verhütet werden konnte.

Die Rücklagenbildung ist auch bei Beschädigungen mit einem höheren Entschädigungsanspruch möglich.

Folgende weitere Merkmale sind zu beachten:

--- Ordnungsmäßige Buchführung ist nicht erforderlich.

--- Die Art des begünstigten Gutes sowie Zugehörigkeit zum Anlage- oder Umlaufvermögen ist nicht vorgeschrieben.

--- Die Übertragung der stillen Reserve muss auf ein Ersatzwirtschaftsgut im Zeitpunkt der Ersatzbeschaffung vorgenommen werden.

--- Bei einer Ersatzbeschaffung mit Anschaffungs- oder Herstellungspreis unter der Entschädigungshöhe ist der Teil der Rücklage übertragbar, der sich aufgrund folgender Berechnung ergibt:

$$\text{übertragbare Rücklage} = \frac{\text{Rücklage} \times \text{AK/HK des Ersatzgutes}}{\text{Entschädigung}}$$

Der Rücklagenrest ist über die Gruppe „**sonstige betriebliche Erträge**" (in o. a. Ausnahmefällen: o.a. Erträge) aufzulösen.

--- Sollte kein Ersatzgut **bis zum Ablauf des folgenden Wirtschaftsjahres** gekauft worden sein, ist die Rücklage über die Gruppe der „sonstigen betrieblichen Erträge" (in o.a. Ausnahmefällen: o.a. Erträge) aufzulösen. Bei Grundstücken und Gebäuden verlängert sich die Frist bis zum Ende des 2. folgenden Wirtschaftsjahres. Bei nicht ernstlicher Planung einer Ersatzbeschaffung ist die Rücklage sofort aufzulösen.

Buchungstechnisch wird die Ersatzbeschaffungsrücklage wie die Zuschussrücklage behandelt:

Beispiel

Maschinenbuchwert im Ausscheidungszeitpunkt 5.000,-- €
zugesagte Versicherungsleistung 8.000,-- €
per Scheck erhaltener Schrottwert 2.200,-- €
Anschaffungspreis des Ersatzgutes 8.000,-- €

Buchungen: 1. Sonstige Forderungen 8.000,-- €
       an Maschine 5.000,-- €
       an Rücklage f. Ersatzbeschaff. 3.000,-- €

2. Bank 2.200,-- €
       an Rückl. f. Ersatzbeschaff.* 2.000,-- €
       an Umsatzsteuer 200,-- €

anteilige Übertragung: 5.000×8.000:10.000 = 4.000 → 4.000,-- €

3. Maschine* 8.000,-- €
   Vorsteuer 800,-- €
       an sonstige Verbindlichkeiten 8.800,-- €

* Die Konten werden bei **EDV-Buchführung mit automatischer Umsatzsteuer-/Vorsteuerberücksichtigung** wegen unterschiedlicher Buchungen (ohne Umsatz-/Vorsteuer oder mit Umsatz-/Vorsteuer) bei steuerpflichtigen Vorfällen durch ein entsprechendes Einnahmen-/Ausgabenunterkonto ersetzt.

4. Rücklage f. Ersatzbeschaff. 5.000,-- €
       an Maschinen 4.000,-- €
       an sonst. betriebliche Erträge 1.000,-- €

Die Abschreibung darf jetzt nur noch von den Anschaffungskosten (Preis - Rücklage) in Höhe von 4.000,-- € vorgenommen werden.

Aufgaben (⇨ Lösung)

1. Eine Maschine, deren Anschaffungskosten 24.000,-- € betragen haben (BND: sechs Jahre), scheidet am 15.06. des 6. Jahres aus. Die Versicherung zahlt 8.000,-- €, der Schrottwert wird in Höhe von 880,-- € (brutto) überwiesen. Die neue Maschine kostet (brutto) 22.000,-- €. Die Abschreibung ist auf zehn Jahre vorzunehmen.

   Führen Sie die notwendigen Buchungen durch!

2. Es gilt der gleiche Sachverhalt wie in Aufgabe 1, jedoch beträgt die Versicherungssumme jetzt 30.000,-- €.

Führen Sie auch hier die notwendigen Buchungen durch!

3.3.2. Die Re-Investitionsrücklage (§ 6b EStG)

Stille Reserven aus der Veräußerung von bestimmten Wirtschaftsgütern mit einem höheren Verkaufserlös als dem Buchwert können von den Anschaffungs- oder Herstellungskosten bestimmter (unten angeführter) im gleichen Jahr angeschaffter oder hergestellter Güter abgezogen werden.

Die stille Reserve kann jedoch auch auf den augenblicklichen Buchwert eines im Vorjahr der Veräußerung angeschafften oder hergestellten bestimmten (u.a.) Wirtschaftsgutes übertragen werden.

Bei **erst späterer** Neuanschaffung oder Herstellung kann dieser Gewinn in eine neutralisierende **Rücklage** überführt werden.

Buchungstechnisch entspricht diese Rücklage der Ersatzbeschaffungsrücklage.

Übertragung und Rücklage sind jedoch an besondere Bedingungen geknüpft:

--- Eine ordnungsmäßige Buchführung gemäß **§ 4(1) oder § 5 EStG** ist erforderlich.

--- Die ausgeschiedenen Wirtschaftsgüter müssen **mindestens sechs Jahre** zum Anlagevermögen gehört haben.

--- Begünstigt sind nur bestimmte Wirtschaftsgüter aufgrund ihrer Veräußerung, und zwar:
  -- Grund und Boden,
  -- Aufwuchs bei land- und forstwirtschaftlichem Vermögen,
  -- Gebäude,

--- Die Übertragung ist jeweils wieder nur auf bestimmte Güter möglich, und zwar **grundsätzlich innerhalb der Gruppen** oder die **langfristigen Gruppen** auf **kürzerfristig dienende Gruppen**. Die Übertragung kann nur ausgeführt werden auf:
  -- Grund und Boden,
  -- Aufwuchs bei land- und forstwirtschaftlichem Vermögen,
  -- Gebäude.

--- Die Übertragung erfolgt im **Zeitpunkt der Anschaffung oder Herstellung.**

--- Sollte kein entsprechendes Wirtschaftsgut **bis zum Ablauf des vierten folgenden Wirtschaftsjahres** angeschafft worden sein, ist die Rücklage aufzulösen. Bei Gebäuden verlängert sich die Frist auf das sechste folgende Wirtschaftsjahr, wenn die Herstellung vor Ablauf des vierten Jahres begonnen wurde.
Für jedes volle Wirtschaftsjahr, in dem die Rücklage bestanden hat, ist in Höhe von 6% des aufzulösenden Betrages ein Stundungszuschlag als Ertrag ("außerhalb der Bilanz") zu berücksichtigen (Kapital an Ertrag).

--- Eine Übertragung der angefallenen stillen Reserve innerhalb der Einkunftsarten Land- und Forstwirtschaft, Gewerbebetrieb ist nicht mehr möglich.

Aufgabe (➲ Lösung)

Ein Gebäude, dessen Anschaffungskosten 1.000.000,-- € betragen, hat eine Nutzungsdauer von 33 Jahren (3%). Im 7. Jahr, am 15.06., wird das Gebäude für 900.000,-- € verkauft. Zur Rücklagenübertragung käme in Betracht:

a) Gebäudekauf (2.000.000,-- €),

b) Autokauf (30.000 €),

c) es steht kein Kauf an.

Bilden Sie - soweit möglich - die entsprechenden Buchungssätze!

3.3.3. Gegenüberstellung der Ersatzbeschaffungs- und Re-Investitionsrücklage

In den hier dargestellten steuerfreien Rücklagen wird jeweils die **aufgedeckte stille Reserve**, die eigentlich als Ertrag gebucht wird, durch die Rücklagenbildung **passiviert** und damit erfolgsneutral. Durch die verringerte Abschreibung von den Anschaffungs- oder Herstellungskosten wird dann aber der Gewinn in den Folgejahren erhöht.

Die Abgrenzung zwischen der Ersatzbeschaffungs- und Re-Investitionsrücklage lässt sich in den wichtigsten Punkten folgendermaßen darstellen:

Merkmal	Ersatzbeschaffungsrücklage	Re-Investitionsrücklage
Voraussetzung:	Keine ordnungsmäßige Buchführung erforderlich	Ordnungsmäßige Buchführung erforderlich
Begünstigte Güter:	Alle Güter des Anlage- oder Umlaufvermögens	Nur bestimmte Güter mit 6-jähriger Zugehörigkeit zum Anlagevermögen
Ausscheidungsursache:	Zwangsweise (höhere Gewalt, staatl. Eingriff)	Veräußerung
Übertragung auf:	Ersatzwirtschaftsgüter	Nur bestimmte Güter mit grundsätzlich gleicher oder kürzerer Nutzungsdauer
Übertragung im Jahr:	Der Ersatzbeschaffung	Der Anschaffung oder Herstellung
Auflösung:	Zum Ablauf des folgenden bzw. 2. Wirtschaftsjahres	Zum Ablauf des 4. bzw. 6. Wirtschaftsjahres

3.4. Die Rücklage zur Ansparabschreibung (§ 7g(3-6) EStG)

Kleine bis mittlere Unternehmen können grundsätzlich für geplante Anschaffungen oder Herstellungen von Investitionsgütern, die mindestens ein Jahr im Unternehmen bleiben, eine **Ansparabschreibung** als Aufwand in Höhe von 40% der voraussichtlichen Beschaffungskosten berücksichtigen. Die Gegenbuchung erfolgt, da noch kein Vermögenskonto berührt werden kann, auf einem **Rücklagenkonto**.

Je Betrieb ist die Höhe der Rücklagen auf maximal 154.000 € begrenzt. Erweitert wird die Ansparabschreibung bei Existenzgründungen im Jahr der Betriebseröffnung (Rücklage bis 307.000 €), wenn die Investition erst für das 3., 4. oder 5. Wirtschaftsjahr geplant ist. Lässt sich die Investition wegen der Marktentwicklung nicht durchführen, wird die Rücklage gewinnerhöhend - ohne Gewinnzuschlag - aufgelöst. (Der Begriff des Existenzgründers ist durch das Gesetz eingeschränkt!)

Folgende weitere Merkmale sind zu beachten:

--- Ordnungsmäßige Buchführung ist nicht erforderlich.

--- Es muss sich um **bewegliche** Anlagegüter handeln.

--- Die Rücklage muss im Jahr der Investition maximal in Höhe von **40% der Anschaffungs- oder Herstellungskosten des neuen Gutes** gewinnerhöhend über die Gruppe „sonstige betriebliche Erträge" aufgelöst werden.

--- Sollte kein Ersatzgut **bis zum Ablauf des zweiten folgenden Wirtschaftsjahres** gekauft worden sein, oder ist noch ein Rücklagenrest nach o.a. Berechnung vorhanden, ist die (Rest-)Rücklage über die Gruppe der „sonstigen betrieblichen Erträge" aufzulösen. In diesem Fall wird zusätzlich ein Gewinnzuschlag von 6% der aufgelösten nicht verrechnungsfähigen Rücklage für jedes Kalenderjahr als Ertrag („außerhalb der Bilanz") berücksichtigt (Kapital an Ertrag).

Durch die gewinnerhöhende Auflösung dieser Rückstellungsart ändern sich die **Anschaffungs-** oder **Herstellungskosten** des neuen Wirtschaftgutes nicht. Sie hat somit keinen Einfluss auf Abschreibungen und Sonderabschreibungen bei der Bewertung des neuen Gutes!

Buchungstechnisch wird die Ansparabschreibung wie folgt zu behandeln:

Beispiel

Erwartete Anschaffungskosten der Maschine 20.000,-- €
tatsächliche Anschaffungskosten der Maschine 30.000,-- €
Buchungen: 1. außerplanmäßige Abschreibungen 10.000,-- €
        an Rücklage zur Ansparabschreibung 10.000,-- €

2. Maschine* 30.000,-- €
   Vorsteuer 3.000,-- €
        an sonstige Verbindlichkeiten 33.000,-- €

* Die Konten werden bei **EDV-Buchführung mit automatischer Umsatzsteuer-/Vorsteuerberücksichtigung** wegen unterschiedlicher Buchungen (ohne Umsatz-/Vorsteuer oder mit Umsatz-/Vorsteuer) bei steuerpflichtigen Vorfällen durch ein entsprechendes Einnahmen-/Ausgabenunterkonto ersetzt.

    3. Rücklage zur Ansparabschreibung 10.000,-- €
       an sonstige betriebliche Erträge 10.000,-- €

Die Abschreibung wird von den Anschaffungskosten in Höhe von 30.000,-- € vorgenommen werden.

3.5. Beispiele weiterer steuerfreier Rücklagen

Weitere beispielhafte steuerfreie Rücklagen sind:
--- Rücklagen für Kapitalanlagen in Entwicklungsländern,
--- Rücklagen für Verluste ausländischer Tochtergesellschaften,
--- Rücklagen bei Überführung bestimmter Güter in ausländische Betriebe,
--- Rücklagen bei Überführung von Wirtschaftsgütern in ostdeutsche Kapitalgesellschaften,
--- Rücklagen bei Überführung von Wirtschaftsgütern in sonstige ostdeutsche Betriebe,
--- Rücklagen nach dem Städtebauförderungsgesetz.

4. Die Hauptabschlussübersicht

4.1. Die Aufgaben der Hauptabschlussübersicht

Die Hauptabschlussübersicht ist eine zusammenfassende Übersicht, die die **Entwicklung aller Bestandskonten** von der Eröffnungsbilanz bis zur Schlussbilanz und die **Entwicklung der Erfolgskonten und gemischten Konten** zur Gewinn- und Verlustrechnung zeigt. Man bezeichnet sie auch als **Abschlusstabelle** oder **Betriebsübersicht**. Im Gegensatz zur Schlussbilanz, die nur den Stand von Aktiva und Passiva des Bilanzstichtages zeigt, lässt die Hauptabschlussübersicht den Betriebsablauf des Geschäftsjahres erkennen, wie er sich in den Umsätzen der Konten widerspiegelt. Im wesentlichen hat die Hauptabschlussübersicht zwei verschiedene Aufgaben:

--- Vorbereitung des Jahresabschlusses;
--- Information des Betriebsinhabers, der Gesellschafter und sonstiger interessierter Personen, Anstalten, Unternehmen und Behörden über das abgelaufene Geschäftsjahr durch eine zusammenfassende Übersicht.

Eine vor den eigentlichen Abschlussarbeiten aufgestellte Hauptabschlussübersicht führt zu einer Überprüfung des Rechenwerks der Buchführung. Sie vermittelt darüber hinaus einen ersten Überblick über das Geschäftsergebnis und ist dadurch Grundlage für die Ausübung von Bilanzierungs- und Bewertungswahlrechten beim endgültigen Jahresabschluss.

4.2. Die Summenbilanz

Die Anfertigung einer **sechsspaltigen Hauptabschlussübersicht** beginnt mit der Summenbilanz. Darin erscheinen **alle im Laufe eines Wirtschaftsjahres geführten Konten** (auch Unterkonten) einzeln mit ihren Soll- und Habenbuchungen. Zuvor jedoch müssen alle Konten aufgerechnet werden.

Konten	Summenbilanz	
	Soll	Haben
Maschinen	50.000,--	-,--
Einrichtung	2.500,--	-,--
Forderungen aL	10.000,--	-,--
Bank	70.000,--	30.000,--
Kasse	30.000,--	2.500,--
Eigenkapital	-,--	100.000,--
Verbindlichkeiten aL	-,--	30.000,--
	162.500,--	162.500,--

Hierbei ist zu beachten, dass die Bestandskonten auch die Summen der vorgetragenen Anfangsbestände enthalten.

Oft handelt es sich bei der Hauptabschlussübersicht auch um eine **achtspaltige Übersicht**. Hier wurden, um den Aussagewert der Hauptabschlussübersicht zu erhöhen, der Summenbilanz zwei Spalten vorangestellt, in denen die Anfangsbestände gemäss Eröffnungsbilanz und die Summenzugänge getrennt ausgewiesen sind.

Konten	Eröffnungsbilanz		Summenzugänge		Summenbilanz	
	Soll	Haben	Soll	Haben	Soll	Haben
Maschinen	10.000,--	-,--	40.000,--	-,--	50.000,--	-,--
Einrichtung	2.000,--	-,--	500,--	-,--	2.500,--	-,--
Forderungen aL	3.000,--	-,--	7.000,--	-,--	10.000,--	-,--
Bank	70.000,--	-,--	-,--	30.000,--	70.000,--	30.000,--
Kasse	30.000,--	-,--	-,--	2.500,--	30.000,--	2.500,--
Eigenkapital	-,--	100.000,--	-,--	-,--	-,--	100.000,--
Verbindlichkeiten aL	-,--	15.000,--	-,--	15.000,--	-,--	30.000,--
	115.000,--	115.000,--	47.500,--	47.500,--	162.500,--	162.500,--

Die Zahlen der Summenbilanz ergeben sich für die einzelnen Konten nunmehr aus den Zahlen der Eröffnungsbilanz zuzüglich der Kontenumsätze der Periode. Demgemäss ergibt sich die Endsumme der Summenbilanz aus den Endsummen der Eröffnungsbilanz und der Summenzugänge.

Da bei der doppelten Buchführung jeder Geschäftsvorfall zweimal gebucht wird, und zwar einmal im Soll und einmal im Haben, müssen in der Summenbilanz die Summen der Sollspalte und der Habenspalte gleich groß sein.

Ist dies nicht der Fall, sind Fehler vorgekommen, die geklärt werden müssen, bevor die Hauptabschlussübersicht weiterentwickelt und der buchmäßige Jahresabschluss durchgeführt werden kann.

4.3. Die vorläufige Saldenbilanz

Wenn die Endsummen der Summenbilanz übereinstimmen, kann aus ihr die vorläufige Saldenbilanz, die auch **Saldenbilanz I** genannt wird, entwickelt werden. In ihr wird der **Überschuss der größeren Kontoseite über die kleinere Kontoseite** ausgewiesen. Ist die Sollseite größer, ergibt sich ein **Sollüberschuss (Sollsaldo)**; ist die Habenseite größer, so handelt es sich um einen **Habenüberschuss (Habensaldo)**. Für jedes einzelne Konto wird damit der **Sachkontostand** (Überschuss) vor Durchführung des Jahresabschlusses aufgezeigt.

Konten	Summenbilanz		Saldenbilanz	
	Soll	Haben	Soll	Haben
Maschinen	50.000,--	-,--	50.000,--	-,--
Einrichtung	2.500,--	-,--	2.500,--	-,--
Forderungen aL	10.000,--	-,--	10.000,--	-,--
Bank	70.000,--	30.000,--	40.000,--	-,--
Kasse	30.000,--	2.500,--	27.500,--	-,--
Eigenkapital	-,--	100.000,--	-,--	100.000,--
Verbindlichkeiten aL	-,--	30.000,--	-,--	30.000,--
	162.500,--	162.500,--	130.000,--	130.000,--

Wie in der Eröffnungsbilanz, bei den Summenzugängen und in der Summenbilanz, so müssen auch in der Saldenbilanz die Soll- und Habensummen übereinstimmen.

4.4. Die Umbuchungsbilanz

Vor Durchführung des eigentlichen Jahresabschlusses sind sehr oft vorbereitende Abschlussbuchungen erforderlich. Soll die Hauptabschlussübersicht mehr sein als eine rechnerische Überprüfung der Buchführung, vor allem eine Übersicht über das Geschäftsergebnis vermitteln, dann müssen entweder die erforderlichen Vorabschlussbuchungen auf den Konten durchgeführt sein, oder aber im Rahmen der Hauptabschlussübersicht die Umbuchungen berücksichtigt werden.

Um solche Umbuchungen in der Hauptabschlussübersicht erfassen zu können, wird in der Praxis hinter der Saldenbilanz eine **Umbuchungsbilanz** eingerichtet. Sie enthält eine Soll- und eine Habenseite und dient der Umbuchung von Konto zu Konto.

Die Hauptabschlussübersicht kann so auch die Buchungen aufnehmen, die nach Ausübung von Bewertungswahlrechten, Sonderabschreibungen und ähnlichen Vergünstigungen erforderlich sind. Für solche vorbereitenden Abschlussbuchungen seien einige Beispiele benannt:

- Abschreibungen und Zuschreibungen,
- Bestandsveränderungen aufgrund der Patienten, die am Periodenende noch in Behandlung sind, sowie an Sachgütern (Medikamente, Lebensmittel u.a.)
- Ausgleich zwischen Inventar- und Buchwerten,
- Bildung von Rückstellungen,
- transitorische und antizipative Abgrenzungen,
- Abschluss der Privatkonten,
- Abschluss der Unterkonten (z.B.: Bezugskosten, Erlösschmälerungen),
- Ermittlung der Umsatzsteuer-Zahllast,
- Bildung von steuerfreien Rücklagen,
- evtl. Abschluss von Nebenkonten (bei eigenständiger Buchung).

4.5. Die endgültige Saldenbilanz

Nach Vornahme o.a. Buchungen ergeben sich aus der Saldenbilanz I und der Umbuchungsbilanz die berichtigten Salden, die später in die Bilanz oder Gewinn- und Verlustrechnung übernommen werden müssen. Bei zahlreichen Umbuchungen empfiehlt sich jedoch zunächst die Aufstellung einer **endgültigen Saldenbilanz (Saldenbilanz II)**. Für diesen Fall enthält die Hauptabschlussübersicht die folgenden Spalten:

K	Eröffnungsbilanz		Summenzugänge		Summenbilanz		Saldenbilanz I		Umbuchungsspalte		Saldenbilanz II		Schlussbilanz		Gewinn-& Verlustrechnung	
	Aktiva	Passiva	Soll	Haben	Soll	Haben	Soll	Haben	Soll	Haben	Soll	Haben	Aktiva	Passiva	Aufw.	Ertrag

4.6. Hauptabschlussbilanz und Gewinn- und Verlustrechnung

Stimmen die Buchbestände der Bestandskonten mit den durch die Inventur festgestellten Beständen überein, können aus der Saldenbilanz II die **Schlussbilanz** (auch „Vermögensbilanz") und die **Gewinn- und Verlustrechnung** (auch „Erfolgsbilanz") entwickelt werden. Die Überschüsse der Bestandskonten gehen in die Bilanz, die Überschüsse der Erfolgskonten als Aufwand oder Ertrag in die Gewinn- und Verlustrechnung.

Handelt es sich jedoch um **gemischte Konten**, wie z.B. das klassische „Lebensmittel-Warenkonto" (Bruttoabschluss), so ist der Endbestand in die Schlussbilanz und der Erfolgsteil in die Gewinn- und Verlustrechnung zu übertragen.

In der **modernen Buchführung** wird in solchen Fällen noch ein wenig anders verfahren; d.h. stimmen die Buchbestände als Anfangsbestände auf den Sachgüterkonten nicht mit den festgestellten Endbeständen der Inventur überein, so liegen Bestandsveränderungen vor (vergleiche Kapitel „Bestandsveränderungen"). Hier ist dann jeweils der durch die Inventur vorliegende Endbestand in die Schlussbilanz einzutragen. Von dort erfolgt die Übertragung in die Saldenbilanz II, und dann wird die Differenz zwischen der Saldenbilanz I und der Saldenbilanz II in der Umbuchungsbilanz gebucht. Es handelt sich hierbei um die Buchung der Bestandsveränderung.

Sind dann alle Arbeiten in der Hauptabschlussübersicht getätigt worden, erscheint der **Gewinn** - ermittelt als Differenz zwischen Aufwands- und Ertragssumme - zum **Ausgleich der Gewinn- und Verlustrechnung auf der Aufwandsseite und zum Ausgleich der Bilanz auf der Passivseite**. Ein Verlust erscheint jeweils auf der entgegengesetzten Seite. Nach Fertigstellung der Hauptabschlussübersicht können noch die Umbuchungen auf die Sachkonten übertragen, und der Buchabschluss kann durchgeführt werden.

Auf diesen formellen Kontenabschluss kann jedoch verzichtet werden. In diesem Fall ist der Kaufmann verpflichtet, folgende Besonderheiten zu beachten:
--- Sachkonten müssen eindeutig (durch doppeltes Unterstreichen der Summen in Soll und Haben) als abgeschlossen gekennzeichnet werden.
--- Die Umbuchungen sind in der Hauptabschlussübersicht oder in einer besonderen Umbuchungsliste ausreichend zu erläutern.
--- Die Hauptabschlussübersicht - ggf. auch die dazugehörige Umbuchungliste - muss als Bestandteil der Buchführung (des Abschlusses) behandelt und somit aufbewahrt werden (§ 147(1) AO, § 242(1+2) HGB).

Entsprechendes gilt für die Eröffnungsbuchungen. Die Bestände sind dann statt auf den Sachkonten direkt in der achtspaltigen Hauptabschlussübersicht vorzutragen. Damit erfassen die Sachkonten nur die Verkehrszahlen.

Aufgaben (⮕ Lösung)

1. Führen Sie die Abschlussarbeiten (Korrekturbuchungen und Abschlussbuchungen) für eine Kurklinik in der Hauptabschlussübersicht durch!

Buchungsschwerpunkte zum Jahresschluss

Steuerpflichtige Umsätze wurden nicht getätigt. Als Wirtschaftsjahr ist das Kalenderjahr zu berücksichtigen.

Saldenbilanz I für das Jahr n_1

Kontobezeichnung:	€	€
Grundstücke:	-,--	-,--
Medizinische Geräte:	320.101,--	-,--
Fuhrpark:	150.000,--	-,--
Lebensmittel:	-,--	-,--
Forderungen aL:	220.000,--	-,--
Geldkonten:	44.000,--	-,--
Rechnungsabgrenzungsposten:	-,--	-,--
Kapital:	-,--	490.801,--
Entnahmen: (S: 16.850,--; H: 3.850,--)	13.000,--	-,--
Einlagen:	-,--	-,--
Sonstige Rückstellungen:	-,--	-,--
Darlehensschuld:	-,--	45.000,--
Kaufpreisschuld:	-,--	-,--
Verbindlichkeiten aL:	-,--	94.000,--
Sonstige Verbindlichkeiten:	-,--	5.000,--
Erlöse aus Leistungen:	-,--	960.000,--
Bestandsveränderungen:	-,--	-,--
Sonst. betr. Erträge:	-,--	-,--
Erträge/Anlagenverkauf:	-,--	-,--
Erträge/Eigenverbrauch:	-,--	-,--
Aufwendungen für Lebensmittel:	290.000,--	-,--
Skonti (bisher f. Lebensmittel):	-,--	2.300,--
Instandhaltung u. Reparatur:	106.000,--	-,--
Gehälter:	310.000,--	-,--
AfA:	-,--	-,--
Pacht:	4.000,--	-,--
Sonst. betr. Aufwendungen:	135.000,--	-,--
Aufwendungen/Anlagenverkauf:	-,--	-,--
Aufwendungen/Eigenverbrauch:	-,--	-,--
Zinsen:	5.000,--	-,--

Folgende Angaben sind von Ihnen noch zu berücksichtigen:

a) Das bisher gepachtete und als Parkplatz benutzte Grundstück hat der Unternehmer T. am 01.07.n_1 erworben. Der Kaufpreis für das Gelände betrug 20.000 € zuzüglich 10 % USt. Die für das Jahr im voraus gezahlte Pacht von 4.000,-- € wurde zur Hälfte auf den Kaufpreis angerechnet. Die Restschuld soll mit jährlichen 4.000,-- € getilgt und mit 9% verzinst werden.

Bis zum 31.12. wurden darauf keine Zahlungen geleistet. Nur die Grunderwerbsteuer von 1.700,-- €, die Gerichtskosten in Höhe von 500,-- € und die Notargebühren von 350,-- € zuzüglich 10 % USt wurden von Herrn T. bereits aus privaten Mitteln bezahlt. Buchungen sind insoweit unterblieben.

b) Der Unternehmer T. erwarb am 02.12.n_1 ein Massagegerät, dessen betriebsgewöhnliche Nutzungsdauer vier Jahre beträgt.

Kaufpreis:	40.000,-- €	+ 10% USt	44.000,-- €
Begleichung:			
Skontoabzug von 3%			1.320,-- €
Inzahlunggabe eines auf 1,-- € abgeschriebenen Gerätes:			2.200,-- €
Übergabe eines Verrechnungsschecks:			40.480,-- €

Der Buchhalter hatte die Vertrags- und Abrechnungsunterlagen noch nicht in Händen. Er buchte auf Grund des ständigen Geschäftsverkehrs mit diesem Lieferanten nach dem erhaltenen Bankauszug:

Verbindlichkeiten aL an Bank 40.480,-- €

c) Am 01.10.n_1 wurden dem Darlehensgläubiger 5.000,-- € überwiesen. Der Buchhalter hat gebucht:

Zinsen an Bank 5.000,-- €

Nach dem Darlehensvertrag entfallen davon 3.000,-- € auf die halbjährliche Tilgung und 2.000,-- € auf die Verzinsung für den Zeitraum vom 01.10.n_1 - 31.03.n_2.

d) Im Laufe des Jahres n_1 wurde von Herrn T. ein PKW aus dem Unternehmen entnommen. Das Auto stand noch mit 1,-- € zu Buche. Der Teilwert betrug allerdings 3.850,-- €. Der Buchhalter hat gebucht:

Fuhrpark an Entnahmen 3.850,-- €

e) Herr T. hat schon seit Mitte n_1 einen Arbeitsprozess laufen. Eine Entscheidung ist noch nicht gefallen. Er rechnet aber mit Prozesskosten in Höhe von 8.000,-- €.

f) Sonstige Angaben:
 1. AfA Medizinische Geräte Altbestand: 52.000,-- €
 2. AfA Fuhrpark Altbestand: 28.000,-- €
 3. Bestand an Lebensmitteln lt. Inventur 280.000,-- € (Abschluss nach der Bruttomethode)

5. Weitere Besonderheiten des Jahresabschlusses bei Kapitalgesellschaften

5.1. Allgemeine Grundsätze

In diesem Abschnitt werden einige weitere spezielle Vorschriften aufgezeichnet, die von den gesetzlichen Vertretern der Kapitalgesellschaften – soweit es sich um geförderte Krankenhäuser oder Pflegeeinrichtungen handelt – beim Jahresabschluss zu berücksichtigen sind. Besonderheiten bei der Bewertung der Wirtschaftsgüter werden allerdings erst später behandelt.

Grundsätzlich bleiben die Rechnungs- und Buchführungspflichten nach dem Handelsrecht von den Vorschriften der Krankenhaus-Buchführungsverordnung (KHBV) und Pflege-Buchführungsverordnung (PBV) unberührt. Institutionen des Gesundheitswesens, die als Kapitalgesellschaften geführt werden, müssen deshalb die o.a. Vorschriften beachten; gleichzeitig gelten auch die Vorschriften des HGB.

Um diesen Institutionen die zweifachen Rechnungslegungspflichten zu ersparen, dürfen sie die Formvorschriften nach KHBV und PBV auch für handelsrechtliche Zwecke verwenden.

Beschließt die Institution aber, den Abschluss nach HGB zu erstellen, so ist eine entsprechende Umschlüsselung entsprechend der Spezialvorschriften vorzunehmen. Bilanzpolitische Wahlrechte sind jedoch durch die Abgrenzungsverordnung (AbgrV) begrenzt, bzw. durch den Gesetzgeber ausgeübt.

Die Erleichterungen für kleine und mittlere Kapitalgesellschaften beim Jahresabschluss nach Handelsrecht gelten dann jedoch nicht.

Der Jahresabschluss ist nach den Anlagen 1 - 3 KHBV innerhalb vier Monate, nach den Anlagen 1 - 3 PBV innerhalb sechs Monate nach Ablauf des Geschäftsjahres zu erstellen.

Für die Art der Buchführung, der Inventur und des Jahresabschlusses gelten jedoch die Vorschriften des HGB.

Für den Inhalt des Jahresabschlusses gilt gemäß § 264(2) HGB die **„Generalklausel über den Inhalt"**, auf die auch entsprechend in der KHBV- und PBV hingewiesen wird:
Der Jahresabschluss hat unter Beachtung der Grundsätze ordungsgemäßer Buchführung ein den tatsächlichen Verhältnissen entsprechendes Bild der Vermögens-, Finanz- und Ertragslage zu vermitteln. Führen besondere Umstände

dazu, dass ein den tatsächlichen Verhältnissen entsprechendes Bild nicht vermittelt wird, so sind zusätzliche Angaben im Anhang zu machen.

Der § 265 HGB zeigt weitere – von KHBV und PBV übernommene – **Grundsätze** für die Gliederung auf, u.a.:
- Angabe der Vorjahresbeträge der einzelnen Positionen;
- Möglichkeit weiterer Untergliederungen der Positionen, Ergänzung neuer Posten;
- Verzicht auf Ausweis von Positionen ohne Beträge (Ausnahme: im Vorjahr wurde unter dem Posten ein Betrag ausgewiesen).

5.2. Die Gliederung der Bilanz

Anlage 1 KHBV und PBV schreiben die Gliederung der Bilanzdarstellung vor. Die Bilanz ist in **Kontenform** zu erstellen. Die Positionen sind gesondert in der vorgegebenen Reihenfolge zu benennen:

Aktivseite

A. Ausstehende Einlage auf das festgesetzte / gewährte Kapital
    davon eingefordert
B. Anlagevermögen
    I. Immaterielle Vermögensgegenstände und dafür geleistete Anzahlungen
    II. Sachanlagen
        1. Grundstücke und grundstücksgleiche Rechte mit Betriebsbauten einschließlich der Betriebsbauten auf fremden Grundstücken
        2. Grundstücke und grundstücksgleiche Rechte mit Wohnbauten einschließlich der Wohnbauten auf fremden Grundstücken
        3. Grundstücke und grundstücksgleiche Rechte ohne Bauten
        4. Technische Anlagen
        5. Einrichtungen und Ausstattungen
        Fahrzeuge - nur nach PBV
        6. geleistete Anzahlungen und Anlagen im Bau
    III. Finanzanlagen
        1. Anteile an verbundenen Unternehmen
        2. Ausleihungen an verbundene Unternehmen
        3. Beteiligungen
        4. Ausleihungen an Unternehmen mit Beteiligungsverhältnis
        5. Wertpapiere des Anlagevermögens

6. sonstige Finanzanlagen
   davon bei Gesellschaftern bzw. Krankenhausträgern bei Krankenhäusern

C. Umlaufvermögen
   I. Vorräte
      1. Roh-, Hilfs- und Betriebsstoffe
      2. unfertige Erzeugnisse und Leistungen - bei Krankenhäusern
      3. fertige Erzeugnisse und Waren - bei Krankenhäusern
      4. geleistete Anzahlungen
   II. Forderungen und sonstige Vermögensgegenstände
      1. Forderungen aus Lieferungen und Leistungen
         davon mit einer Restlaufzeit von mehr als einem Jahr
      2. Forderungen an Gesellschafter bzw. Institutionsträger
         davon mit einer Restlaufzeit von mehr als einem Jahr
      3. / 5. Forderungen nach Krankenhausfinanzierungsrecht bzw. aus öffentlicher Förderung bei Pflegeinstitutionen
         davon mit einer Restlaufzeit von mehr als einem Jahr
      6. Forderungen aus nicht- öffentlicher Förderung bei Pflegeinstitutionen
         davon mit einer Restlaufzeit von mehr als einem Jahr
      6. / 7. sonstige Vermögesgestände
         davon mit einer Restlaufzeit von mehr als einem Jahr
      8. Umsatzsteuer bei Pflegeinstitutionen
   III. Wertpapiere
   IV. Schecks, Kassenbestand, Bundesbank- und Postbankguthaben, Guthaben bei Kreditinstituten

D. Ausgleichsposten
   1. Ausgleichsposten aus Dalehnsförderung
   2. Ausgleichsposten aus Eigenmittelförderung

E. Rechnungsabgrenzungsposten

F. Nicht durch Eigenkapital gedeckter Fehlbetrag

Passivseite

A. Eigenkapital
   1. Gezeichnetes / festgesetztes bzw. gewährtes Eigenkapital
   2. Kapitalrücklage
   3. Gewinnrücklagen
   4 Gewinn- / Verlustvortrag
   5.Jahresüberschuss / Jahresfehlbetrag

Buchungsschwerpunkte zum Jahresschluss

B. Sonderposten aus Zuwendungen bzw. aus Zuschüssen und Zuweisungen zur Finanzierung des Sachanlagevermögens

C. Rückstellungen
1. Pensionsrückstellungen u.ä.
2. Steuerrückstellungen
3. sonstige Rückstellungen

D. Verbindlichkeiten
1. / 2. Verbindlichkeiten gegenüber Kreditinstituten
davon mit einer Restlaufzeit von mehr als einem Jahr
2. / 3. erhaltene Anzahlungen
davon mit einer Restlaufzeit bis zu einem Jahr
3. / 1. Verbindlichkeiten aus Lieferungen und Leistungen
davon mit einer Restlaufzeit bis zu einem Jahr
4. / - Wechselverbindlichkeiten
davon mit einer Restlaufzeit bis zu einem Jahr
6. / 7. Verbindlichkeiten nach Krankenhausfinanzierungsrecht bzw. aus öffentlicher Förderung bei Pflegeinstitutionen
davon mit einer Restlaufzeit bis zu einem Jahr
8. Verbindlichkeiten aus nicht-öffentlicher Förderung bei Pflegeinstitutionen
davon mit einer Restlaufzeit bis zu einem Jahr
10. / 9. sonstige Verbindlichkeiten
davon mit einer Restlaufzeit bis zu einem Jahr
10. Verwahrgeldkonto bei Pflegeinstitutionen
11. Umsatzsteuer bei Pflegeinstitutionen

E. Ausgleichsposten aus Darlehensförderung

F. Rechnungsabgrenzungsposten

Die §§ 266 - 274 HGB nennen dann einzelne Vorschriften, Vermerke und Erläuterungen zu Bilanzpositionen, die entsprechend für die Bilanzierung nach KHBV und PBV gelten. Folgende seien hier davon aufgeführt:

a) Die Bilanz darf auch unter Berücksichtigung der vollständigen oder teilweisen Verwendung des Jahresergebnisses (thesaurierte Gewinne, auszuschüttende Gewinne) aufgestellt werden.

b) **An die Stelle des Anlagengitters** oder Anlagenspiegels für die Darstellung des Anlagevermögens tritt der o.a. Anlagennachweis nach Anlage 3 KHBV bzw. Anlage 3a PBV (Kapitel „Anlagevermögen und planmäßige Abschreibung"). Die PBV verlangt zusätzlich einen Förderungsnachweise nach Anlage 3b.

Diese Darstellung wird in der Literatur als „horizontale Gliederung" bezeichnet, die o.a. Positionsgliederung als „vertikale Gliederung". Dieser Anlagenspiegel liefert zusätzliche Informationen, die bisher nur über indirekte Wertberichtigungen erkenntlich waren. Sie machen diese damit überflüssig.

c) Sind die Passivposten größer als die Aktivposten, so ist die Differenz auf der Aktivseite als „nicht durch Eigenkapital gedeckter Fehlbetrag" auszuweisen.

d) Forderungen mit einer Restlaufzeit von mehr als einem Jahr und Verbindlichkeiten mit einer Restlaufzeit von weniger als einem Jahr sind bei den gesondert ausgewiesenen Posten zu vermerken.

e) Zum Eigenkapital einer Gesellschaft gehören nach § 272 HGB das gezeichnete Kapital, die Kapital- und Gewinnrücklagen, die Rücklagen für eigene Anteile, Gewinn- bzw. Verlustvortrag und Jahresüberschuss bzw. -fehlbetrag.

1. Als **gezeichnetes Kapital** – **festgesetztes** (KHBV) bzw. **gewährtes** (PBV) Eigenkapital wird das Kapital bezeichnet, auf das die Haftung der Gesellschafter gegenüber Gläubigern beschränkt ist. Unter dieser Position ist bei Aktiengesellschaften das Grundkapital, bei GmbHs das Stammkapital zu passivieren.

    Für ausstehende Einlagen (mit einem besonderen Vermerk der eingeforderten Einlagen) besteht das Wahlrecht, sie vor dem Anlagevermögen zu aktivieren, oder sie auf der Passivseite von der Position „Gezeichnetes Kapital" abzusetzen. Die eingeforderten noch nicht gezahlten Einlagen sind im letzten Fall unter den Forderungen gesondert auszuweisen.

2. Die früheren offenen Rücklagen werden nun unterteilt in:
    - Kapitalrücklagen,
    - Gewinnrücklagen.

    Unter den **Kapitalrücklagen** sind das Agio bei der Ausgabe von Wertpapieren sowie Zuzahlungen von Gesellschaftern für Vorzugsrechte auszuweisen.

    Die **Gewinnrücklagen** nehmen nur die im Unternehmen selbst entstandenen Eigenkapitalanteile auf; das heißt Beträge, die im Geschäftsjahr aufgrund **gesetzlicher** Bestimmungen, aufgrund einer **Satzung** oder aufgrund **anderer Möglichkeiten** (**andere Gewinnrücklagen**) gebildet werden.

Im Abschnitt „Sonderposten mit Rücklagenanteil" wurden hierzu als Beispiele die steuerfreien Rücklagen ohne handelsrechtliche Bindung (Zuschussrücklagen etc.) benannt.

Weiterhin gehören die **Rücklagen für eigene Anteile** zu den Gewinnrücklagen. Sie werden gebildet z.B. für eigene Aktien, damit bei der Aktivierung dieser Aktien eine Ausschüttung des Gegenwertes verhindert wird.

3. Wird in der Unternehmung der Jahresabschluss **vor** der Gewinnverwendung aufgestellt, sind dabei der Jahresüberschuss bzw. -fehlbetrag und der Gewinnvortrag / Verlustvortrag des Vorjahres anzugeben. Nach § 268(1) HGB tritt bei der Aufstellung **nach** der Gewinnverwendung an die Stelle dieser Posten der Bilanzgewinn als maximal ausschüttbarer Betrag bzw. der Bilanzverlust. Die Differenz zwischen Bilanzgewinn und Jahresüberschuss (zuzüglich Gewinnvortrag) wurde dann in die entsprechenden Rücklagen eingestellt.

5.3. Die Gliederung der Gewinn- und Verlustrechnung

Die Gewinn- und Verlustrechnung ist in **Staffelform** nach dem bisher üblichen **Gesamtkostenverfahren** nach Anlage 2 KHBV bzw. PBV aufzustellen.
Die Anlagen sind hier jedoch nur in Ausschnitten und vereinfacht wiedergegeben:

1. Erlöse aus Krankenhausleistungen bzw. allgemeinen Pflegeleistungen
2. Erlöse aus Wahlleistungen (Krankenhaus) bzw. aus Unterkunft und Verpflegung (Pflege)
3. Erlöse aus ambulanten Leistungen (Krankenhaus) bzw. aus Zusatzleistungen und Transportleistungen (Pflege)
4. Bestandsveränderungen an fertigen und unfertigen Erzeugnissen (Krankenhaus) bzw. aus gesonderter Berechnung von Investitionskosten
6. / 7. andere aktivierte Eigenleistungen
7. / 5. Zuweisungen und Zuschüsse (im Krankenhaus: aus öffentlicher Hand) zu Betriebskosten
8. sonstige betriebliche Erträge
9. Personalaufwand:
    a) Löhne und Gehälter

b) soziale Abgaben und Aufwendungen für die Altersversorgung und für Unterstützung,
davon für Altersversorgung
10. Materialaufwand:
   a) Aufwendungen für Roh-, Hilfs- und Betriebsstoffe (Krankenhaus) bzw. Lebensmittel (Pflege)
   b) Aufwendungen für bezogene Leistungen (Krankenhaus) bzw. Zusatzleistungen (Pflege)
   c) Wasser, Energie, Brennstoffe (Pflege)
   d) Wirtschafts- / Verwaltungsbedarf (Pflege)
- / 12. Steuern, Abgaben, Versicherungen (Pflege)
- / 14. Mieten, Pacht, Leasing (Pflege)

Zwischenergebnis

11. Erträge aus Zuwendungen zur Förderung von Investitionen
    davon Fördermittel nach dem KHG (Krankenhaus)
    öffentlich und nicht-öffentlich (Pflege)
12. / 17. Erträge aus der Einstellung von Ausgleichsposten aus Darlehens- und für Eigenmittelförderung
13. Erträge aus der Auflösung von Sonderposten u.a.
15. Aufwendungen aus der Zuführung von Sonderposten / Verbindlichkeiten
17. Aufwendungen für die nach KHG geförderte Nutzung von Anlagegütern (Krankenhaus)
20. Abschreibungen
    a) auf Anlagevermögen und Ingangsetzung und Erweiterung des Geschäftsbetriebes
    b) auf Umlaufvermögen, soweit diese die üblichen Abschreibungen überschreiten
- / 21. Aufwendungen für Instandhaltung und Instandsetzung
21. / 22. sonstige betriebliche Aufwendungen (Krankenhaus) bzw. sonstige ordentliche und außerordentliche Aufwendungen
22. / 23. Erträge aus Beteiligungen
22. / 24. Erträge aus anderen Finanzanlagen
24. / 25. sonstige Zinsen und ähnliche Erträge (Krankenhaus) bzw. Zinsen und ähnliche Erträge (Pflege)
25. / 26. Abschreibungen auf Finanzanlagen und auf Wertpapiere des Umlaufvermögens
26. / 27. Zinsen und ähnliche Aufwendungen (davon im Krankenhaus: für Betriebsmittelkredite)
27. / 28. Ergebnis der gewöhnlichen Geschäftstätigkeit
28. / 29. außerordentliche Erträge

29. / 30. außerordentliche Aufwendungen
- / 31. weitere Erträge
30. / 32. außerordentliches Ergebnis
31. / 12. Steuern
davon vom Einkommen und vom Ertrag (Krankenhaus)
32. / 33. Jahresüberschuss / Jahresfehlbetrag

Im § 277 HGB sind **Vorschriften** zu einzelnen Posten der Gewinn- und Verlustrechnung benannt die entsprechend für die Bilanzierung nach KHBV und PBV gelten; zwei wichtige werden im folgenden dargestellt:

a) Als Bestandsveränderungen sind Wertänderungen aufgrund der Bewertungen und Mengenänderungen zu berücksichtigen.

b) Außerordentliche Aufwendungen und Erträge sind ausschließlich solche Erfolge, die außerhalb der gewöhnlichen Geschäftstätigkeit anfallen.
Außerordentlich beinhaltet nicht die betriebsbedingten, aber aperiodischen Posten; diese stehen künftig unter den betrieblichen Aufwendungen oder Erträgen, denen sie sachlich zuzuordnen sind:
z.B. Auflösungen von Rückstellungen etc.

5.4. Ergänzende Vorschriften für „sonstige Kapitalgesellschaften"

§ 264(1) HGB schreibt neben der Bilanz, der Gewinn- und Verlustrechnung und einen Anhang als weiteren Teil des Jahresabschlusses ist einen Lagebericht vor.

Gestalt und Informationsgehalt werden in starkem Maße durch die Größe des bilanzierenden Unternehmens bestimmt.

In § 267 HGB werden drei Größen definiert:

Kapitalgesellschaft	Bilanzsumme	Umsatz	Beschäftigte
klein	≤ 3.437.500	≤ 6.875.000	≤ 50
mittel	≤ 13.750.000	≤ 27.500.000	≤ 250
groß	> 13.750.000	> 27.500.000	> 250

Die Eingliederung in die zwei letzten Gruppen wird vorgenommen, wenn mindestens zwei der jeweiligen Anforderungen der kleineren Gruppe an zwei aufeinanderfolgenden Abschlussstichtagen überschritten werden.

Die Aufstellung des Jahresabschlusses und Lageberichtes hat in den ersten drei Monaten des folgenden Geschäftsjahres, bei kleinen Gesellschaften in den ersten sechs Monaten, zu erfolgen (§ 264(1) HGB).

Der § 265 HGB zeigt weitere – von KHBV und PBV nicht übernommene – **Grundsätze** für die Gliederung auf, u.a.:
- grundsätzliche Einhaltung der vorgegebenen Bilanz- und Gewinn- und Verlust-Gliederung; Abweichungen sind im Anhang zu begründen;
- Vermerk der Mitzugehörigkeit eines Gegenstandes zu mehreren Posten;
- Möglichkeit der Änderung der mit arabischen Ziffern versehenen Posten aus Übersichtsgründen, außerdem Möglichkeit der Zusammenfassung in besonderen Fällen bei Ausweis im Anhang;

Gliederung der Bilanz

Im § 266 HGB wird die Gliederung der Bilanzdarstellung vorgeschrieben. Die Positionen sind gesondert in der vorgegebenen Reihenfolge zu benennen. Kleine Gesellschaften brauchen nur eine entsprechende verkürzte Bilanz aufzustellen. Hier können die Positionen mit arabischen Ziffern weggelassen werden.

Es gilt das folgende Gliederungsschema für große und mittelgroße Kapitalgesellschaften unter Berücksichtigung von § 266(2 und 3) HGB in **Kontenform** - hier jedoch nur in Ausschnitten und vereinfacht wiedergegeben:

Aktivseite
A. Anlagevermögen
  I. Immaterielle Vermögensgegenstände
    1. Konzessionen, gewerbliche Schutzrechte und ähnliche Rechte ...
    2. Geschäfts- oder Firmenwert
    3. geleistete Anzahlungen
  II. Sachanlagen
    1. Grundstücke, grundstücksgleiche Rechte und Bauten ...
    2. technische Anlagen und Maschinen
    3. andere Anlagen, Betriebs- und Geschäftsausstattung
    4. geleistete Anzahlungen und Anlagen im Bau
  III. Finanzanlagen
    1. Anteile an verbundenen Unternehmen
    2. Ausleihungen an verbundene Unternehmen
    3. Beteiligungen
    4. Ausleihungen an Unternehmen mit Beteiligungsverhältnis
    5. Wertpapiere des Anlagevermögens
    6. sonstige Ausleihungen

B. Umlaufvermögen
　I. Vorräte
　　1. Roh-, Hilfs- und Betriebsstoffe
　　2. unfertige Erzeugnisse und Leistungen
　　3. fertige Erzeugnisse und Waren
　　4. geleistete Anzahlungen
　II. Forderungen und sonstige Vermögensgegenstände
　　1. Forderungen aus Lieferungen und Leistungen
　　4. sonstige Vermögensgegenstände
　III. Wertpapiere
　　3. sonstige Wertpapiere
　IV. Schecks, Kassenbestand, Bundesbank- und Postbankguthaben, Guthaben bei Kreditinstituten

C. Rechnungsabgrenzungsposten

Passivseite
A. Eigenkapital
　I. Gezeichnetes Eigenkapital
　II. Kapitalrücklage
　III. Gewinnrücklagen
　　1. gesetzliche Rücklage
　　2. Rücklage für eigene Anteile
　　3. satzungsgemäße Rücklage
　　4. andere Gewinnrücklagen
　IV. Gewinn- / Verlustvortrag
　V. Jahresüberschuss / Jahresfehlbetrag

B. Rückstellungen
　1. Pensionsrückstellungen u.ä.
　2. Steuerrückstellungen
　3. sonstige Rückstellungen

C. Verbindlichkeiten
　2. Verbindlichkeiten gegenüber Kreditinstituten
　3. erhaltene Anzahlungen
　4. Verbindlichkeiten aus Lieferungen und Leistungen
　5. Wechselverbindlichkeiten
　8. sonstige Verbindlichkeiten
　　davon aus Steuern
　　davon im Rahmen der sozialen Sicherheit.

D. Rechnungsabgrenzungsposten

Zu beachten ist, dass die Position „Wechselforderungen" hier entfällt. Sie sind als Handelswechsel unter "Forderungen" oder als Finanzwechsel unter „sonstige Wertpapiere" zu buchen. Die flüssigen Mittel dürfen zu einer Position zusammengefasst werden.

Die in den §§ 266 - 274 HGB benannten einzelne Vorschriften, Vermerke und Erläuterungen zu Bilanzpositionen wurden schon oben aufgeführt. Hier sei noch einmal auf das Anlagengitter hingewiesen, dass im Kapitel „Anlagevermögen und planmäßige Abschreibungen" vorgestellt wurde:
Für das Anlagevermögen und für Ingangsetzungs- bzw. Erweiterungsaufwendungen ist in der Bilanz oder im Anhang ein **Anlagenspiegel** oder **Anlagengitter** zu erstellen. Zu berücksichtigen sind neben den o.a. Anfangsbeständen die ursprünglichen Anschaffungs- oder Herstellungskosten, weiter die Zugänge, Abgänge, Umbuchungen, Zuschreibungen und Abschreibungen des Geschäftsjahres sowie die Abschreibungen in ihrer gesamten Höhe.

Gliederung der Gewinn- und Verlustrechnung

Die Gewinn- und Verlustrechnung ist in **Staffelform** nach dem bisher üblichen **Gesamtkostenverfahren** oder dem häufig in der Kosten- und Leistungsrechnung verwandten **Umsatzkostenverfahren** aufzustellen (§ 275(1) HGB).
In beiden Fällen sind jedoch grundsätzlich (siehe allgemeine vereinfachende Grundsätze) die Schemata der Absätze 2 bzw. 3 zu befolgen.

Die Gewinn- und Verlustrechnung nach dem Gesamtkostenverfahren (§ 275(2) HGB) ist wie folgt zu gliedern - hier jedoch nur in Ausschnitten und vereinfacht wiedergegeben:

1. Umsatzerlöse
2. Bestandsveränderungen an fertigen und unfertigen Erzeugnissen
3. andere aktivierte Eigenleistungen
4. sonstige betriebliche Erträge
5. Materialaufwand:
    a) Aufwendungen für Roh-, Hilfs- und Betriebsstoffe und für bezogene Waren
    b) Aufwendungen für bezogene Leistungen
6. Personalaufwand:
    a) Löhne und Gehälter
    b) soziale Abgaben und Aufwendungen für die Altersversorgung und für Unterstützung,
        davon für Altersversorgung

Buchungsschwerpunkte zum Jahresschluss 245

7. Abschreibungen
   a) auf Anlagevermögen und Ingangsetzung und Erweiterung des Geschäftsbetriebes
   b) auf Umlaufvermögen, soweit diese die in der Kapitalgesellschaft üblichen Abschreibungen überschreiten
8. sonstige betriebliche Aufwendungen
9. Erträge aus Beteiligungen
10. Erträge aus anderen Finanzanlagen
11. sonstige Zinsen und ähnliche Erträge
12. Abschreibungen auf Finanzanlagen und auf Wertpapiere des Umlaufvermögens
13. Zinsen und ähnliche Aufwendungen
14. Ergebnis der gewöhnlichen Geschäftstätigkeit
15. außerordentliche Erträge
16. außerordentliche Aufwendungen
17. außerordentliches Ergebnis
18. Steuern vom Einkommen und vom Ertrag
19. sonstige Steuern
20. Jahresüberschuss / Jahresfehlbetrag

Nach dem Umsatzkostenverfahren (§ 275(3) HGB) ergibt sich folgendes Bild - hier jedoch nur in Ausschnitten und vereinfacht wiedergegeben:

1. Umsatzerlöse
2. Herstellungskosten der zur Erzielung der Umsatzerlöse erbrachten Leistungen
3. Bruttoergebnis vom Umsatz
4. Vertriebskosten
5. allgemeine Verwaltungskosten
6. sonstige betriebliche Erträge
7. sonstige betriebliche Aufwendungen
8. Erträge aus Beteiligungen
9. Erträge aus anderen Finanzanlagen
10. sonstige Zinsen und ähnliche Erträge
11. Abschreibungen auf Finanzanlagen und auf Wertpapiere des Umlaufvermögens
12. Zinsen und ähnliche Aufwendungen
13. Ergebnis der gewöhnlichen Geschäftstätigkeit
14. außerordentliche Erträge
15. außerordentliche Aufwendungen

16. außerordentliches Ergebnis
17. Steuern vom Einkommen und vom Ertrag
18. sonstige Steuern
19. Jahresüberschuss / Jahresfehlbetrag

In beiden Gliederungen dürfen Einstellungen in die Rücklagen bzw. Auflösungen von Rücklagen erst im Anschluss an die Ermittlung des Jahresüberschusses/ Jahresfehlbetrages aufgeführt werden. Unter Berücksichtigung des vorjährigen Gewinn- oder Verlustvortrages ist die Differenz aus den beiden Positionen der Bilanzgewinn bzw. Bilanzverlust als maximal ausschüttbarer Betrag.

Mittelgroße und **kleine Kapitalgesellschaften** erfahren durch § 276 HGB eine **Erleichterung**: die Posten Umsatzerlöse, Bestandsveränderungen, aktivierte Eigenleistungen, sonstige betriebliche Erträge und Materialaufwand beim Gesamtkostenverfahren - bzw. die Posten Umsatzerlöse, Herstellungskosten der zur Erzielung der Umsatzerlöse erbrachten Leistungen, Bruttoergebnis vom Umsatz und sonstige betriebliche Erträge beim Umsatzkostenverfahren - dürfen als „**Rohergebnis**" zusammengefasst werden.

Im § 277 HGB sind noch **weitere Vorschriften** zu einzelnen Posten der Gewinn- und Verlustrechnung benannt; einige wichtige werden im folgenden ergänzend dargestellt:

a) Als Umsatzerlöse sind die Erlöse aus der eigentlichen betrieblichen Leistungserstellung - dem Hauptziel des Unternehmens -, vermindert um Erlösschmälerungen und Umsatzsteuer auszuweisen.

b) Zusätzlich wird in § 278 HGB für die Steuern von Einkommen und Ertrag erläutert, dass sie aufgrund des Beschlusses über die Verwendung des Gewinns zu berechnen und zu buchen sind. Besteht ein Beschluss noch nicht, so ist vom Vorschlag der Gewinnverwendung auszugehen. Weicht der Beschluss dann vom Vorschlag ab, so braucht der Jahresabschluss aufgrund der „falschen" Steuer nicht mehr korrigiert zu werden.

5.5. Anhang und Lagebericht

Anhang

Der Inhalt des Anhangs geht zum Teil aus den Vorschriften der Bilanz- und Gewinn- und Verlust-Aufstellung und zum anderen Teil aus den §§ 285 - 288 HGB hervor. In diesem Anhang sind **Erläuterungen aufgrund von Einzelvorschriften** vorzunehmen. Weiter können einzelne Posten aufgrund des gesetzlichen Ausweisrechtes statt in der Bilanz oder GuV-Rechnung im Anhang erläutert werden.

Die Aufgabe des Anhangs besteht also darin, dem besseren Verständnis zu dienen, die Gefahr von Fehlinterpretationen zu vermeiden und zur Vermittlung der tatsächlichen Verhältnisse beizutragen.

Ein bestimmtes Schema ist nicht vorgeschrieben. Die Literatur schlägt folgende Systematik vor:
1. Angaben zur Form und Darstellung von Bilanz und GuV,
2. Angaben zu einzelnen Positionen bezüglich Ausweis, Bilanzierung und Bewertung,
3. Angaben zum Jahresergebnis,
4. Zusätzliche Angaben zum Einblick in die Vermögens-, Finanz-, Ertragslage,
5. Ergänzende Angaben.

Einen Überblick über sämtliche Angabepflichten gibt die nachfolgende Aufstellung. Mittelgroße „sonstige" Kapitalgesellschaften können auf die mit „(**)" gekennzeichneten Angaben verzichten, kleine darüber hinaus auch auf die mit „(*)" gekennzeichneten.

Zusammenstellung der Vorschriften über den Inhalt des Anhangs

A. Angaben zur Form der Darstellung von Bilanz und GuV

   1. Erläuterungen zu Unterbrechungen der Darstellungsstetigkeit § 265(1)
   2. Angabe und Begründung, wenn wegen mehrerer Geschäftszweige verschiedene Formblätter zu beachten waren § 265(4)

B. Angaben zu Bilanz und GuV bezüglich Ausweis, Bilanzierung und Bewertung

  I. Allgemeine Angaben

    3. Angabe der auf die Bilanz- und GuV-Posten angewandten Bilanzierungs- und Bewertungsmethoden § 284(2)
    4. Erläuterungen der Änderung von Bilanzierungs- und Bewertungsmethoden § 284(2)

5. Angabe und Erläuterung nicht mit dem Vorjahr vergleichbarer Beträge einzelner Jahresabschlussposten § 265(2)
6. Angabe und Erläuterungen angepasster Vorjahresvergleichszahlen § 265(2)
7. Erläuterungen der Umrechnung von Fremdwährungsposten § 284(2)
8. Mitzugehörigkeitsvermerke bei Bilanzpositionen § 284(2)
9. Aufgliederung zusammengefasster Jahresabschlussposten § 265(7)

II. Spezielle Angaben zur Bilanz

10. Erläuterungen zu aktivierten Ingangsetzungs- und Erweiterungskosten des Geschäftsbetriebes § 269(1,2)
11. Darstellung der Entwicklung des Anlagevermögens (Anlagenspiegel) § 268(2)
12. Angabe der Geschäftsjahresabschreibung für die Einzelpositionen des Anlagevermögens § 268(2)
13. Angabe der außerplanmäßigen handelsrechtlichen Geschäftsjahresabschreibungen und der Abschreibung zur Verhinderung einer weiteren Wertminderung in der nächsten Zukunft § 277(3)
14. Angabe des Betrags der aus steuerlichen Gründen unterlassenen Zuschreibungen § 280(3)
15. Angabe des Betrags der im Geschäftsjahr nach steuerlichen Vorschriften vorgenommenen Abschreibungen, Wertberichtigungen und Rücklagen § 281(2)
16. Angabe der stillen Reserven aus der Anwendung der Durchschnittsbewertung von Verbrauchsfolgeverfahren § 284(2)
17. Angaben über die Einbeziehung von Fremdkapitalkosten in die Herstellungskosten § 284(2)
18. Erläuterungen von Beträgen größeren Umfangs, die Vermögensgegenstände betreffen, die erst nach dem Stichtag rechtlich entstehen § 268(4)
19. Dgl. für Verbindlichkeiten, die erst nach dem Stichtag rechtlich entstehen § 268(5)
20. Angabe eines nach § 250(3) in den Rechnungsabgrenzungsposten aufgenommenen Unterschiedsbetrages § 268(6)
21. Erläuterungen zur Aktivischen Steuerabgrenzung § 274(2)
22. Angabe der Vorschriften, nach denen der Sonderposten mit Rücklagenanteil gebildet worden ist § 273(1)
23. Angabe der Rechtsgrundlagen bei Ausweis der steuerlichen Sonderabschreibungen im Sonderposten mit Rücklagenanteil § 281(1)
24. Angaben zu der in der Bilanz nicht gesondert ausgewiesenen Rückstellungen nicht unerheblichen Umfangs § 285
25. Angabe des Gesamtbetrags der Verbindlichkeiten § 285

26. Angaben nach Nr. 25 für jede in der Bilanz ausgewiesene Verbindlichkeitsposition § 285 (*)
27. Angabe des Gesamtbetrags der sonstigen finanziellen Verpflichtungen § 285 (*)
28. Gesonderte Angabe der Haftungsverhältnisse unter Angabe der gewährten Pfandrechte und sonstigen Sicherheiten § 268(7)

III. Spezielle Angaben zur Gewinn- und Verlustrechnung

29. Angabe des Material- und Personalaufwandes des Geschäftsjahres bei Anwendung des Umsatzkostenverfahrens § 285 (*)
30. Erläuterungen zu außerordentlichen Aufwendungen/Erträgen, die für die Beurteilung der Ertragslage nicht von untergeordneter Bedeutung sind § 285
31. Aufspaltung der Ertragssteuern auf das Ergebnis der gewöhnlichen Geschäftstätigkeit und des außerordentlichen Ergebnisses § 285
32. Aufgliederung der Umsatzerlöse nach Tätigkeitsbereichen und Regionen § 285 (**)

C. Angaben zum Jahresergebnis

33. Erläuterungen des Einflusses steuerlicher Maßnahmen auf das Jahresergebnis und der daraus resultierenden künftigen Belastungen § 285 (*)

D. Zusätzliche Angaben zur Vermittlung eines den tatsächlichen Verhältnissen entsprechenden Bildes der Vermögens-, Finanz- und Ertragslage

34. Allgemeine Jahresabschlusserläuterungen zur Vermittlung eines den tatsächlichen Verhältnissen entsprechenden Bildes § 264(2)

E. Ergänzende Angaben

35. Angabe der Vorschüsse und Kredite an Mitglieder von Unternehmensorganen § 285
36. Angabe der Bezüge der Geschäftsführer sowie von Aufsichtsorganen (für jede Gruppe getrennt) § 285
37. Angaben zu Beteiligungen (Name, Sitz des Unternehmens, Anteil am Kapital, Eigenkapital, letztes Ergebnis) § 285
38. Angabe der durchschnittlichen Arbeitnehmerzahl getrennt nach Gruppen § 285.

In bestimmten Fällen - z.B. zum Wohle der BRD, bei untergeordneter Bedeutung, bei mit der Veröffentlichung verbundenen Nachteilen - müssen bzw. können Angaben zu einigen im § 286 HGB benannten Positionen unterlassen werden.

Lagebericht

Gemäß § 289 HGB stellt sich der Inhalt des Lageberichtes wie folgt dar:
- Ein den tatsächlichen Verhältnissen entsprechendes Bild des Geschäftsverlaufes und der Lage der Kapitalgesellschaft ist zu vermitteln.
- Es ist über Vorgänge von besonderer Bedeutung, die nach dem Schluss des Geschäftsjahres eingetreten sind, zu berichten.
- Es ist auf den Bereich „Forschung und Entwicklung" einzugehen.
- Es ist ein Überblick über die voraussichtliche Entwicklung zu geben.

6. Die Gewinnverteilung bei verschiedenen Unternehmensformen

6.1. Gewinnverteilung bei einer Einzelunternehmung

Diese Art der Gewinnverteilung wurde in den Aufgaben bisher vorgenommen, da grundsätzlich eine Einzelunternehmung unterstellt wurde.

Der Gewinn oder Verlust ermittelt sich als Saldo auf dem „Gewinn- und Verlustkonto". Die Gegenbuchung erfolgt auf dem „Kapitalkonto", auf dem auch im Sinne des Vermögensvergleichs die Konten „Privatentnahmen" und „Neueinlagen" abgeschlossen werden.

Der Schlussbestand des Kapitals - als Saldo ermittelt - wurde im „Schlussbilanzkonto" gegengebucht.

S	GuV	H	S	Eigenkapital	H
Aufwand		Ertrag	Privatentnahmen		AB
Gewinn			SB (an SBK)		Neueinlagen
					Gewinn

6.2. Gewinnverteilung bei einer Personengesellschaft

Bei Personengesellschaften geht das Recht von der „**Bilanzbündeltheorie**" aus. Das bedeutet, dass eine Anzahl Einzelunternehmer in einem Zusammenschluss unterstellt wird.

Die Buchung für Vollhafter ist deshalb die gleiche, wie bei einem Einzelunternehmer. Es gibt hier nur für **jeden Vollhafter ein eigenes Kapitalkonto**. Der Gewinnsaldo des GuV-Kontos muss dann erst auf einem Zwischenkonto, dem „**Gewinnverteilungskonto**", aufgeteilt werden. Ein Teilhafter dagegen erhält seinen Gewinnanteil, wenn die Einlage noch nicht vertragsmäßig voll erbracht ist, auf dem (sonstigen) Forderungskonto gegen ihn gutgeschrieben. Anschließend ist die Unternehmung verpflichtet, den Gewinnanteil auszuzahlen. Bis zur Überweisung des Betrages wird er auf dem Fremdkapitalkonto der Gruppe „**Sonstige Verbindlichkeiten**" mit dem Namen „**Gewinnanteilskonto**" gebucht.

S	GuV	H
Aufwand Gewinn		Ertrag

S	Gewinnverteilungskonto	H
Gewinnanteile der Gesellschafter		Gewinn

Vollhafter

S	Eigenkapital Vollhafter	H
Aufwand Gewinn		Ertrag

Teilhafter

S	Einlagen-(Kapital-)Konto	H
SB (an SBK)		AB (Einlage)

S	Gewinnanteilskonto	H
Saldo (an Bank) oder als SB (an SBK)		Gewinnanteil

a) Die offene Handelsgesellschaft

Bei dieser Unternehmensform handelt es sich um den **Zusammenschluss von Vollhaftern**. Die Gewinnverteilung einer OHG ermittelt sich entweder nach einer vertraglichen Regelung oder nach den §§ 120 - 122 HGB. Gewinn und Verlust einschließlich der Privatbuchungen ändern den Kapitalbestand. Die Gewinnanteile sind aufgrund des HGB wie folgt zu ermitteln, wobei Einlagen und Entnahmen während des Jahres zeitlich zu berücksichtigen sind:

Vorab können die geschäftsführenden Gesellschafter einen Gewinnanteil für ihre Arbeitsleistung berücksichtigen. Dann erhalten die Gesellschafter eine vier prozentige Verzinsung ihres eingesetzten Kapitals, **soweit Gewinne in dieser Höhe vorhanden sind**. Der Restgewinn wird ebenso wie ein möglicher vorhandener Verlust **nach Köpfen** aufgeteilt.

Jeder Gesellschafter ist berechtigt, Privatentnahmen während des Jahres in Höhe von 4 % seiner Einlage zu tätigen. Höhere Gewinnanteile kann er sich ebenfalls auszahlen lassen, wenn die Gesellschaft dadurch keinen Schaden nimmt.

Beispiel

Die Kapitalanteile von A betragen 40.000,-- €, von B 160.000,-- €. Auf dem Privatkonto A wurden 1.000,-- € auf dem Privatkonto B 6.400,-- € gebucht. A erhält einen Arbeitsanteil von 20.000,-- €. Der Gewinn beträgt 80.000,-- €.

Gesell-schafter	Kapital-anteile	Arbeitsanteil	4% Verzinsung des Kapitalanteils	Gewinnreste	Gesamtgewinn
A	40.000,--	20.000,--	1.600,--	26.000,--	47.600,--
B	160.000,--	-,--	6.400,--	26.000,--	32.400,--
		20.000,--	8.000,--	52.000,--	80.000,--

Buchungsschwerpunkte zum Jahresschluss

S	GuV	H
Aufwand 200.000	Erträge	280.000
1. Gewinn 80.000		

S	Gewinnverteilungskonto	H
Gewinnanteil	1.	80.000
2. A 47.600		
2. B 32.400		

S	Privat A	H
Entnahme 1.000	Kapital A	1.000

S	Kapital A	H
Privat 1.000	AB	40.000
SB 86.600	Gewinn	47.600

S	Privat B	H
Entnahme 6.400	Kapital A	6.400

S	Kapital B	H
Privat 6.400	AB	160.000
SB 186.000	Gewinn	32.400

Buchungssätze:

1. Gewinn und Verlust 80.000,-- € an Gewinnverteilungskonto 80.000,-- €

2. Gewinnverteilungskonto 80.000,-- €
    an Kapital A 47.600,-- €
    an Kapital B 32.400,-- €

3. Kapital A 1.000,-- € an Privat A 1.000,-- €

4. Kapital B 6.400,-- € an Privat B 6.400,-- €

Aufgaben (⮕ Lösung)

1. Die Kapitalanteile in einer OHG betragen für:
A: 40.000,-- € B: 80.000,-- € C: 50.000,-- €.

   Die Privatkonten weisen folgende Entnahmen auf:
A: 500,-- € B: 800,-- € C: 900,-- €.

   Der Reingewinn in Höhe von 100.000,-- € wird nach HGB verteilt. Der Gesellschafter B erhält vorab einen Arbeitsanteil von 10.000,-- €.

   Bilden Sie die Buchungssätze einschließlich der Gewinnverteilung, und buchen Sie das Ergebnis!

2. In einer OHG betragen die Kapitalanteile von A 120.000,-- € und von B 180.000,-- €. Das Privatkonto A weist 3.000,-- €, Privatkonto B 6.000,-- € Entnahmen auf. Der Gewinn von 112.000,-- € wird folgendermaßen verteilt:
B erhält vorab für seine besondere Mitwirkung im Unternehmen einen Arbeitsanteil von 36.000,-- €, die Kapitaleinlagen werden mit 4% verzinst, der restliche Gewinn wird nach Köpfen verteilt.

b) Die Kommanditgesellschaft

Diese Gesellschaft besteht aus **Vollhaftern** und **Teilhaftern**. Die Gewinnverteilung kann ebenfalls vertraglich oder gesetzlich gemäß §§ 167 - 169 HGB geregelt sein.
Für Komplementäre gelten die Vorschriften der OHG ensprechend.
Das Kapitalkonto des Kommanditisten wird aufgrund der Haftung in voller Höhe seiner vertraglich geregelten Einlage konstant geführt. Noch ausstehende Einlagen bzw. Einlagenminderungen durch Verluste sind als „sonstige Forderungen" zu berücksichtigen.

Die Gewinnanteile werden wieder zuerst mit **4 % verzinst**. Der Restgewinn wird angemessen unter Berücksichtigung der Risiken verteilt. Der Komplementär kann die **Auszahlung** des Gewinnanteils, wie bei der OHG besprochen, verlangen. Der Kommanditist dagegen hat nur **nach Erfüllung der Einlage Anspruch auf Auszahlung** seines Gewinnanteils. Den bezogenen Gewinn braucht er bei späteren Verlusten nicht zurückzuzahlen. Verluste erhöhen die sonstigen Forderungen - allerdings nur bis zur Höhe der vertraglich geregelten Einlage.

Beispiel

Die Kapitalanteile des Komplementärs A betragen 80.000,-- €, die des Kommanditisten B 40.000,-- €. A hatte eine Privatentnahme von 1000,-- €. Der Gesamtgewinn beträgt 40.000,-- €. Jeder Gesellschafter erhält eine Kapitalverzinsung von 4 %, der restliche Gewinn wird im Verhältnis 4 : 1 verteilt.

Buchungsschwerpunkte zum Jahresschluss

Gesellschafter	Kapitalanteile	4 % Verzinsung des Kapitalanteils	Gewinnrest (anteilig)	Gesamtgewinn
A	80.000,--	3.200,--	28.160,--	31.360,--
B	40.000,--	1.600,--	7.040,--	8.640,--
		4.800,--	35.200,--	40.000,--

Buchungssätze:

1. Gewinn und Verlust 40.000,-- €   an Gewinnverteilungskonto 40.000,-- €

2. Für Komplementär A
   a) Gewinnverteilungskonto 31.360,-- €   an Kapitalkonto A 31.360,-- €
   b) Kapitalkonto A 1.000,-- €   an Privatkonto A 1.000,-- €

3. Für Kommanditisten B
   Gewinnverteilungskonto 8.640,-- €   an Gewinnanteilskonto B 8.640,-- €

Dieser Gewinnanteil erscheint, solange er nicht ausgezahlt wird, in der Bilanz unter „**Sonstige Verbindlichkeiten**".
Die Kapitaleinlage des B bleibt davon unberührt.

Aufgaben (⊃ Lösung)

1. + 2. Eine Kommanditgesellschaft weist folgende Zahlen aus.

	Nr. 1		Nr. 2	
	Soll	Haben	Soll	Haben
Kapital:				
- Komplementär A	-,--	80.000,--	-,--	120.000,--
- Kommanditist B	-,--	30.000,--	-,--	40.000,--
- Kommanditist C	-,--	40.000,--	-,--	10.000,--
Privatkonto A	2.000,--	-,--	4.000,--	-,--
Verschied. Aufwendung.	190.000,--	-,--	230.000,--	-,--
Umsatzerlöse	-,--	350.000,--	-,--	252.000,--

Gewinnverteilung:
Die Gesellschafter erhalten 4 % vom Kapitalanteil, der Rest wird im Verhältnis 6 : 2 : 1 verteilt.

Errechnen Sie die Gewinnverteilung, und buchen Sie das Ergebnis!

3. Die Kapitalkonten einer KG weisen folgende Zahlen aus:
Kapital Vollhafter A 100.000,-- €
Kapital Teilhafter B 30.000,-- €

Der Verlust in Höhe von 20.000,-- € ist im Verhältnis 4 : 1 zu verteilen.

6.3. Gewinnverteilung bei einer Kapitalgesellschaft

Wie bereits erläutert, wird die Gewinnverwendung einer Kapitalgesellschaft sowohl in der Bilanz (§ 266(3) HGB), als auch in der Gewinn- und Verlustrechnung (§ 275(4) HGB) vorgenommen. Bei der Darstellung wird jedoch unterschieden, ob eine Gewinnverwendung zum Jahresabschluss **vollständig** oder erst **teilweise** feststeht (§ 268(1) HGB).

a) Teilweise Gewinnverwendung beim Jahresabschluss

Im folgenden wird die teilweise Gewinnverwendung aufgeführt: Die Konten „Gewinnrücklage" und „Bilanzgewinn" werden über das Schlussbilanzkonto abgeschlossen.
Das Konto „Bilanzgewinn" wird dann aber unter dem neuen Namen „**Gewinnverteilungskonto**" eröffnet und später als **Tantieme** und **Dividende** auf entsprechende Fremdkapitalkonten bis zur Bezahlung verteilt.
Der Rest fließt als **Gewinnvortrag** am Jahresende der Gewinn- und Verlustrechnung oder den Rücklagen zu.

Berechnungsschema des Bilanzgewinns einer Aktiengesellschaft

  Jahresüberschuss
- Verlustvortrag

	Zwischenergebnis	→ 5% gesetzliche Rücklage bis gesetzliche Rücklage und Kapitalrücklage 10 % des gezeichneten Kapitals erreicht (laut Satzung kann die Rücklage auch über 10% liegen)
-	gesetzliche Rücklage	
	Zwischenergebnis	→ bis 50% durch Vorstand und Aufsichtsrat: „andere Rücklage" (laut Satzung auch höhere Anteile bis die Gewinnrücklagen 50% des gezeichneten Kapitals ausmachen) oder bis 50% durch Hauptversammlung: „satzungsgemäße Rücklagen"
-	andere / satzungsgemäße Rücklage	

  Zwischenergebnis
+ Gewinnvortrag
+ Auflösung von Rücklagen

= Bilanzgewinn

Buchungsschema des Jahresabschlusses einer Aktiengesellschaft

S	GuV	H	S	Gewinnverteilungskonto	H
Aufwand Jahresüberschuss		Ertrag	Anteile: Rücklagen, Bilanzgewinn (Verlustvortrag)		Jahresüberschuss Gewinnvortrag

S	gezeichnetes Kapital [*)]	H	S	gesetzliche Rücklagen	H
SB (an SBK)		AB	(Auflösung) SB (an SBK)		AB Einstellung

[*)] gezeichnetes Kapital: im Gesundheitswesen festgesetztes (Krankenhaus) oder gewährtes Kapital (Pflege)

S and./satzungsgem. Rücklag. H	S Bilanzgewinn H
(Auflösung) | AB SB (an SBK) | Einstellung	SB (an SBK) | Bilanzgewinn

Beispiel

Eine AG hat ein gezeichnetes Kapital von 1.000.000,-- €. Der Jahresüberschuss beträgt 100.000,-- €. Es werden 5% gesetzliche Rücklage und 20.000,-- € andere Rücklage gebildet.
Die Hauptversammlung beschließt im neuen Geschäftsjahr:
Der Vorstand erhält 10 % Tantieme, der Aufsichtsrat erhält 10 % Tantieme, die Aktionäre erhalten 6 % Gesamtdividende. Der Gewinnrest ist auf neue Rechnung vorzutragen.

1. Ermittlung des Bilanzgewinns

Jahresüberschuss	100.000,-- €
- Einstellung in gesetzliche Rücklagen	5.000,-- €
- Einstellung in andere Rücklagen	20.000,-- €
Bilanzgewinn 31.12.	75.000,-- €

Buchungen:

G u V 100.000,-- € an Gewinnverteilungskonto 100.000,-- €

Gewinnverteilungskonto 5.000,-- € an gesetzliche Rücklagen 5.000,-- €

Gewinnverteilungskonto 20.000,-- € an andere Rücklagen 20.000,-- €

Gewinnverteilungskonto 75.000,-- € an SBK (oder Bilanzgewinn) 75.000,-- €

2. Verteilung des Bilanzgewinns auf Beschluss der Hauptversammlung

Der Bilanzgewinn ist nach dem folgenden Schema zu verteilen:

Bilanzgewinn	75.000,-- €
- 10% [*]) Vorstandstantieme (§ 86 AktG) [**]) (2. Zwischenergebnis von Seite 61 bzw. 3. Zwischenergebnis bei satzungsgemäßer Rücklage)	7.500,-- €
- Vordividende (4% vom gezeichneten Kapital 1.000.000,-- € gem. § 113 AktG)	40.000,-- €

- Aufsichtsratstant. (10% *⁾ vom Bilanzgewinn abzüglich
  Vordividende 35.000,-- € gemäß § 113 AktG) **⁾   3.500,-- €
- Restdividende (2% *⁾ vom gezeichneten Kapital
  1.000.000,-- €)   20.000,-- €

Gewinnvortrag   4.000,-- €

*⁾ nicht gesetzlich fixierte Beträge; **⁾ falls entsprechend vorgesehen

Buchungsschema der Bilanzgewinnverteilung

S	Gewinnverteilungskonto	H		S	Dividende	H
Dividende Tantieme Gewinnvortrag		Ertrag		Saldo (an Bank)		Gewinnanteil

S	Tantieme	H		S	Gewinnvortrag	H
Saldo (an Bank)		Gewinnanteil		Saldo (an Gewinnverteilungskonto am Jahresende)		Gewinnanteil

Buchungen:

EBK 75.000,-- €	an Gewinnverteilungskonto 75.000,-- €
Gewinnverteilungskonto 60.000,-- €	an Dividenden 60.000,-- €
Gewinnverteilungskonto 11.000,-- €	an Tantiemen 11.000,-- €
Gewinnverteilungskonto 4.000,-- €	an Gewinnvortrag 4.000,-- €

Bei dem Dividenden- und Tantiemenkonto handelt es sich um das gleiche Gewinnanteilskonto (Fremdkapital), das auch bei der KG genutzt wurde. Nur der Name hat sich geändert.

Aufgaben (⊃ Lösung)

1. gezeichnetes (festgesetztes / gewährtes) Kapital 10.000.000,-- €; Gesetzliche Rücklage 5 %; andere Rücklagen 100.000,-- €; Gewinnvortrag 10.000,-- €; Dividende 8 %; Tantieme Vorstand 3 %; Tantieme Aufsichtsrat 2 %; Gewinn- und Verlustkonto (Jahresgewinn) 3.000.000,-- €.
Bilden Sie die Abschluss-Buchungssätze, und führen Sie die Gewinnverteilung im neuen Jahr durch!
Wie hoch ist das neu gebildete Eigenkapital der AG?

2. Eine neu gegründete Aktiengesellschaft (X-AG) hat ein voll eingezahltes gezeichnetes (festgesetztes / gewährtes) Kapital von 5.000.000,-- €. Am Ende des Geschäftsjahres weist das Jahresgewinn und -verlustkonto einen Jahresüberschuss von 500.000,-- € aus.
Aus dem Jahresüberschuss sollen 5 % der gesetzlichen und 125.000,-- € der anderen Rücklage zugeführt werden.
Eine Dividende in Höhe von 5 % und Tantiemen in Höhe von 50.000,-- € überweist die X-AG im neuen Geschäftsjahr durch die Bank. Der Gewinnvortrag wird in die Erfolgsrechnung des laufenden Jahres übernommen.
a) Wie hoch ist der Gewinnvortrag?
b) Wie hoch ist das neu gebildete Eigenkapital?
c) Bilden Sie die entsprechenden Buchungssätze!

b) Vollständiger Gewinnverwendungsbeschluss beim Jahresabschluss

Steht die vollständige Gewinnverwendung beim Jahresabschluss fest, so wird die gesamte Gewinnverteilung **zu diesem Zeitpunkt** vorgenommen.
Die Buchungen - auf das o.a. Beispiel bezogen - lauten dann:

GuV 100.000,-- €	an Gewinnverteilungskonto 100.000,-- €
Gewinnverteilungskonto 5.000,-- €	an gesetzliche Rücklagen 5.000,-- €
Gewinnverteilungskonto 20.000,-- €	an andere Rücklagen 20.000,-- €
Gewinnverteilungskonto 60.000,-- €	an Dividende 60.000,-- €
Gewinnverteilungskonto 11.000,-- €	an Tantiemen 11.000,-- €
Gewinnverteilungskonto 4.000,-- €	an SBK (oder Gewinnvortrag) 4.000,-- €

VII. Die Steuerbilanz

1. Der Unterschied zwischen Handels- und Steuerbilanz

Handels- (HB) und Steuerbilanz (StB) unterscheiden sich aufgrund ihrer Zielsetzung und aufgrund ihrer Adressaten.

So dient die Handelsbilanz vor allem der Publikation und als Beweismittel vor Gericht. Die optische Darstellung zielt darauf ab, einen möglichst hohen Gewinn aufzuzeigen. Dies wird im Rahmen der gesetzlichen Möglichkeiten selbstverständlich genutzt.

Neben der Handelsbilanz kann grundsätzlich die Steuerbilanz erstellt werden, auf deren **Grundlage die Gewinnbesteuerung** vorgenommen wird. Es ist damit sicherlich verständlich, dass aus diesem Grund jeder Unternehmer versucht, im Rahmen der gesetzlichen Möglichkeiten, den **Gewinn so gering wie möglich** darzustellen.

2. Der steuerrechtliche Gewinnbegriff

Gemäß § 2 EStG ist aus nachfolgend aufgeführten Einkommensarten der Gewinn zu versteuern:
1. Land- und Forstwirtschaft,
2. Gewerbebetrieb (alle, die nicht Ziffer 1 oder 3 zugeordnet werden können),
3. Selbständige Tätigkeit (u.a. freiberufliche Tätigkeit – „Vereinfachte Aufzeichnungspflicht").

Der Grundbegriff des Gewinns wird in § 4 f. EStG definiert und im folgenden auf die Gewinnermittlung bezogen aufgezeigt.

Aufgrund des Schwerpunktes dieses Buches beschränken sich die folgenden Abschnitte auf die Gewinnermittlung von Gewerbetreibenden.

Die **Gewinnermittlung** wird bei allen, die zur Buchführung verpflichtet sind oder freiwillig Bücher führen, nach § 4(1) EStG wie folgt vorgenommen:

  Betriebsvermögen am Ende des Jahres (Reinvermögen)
  - Betriebsvermögen am Schluss des vorangegangenen Jahres (Reinvermögen)
  +Privatentnahmen
  - Neueinlagen
  = Gewinn

Diese Vorgehensweise ist bereits vom Kapital- / Vermögensvergleich bekannt.

Die Gewinnermittlung bei denen, die weder gesetzlich verpflichtet noch freiwillig Bücher führen (§ 4(3) EStG), wird folgendermaßen durchgeführt:

    Betriebseinnahmen *
- Betriebsausgaben *
= Gewinn

* Nach unseren Begriffen sind hier die Ein- und Auszahlungen beim Umlaufvermögen gemeint.
Beim abnutzbaren Anlagevermögen (AV) tritt die Abschreibung an die Stelle der Auszahlung, bei nicht abnutzbarem AV der Erfolg aus Verkauf abzüglich Kauf, wobei der Verkauf mit Gewinn als Einzahlung, der Verkauf mit Verlust als Auszahlung zu berücksichtigen ist.

Diese Gruppe muss in jedem Fall die Betriebseinnahmen und -ausgaben durch Aufzeichnungen nachweisen.

Bei **Gewerbetreibenden**, die verpflichtet sind, Bücher zu führen oder es freiwillig tun (§ 5(1) EStG), erfolgt die Gewinnermittlung wie unter § 4(1) EStG bereits aufgezeigt. Wenn steuerrechtliche Vorschriften fehlen, ist jedoch bei diesen Gewerbetreibenden das **Betriebsvermögen** am Ende des Wirtschaftsjahres auszuweisen, das sich nach den **Grundsätzen handelsrechtlicher ordnungsgemäßer Buchführung und Bilanzierung** ergibt. Steuerrechtliche Wahlmöglichkeiten sind in Übereinstimmung mit der Handelsbilanz auszuüben. Man spricht von der **Maßgeblichkeit der Handelsbilanz für die Steuerbilanz**. Diese Maßgeblichkeit betrifft die Ansatzvorschriften stärker als die Bewertungsvorschriften.

3. Maßgeblichkeitsgrundsätze

Folgende Grundsätze wurden durch Gesetz und Rechtsprechung geprägt:

Ansatzbereich

1. Was **handelsrechtlich aktiviert** werden muss, ist auch **steuerlich** zu **aktivieren (Aktivierungsgebot)**.

   Beispiel
   Das unternehmerisch genutzte Grundstück **muss** sowohl in der HB **als auch** in der StB angesetzt werden.

2. Was **handelsrechtlich passiviert** werden muss, ist auch **steuerlich** zu **passivieren (Passivierungsgebot)**.

   Beispiel
   Gezeichnetes Kapital und Rücklagen bei einer Kapitalgesellschaft müssen sowohl in der HB als auch in der StB angesetzt werden, weiter müssen Rückstellungen für ungewisse Verbindlichkeiten berücksichtigt werden.

3. Was **handelsrechtlich nicht aktiviert** werden darf, darf auch **steuerlich nicht aktiviert** werden **(Aktivierungsverbot)**.

   Beispiel
   Originäre immaterielle Wirtschaftsgüter (u.a. Software) dürfen in der HB **nicht** angesetzt werden, also auch nicht steuerrechtlich.

4. Was **handelsrechtlich nicht passiviert** werden darf, darf auch **steuerlich nicht passiviert** werden **(Passivierungsverbot)**.

   Beispiel
   Eventualverbindlichkeiten (Verbindlichkeiten, bei denen eine rechtliche Inanspruchnahme möglich wäre, bei denen jedoch seitens des Unternehmens nicht mit der Inanspruchnahme gerechnet wird, z.B. Bürgschaft), dürfen weder in der HB noch in der StB angesetzt werden.

5. Die **handelsrechtliche Bilanzierungswahlmöglichkeit** auf der Aktivseite der Bilanz bedeutet **steuerrechtlich ein „Ansatz- Muss"**.

Beispiel
Der derivative Firmenwert darf handelsrechtlich angesetzt werden, muss jedoch in der StB angesetzt werden. Es ist jedoch zu beachten, dass es steuerrechtlich auch eine planmäßige Abschreibung für den Firmenwert (15 Jahre) gibt!

6. Die **handelsrechtliche Bilanzierungswahlmöglichkeit** auf der Passivseite der Bilanz bedeutet **steuerrechtlich ein „Darf nicht"** für den Ansatz.

Beispiel
Rückstellungen für Instandhaltungen, die nach drei Monaten des Folgejahres durchgeführt werden, dürfen in der HB angesetzt werden. Steuerrechtlich ist der Ansatz verboten.

7. Bei **steuerrechtlicher Bilanzierungswahlmöglichkeit** ist in jedem Fall der **gewählte Handelsbilanzansatz** maßgeblich.

Beispiel
a) Steuerrechtlich können Re-Investitionsrücklagen als Sonderposten angesetzt werden. Werden sie in der HB angesetzt, so müssen sie auch in der StB angesetzt werden. Wenn sie in der HB nicht angesetzt werden, dürfen sie auch in der StB nicht angesetzt werden.
b) Pensionsrückstellungen müssen berücksichtigt werden, weil sie in der HB gebildet werden müssen.

Bewertungsbereich

8. Grundsätzlich gibt es wegen der Wichtigkeit der Bewertung **eigene steuerrechtliche Vorschriften**.

9. Bei **steuerrechtlichem Bewertungswahlrecht** ist ebenfalls in jedem Fall der **gewählte Handelsbilanzwert** maßgeblich.

Beispiel

Gemäß Steuerrecht können Anschaffungskosten oder der niedrigere Teilwert angesetzt werden. Hier muss grundsätzlich der HB-Wert übernommen werden (genaueres dazu allerdings im Kapitel „Bewertung").

4. Die Technik der Steuerbilanz

Bis 1998 wurde häufig nur eine Bilanz aufgestellt. Je nach Blickpunkt könnte man unterscheiden zwischen Handelsbilanz unter Berücksichtigung der steuerlichen Aspekte oder Steuerbilanz, die auch als Handelsbilanz Verwendung findet. Diese Techniken wurden z.b. angewandt, wenn kein Interesse an einer handelsrechtlichen Publizierung besteht.

Ab 1999 wird man allerdings feststellen, dass es eine Übereinstimmung von **Handels- und Steuerbilanz**, z.B. wegen der steuerrechtlichen Abzinsung von Verbindlichkeiten oder wegen der Einbeziehung von Rückstellungsvorteilen, nicht mehr in jedem Fall geben wird. Es werden also **zwei unterschiedliche Bilanzen** erstellt und den verschiedenen Empfängern zugestellt.

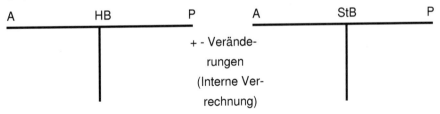

Es wird für Steuerzwecke eine **abgeleitete Steuerbilanz** erstellt, die die Maßgeblichkeit der Handelsbilanz für die Steuerbilanz besser darlegen soll.

A		BILANZ					P
Position	HB	+ - Veränderung	StB	Position	HB	+ - Veränderung	StB

VIII. Die Bewertung

1. Grundlagen der Bewertung

Während bisher der Ansatz von bestimmten Bilanzpositionen im Vordergrund stand, geht es in den folgenden Abschnitten um den **Wert** dieser anzusetzenden Positionen.

Grundsätzlich bestimmt sich der Wert eines Gutes nach seiner objektiven Nützlichkeit und Seltenheit. Als Preis wird der Wert errechenbar gemacht. Die erste Frage nach dem Preis stellt sich bei der Inventur und dann bei der Bilanzierung.

Bewertungsvorschriften finden sich in § 252 - § 256 HGB. Bei der Bewertung in Kapitalgesellschaften gelten **zusätzlich § 279 - § 283 HGB**. Da aber sehr viele Unternehmen nur eine Bilanz (HB = StB) erstellen, orientiert man sich gleichzeitig an den steuerlichen Bestimmungen der **§§ 6 ff EStG**. Soweit hier nichts gesagt ist, gilt die Handelsbilanz (**Maßgeblichkeit § 5(1) EStG**)!

2. Typische Werte nach Handels- und Steuerrecht
2.1. Aufzählung der Beschaffungs- und Absatzwerte

Unterschiedliche Werte ergeben sich bei der Beschaffung oder dem Absatz von Gütern. Typische Werte des **Beschaffungsmarktes** sind:
- Anschaffungskosten,
- Herstellungskosten,
- Markt- oder Börsenwert,
- Wiederbeschaffungskosten (-wert).

Typische Werte des **Absatzmarktes** sind:
- Teilwert,
- Verkaufswert,
- Liquidationswert,
- Ertragswert,
- Barwert.

2.2. Die Anschaffungskosten

Der Begriff der **Anschaffungskosten (AK)** wird im § 255(1) HGB erläutert. Er entstand jedoch durch die Rechtsprechung. Besser wäre es allerdings, man spräche hier von **Anschaffungsaufwendungen**, denn der Begriff der „Anschaffungskosten" umfasst **alle finanzbuchhalterischen Ausgaben und Aufwendungen, die durch die Beschaffung eines Wirtschaftsgutes bis zur Betriebsbereitschaft entstanden sind**, einschließlich übernommener Schulden eines Veräußerers. Diese Aufwendungen müssen dem Vermögensgegenstand einzeln zugeordnet werden können.

Anschaffungskosten entstehen mit der **Verpflichtung zur Gegenleistung**, nicht aufgrund der Bezahlung. Wertveränderungen nach dem Zeitpunkt der Anschaffung (z.B. Wechselkursänderungen) beeinflussen die Anschaffungskosten nicht.

Die Anschaffungskosten können durch Auflistung der Aufwendungen ermittelt werden oder durch Abzug der Bruttospanne vom Netto-Verkaufspreis (**retrograde Bewertung**). Handelt es sich um die Übernahme einer Rentenverpflichtung, so ist der Barwert zu ermitteln (siehe Barwert).

Nachträgliche Anschaffungskosten stehen von vornherein in direktem Zusammenhang mit dem Erwerb. Sie sind unmittelbare Folgekosten des Erwerbs, wie z.B. auf dem erworbenen Branntwein lastende Branntweinsteuer oder die Abbruchkosten für einen Gebäudeabbruch, der mit dem Kauf des Grundstücks gleich beabsichtigt war.

Neben dem **eigentlichen Preis** sind weitere Positionen zu berücksichtigen.

a) Erwerbsnebenkosten

Erwerbsnebenkosten teilen das Schicksal des Kaufpreises. Sie müssen mit **aktiviert** werden (Einstandspreis). Gewinnmindernd wirken sie sich nur über mögliche Abschreibungen aus, oder wenn sie bei der Veräußerung dem Erlös gegenüberstehen.

Erwerbsnebenkosten müssen sich dem **Gut direkt zurechnen lassen**, sonst können sie bei den Anschaffungskosten nicht berücksichtigt werden. Erwerbskosten sind z.B.:
- --- Grunderwerbsteuer,
- --- Notariats- und Grundbuchkosten,
- --- Vermittlungs-, Maklergebühren, Provisionen,
- --- Frachtkosten, Rollgelder und Zölle,
- --- direkte Kosten der Aufstellung, wie z.B.: Stützmauern, Sockel usw.

Die Bewertung 269

b) Nicht abziehbare Vorsteuer

Vorsteuer gehört zu den Anschaffungskosten, wenn der **Unternehmer steuerfreie Umsätze** tätigt und deshalb vom Vorsteuerabzug ausgeschlossen ist. Ausnahme sind steuerfreie Exportgeschäfte; hier kann die Vorsteuer abgezogen werden.

c) Preisnachlässe

Zahlungsabzüge, wie Rabatte, Boni, Skonti und Preisnachlässe aufgrund von Mängelrügen **mindern** den Einstandspreis und damit die **Anschaffungskosten**. Bei abnutzbaren Gütern sind die Abschreibungen von diesen geminderten Anschaffungskosten vorzunehmen.
Bedeutsam sind Preisschmälerungen bezüglich der geringwertigen Wirtschaftsgüter, deren Anschaffungskosten (ohne nicht abziehbare Vorsteuer) 410,-- € nicht übersteigen dürfen. (Siehe auch Kapital „Preisnachlässe" im Abschnitt „Buchungs- und Ansatzschwerpunkte")

d) Zuschussrücklagen, Ersatzbeschaffungsrücklagen, Re-Investitionsrücklagen

Wie schon im Kapitel VII.3. „Steuerfreie Rücklagen" erläutert, können die Erträge aus Zuschüssen (bestimmte öffentliche Zuschüsse kürzen die Anschaffungs- oder Herstellungskosten nicht), aus Entschädigungen bei zwangsweise ausgeschiedenen Gütern und aus Umsatzerlösen bei vorgesehenen Re-Investitionen auch als Rücklagen (steuerfreie Rücklagen) gebucht werden. Beim Kauf des entsprechenden Gutes werden jedoch dann die Rücklagen durch eine **Kürzung der Anschaffungskosten** aufgelöst.

e) Geldbeschaffungskosten

Geldbeschaffungskosten, wie Zinsen, Spesen, Bearbeitungsgebühren, stehen nur in **mittelbarem Zusammenhang** mit der Anschaffung. Sie sind vielmehr „Anschaffungskosten" des Kredites, also **Finanzierungskosten**.
Auch Stundungs- und Verzugszinsen, Wechselzinsen und Wechselspesen sind **keine Anschaffungskosten**.

Hinweis: Weitere Punkte, wie Mietkaufverträge, Leasing, Tausch und unentgeltlicher Erwerb werden hier nicht behandelt.

Die Bewertung

Aufgaben (⊃ Lösung)

Ermitteln Sie die Anschaffungskosten:
Unternehmer U. hat ein Unternehmen mit umsatzsteuerpflichtigen Umsätzen.

1. U. kauft einen Pkw für 5.500,-- € (einschl. USt). Er bezahlt zusätzlich 550,-- € (brutto) Überführungskosten, 600,-- € für Versicherung und Steuern und 40,-- € Zinsen im Monat für den aufgenommenen Kredit.

2. U. kauft eine Maschine, bucht aber erst bei Zahlung einen Monat später:
   Maschine 11.000,-- €   an Kasse 11.000,-- (einschl. USt)
   Noch nicht berücksichtigt sind:
   Skonti: 3%
   Zuschuss: 3.000,-- €
   Betonsockel zum Aufstellen der Maschine: 800,-- €
   Kraftstoff: 400,-- €

3. U. kauft eine Maschine.
   Netto-Rechnungsbetrag: 8.000,-- €
   + 10% USt: 800,-- €

   Rechnungsbetrag: 8.800,-- €

   Er finanziert diese Anschaffung über ein Darlehen mit 6 % Disagio.
   Frachtkosten (incl. 10% USt): 550,-- €
   Provision (incl. 10% USt): 2.200,-- €
   Zuschussrücklage: 3.000,-- €
   Skonto: 3%

4. Eine Kurklinik kauft ein Transportauto:
   Netto-Preis: 20.000,-- €
   + 10% USt: 2.000,-- €

   Rechnungsbetrag: 22.000,-- €

   Folgende Angaben sind zu berücksichtigen:
   Rabatt: 1%
   Skonto: 2%
   Finanzierungsrückzahlung: 23.000,-- €
   Überführungskosten (brutto): 800,-- €
   Kfz-Versicherung: 700,-- €
   Kfz-Steuer: 500,-- €
   Provision: 1.100,-- €
   Anmeldekosten: 50,-- €

2.3. Die Herstellungskosten

Herstellungskosten (HK) sind die Werte, mit denen **selbsterstellte Wirtschaftsgüter** bzw. Leistungen anzusetzen sind. Sie kommen in Betracht bei selbsterstelltem Anlagevermögen oder bei unfertigen Erzeugnissen und (fertigen Erzeugnissen, z.B. vorbereitete Essen). Patienten, die am Periodenende in Krankenhäusern noch in Behandlung sind, werden den unfertigen Erzeugnissen zugezählt. Es handelt sich bei den Herstellungskosten um Aufwendungen, die durch den **Verbrauch von Gütern und die Inanspruchnahme von Dienstleistungen für die Erstellung eines Gutes** entstehen.
Sie neutralisieren somit die zulässigen Aufwendungen. Besser spräche man hier also auch von **Herstellungsaufwendungen**, zumal der Kostenbegriff „Herstellkosten" sehr ähnlich klingt.

Die Definition der Herstellungskosten gemäß § 255(2) HGB lässt sich leider nur schlecht zur Ermittlung des Wertes heranziehen, da dem Gesetzgeber nicht nur der Aufwands- und Kostenbegriff, sondern auch leistungsfaktorbezogene Kosten (Abschreibungen) und funktionsbezogene Kosten (Fertigungskosten) durcheinander gerieten. Bei beiden (primären und sekundären Kosten) handelt es sich um gleiche Kostenwerte, unter unterschiedlichen Aspekten betrachtet!

Die Rechtsprechung folgt in ihrer Begriffsbestimmung den **Leitsätzen für die Preisermittlung auf Grund von Selbstkosten** vom 12.12. 1967. Da diese Leitsätze aber für den Bereich der Kostenrechnung gelten, sind die folgenden Positionen leider auch mit ihren Kostenbegriffen in die Finanzbuchhaltung eingegangen. Besser würde man auch hier zur deutlichen Abgrenzung zwischen Kostenrechnung und Finanzbuchhaltung von entsprechenden **Aufwendungen** sprechen.

Nach diesen genannten Vorlagen ergibt sich für die Herstellungskosten in Handels- und Steuerbilanz folgendes Schema:

ANSATZ	§ 255(2) HGB muss	darf	darf nicht	Abschn. 33 EStR muss	darf	darf nicht
Materialeinzelkosten	■			■		
Materialgemeinkosten		■		■		
Fertigungslohnkosten	■			■		
Fertigungsgemeinkosten		■		■		
Sondereinzelkosten /Fertigung	■			■		
Verwaltungsgemeinkosten		■ *)			■ *)**)	
Vertriebsgemeinkosten			■			■
Sondereinzelkosten / Vertrieb			■			■

*) Verwaltungsgemeinkosten dürfen nur in angemessenem Umfang eingesetzt werden, das heißt, soweit sie **der Produktion bzw. sonstigen Leistung zurechenbar** sind und noch nicht in den Material- und Fertigungsgemeinkosten berücksichtigt sind.

**) Aufgrund der Maßgeblichkeit der Handelsbilanz für die Steuerbilanz ist das Wahlrecht für den Ansatz der Verwaltungsgemeinkosten in der Steuerbilanz eingeschränkt. Es gilt der Handelsbilanz-Ansatz!

Es versteht sich nach diesem Schema von selbst, dass die bei der Leistungserbringung und in dem Leistungszeitraum anfallenden Sozialkosten und Zinsen, die bei den entsprechenden Material- und Fertigungsgemeinkosten mit verrechnet werden, ebenfalls ihre Berücksichtigung finden dürfen.
Die Aussage im § 255 (2+3) HGB ist somit nicht mehr unbedingt erforderlich.

Hinweis: Kostenzuordnungen zu den einzelnen genannten funktionalen Kostengrößen werden in der Kosten- und Leistungsrechnung erläutert.

Es sei jedoch noch einmal erwähnt :
Während in die finanzbuchhalterischen Herstellungskosten (besser: Herstellungsaufwendungen) Aufwandsgrößen - teilweise sogar nur wahlweise - eingehen, setzen sich die kostenrechnerischen Herstellkosten aus den Kostengrößen Material und Fertigung einschließlich kalkulatorischer Kosten zusammen. Gemeinkosten gehören immer dazu.

Aufgabe (⊃ Lösung)

Wie groß kann die Differenz der Herstellungskosten zwischen HB und StB sein:
Materialeinzelkosten: 5.000,-- €
Materialgemeinkosten: 3.000,-- €
Fertigungslohnkosten: 10.000,-- €
Fertigungsgemeinkosten: 2.000,-- €
Verwaltungsgemeinkosten: 2.000,-- €
Vertriebsgemeinkosten: 1.000,-- €

2.4. Der Teilwert

Nach § 6(1) Ziff.1 EStG ist der Teilwert der Betrag, den **ein Erwerber des gesamten Unternehmens im Rahmen des Gesamtkaufpreises für das einzelne Wirtschaftsgut bei Betriebsfortführung** zahlen würde.

Es handelt sich beim Teilwert um einen **Schätzwert**, denn das Unternehmen wird ja bei der Wertbildung nicht verkauft. Mit diesem Wert soll der **Mehrwert eines Gutes** erfasst werden, der sich häufig gegenüber einem Einzelveräußerungspreis dadurch ergibt, dass das Gut zur Vermögensmasse eines weitergeführten Unternehmens gehört. Bei Gütern, die jederzeit ersetzbar sind (z.B. Umlaufvermögen), wird ein solcher Mehrwert nicht vorhanden sein.

Der Teilwert wird je nach Bedeutung eines Gutes für den Betrieb und der schon genutzten Dauer im Betrieb unterschiedliche Höhen einnehmen.

Beispiel

Eine Maschine, die trotz Veralterung sehr gut in ein Produktionsprogramm passt, wird einen höheren Teilwert haben als eine gleichaltrige Maschine, die durch eine modernere, effektivere und billigere ersetzt werden kann.
(Ein Unternehmer, der das Unternehmen kauft, würde für erstere einen höheren Preis im Gesamtkaufpreis bieten.)

Generell lassen sich bei der Ermittlung des Teilwertes folgende Grenzwerte festlegen:

Grundsätzlich gelten ohne eine mögliche Widerlegung die folgenden Werte als **Teilwerte:**

- beim nicht abnutzbaren Anlagevermögen Anschaffungskosten oder Herstellkosten;
- beim abnutzbaren Anlagevermögen die Anschaffungskosten oder Herstellkosten abzüglich der Absetzung für Abnutzung;
- beim Umlaufvermögen (Vorratsvermögen) der Wiederbeschaffungswert.

Bei **Widerlegungsmöglichkeit** gelten die folgenden Teilwert-Grenzen:

Obere Grenze sind beim Anlagevermögen sicherlich die **Wiederbeschaffungskosten** (Ermittlung im nächsten Abschnitt) für ein Gut gleicher Art und Güte. Beim Umlaufvermögen ist möglicherweise der Markt- und Börsenwert als Wiederbeschaffungswert anzusetzen.

Untere Grenze für ungenutzte oder schlecht nutzbare Güter ist der **Einzelveräußerungspreis** in Form des Material- oder Schrottwertes.

Bei neuen Wirtschaftsgütern besteht die Vermutung, dass der Teilwert im Zeitpunkt des Kaufs - oder kurz danach - den **Anschaffungs- oder Herstellungskosten** entspricht.

Innerhalb dieser Grenzen wird die Höhe des Teilwertes durch verschiedene Umstände beeinflusst:
Preiserhöhungen bei entsprechenden Gütern am Markt, **hohe Ertragserwartungen** oder die o.a. **Bedeutung** des Wirtschaftsgutes für den Betrieb werden den **Teilwert nach oben** verlagern.
Preissenkungen, erwarteter Ertragsrückgang oder die o.a. mindere Bedeutung des Wirtschaftsgutes für den Betrieb werden den **Teilwert nach unten** verlagern.

Aufgabe (➲ Lösung)

Unternehmer U. hat zwei Maschinen (A und B) zu bewerten:

Merkmale A:	guter Zustand; Maschine wird so nicht mehr gebaut, sondern nur noch mit kleineren Produktionsmengen und sehr teuer.
Merkmale B:	schlechter Zustand; die gleiche Maschine ist moderner und billiger geworden.

Welchem Wert entspricht hier der Teilwert für A und B?

2.5. Sonstige Werte

In diesem Ansatz sollen die weiteren benannten Beschaffungs- und Absatzwerte kurz erläutert werden:

Der **Markt- und Börsenwert** ist der **Zeitwert der eingelagerten Güter**, der sich im freien Handel am Bilanzstichtag ergibt.

Die **Wiederbeschaffungskosten** (Wiederbeschaffungswert) sind der Tageswert, der aufgewendet werden muss, um ein **Wirtschaftsgut mit gleicher Beschaffenheit** zu ersetzen. Da ein solcher Wert vor allem beim (abnutzbaren) Anlagevermögen schwer zu ermitteln ist, geht man von folgender Rechnung aus:

Wiederbeschaffungswert (WB) ist der augenblickliche Neuwert eines vergleichbaren Gutes abzüglich der Abschreibung bei abnutzbaren Anlagegütern, berechnet auf die genutzte Dauer (Laufzeit) des zu ersetzenden Gutes.

$$WB = \frac{\text{Neuwert} \times (BND_{neu} - \text{Laufzeit des zu ersetzenden Gutes})}{BND_{neu}}$$

Beispiel

Alte Maschine: BND: 10 Jahre
Nutzung: 4 Jahre
Anschaffungskosten: 10.000,-- €

Neue Maschine: BND: 10 Jahre
Anschaffungskosten: 12.000,-- €

WB = 12.000×(10 - 4)÷10 = 7.200 → 7.200,-- €

Der **Liquidationswert** weicht vom üblichen **Verkaufswert** (Verkaufspreis) durch den Zwang des Verkaufs bei Unternehmensauflösungen ab.

Barwerte sind diskontierte Werte für Renten, **Ertragswerte** diskontierte Werte für zukünftige Erträge.
Mathematisch wird der Begriff „Barwert" als Überbegriff für alle abgezinsten Werte und Zahlungen verwendet. Rechtlich wird er im Sinne des mathematischen Kapitalwertes benutzt, das heißt, Zahlungen nach dem Zeitpunkt „t" werden auf den Zeitpunkt „t" abgezinst und aufsummiert.

Buchungsvorgänge am Beispiel der Rentenverbindlichkeit lauten:
--- Die Passivierung erfolgt zum **jeweiligen Barwert**.
--- Die Differenz aus Anfangs- und Endbestand (Barwert!) wird als **Ertrag** gebucht.
--- Rentenzahlungen werden als **Aufwand** gebucht.
--- Der erworbene Gegenstand wird zum **Barwert** aktiviert und eventuell abgeschrieben.

Der **Ertragswert** zinst - wie schon erwähnt - zukünftige Erträge, wie z.B. aus Renten (sonstige Einkünfte nach § 22 EStG), auf den Zeitpunkt „t" ab.

Erwähnenswert ist weiterhin der **Buchwert** oder **Restwert**, der sich buchhalterisch aufgrund der Abschreibungen für länger genutzte Vermögenswerte ergibt.

Im Handelsrecht wird der **Nennwert** der Aktien im Rahmen des gezeichneten Kapitals benutzt.

2.6. Grundsätzliche Buchungen von Wertveränderungen

Die buchhalterische Lösung bei Wertänderungen ist nicht problematisch. An einer kleinen Bilanz kann man sich sehr gut vorstellen, dass Werterhöhungen bei Vermögenswerten zu **Erträgen** und Wertminderungen zu **Aufwendungen** führen müssen und somit eine **Auswirkung auf das Eigenkapital** haben.

A	Ausgangsbilanz		P
Maschine	10,--	Eigenkapital	10,--
Kasse	8,--	Verbindlichk.	8,--

A	Werterhöhungsbilanz		P	A	Wertminderungsbilanz		P
Maschine	12,--	Eigenkapital	12,--	Maschine	7,--	Eigenkapital	7,--
Kasse	8,--	Verbindlichk.	8,--	Kasse	8,--	Verbindlichk.	8,--

Die **planmäßige Abschreibung von Anlagegütern** (siehe Kapitel „Abschreibung der Anlagegüter") von Anschaffungswerten und Buchwerten erfolgt über das Konto „Abschreibungen".

Buchung: Abschreibungen auf AV an Vermögenskonto

Die folgenden **außerplanmäßigen Abschreibungen** des Anlagevermögens werden ebenfalls in der Kontengruppe „Abschreibungen" erfasst.
Diese Abwertungen erfolgen aus bilanzpolitischen Gründen. Sie dürfen daher **das planmäßige Betriebsergebnis nicht berühren.** Sie wurden deshalb früher

(bei Einzelunternehmen und Personengesellschaften heute noch möglich) in der Kontengruppe „a. o. Ertrag" oder „a. o. Aufwand" gebucht.

(Die benötigten Aufwandskonten bei Wertkorrektur des Umlaufvermögens - Forderungen, Vorratsvermögen - werden später aufgezeigt. Die Konten der Wertänderungen bei Wertpapieren wurden im Kapitel III.9. dargestellt.)

Buchung: außerplanmäßige Abschreibungen auf AV   an Vermögenskonto

a b e r :
Schuldenkonto   an sonstige betriebliche Erträge

Werterhöhungen von Vermögenswerten werden in der Kontengruppe der „sonstigen betrieblichen Erträge" gebucht.

Buchung: Vermögenskonto   an sonstige betriebliche Erträge

a b e r :
sonstige betriebliche Aufwendungen   an Schuldenkonto

3. Bewertungsgrundsätze
3.1. Allgemeine Bewertungsgrundsätze nach dem HGB

Vor der Darstellung einzelner Bewertungsvorschriften hat der Gesetzgeber im neuen HGB (§ 252) durch Grundsätze einen Bewertungsrahmen abgesteckt, in den die Bewertung eingebettet sein soll. Teilweise waren diese Grundsätze im früheren Recht schon benannt, andere waren als GoB durch die Rechtsprechung vorgegeben.

1. Im Rahmen der **Bilanzidentität** müssen auch die Werte von der Schlussbilanz des Vorjahres und der Eröffnungsbilanz des Folgejahres übereinstimmen.

2. Der Grundsatz der **Stetigkeit** ist schon zu Beginn erläutert worden. Auf die Bewertung bezogen bedeutet er, dass der Bilanzierende im Falle unterschiedlicher Bewertungsmöglichkeiten, z.B. Einzelbewertung oder Pauschalbewertung von Forderungen, **einmal** seine Wahl trifft. Diese Alternative ist dann jedoch grundsätzlich beizubehalten.

3. Es gilt für Vermögensgegenstände und Schulden grundsätzlich die **Einzelbewertung** am **Stichtag**.

4. Im Rahmen des **Vorsichtsprinzips** sollen alle Risiken und Verluste, die bis zum Abschlussstichtag entstanden sind, berücksichtigt werden, auch wenn sie erst zwischen dem Abschlussstichtag und dem Tag der Bilanzerstellung bekannt geworden sind (Imparitätsprinzip).
Gewinne dürfen allerdings erst bei Realisierung erfasst werden (Realisationsprinzip).

5. Bei der Bewertung muss von der **Unternehmensfortführung**, soweit keine Gegebenheiten dagegenstehen, ausgegangen werden.

6. Aufwendungen und Erträge sind unabhängig von den Zahlungen so abzugrenzen, dass sie periodengerecht erfasst werden. Hieraus lässt sich die Bewertung der Rechnungsabgrenzungsposten, der antizipativen Abgrenzungen und der Rückstellungen ableiten.

Gegen die genannten Grundsätze darf nicht **willkürlich** verstoßen werden. Nur in begründeten Ausnahmefällen, z.B. bei wirtschaftlich bedingten Notwendigkeiten, kann abgewichen werden. Die Bilanzen sollen vergleichbar bleiben (§ 252(2) HGB).

3.2. Bewertungsprinzipien

Neben diesen gesetzlichen Bewertungsgrundlagen sollen hier nochmals einige spezielle Bewertungsprinzipien benannt werden, die die praktische Bewertungsarbeit erleichtern helfen. Sie sind ebenfalls gekennzeichnet vom Streben nach vorsichtiger Bilanzierung (**Vorsichtsprinzip**). Zum Teil schematisieren und erläutern sie die genannten Grundsätze, zum Teil ergänzen sie diese.

Im Vordergrund stehen hier das **Realisations - und Imparitätsprinzip**.

Das **Realisationsprinzip** besagt, dass zukünftige, nur vermutete Gewinne noch nicht berücksichtigt werden. Während im Bereich der „Ansatzvorschriften" z.B. originäre immaterielle Wirtschaftsgüter wegen ihrer schwierigen Bewertung nicht angesetzt werden dürfen, bedeutet das Realisationsprinzip im Bereich der Bewertung, dass **grundsätzlich kein höherer Wert als die Anschaffungs- oder Herstellungskosten** auf der Aktivseite angenommen werden darf. Für die Passivseite bedeutet das, **keinen niedrigeren Wert als die Anschaffungs- oder Herstellungskosten** anzusetzen (**Anschaffungs-/Herstellungswert-Prinzip**). Aufgrund der Bilanzierung kann also nur das **Nominalkapital** erhalten bleiben.

Hierbei handelt es sich um das Kapital, das bei der Beschaffung oder Herstellung eines Wirtschaftsgutes aufgewendet wurde.

Das **Imparitätsprinzip** dagegen erlaubt aus Gründen des Gläubigerschutzes **zukünftige, erwartete Verluste** bzw. schreibt diese sogar zwingend vor. Im Bereich der „Ansatzvorschriften" müssen Rückstellungen für ungewisse Verbindlichkeiten gebildet werden. Dem gegenüber drückt sich das Imparitätsprinzip im Bereich der „Bewertungsvorschriften" im **Niederst- / Höchstwert-Prinzip** aus.

Das Niederstwertprinzip bezieht sich auf die Vermögenswerte (**Aktivseite**) der Bilanz. Das **milde Niederstwertprinzip** überlässt dem Bilanzierenden die Wahl zwischen z.B. den Anschaffungskosten und einem niedrigeren bestimmten Wert. Das **strenge Niederstwertprinzip** schreibt dagegen eine entsprechende Abwertung vor.

Das **Höchstwertprinzip** bezieht sich auf die Kapitalseite (**Passivseite**) der Bilanz. Hier werden höhere Werte als z.B. die anfänglichen Kreditwerte bei Währungsschwankungen berücksichtigt.

In beiden Fällen wird das Eigenkapital durch einen entsprechenden Aufwand (kleinerer Gewinn) geschmälert.

Als niedrigere oder höhere Werte kommen allerdings nur solche in Betracht, die sich am Bewertungsstichtag ergeben. Es ist nicht möglich, z.B. niedrigere Werte des letzten Stichtags, die inzwischen wieder gestiegen sind, erstmals am Folgestichtag zu berücksichtigen (**Tageswertprinzip**).

4. Wertansatz in der Bilanz
4.1. Wertansatz auf der Aktivseite
4.1.1. Bewertung des Anlagevermögens

Das Wort „**Anlagevermögen**" besteht aus zwei Wirtschaftsbegriffen, die hier nochmals näher erläutert werden sollen.

Als **Vermögen** wird die Mittelverwendung bezeichnet. Hier sind all die Güter und Rechte gemeint, in die der Unternehmer die ihm zur Verfügung gestellten Mittel umgewandelt hat, Grundstücke, Maschinen und maschinelle Anlagen, Einrichtungen und Ausstattungen, Sachgüter (Lebensmittel, Medikamente etc.), unfertige Erzeugnisse, Forderungen, Bankguthaben, bare Kassenbestände. Diese geldwerten Güter und Rechte - bezeichnet als Wirtschaftgüter - erscheinen auf der Aktivseite der Bilanz als Rohvermögen.

Als **Kapital** werden die von Dritten (Fremdkapital oder Schulden) oder dem Unternehmer/den Unternehmern (Eigenkapital) zur Verfügung gestellten Mittel unter dem Aspekt der Mittelherkunft erfasst. Diese Kapitalien erscheinen auf der Passivseite der Bilanz.

Unter **Anlagevermögen** versteht man nun nach § 247(2) HGB die Wirtschaftsgüter, die dem Unternehmen dauernd dienen sollen. Es sind die Güter, die im Betrieb gebraucht werden. Diese Güter werden längerfristig (in der Regel mehrere Jahre) in ihrer vorhanden Art und Weise gebraucht und nicht wie die Sachgüter (Lebensmittel, Medikamente etc.), durch die Leistungserbringung in ihrer Substanz verändert. In der Allgemeinen Betriebswirtschaftslehre werden sie als Leistungsfaktor „Betriebsmittel" bezeichnet.

Sachgüter (Lebensmittel, Medikamente etc.), Sichtguthaben bei Banken, Bargeld, Erzeugnisse, Kundenforderungen dienen also dem Unternehmen als Umlaufvermögen nur kurzfristig.

Eine weitere wichtige Einteilung für die Erfassung eines Wertverzehrs des Wirtschaftsgutes durch den Einsatz im Unternehmen ist die Gliederung in abnutzbares und nicht abnutzbares Anlagevermögen.

Abnutzbar sind die Vermögenswerte, die aufgrund ihres Einsatzes vorhersehbar planmäßig an Wert verlieren, deren Nutzung somit zeitlich begrenzt ist. Zu diesen gehören die o.a. Maschinen und maschinellen Anlagen, Einrichtungen und Ausstattungen, Kfz, Gebäude als materielle Güter, aber auch immaterielle Güter (sonstige wirtschaftliche Güter, die nach der Verkehrsauffassung und den GOBs selbständig bewertungs- und bilanzierungsfähig sind).
Materielle Güter sind wiederum zu unterteilen in bewegliche und unbewegliche (Immobilien).
Zu den beweglichen Anlagegütern zählen wiederum insbesondere Maschinen und maschinelle Anlagen, auch wenn sie Bestandteile eines Grundstücks geworden sind, also fest - unbeweglich - mit dem Grundstück verbunden sind, weiter Einrichtungen, Ausstattungen und Kfz. Auch Schiffe gehören trotz Schiffsregister dazu.
Zu den unbeweglichen gehören Gebäude sowie wesentliche Grundstücksbestandteile (Außenanlagen, die nicht zu einem Wohngebäude gehören, wie: Brücken, Fahrbahnen, Parkplätze, Brunnen, Umzäunungen, Hofbefestigungen etc.)
Zu den immateriellen Wirtschaftsgütern nach § 248(2) HGB und § 5(2) EStG zählen entgeltlich erworbene:
Gewerbliche Schutzrechte (Patente, Markenrechte, Gebrauchsmuster, Warenzeichen, Urheberrechte, Verlagsrechte und Konzessionen) und ähnliche Rechte

(Lizenzen, Wettbewerbsrechte, Optionsrechte, Nutzungsrechte im Bereich Miete/Pacht/ Nießbrauch, Brenn- und Braurechte, ungeschützte Erfindungen, Knowhow;
Anwendungssoftware (Finanzbuchhaltung, Anlagenverwaltung etc.) und betriebssystemnahe Spezialprogramme (Datenbankprogramme, Übersetzungsprogramme) - Software mit Anschaffungskosten bis 410 € gilt als bewegliches materielles Gut;
Geschäfts- oder Firmenwerte (§ 255(4) HGB).

Nicht abnutzbar sind die Güter, deren unternehmerische Nutzung nicht zeitlich begrenzt ist. Hierzu gehören Grund und Boden und Finanzanlagen (§6(1) Ziff. 2 EStG).

Hinsichtlich der formellen Ansatzvorschriften verweise ich auf die Darstellungen im Absatz „Weitere Besonderheiten des Jahresabschlusses bei Kapitalgesellschaften".

4.1.1.1. Abnutzbares Anlagevermögen

4.1.1.1.1. Bewertung nach dem Handelsrecht

a) Planmäßige Abschreibungen

Der § 253(1) S.1 HGB bestimmt, dass alle Vermögensgegenstände - also auch Gegenstände des Anlagevermögens - mit den **Anschaffungs-** oder **Herstellungskosten** anzusetzen sind, gegebenenfalls vermindert um Abschreibungen.

Bei den abnutzbaren Anlagegütern **sind** gemäß § 253(2) S.1 u. 2 HGB **planmäßig Abschreibungen (strenges Niederstwertprinzip)** vorzunehmen. Die Anschaffungs- oder Herstellungskosten sind nach Plan - wie schon im Kapitel „Anlagevermögen und planmäßige Abschreibung" behandelt - auf die Jahre der voraussichtlichen Nutzungsdauer der Vermögensgegenstände zu verteilen.

Neben den **körperlichen Gegenständen** können auch **immaterielle Wirtschaftsgüter** eine zeitlich begrenzte Nutzung haben und somit einer planmäßigen Abschreibung unterliegen.

Der Wert der abnutzbaren Anlagegüter wird – wie oben beschrieben - geringer durch **verbrauchs- oder gebrauchsbedingten Werteverzehr** (Substanzverringerung, echter technischer Verschleiß), **wirtschaftlich bedingten Werteverzehr** (technischer Fortschritt, Nachfrageverschiebungen, sinkende Wiederbeschaffungskosten) und **zeitlich bedingten Werteverzehr** (auslaufende Nutzungsverträge).

Als ausgabenneutrale Aufwendungen dienen Abschreibungen der **nominellen Kapitalerhaltung** - siehe Thema „Planmäßige Abschreibungen der abnutzbaren Güter".

Eine weitere Verfahrenstechnik für die Ermittlung dieser planmäßigen Abschreibungen ist nicht vorgeschrieben.

Es sei noch einmal darauf hingewiesen, dass KHBV und PBV ebenfalls auf die handelsrechtlichen Abschreibungsvorschriften verweisen. Die Problematik der dualen Finanzierung in Verbindung mit der **linearen Abschreibung** wird im Kapitel „Anlagevermögen und planmäßige Abschreibungen" mit Buchungsbeispielen näher erläutert.

In der Praxis werden die steuerrechtlichen Einschränkungen (§ 7 EStG) hier auch handelsrechtlich mit beachtet. § 254 HGB weist ausdrücklich darauf hin, dass die steuerrechtlichen Abschreibungen vorgenommen werden können, und die Vermögensteile in Höhe der Steuerwerte in die Handelsbilanz übernommen werden können. Da aber wiederum die steuerliche Abschreibungsmethode aufgrund der Maßgeblichkeit der Handelsbilanz für die Steuerbilanz von der handelsrechtlichen Wahl abhängt, werden beide Vorschriften parallel berücksichtigt. Die Darstellung der steuerlichen Abschreibung folgt im nächsten Abschnitt.

b) Außerplanmäßige Abschreibungen

Außerdem **können** (mildes Niederstwertprinzip):

1. nach § 253(2) S.3 HGB unabhängig von der zeitlichen Nutzung auch **außerplanmäßige Abschreibungen** in Betracht kommen, wenn am Stichtag bei vorübergehender Wertminderung ein niedriger Wert beizulegen ist (**beizulegender Wert**). Dieser Wert entspricht grundsätzlich einem niedrigeren **Wiederbeschaffungswert**. Er kann in den seltenen Fällen einer baldigen Veräußerung auch der Einzelveräußerungspreis oder auch der Ertragswert (bei Rechten) etc. sein.

Bei voraussichtlich **dauernder Wertminderung muss** aufgrund des letzten Halbsatzes der o.a. Stelle jedoch der niedrigere Wert angesetzt werden (**strenges Niederstwertprinzip**).

2. gemäß § 254 HGB auch Abschreibungen vorgenommen werden, um einen niedrigeren **Steuerwert** ansetzen zu **können**, der auf steuerrechtlich zulässigen Abschreibungen beruht. Vermögensteile können in Höhe der Steuerwerte in die Handelsbilanz übernommen werden.

3. nach § 253(4) HGB Abschreibungen vorgenommen werden, soweit niedrigere Werte aufgrund **vernünftiger kaufmännischer Beurteilung** notwendig erscheinen. Hierbei sind die GoB allerdings ganz besonders zu beachten. Mit diesem Wert sind den Einzelunternehmen und Personengesellschaften die Bildung stiller Reserven erlaubt. Im Vordergrund dieser Vorschrift steht allerdings nicht der einzelne Wertansatz, sondern die Anbindung an das alte Bilanzierungsrecht, um Mittel im Unternehmen zu binden, die sonst über eine Gewinnausschüttung entnommen würden.

In **allen drei Fällen** kann der niedrigere, außerplanmäßig abgeschriebene Wert auch **beibehalten** werden, wenn der Grund für einen niedrigeren Wert nicht mehr gerechtfertigt ist (§ 253(5) u. § 254 HGB). Es kann dann aber auch **bis zu den** Anschaffungs- oder Herstellungskosten abzüglich der planmäßigen Abschreibung als dem ursprünglichen Wert **aufgewertet** werden. Bei Aufwertungen sind auch Zwischenwerte aus Vorsichtsgründen möglich.

Die sich ergebenden Buchungen werden an folgendem Beispiel dargestellt:

Beispiel

AK eines Kfz 18.000,-- €; BND 6 Jahre; beizulegender Wert im 2. Jahr 11.000,-- €; Wertanstieg im 4. Jahr auf 5.800,-- €.

1. Jahr: Abschreibungen auf AV 3.000,-- €   an Kfz 3.000,-- €

2. Jahr: **entweder**

Abschreibungen auf AV 3.000,-- €   an Kfz 3.000,-- €

außerplanmäßige Abschreibungen 1.000,-- €   an Kfz 1.000,-- €

oder

außerplanmäßige Abschreibungen 4.000,-- €   an Kfz 4.000,-- €

3. Jahr: Abschreibungen auf AV 2.750,-- €   an Kfz 2.750,-- €
(11.000 € Restbuchwert verteilt auf vier Jahre)

4. Jahr: entweder

Abschreibungen auf AV 2.750,-- €   an Kfz 2.750,-- €

Kfz 300,-- €   an sonstige betriebliche Erträge 300,-- €

oder

Abschreibungen auf AV 2.450,-- €   an Kfz 2.450,-- €

5. Jahr: Abschreibungen auf AV 2.900,-- €   an Kfz 2.900,-- €
(5.800 € Restwert verteilt auf zwei Jahre)

Aufgrund des Kaufmannsbrauches ist es üblich, geringwertige Güter bis 51 € gleich als Aufwand „Allgemeine Verwaltungskosten" zu erfassen.

4.1.1.1.2. Bewertung nach dem Steuerrecht
a) Planmäßige Abschreibungen bei beweglichen Gütern

Nach § 6(1) Ziff.1 EStG sind in der Steuerbilanz ebenfalls die **Anschaffungs- oder Herstellungskosten** oder ein an deren Stelle tretender Wert anzusetzen. Auch hier ist die **planmäßige Abschreibung** („**AfA**" = Absetzung für Abnutzung) nach dem **strengen Niederstwertprinzip** zwingend vorgeschrieben. Die Methoden und Grenzen dieser Abschreibungen sind im § 7 ff EStG benannt.

Es sei noch einmal daran erinnert, dass auf Grund der **steuerlichen Wahlmöglichkeiten** zwischen den folgenden Verfahren jedoch das Maßgeblichkeitsprinzip der Handelsbilanz für die Steuerbilanz. Die steuerliche Abschreibungsmethode hängt also von der handelsrechtlichen Wahl ab (siehe oben).

- **Lineare Abschreibung**

Diese Abschreibungsmethode ist die grundsätzliche. Die Anschaffungskosten (AK) oder Herstellungskosten (HK) werden gleichmäßig auf die Jahre der Nutzungsdauer verteilt. Der Abschreibungsbetrag ist über die gesamte Zeit konstant. Die betriebsgewöhnliche Nutzungsdauer muss geschätzt werden. Grundlage dazu bieten Abschreibungstabellen, die von den Finanzverwaltungen – auch speziell für das Gesundheitswesen – aufgrund durchschnittlicher Nutzungswerte erstellt werden. Die lineare Abschreibung wurde im Kapitel „Anlagevermögen und planmäßige Abschreibungen" näher beschrieben.

- **Geometrisch degressive Abschreibung (degressiv)**

Bei der degressiven Abschreibung wird die AfA nach einem gleichbleibenden (höheren) Prozentsatz vom jeweiligen Restbuchwert berechnet. Diese Vorgehensweise hat zur Folge, dass die ersten Nutzungsjahre mit sehr hohen Abschreibungsbeträgen belastet werden.
Die wirtschaftliche Begründung dieser Abschreibungsmethode kann darin liegen, dass die Gefahr einer raschen Alterung eines Wirtschaftsgutes besteht oder dass die in den ersten Jahren höhere Abschreibung einen Ausgleich für später häufiger anfallende Reparaturen darstellt.

Für die Anwendung dieser AfA-Methode gelten folgende steuerliche Vorschriften nach § 7(2) EStG:
- Sie darf nur für **bewegliche Wirtschaftsgüter** (keine Immobilien oder Rechte, wohl aber fest mit der Umwelt verbundene Sachgüter) angewandt werden.
- Der Abschreibungsprozentsatz darf nach der degressiven Methode das **zwei Fache** des Abschreibungsprozentsatzes nach der linearen Methode (bis zur Anschaffung 31.12.2000: das drei Fache). nicht übersteigen.
- Der Abschreibungssatz darf **nicht mehr als 20%** (bis zur Anschaffung 31.12. 2000: 30%).betragen.

Die Abschreibung wird in der Praxis grundsätzlich auf der Basis dieser Höchstwerte gebildet, um durch einen hohen Aufwand den Gewinn und damit die Steuer am Anfang zu schmälern. Die finanziellen Mittel lassen sich so noch für andere Zahlungen verwenden.

Beispiel

Anschaffungskosten = 80.000,-- €
n_{BND} = 10 Jahre
p = 10%
zweifache der linearen Abschreibung: 16.000,-- €
höchstens 20%: 16.000,-- €

Abschreibung = 20% vom Anschaffungswert

Berechnung des Buchwertes im bestimmten Jahr:

$$BW_n = AK \times (1 - i)^n$$

Erläuterungen:

BW_n = Buchwert zum Ende des n-ten Jahres
n = Jahr, für das der Buchwert bestimmt werden soll
i = Prozentsatz÷100

Beispiel

Es soll der Buchwert am Ende des 4. Jahres errechnet werden.
AK = 80.000,-- €
n_{BND} = 10 Jahre
Abschreibungssatz = 20%

$BW_4 = 80.000 \times (1 - i)^4$

$BW_4 = 80.000 \times 0{,}7^4 = 80.000 \times 0{,}4096 = 32.768{,}-- $ €

Der Buchwert am Ende des 4.Jahres beträgt 32.768,-- €.

Probe:

Anschaffungskosten	80.000,-- €
– 20% im 1.Jahr	- 16.000,-- €
Buchwert am Ende des 1. Jahres	64.000,-- €
– 20% im 2.Jahr	- 12.800,-- €
Buchwert am Ende des 2. Jahres	51.200,-- €
– 20% im 3.Jahr	- 10.240,-- €
Buchwert am Ende des 3. Jahres	40.960,-- €
– 20% im 4.Jahr	- 8.192,-- €
Buchwert am Ende des 4. Jahres	32.768,-- €

Bei dieser Abschreibungsmethode wird ein Buchwert von 0,-- € nur annähernd erreicht, was sich graphisch wie folgt darstellt:

Die Bewertung 287

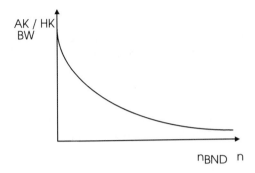

Berechnung des Abschreibungsbetrages im bestimmten Jahr:

$$a_n = AK \times (1-i)^{n-1} \times i$$

Beispiel

Der Abschreibungsbetrag im 3. Jahr soll errechnet werden.
(AK = 80.000,-- €, AfA = 20%)
$a_3 = 80.000 \times 0{,}8^2 \times 0{,}2$
$a_3 = 80.000 \times 0.64 \times 0{,}2$
$a_3 = 10.240$
Der Abschreibungsbetrag im 3. Jahr beträgt 10.240,-- €.

Übergang von der degressiven zur linearen AfA

Da § 7(2) EStG keine Verlängerung der Abschreibungszeit erreichen will, kann von der degressiven AfA-Methode zur linearen AfA-Methode gewechselt werden (nicht umgekehrt) (§ 7(3) EStG). Hierbei stellt sich die Frage, wann der günstigste Zeitpunkt für einen Wechsel ist. Sinnvoll ist der Übergang dann, wenn bei der Verteilung des Restbuchwertes auf die Restnutzungsjahre ein höherer Abschreibungsbetrag als bei der degressiven Methode entsteht.

Berechnung des Übergangsjahres:

$$n \geq n_{BND} + 1 - 1 \div i$$

Beispiel

Eine Maschine hat Anschaffungskosten in Höhe von 10.000,-- €.
Die betriebsgewöhnliche Nutzungsdauer beträgt zehn Jahre.

$n \geq 10 + 1 - 1 \div 0,2$
$n \geq 6$

Im 6. Nutzungsjahr ist der Übergang zur linearen Abschreibung sinnvoll, da im 6. Jahr der Abschreibungsbetrag linear den degressiven übersteigt.

Probe:

	Linear:	Degressiv:	Übergang:
AK	10.000,--	10.000,00	
- a_1	1.000,--	2.000,00	
Bw_1	9.000,--	8.000,00	
- a_2	1.000,--	1.600,00	8.000,-- ÷ 9 Jahre = 888,89 €
Bw_2	8.000,--	6.400,00	
- a_3	1.000,--	1.280,00	6.400,-- ÷ 8 Jahre = 800,00 €
Bw_3	7.000,--	5.120,00	
- a_4	1.000,--	1.024,00	5.120,-- ÷ 7 Jahre = 731,43 €
Bw_4	6.000,--	4.096,00	
- a_5	1.000,--	819,20	4.096,-- ÷ 6 Jahre = 682,67 €
Bw_5	5.000,--	3.276,80	
- a_6	1.000,--	655,36	3.276,80 ÷ 5 Jahre = 655,36 €
Bw_6	4.000,--	2.621.44	
- a_7	1.000,--	524,29	2.621,44 ÷ 4 Jahre = 655,36 €
Bw_7	3.000,--	2.097,15	
- a_8	1.000,--	419,43	2.097,15 ÷ 3 Jahre = 699,05 €
Bw_8	2.000,--	1.677,72	

- **Leistungsabschreibung**

Nach § 7(1) EStG kann statt der AfA in gleichen Jahresbeträgen die AfA nach Maßgabe der Leistung eines Wirtschaftsgutes berechnet werden. Dabei sind folgende Vorschriften zu beachten:

- Sie gilt nur für **bewegliche** Wirtschaftsgüter des Anlagevermögens.
- Die auf das Jahr entfallende **Leistung muss nachgewiesen** werden.

Bei der Leistungsabschreibung werden also nicht gleiche Jahresbeträge, sondern **gleiche Beträge pro Leistungseinheit** (z.B. pro produziertes Stück oder pro Maschinenstunde) verrechnet.

Die Bewertung

Diese AfA-Methode ist besonders dann vorteilhaft, wenn bei einem beweglichen Anlagegut die Leistung in der Regel erheblich schwankt und dessen Verschleiß entsprechende Unterschiede aufweist.
Zur Berechnung steht anstelle der betriebsgewöhnlichen Nutzungsdauer die betriebsgewöhnliche Gesamtleistung.

Berechnung:

$$AK \div \text{betriebliche Gesamtleistung} \times \text{Jahresleistung}$$

Beispiel

Die voraussichtliche Gesamtleistung eines LKWs mit AK von 80.000,-- € beträgt 200.000 km. Die Jahresleistung beträgt laut Kilometerzähler im 1. Wirtschaftsjahr 90.000 km, im 2. Wirtschaftsjahr 40.000 km und im 3. Wirtschaftsjahr 70.000 km.

Jahresleistung		Wert je km	AfA-Betrag
1. Wj	90.000	0,4 €	36.000,-- €
2. Wj	40.000	0,4 €	16.000,-- €
3. Wj	70.000	0,4 €	28.000,-- €
	200.000		80.000,-- €

Aufgaben (⊃ Lösung)

1. a) Ermitteln Sie jeweils die unten benannten Abschreibungsbeträge bzw. Buchwerte jeweils nach linearer und degressiver Abschreibung in den genannten Nutzungsjahren!
   b) Ermitteln Sie außerdem die Übergangsjahre von der degressiven zur linearen Abschreibung!

Aufgaben-Nr.	Anschaffungskosten	Nutzungsdauer	zu ermitteln
1.1	15.000,-- €	10	a_9
1.2	100.000,-- €	20	BW_{14}
1.3	20.000,-- €	5	a_2
1.4	40.000,-- €	15	BW_9
1.5	15.000,-- €	20	a_4
1.6	100.000,-- €	10	BW_7

1.7	20.000,-- €	15	a_{15}
1.8	40.000,-- €	5	BW_4

2. Eine technische Anlage wurde am 04.01. des lfd. Wirtschaftsjahres angeschafft. Die Anschaffungskosten betrugen 20.000,-- €. Die betriebsgewöhnliche Nutzungsdauer beläuft sich auf zehn Jahre.
Laut der technischen Maximalkapazität leistet die Anlage 25.000 Betriebsstunden. Es wird folgender Verbrauch der Kapazität erwartet:

1. Jahr: 5.000 Std.; 2. Jahr: 3.000 Std.; 3. Jahr: 6.000 Std.;
4. Jahr: 1.500 Std.; 5. Jahr: 3.500 Std.; 6. Jahr: 2.000 Std.;
7. Jahr: 2.000 Std.; 8. Jahr: 2.000 Std.

Ermitteln Sie die Abschreibungsbeträge nach den einzelnen Methoden der Abschreibung und stellen Sie fest, wann ein Wechsel der AfA-Methode sinnvoll ist! Für welche Methode der Abschreibung sollte sich die Unternehmung entscheiden? Bitte begründen Sie Ihre Entscheidung.

Auf folgende **Besonderheiten** ist – wie oben schon beschrieben - bei der Abschreibung zu achten:

- **Zeitanteilige Abschreibung**

Die Abschreibung beginnt zum **Zeitpunkt der Anschaffung oder der Ingebrauchnahme**. Geht ein Wirtschaftsgut während des laufenden Wirtschaftsjahres zu (Kauf, Neueinlage, sonstige Zugang) oder ab (Verkauf, Privatentnahme, sonstiger Abgang), so muss die AfA für dieses Wirtschaftsjahr **zeitanteilig** erfolgen. Das gilt für einen **Kauf**, eine **Neueinlage** oder **sonstigen Zugang** bzw. für einen gleichermaßen. Die zeitanteilige Berechnung erstreckt sich nur **über volle Monate**: Beim Kauf eines Wirtschaftsgutes zählt der **Zugangsmonat** voll mit; die Jahre der Nutzungsdauer beginnen also mit diesem Anschaffungsmonat, sie sind somit von den Wirtschaftsjahren unabhängig. Beim Verkauf eines Wirtschaftsgutes zählt der **Abgangsmonat nicht** mit.
(Aus Vereinfachungsgründen war es vor dem Jahr 2004 gestattet, beim **Kauf** eines **beweglichen Wirtschaftsgutes** im **ersten Halbjahr die volle Jahresabschreibung** und beim Kauf im **zweiten Halbjahr die Hälfte der Jahresabschreibung** zu verrechnen. Beim Verkauf war diese Vereinfachung nicht gestattet!)

- **Erinnerungswert**

  Im letzten Jahr der Abschreibung wird, sofern das Wirtschaftsgut weiterhin genutzt wird, nicht auf 0,- € abgeschrieben, sondern bis auf 1,-- €. Dieser Erinnerungswert soll im Anlagevermögen den weiteren Bestand des abgeschriebenen Wirtschaftsgutes sichtbar machen.

c) Planmäßige Abschreibungen bei unbeweglichen Gütern

Auch die immateriellen Güter gehören abschreibungstechnisch in die Gruppe der unbeweglichen Güter, beweglich bezieht sich also nur auf materielle Werte. Unbewegliche Güter **sind** mit Ausnahme der Gebäude nur **linear** abzuschreiben.

Auch hier gilt die monats-zeitanteilige Abschreibung im Jahr des Zugangs oder Abgangs - wie oben beschrieben -, allerdings ohne die Vereinfachungsregelung. Nach Abschreibung bleibt ebenfalls ein Erinnerungswert bestehen.

- Planmäßige Abschreibungen bei Gebäuden

Oben wurde bereits beschrieben, dass ein Gewerbetreibender aufgrund des Maßgeblichkeitsprinzips schon in der Handelsbilanz die steuerlichen Abschreibungsmethoden nutzt. Dieser Tatbestand gilt auch bei Gebäuden.

- **Lineare Abschreibung**

  Diese lineare Abschreibung von den **Anschaffungs- oder Herstellungskosten** muss nach § 7(4) EStG mindestens vorgenommen werden.
  Generell gelten für Gebäude unterschiedliche Prozentsätze, so zum Beispiel für:
  - Gebäude des Betriebsvermögens (nicht privat genutzt), die nicht Wohnzwecken dienen - bei einer Baugenehmigung nach dem 31. 12. 2000: 3 %;
  - Gebäude des Betriebsvermögens (nicht privat genutzt), die nicht Wohnzwecken dienen - bei einer Baugenehmigung nach dem 31. 12. 1985: 4 %;
  - andere Gebäude - mit einer Fertigstellung nach dem 31. 12. 1924: 2 %;
  - andere Gebäude - mit einer Fertigstellung vor dem 1. 1. 1925: 2,5 %.

  Mit diesen Prozentsätzen unterstellt der Gesetzgeber betriebsgewöhnliche Nutzungsdauern von 33, 25, 50 oder 40 Jahren. Diese Nutzungsdauern dürfen nicht überschritten werden - niedrigere Prozentsätze sind also nicht erlaubt. Höhere AfA-Sätze kommen dann in Betracht, wenn die jeweilige tatsächliche Nutzungsdauer aufgrund der technischen oder wirtschaftlichen Gegebenheiten - in einzelnen Fällen - kürzer ist.

Ändert sich die Art der Gebäudenutzung, so ist jeweils zum anderen Abschreibungssatz zu wechseln (z.B. von 4 % zu 2 % oder umgekehrt).

- **Degressive Abschreibung**

Anstelle der linearen Abschreibung kann wahlweise auch eine „degressive" Abschreibung in vorgeschriebenen **fallenden Prozentsätzen von den Anschaffungs- oder Herstellungskosten** vorgenommen werden.
Es gelten folgende Prozentsätze - eine Abweichung ist nicht zulässig:
- für Wirtschaftsgebäude (Gebäude des Betriebsvermögens - keine Wohngebäude): angeschafft bzw. hergestellt aufgrund eines Bauantrages oder Kaufvertrages zwischen dem 1.4.85 und 31.12.93: 4× 10 %, 3× 5 %, 18× 2,5 %;
- für Mietwohnneubauten: angeschafft bzw. hergestellt aufgrund eines Bauantrages oder Kaufvertrages nach dem 31.12.95: 8× 5 %, 6× 2,5 %; 36× 1,25 %;
- für Mietwohnneubauten: angeschafft bzw. hergestellt aufgrund eines Bauantrages oder Kaufvertrages nach dem 31.12.03: 4× 7 %, 6× 5 %, 6× 2 %; 24× 1,25 %;
- für andere Gebäude: angeschafft bzw. hergestellt aufgrund eines Bauantrages oder Kaufvertrages vor dem 1.1.95: 8× 5 %, 6× 2,5 %; 36× 1,25 %.

Versehentlich unterlassene degressive Abschreibung darf nicht nachgeholt werden. Der Rest ist dann linear abzuschreiben.
Ein Wechsel der Abschreibungsmethoden von degressiv zu linear ist bei Gebäuden nicht möglich.

c) Außerplanmäßige Abschreibungen

Der Bilanzierende **kann** bei linearer Abschreibung und bei Leistungsabschreibung eine **außerplanmäßige Abschreibung** (AfaA) gemäß § 7(1) EStG für außergewöhnliche technische oder wirtschaftliche Abnutzungen durchführen.

Kleinere bis mittlere Unternehmen **können** grundsätzlich für die geplante Anschaffung oder Herstellung von **beweglichen** Investitionsgütern, die mindestens ein Jahr im Unternehmen verbleiben, eine **Ansparabschreibung** von 40 % der voraussichtlichen Beschaffungskosten als Rücklage bilden (siehe Kapitel „Steuerfreie Rücklagen"). Im Jahr der Investition wird die Rücklage dann jedoch im o.a. Rahmen gewinnerhöhend aufgelöst. Sie beeinflusst nicht die Anschaffungs- oder Herstellungskosten des neuen Gutes - und damit nicht die Ermittlung möglicher Abschreibungen sowie folgender Sonderabschreibungen.

Nur in Verbindung mit der o.a. Ansparabschreibung (aber davon in der Höhe unabhängig) ist auch eine **Sonderabschreibung** möglich! Für bewegliche Wirt-

Die Bewertung

Anlagevermögen mit handels- und steuerrechtlicher planm. Abschreibung

├── **abnutzbar**
│   ├── **materiell**
│   └── **immateriell** (wenn entgeltlich erworben!)
│   *lineare Abschreibung*
│   *zeitanteilig*) : auf Monate berechnet*
│
└── **nicht abnutzbar**
    - Grund und Boden
    - Finanzanlagen

beweglich
(> 15 ≤ 30 Jahre - mittelfristig G.)
- Gasversorgung, Kühlanlagen,
- Fernsprechanlagen, Maschinen
(> 3 ≤ 15 Jahre - kurzfristige G.)
- Maschinen
- medizin. / andere Geräte, Apparate
- Kfz
- Ausstattung, Mobiliar
- sonstige Einrichtungen
(≤ 3 Jahre - Gebrauchsgüter)
- Dienstkleidung, Wäsche, Geschirr u.a.

lineare, degressive oder
  Leistungs-Abschreibung
zeitanteilig*): auf Monate
  berechnet

- Geringwertige Wirtschaftsgüter
können sofort abgeschrieben
  werden

unbeweglich
(> 30 Jahre - langfristige G.) -
- Gebäude

lineare, degressive (fal-
  lende Prozentsätze) Ab-
  schreibung
zeitanteilig*): bei linearer
  AfA monatlich berechnet,
  bei degressiver volle
  Jahresabschreibung

- Grundstücksbestandteile
  (Außenanlagen, Wege,
  Gartenanlagen)
lineare Abschreibung
zeitanteilig*): auf Monate
  berechnet

*) *zeitanteilig bei Zugang und*
  Abgang

schaftsgüter, **können** in Klein- und Mittelbetrieben zusätzlich zur linearen oder degressiven AfA im ersten Jahr der Nutzung **20 % Sonderabschreibungen** im Jahr der Anschaffung (oder auf fünf Jahre verteilt) vorgenommen werden; bei Neu- oder Existenzgründungen entfällt die Pflicht der Ansparrücklage.
Aufgrund der **Maßgeblichkeit** der Handelsbilanz für die Steuerbilanz ist der Ansatz der Handelsbilanz bei Gewerbetreibenden zu übernehmen (steuerrechtliches Wahlrecht). Die Sonderabschreibungen müssten also auch in der Handelsbilanz als **niedrigerer Steuerwert** berücksichtigt worden sein, um sie steuerrechtlich ansetzen zu können.

Es **kann** jedoch nach § 6(1) Ziff.1 EStG auch ein **niedrigerer Teilwert (mildes Niederstwertprinzip)** bei voraussichtlich dauernder Wertminderung angesetzt werden. Aufgrund des **Maßgeblichkeitsprinzips** bedeutet dieses Wahlrecht jedoch den Ansatz des jeweiligen Handelsbilanzwertes. Umstritten ist die Meinung, dass darüber hinaus jedoch wahlweise ein **niedrigerer Teilwert** - so weit überhaupt vorstellbar - berücksichtigt werden **kann**.

Ist der Handelsbilanzwert niedriger als der Teilwert, so ist der **Teilwert die unterste Grenze**, denn das steuerliche Wahlrecht gilt, wie schon erwähnt, nur zwischen Anschaffungskosten/Herstellungskosten und Teilwert (Ausnahme: bei o.a. linearer AfA oder Leistungsabschreibung).

Aufwertungen bis **maximal zum Anschaffungs- oder Herstellungswert abzüglich der ursprünglichen planmäßigen AfA sind** nach § 6(1) Ziff.1 S.4 EStG vorzunehmen, wenn sich ein höherer Teilwert ergibt, also nachweislich kein niedrigerer Teilwert - bei jährlicher Überprüfung - angesetzt werden kann. Weitere **planmäßige Abschreibungen** sind dann vom neuen Wert vorzunehmen.
Kann der niedrigere Teilwert beibehalten werden, bedeutet das **steuerliche Wahlrecht** wieder, dass der **Wertansatz der Handelsbilanz** (auch bei eventuellen Aufwertungen von erhöhten Abschreibungen oder Sonderabschreibungen - § 6(3) EStG.) übernommen werden muss.

Geringwertige abnutzbare bewegliche Wirtschaftsgüter (GWG), deren Anschaffungs- oder Herstellungskosten 410 € nicht übersteigen, und die in einem **Verzeichnis** oder durch **ordnungsgemäße Buchführung** erfasst sind, dürfen nach § 6(2) EStG sofort als **Aufwand** abgesetzt werden. Nicht abziehbare Vorsteuer ist bei der Grenze von 410 € nicht zu beachten.
Ein besonderer Augenmerk gilt hier dem Computer. Zentraleinheit, Bildschirm und Tastatur sind ein einheitliches Wirtschaftsgut. Die Nutzungsdauer beträgt

vier Jahre. Peripheriegeräte (Drucker etc.) können zwar selbständig abgeschrieben werden, wegen der fehlenden eigenständigen Nutzung sind sie jedoch keine geringwertigen Wirtschaftsgüter!

(Bei Gebäuden sind Sonderabschreibungen unterschiedlichster Art möglich.)

4.1.1.1.3. Gegenüberstellung der handelsrechtlichen und steuerrechtlichen Bewertung

Die folgende Gegenüberstellung gibt noch einmal einen grundsätzlichen Überblick über die bisher erläuterte Bewertung des abnutzbaren Anlagevermögens:

Bewertung des abnutzbaren Anlagevermögens	
HR (§§ 253, 254 HGB) AK/HK muss*: planmäßige Abschreibung außerplanmäßige Abschreibung muss*: beizulegender Wert (Wiederbeschaffungswert) bei v. dauernder Wertminderung kann**: - beizulegender Wert (Wiederbeschaffungswert) bei vorübergehender Wertminderung - Steuerwert - Wert nach vernünftiger kfm. Schätzung kann**: Aufwertung bis AK/HK - AfA	StR (§ 6(1) 1 EStG) AK/HK/(Wert anstelle) muss*: planmäßige Abschreibung (AfA) kann**: Teilwert*** bei v. dauernder Wertminderung < AK/HK - AfA ↓ muss*: HB-Wert (Maßgeblichkeit) ↑ kann**: Beibehaltung eines niedrigeren nachgewiesenen Teilwertes (s.o.), ansonsten: muss*: Aufwertung bis AK/HK - AfA kann**: GWG-Sonderregelung (410 €)
*: strenges Niederstwertprinzip; **: mildes Niederstwertprinzip ***: Teilwert ist auch bei niedrigerem HB-Wert die Untergrenze (außer bei Sonderabschreibung oder AfaA).	

Die folgende Darstellung soll noch einmal schematisch Teilwert und Maßgeblichkeit der Handelsbilanz für die Steuerbilanz erläutern, sie gilt gleichermaßen für Anlage- und Umlaufvermögen:

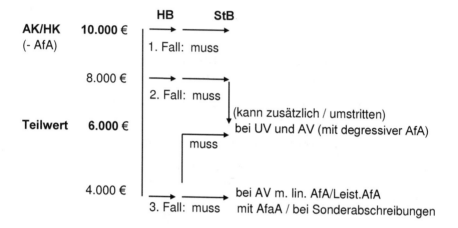

4.1.1.1.4. Besonderheiten der Bewertung bei Kapitalgesellschaften

Bei Kapitalgesellschaften ist das Wahlrecht (mildes Niederstwertprinzip) stark eingeschränkt (§ 279 HGB):

Außerplanmäßige Abschreibungen bei vorübergehender Wertminderung und Abschreibungen aufgrund vernünftiger kaufmännischer Beurteilung **sind nicht** zulässig.

Niedrigere Steuerwerte **können** berücksichtigt werden, wenn das Steuerrecht die Anerkennung des Wertes bei der steuerlichen Gewinnermittlung vom Wertansatz in der Handelsbilanz abhängig macht.

Außerplanmäßige Abschreibungen sind aus Gründen der Bilanzklarheit als Aufwand gesondert auszuweisen oder im Anhang zu erläutern (§ 277(3) HGB).

Eine **Aufwertung ist** grundsätzlich durchzuführen (Wertaufholungsgebot), wenn die Gründe für eine Wertminderung nicht mehr bestehen. Dabei ist als Wertobergrenze von den sich ergebenden Werten aufgrund der planmäßigen Abschreibung auszugehen (§ 280(1) HGB). **Zwischenwerte** sind hier **nicht** möglich!

Die Bewertung 297

Aber nach § 280(2) HGB wird eine **Durchbrechung des Aufwertungsgebotes** gestattet, da sich handelsrechtliche Zuschreibungen aufgrund der Maßgeblichkeit steuerrechtlich auswirken würden (auch bei o.a. erhöhten oder Sonder-Abschreibungen im Steuerrecht.) Aus eben diesen Gründen sind auch **Zwischenwerte** wieder erlaubt.

Die Buchung der Ab- und Zuschreibungen erfolgt unter Berücksichtigung des gesonderten Ausweises der außerplanmäßigen Abschreibungen wie unter 4.1.1. 1.1. dargestellt.

Es ergibt sich also für Kapitalgesellschaften folgende Gegenüberstellung der Bewertung für das abnutzbare Anlagevermögen nach Handels- und Steuerrecht:

Bewertung des abnutzbaren Anlagevermögens	
HR (§§ 253, 254, 279, 280 HGB) AK/HK **muss***: planmäßige Abschreibung	StR (§ 6(1) 1 EStG) AK/HK/(Wert anstelle) **muss***: planmäßige Abschreibung (AfA)
außerplanmäßige Abschreibung **muss***: - beizulegender Wert (Wiederbeschaffungswert) bei v. dauernder Wertminderung **kann****: - Steuerwert, wenn steuerrechtlicher Ansatz in HB notwendig	**kann****: Teilwert*** bei v. dauernder Wertminderung < AK/HK - AfA ↓ **muss***: HB-Wert (Maßgeblichkeit) ↑
muss*: Aufwertung **auf** AK/HK - AfA **kann****: aus steuerlichen Gründen unterbleiben	**kann****: Beibehaltung eines niedrigeren nachgewiesenen Teilwertes (s.o.), ansonsten: **muss***: Aufwertung bis AK/HK - AfA
	kann**: GWG-Sonderregelung (410 €)

*: strenges Niederstwertprinzip
**: mildes Niederstwertprinzip
***: Teilwert ist auch bei niedrigerem HB-Wert die Untergrenze (außer bei Sonderabschreibung oder AfaA).

4.1.1.2. Nicht abnutzbares Anlagevermögen

a) Grundsätzliche Bewertung nach Handels- und Steuerrecht

Nicht abnutzbare Wirtschaftsgüter, wie z.b. Grund und Boden, Beteiligungen, Wertpapiere, sind in ihrer Nutzung zeitlich nicht begrenzt. Gemäß § 253(1) S.1 HGB sind sie ebenfalls höchstens mit den **Anschaffungs- oder Herstellungskosten** anzusetzen. Die planmäßige Abschreibung entfällt hier.

Außerplanmäßige Abschreibungen gemäß § 253(2) S.3 HGB, § 253(4) HGB oder § 254 HGB - siehe abnutzbares Anlagevermögen - **sind** aufgrund voraussichtlich dauernder Wertminderungen vorzunehmen bzw. **können** aufgrund von vorübergehenden Wertminderungen zur Ermittlung des beizulegenden Wertes (auch hier grundsätzlich der Wiederbeschaffungswert) vorgenommen werden; ebenso **dürfen** wie beim abnutzbaren Anlagevermögen niedrigere Steuerwerte oder Werte aufgrund vernünftiger kaufmännischer Beurteilungen berücksichtigt werden. Aufwertungen **können** gemäß § 253(5) **bis zu** den Anschaffungs- oder Herstellungskosten vorgenommen werden. Zwischenwerte sind hier ebenfalls möglich.

Die steuerrechtliche Bewertung richtet sich nach § 6(1) Nr. 2 EStG. Grundsätzlich sind die Anschaffungs- oder Herstellungskosten oder ein an deren Stelle tretender Wert anzusetzen. Auch hier **kann** bei voraussichtlich dauerhafter Wertminderung ein niedrigerer Teilwert berücksichtigt werden. Es gilt wieder die Maßgeblichkeit der Handelsbilanz für die Steuerbilanz im Bereich der Anschaffungskosten/Herstellungskosten und des Teilwertes (siehe dazu auch abnutzbares Anlagevermögen). **Aufwertungen bis maximal zum Anschaffungs- oder Herstellungswert sind** entsprechend § 6(1) Ziff.1 S.4 EStG vorzunehmen, wenn sich ein höherer Teilwert ergibt, also nachweislich - bei jährlicher Überprüfung - kein niedrigerer Teilwert angesetzt werden kann.

Kann der niedrigere Teilwert beibehalten werden, ist die Wahl ist wiederum durch die Maßgeblichkeit der Handelsbilanz eingeschränkt.

Es ergibt sich folgende Gegenüberstellung zwischen Handels- und Steuerrecht:

Bewertung des nicht abnutzbaren Anlagevermögens	
HR (§§ 253, 254 HGB) **AK/HK** <u>außerplanmäßige Abschreibung</u> **muss**[*]: beizulegender Wert (Wiederbeschaffungswert) bei v. dauernder Wertminderung **kann**[**]: - beizulegender Wert (Wiederbeschaffungswert) bei vorübergehender Wertminderung - Steuerwert - Wert nach vernünftiger kfm. Schätzung **kann**[**]: Aufwertung bis AK/HK	**StR (§ 6(1) 2 EStG)** **AK/HK**/(Wert anstelle) **Kann**[**]: Teilwert[***] bei v. dauernder Wertminderung < AK/HK ↓ **muss**[*]: HB-Wert (Maßgeblichkeit) ↑ **kann**[**]: Beibehaltung eines niedrigeren nachgewiesenen Teilwertes (s.o.), ansonsten: **muss**[*]: Aufwertung bis AK/HK - AfA
[*]: strenges Niederstwertprinzip [**]: mildes Niederstwertprinzip [***]: Teilwert ist auch bei niedrigerem HB-Wert die Untergrenze. Für die genaue Darstellung der Maßgeblichkeit gilt die Zeichnung im Abschnitt „abnutzbares Anlagevermögen".	

b) Besonderheiten der Bewertung bei Kapitalgesellschaften

Auch hier wird das Wahlrecht (mildes Niederstwertprinzip) stark eingeschränkt (§ 279 HGB):
Außerplanmäßige Abschreibungen bei vorübergehender Wertminderung **dürfen** nur für **Finanzanlagen** vorgenommen werden.
Ansonsten gelten bezüglich des Steuerwertes und des Wertes aufgrund vernünftiger kaufmännischer Beurteilung die gleichen Einschränkungen wie beim abnutzbaren Anlagevermögen; ebenso müssen die außerplanmäßigen Abschreibungen gesondert ausgewiesen oder im Anhang erläutert werden (§ 277(3) HGB).

Auch hier **sind** grundsätzlich Aufwertungen (Wertaufholungsgebot) **auf die** Anschaffungskosten/Herstellungskosten durchzuführen (§ 280(1) HGB). Es wirkt sich jedoch die in § 280(2) HGB erlaubte Durchbrechung des Aufwertungsgebotes aus. Da eine Zuschreibung aufgrund der Maßgeblichkeit ebenfalls eine Erhöhung des steuerrechtlichen Wertes - und damit eine Gewinnerhöhung - bedeuten würde, kann hier der niedrigere Wert beibehalten werden.

Beispiel

Teilwert 5.000 €, neuer HB-Wert 6.000 €, alter HB-Wert 4.000 €;
In diesem Fall muss bis 5.000 € aufgewertet werden, zur Anwendung des Teilwertes von 5.000 € in der Steuerbilanz muss dieser auch in der Handelsbilanz Berücksichtigung finden.

Gemäß § 280(3) HGB ist aber im Anhang der Betrag einer aus steuerlichen Gründen unterlassenen Zuschreibung anzugeben und zu begründen. Folgende Gegenüberstellung von Handels- und Steuerrecht ergibt sich:

Bewertung des nicht abnutzbaren Anlagevermögens	
HR (§§ 253, 254, 279, 280 HGB)	StR (§ 6(1) 2 EStG)
AK/HK	AK/HK/(Wert anstelle)
außerplanmäßige Abschreibung	
muss[*]: beizulegender Wert (Wiederbeschaffungswert) bei v. dauernder Wertminderung	
kann[**]: - beizulegender Wert (Wiederbeschaffungswert) bei vorübergehender Wertminderung für Finanzanlagen - Steuerwert, wenn steuerrechtlicher Ansatz in HB notwendig	**kann**[**]: Teilwert[***] bei v. dauernder Wertminderung < AK/HK ↓ **muss**[*]: HB-Wert (Maßgeblichkeit)
muss[*]: Aufwertung **auf** AK/HK **kann**[**]: aus steuerlichen Gründen unterbleiben	↑ **kann**[**]: Beibehaltung eines niedrigeren nachgewiesenen Teilwertes (s.o.), ansonsten: **muss**[*]: Aufwertung bis AK/HK
[*]: strenges Niederstwertprinzip	
[**]: mildes Niederstwertprinzip	
[***]: Teilwert ist auch bei niedrigerem HB-Wert die Untergrenze.	

Die Bewertung 301

Aufgaben (⊃ Lösung)

Lösen Sie die Aufgaben I.) für ein Einzelunternehmen und II.) für eine Kapitalgesellschaft!

1. Die folgenden Wirtschaftsgüter sind in allen Jahren ihrer Nutzung zum Jahresende hin zu bewerten. Bei den Werten aufgrund der Wertminderungen handelt es sich um Wiederbeschaffungswerte.

im Jahr n_1 gekauft	n_1	n_2	n_3	n_4
a.) unbebautes Grundstück AK 80.000,-- €	90.000,-- €	wegen Kraftwerk 40.000,-- €	kurzfristiger Preisfall 30.000,-- €	Preisanstieg 70.000,-- €
b.) Kfz, BND 4 Jahre AK 16.000,-- €	14.000,-- €	wegen weiter Fahrstrecken 6.000,-- €	3.100,-- €	2.000,-- €
c.) Aktien (Kurse) AK 5.000,-- €	4.000,-- €	6.000,-- €	3.000,-- €	2.500,-- € Tendenz für n_3 und n_4 fallend auf lange Sicht

2. wie Aufgabe 1.); der Wert aufgrund der kurzfristigen Wertminderung ist ein Steuerwert (voraussichtlich dauerhafter Teilwert).

3. Welche der folgenden Werte sind jeweils **am gleichen Stichtag** möglich? Bei den Werten aufgrund der Wertminderungen handelt es sich um Wiederbeschaffungswerte. AB = Anfangsbestand des Jahres aufgrund einer Wertminderung im letzten Jahr, abzüglich der planmäßigen Abschreibung zum Ende dieses Jahres bei abnutzbaren Gütern.

	Anschaffungskosten	AK-AfA	vorübergehende Wertminderung	dauernde Wertminderung	Werterhöhung
Gebäude	100.000,-- €	98.000,-- €	-,-- €	90.000,-- €	-,-- €
Kfz	20.000,-- €	16.000,-- €	12.000,-- €	-,-- €	-,-- €
Maschinen	50.000,-- €	40.000,-- €	30.000,-- €	AB -,-- €	55.000,-- €
Aktien	12.000,-- €	8.000,-- €	-,-- €	9.000,-- €	-,-- €
Ausstattung	30.000,-- €	20.000,-- €	-,-- €	-,-- €	35.000,-- €
Gebäude	120.000,-- €	97.600,-- €	80.000,-- €	-,-- €	-,-- €
Kfz	80.000,-- €	60.000,-- €	40.000,-- €	AB -,-- €	69.000,-- €
Ausstattung	50.000,-- €	40.000,-- €	45.000,-- €	39.000,-- €	-,-- €
Maschinen	60.000,-- €	40.000,-- €	-,-- €	42.000,-- €	-,-- €
unb. Grundstücke	100.000,-- €	85.000,-- €	80.000,-- €	AB -,-- €	90.000,-- €

4. wie Aufgabe 3.); der Wert aufgrund der kurzfristigen Wertminderung ist ein Steuerwert (voraussichtlich dauerhafter Teilwert).

4.1.2. Bewertung des Umlaufvermögens

Auch das Wort „**Umlaufvermögen**" besteht aus zwei Wirtschaftsbegriffen. Das **Vermögen** als der Mittelverwendung wurde schon im vorherigen Kapitel erläutert. Der Begriff „Umlaufvermögen" ist jedoch im Handelsgesetzbuch nicht näher erläutert. § 247(2) HGB beschreibt lediglich das Anlagevermögen, das dem Unternehmen dauerhaft dienen soll. Daraus abgeleitet muss man die Güter des Umlaufvermögens als Verbrauchsgüter bezeichnen; es sind also Güter, die dem schnellen Verbrauch dienen sollen.

Diese speziellen Güter werden der Gruppe des **Vorratsvermögens** zugerechnet. Dazu gehören die in der Allgemeinen Betriebswirtschaftslehre als Leistungsfaktor „**Sachgüter**" bezeichneten **Lebensmittel, Medikamente, Betriebsstoffe** etc., aber auch – insbesondere im Krankenhauswesen – die **unfertigen Erzeugnisse, das heißt,** die am Periodenende noch weiter zu behandelnden Patienten, ansonsten eventuell **Fertigerzeugnisse** (vorbereitete Essen u.ä.).

Zum Umlaufvermögen gehören aber auch die Wirtschaftsgüter des Geldvermögens, wie Sichtguthaben bei Banken, Bargeld, Kundenforderungen, sonstige kurzfristige Forderungen und Wertpapiere des Umlaufvermögens.

4.1.2.1. Allgemeiner Wertansatz des Umlaufvermögens

a) Grundsätzliche Bewertung nach dem Handelsrecht

Auch beim Umlaufvermögen sind höchstens die **Anschaffungskosten** oder **Herstellungskosten** Basis der Bewertung (§ 253(1) HGB). Das Gesetz bestimmt im § 253(1) HGB, dass **alle** Vermögensgegenstände - also auch Bargeld, Bankguthaben, Wechsel, Forderungen etc. - grundsätzlich mit diesen Werten zu bewerten sind.

Sollte der **Markt- oder Börsenpreis** (MOB) am Stichtag jedoch geringer sein als die Anschaffungs- oder Herstellungskosten, so **muss** auf diesen niedrigeren Wert abgeschrieben werden. Falls der Markt- oder Börsenwert nicht feststellbar ist, so ist ein **beizulegender Wert** - grundsätzlich die Wiederbeschaffungskosten (siehe Anlagevermögen) - zu berücksichtigen § 253(3) HGB.

Über diesen niedrigeren Markt- oder Börsenwert bzw. über die niedrigeren Anschaffungs- oder Herstellungskosten hinaus **kann** ein noch niedrigerer **Zukunftswert** (ZUK), der bei vernünftiger kaufmännischer Schätzung notwendig ist, zugrunde gelegt werden.

Es handelt sich hierbei um einen Wertansatz aus **nächster** Zukunft, um zu verhindern, dass die Werte nach dem Stichtag aufgrund von Wertschwankungen geändert werden müssen. Mit dem Zukunftswert soll in jedem Fall eine Überbewertung des Umlaufvermögens in Hinblick auf bestimmte Ansprüche an die Unternehmung vermieden werden.

Weiterhin sind Abschreibungen aufgrund "**sonstiger**" **vernünftiger kaufmännischer Beurteilung** (§ 253(4) HGB) und aufgrund des Steuerrechts (§ 254 HGB) - niedrigerer **Steuerwert** - wie beim Anlagevermögen möglich.

Beim Markt- oder Börsenwert gilt somit das **strenge Niederstwertprinzip**, beim Zukunftswert, beim Steuerwert oder beim Wert aufgrund vernünftiger Beurteilung das **milde Niederstwertprinzip**.

Gemäß § 253(5) HGB **dürfen** die niedrigeren Werte wiederum bei Wegfall der Gründe für einen niedrigeren Wert **beibehalten werden**. **Aufwertungen bis** zu den Anschaffungs- oder Herstellungskosten **können** durchgeführt werden. Auch hier ist aus Vorsichtsgründen jeder Zwischenwert möglich.

Buchungstechnisch werden die Bewertungen des Umlaufvermögens jeweils in der Gruppe der **entsprechenden Aufwendungen** (Materialaufwand, Abschreibungen auf Finanzanlagen und Wertpapiere des Umlaufvermögens ..., Forderungsabschreibungen etc.) durchgeführt.

b) Bewertung nach dem Steuerrecht

Nach § 6(1) Ziffer 2 EStG gelten für das Umlaufvermögen die Vorschriften, die auch schon beim nicht abnutzbaren Anlagevermögen angeführt wurden.

Die Bewertung hat zu **Anschaffungs- oder Herstellungskosten** oder zu einem an deren Stelle tretenden Wert zu erfolgen, wobei ein **niedrigerer Teilwert** bei voraussichtlich dauerhafter Wertminderung angesetzt werden **kann**. Eingeschränkt wird dieses Wahlrecht auch hier durch das **Maßgeblichkeitsprinzip** des § 5(1) EStG für Gewerbetreibende. Der Handelsbilanzwert als niedrigerer Markt- oder Börsenwert ist grundsätzlich zu berücksichtigen. Ein vom niedrigeren Markt- oder Börsenwert abweichender Teilwert ist zwar kaum vorstellbar, sein, **kann** er - nach oben angeführter strittiger Meinung - darüber hinaus gewählt werden. Er ist aber in jedem Fall die unterste Wertgrenze (siehe Anlagevermögen).

Ein Zukunftswert allerdings kommt für die steuerrechtliche Bewertung aufgrund der Teilwert-Definition nicht in Frage.

Aufwertungen müssen bei nicht nachweisbarem niedrigerem Teilwert wie beim nicht abnutzbaren Anlagevermögen vorgenommen werden. Ansonsten sind Beibehaltungen des niedrigeren Teilwertes wie in der Handelsbilanz unter dem Aspekt der Maßgeblichkeit möglich.

c) Gegenüberstellung der grundsätzlich handelsrechtlichen und steuerrechtlichen Bewertung

Die folgende Gegenüberstellung bietet nochmals einen kurzen Überblick über die Grundsätze der Bewertungszusammenhänge:

Bewertung des Umlaufvermögens	

HR (§§ 253, 254 HGB)
 AK/HK
 muss[*]: - Markt- oder Börsenwert
       - oder beizulegender Wert
         (Wiederbeschaffungswert)
       wenn kleiner AK/HK
 kann[**]: - Zukunftswert
       - Steuerwert
       - Wert nach vernünftiger kfm.
         Schätzung
 	
 wenn < AK/HK bzw. MoB/WB
 (jeweils kleinerer Wert)
 kann[**]: Aufwertung bis AK/HK
	StR (§ 6(1) 2 EStG)
	 AK/HK/(Wert anstelle)
	
	 kann[**]: Teilwert[***]
	       bei v. dauernder Wertminderung
	       < AK/HK
	       ↓
	 muss[*]: HB-Wert
	       (Maßgeblichkeit)
	       ↑
	 kann[**]: Beibehaltung eines niedrigeren nachgewiesenen Teilwertes (s.o.), ansonsten:
	 muss[*]: Aufwertung bis AK/HK

[*]: strenges Niederstwertprinzip [**]: mildes Niederstwertprinzip [***]: Teilwert ist auch bei niedrigerem HB-Wert die Untergrenze. Siehe genaue Darstellung der Maßgeblichkeit im Abschnitt „abnutzbares Anlagevermögen".	

d) Besonderheiten der Bewertung bei Kapitalgesellschaften

Auch beim Umlaufvermögen wird das Bewertungswahlrecht stark eingeschränkt (§ 279 HGB).

Abschreibungen aufgrund „sonstiger" vernünftiger kaufmännischer Beurteilung (§ 253(4) HGB) sind **nicht** zulässig. Niedrigere **Steuerwerte** können nur berücksichtigt werden, wenn das Steuerrecht die Anerkennung des Wertes bei der steuerlichen Gewinnermittlung vom Ansatz in der Handelsbilanz abhängig macht.

Abschreibungen auf **Zukunftswerte** müssen als Aufwand gesondert ausgewiesen oder im Anhang erläutert werden(§ 277(3) HGB).

Grundsätzlich gilt auch hier das Wertaufholungsgebot **auf** die Anschaffungs-/Herstellungskosten (§ 280(1) HGB). Es wirkt sich jedoch auch hier die mögliche Durchbrechung gemäß § 280(2) HGB aus, wenn eine Zuschreibung aufgrund der Maßgeblichkeit ebenfalls zu einer Erhöhung des steuerlichen Wertes - und damit zur Erhöhung des Gewinns - führen würde. Nach § 280(3) HGB ist im Anhang der Betrag der aus steuerlichen Gründen unterlassenen Zuschreibung anzugeben und zu begründen. (So muss z.B. die Aufwertung eines bisher niedrigeren Zukunftswertes auf den Teilwert durchgeführt werden, darüber hinaus kann dieser Steuerwert beibehalten werden).

Die folgende Gegenüberstellung stellt nochmals die Bewertungszusammenhänge zwischen Handels- und Steuerrecht dar:

Bewertung des Umlaufvermögens	
HR (§§ 253, 254, 279, 280 HGB) **AK/HK**	StR (§ 6(1) 2 EStG) **AK/HK**
muss[*]: - Markt- oder Börsenwert - oder beizulegender Wert (Wiederbeschaffungswert) wenn kleiner AK/HK	
kann[**]: - Zukunftswert - Steuerwert wenn steuerrechtlicher Ansatz in HB notwendig	**kann**[**]: Teilwert[***] < AK/HK ↓ **muss**[*]: HB-Wert (Maßgeblichkeit) ↑
wenn < AK/HK bzw. MOB/WB (jeweils kleinerer Wert)	

muss[*]: Aufwertung **auf** AK/HK kann[**]: aus steuerlichen Gründen unterbleiben	kann[**]: Aufwertung **bis** AK/HK
[*]: strenges Niederstwertprinzip [**]: mildes Niederstwertprinzip [***]: Teilwert ist auch bei niedrigerem HB-Wert die Untergrenze.	

Aufgaben (➲ Lösung)

1. Bewerten Sie die Wirtschaftgüter im Zeitablauf für eine Einzelunternehmung und eine Kapitalgesellschaft (ZUK = Zukunftswert):

angeschafft im Jahr n_1	n_1	n_2	n_3
a) Medikamente AK 10.000	MOB 8.000	ZUK 6.000	MOB 9.000
b) Unfertige Erzeugnisse HK 20.000	MOB 22.000	ZUK 15.000	MOB 14.000
c) Medikamente AK 12.000	MOB 10.000	ZUK 8.000	MOB 13.000

2. Die folgenden Wirtschaftsgüter sind an einem Bilanzstichtag für eine Einzelunternehmung und eine Kapitalgesellschaft zu bewerten: (AB = Anfangsbestand des Jahres aufgrund einer Wertminderung im Vorjahr; ZUK = Zukunftswert)

	AK/HK	MOB	Zukunftswert	Aufwertung
Medikamente	10	9	8	-
Betriebsstoffe	12	16	11	-
Lebensmittel	10	-	6 AB	MOB: 12
Unfertige Erzeugnisse	7	4	5	-
Aktien	20	-	18 AB	MOB: 19

4.1.2.2. Wertansatz beim Vorratsvermögen

Das Problem der Vorratsbewertung soll am folgenden Beispiel deutlich gemacht werden:

Die Bewertung

Einführungsbeispiel

Eine Unternehmung hat ihre Vorräte zu bewerten (1 Jahr):

Anfangsbestand	10.000 Einheiten	30.000,-- €	à	3,-- €
1. Lieferung	8.000 "	28.000,-- €	à	3,50 €
2. Lieferung	9.000 "	26.100,-- €	à	2,90 €
3. Lieferung	10.000 "	40.000,-- €	à	4,-- €

Wie hoch ist der Endbestand von 5.000 Einheiten anzusetzen?
Erweiterung: Markt- oder Börsenpreis am Jahresende 15.000 €

Wie schon aus dem Beispiel ersichtlich, wurden die Vorräte zu unterschiedlichen Anschaffungskosten eingekauft. Welche Anschaffungskosten sind zu nehmen?

a) Handelsrechtliche Bewertung

Bewertung nach dem gewogenen Durchschnitt

Nach § 240(4) HGB kann bei **gleichartigen Wirtschaftsgütern des Vorratsvermögens eine Gruppenbewertung** durchgeführt werden. Man nimmt den **gewogenen Durchschnitt** (gesamte AK oder HK / gesamte angeschaffte Einheiten * Endbestand in Einheiten) zur Ermittlung der durchschnittlichen Anschaffungskosten oder Herstellungskosten.

(Weiter ist auch eine Festbewertung möglich, wie im Kapitel „Inventur" dargestellt.)

Bewertung nach Verbrauchsfolgen

Nach § 256 HGB gibt es weiter für **gleichartige Güter des Vorratsvermögens** die Möglichkeit, **bestimmte Verbrauchsfolgen zu unterstellen**, um die lagernden Güter mit Anschaffungskosten/ Herstellungskosten zu bewerten. Diese Unterstellung muss aber entsprechend den GoB willkürfrei sein. Ein Gut müsste sich tatsächlich nach der unterstellten Verbrauchsfolge entnehmen lassen, und gewählte Verfahren dürfen nicht ohne triftigen Grund gewechselt werden. Die tatsächliche Lagerentnahme muss also nicht berücksichtigt werden.

Folgende Verfahren sind üblich:

Erklärung:	Fachbezeichnungen:
zuerst Verbrauch der ersten Einkäufe, Bewertung nach den letzten Einkäufen	fifo - Verbrauchsfolge first in - first out
zuerst Verbrauch der letzten Einkäufe, Bewertung nach den ersten Einkäufen	lifo - Verbrauchsfolge last in - first out
zuerst Verbrauch der teuersten Einkäufe, Bewertung nach den billigsten Einkäufen.	hifo - Verbrauchsfolge highest in - first out

Diese Verfahren können statisch durchgeführt werden; eine Bewertung findet nur am Ende der Periode statt. Sie können aber auch dynamisch benutzt werden; eine Bewertung erfolgt nach jedem Zugang. Die letztere Methode bietet sich vor allem bei einer permanenten Lageränderungs-Erfassung durch die EDV an.

Bei der Bewertung sind **Differenzen** zwischen der **Menge des Endbestandes** und der **Lieferungsmenge aufgrund der Bewertungsmethode** zu beachten: Wenn die Lagerbestandsmenge größer ist als z.B. beim Fifo-Verfahren die letzte Kaufmenge, so ist der Wert des vorletzten Kaufes mit zu berücksichtigen usw.

Nach **Durchschnittswert- und Verbrauchsfolgenverfahren** (§ 240(4) und § 256 HGB) werden die **Anschaffungskosten/Herstellungskosten** ermittelt. Die weiteren Vorschriften der Bewertung des Umlaufvermögens, wie Markt- oder Börsenwert, Zukunftswert, Steuerwert und Aufwertung sind zu beachten.

b) Steuerrechtliche Bewertung

Das Steuerrecht lässt die Ermittlung der Anschaffungs- oder Herstellungskosten nur nach der **Methode des gewogenen Durchschnitts** und nach dem **Lifo-Verfahren** (§ 6(1) Nr. 2a EStG) - letzteres als unterstellte Verbrauchsfolge bei gleichzeitigem Ansatz in der Handelsbilanz - zu. (Ein Wechsel des gewählten Lifo-Verfahrens ist nur mit Zustimmung des Finanzamtes möglich.)

Auch hier kann wie beim restlichen Umlaufvermögen ein **niedrigerer Teilwert** als voraussichtlich dauerhafte Wertminderung angesetzt werden (Das Maßgeblichkeitsprinzip ist zu beachten) bzw. es muss **aufgewertet** werden.

Aufgrund der unterschiedlichen Verfahren kann es in der Handels- und Steuerbilanz zu unterschiedlichen Anschaffungs-/Herstellungskosten kommen. Die steuerrechtliche Wahlmöglichkeit - und somit das Maßgeblichkeitsprinzip - gilt nur im Bereich der steuerlichen Anschaffungs-/Herstellungskosten bis zum niedrigeren Teilwert.

Beispiel

	AK in der HB	AK in der StB	MOB
1.	11.000,-- €	10.000,-- €	9.000,-- €
2.	11.000,-- €	8.000,-- €	9.000,-- €
3.	8.000,-- €	10.000,-- €	9.000,-- €

(Der MOB – entsprechend der Teilwert – wird voraussichtlich dauerhaft sinken.)

zu 1.: in beiden Bilanzen **muss** der MOB (9.000,-- €) angesetzt werden;

zu 2.: in der HB **müssen** MOB (9.000,-- €), in der StB die AK mit 8.000,-- € angesetzt werden; bei Einzelunternehmen und Personengesellschaften kann aber in der HB auch der niedrigere Steuerwert (8.000,-- €) angesetzt werden;

zu 3.: in der HB **müssen** die AK mit 8.000,-- €, in der StB der niedrigere MOB (9.000,- €) angesetzt werden (Maßgeblichkeit im übertragenen Sinn).

c) Buchungstechnik

Ab- und Aufwertungen des Vorratsvermögens wirken sich erfolgsmäßig durch die Auswirkungen des geänderten Endbestandes auf die Bestandsmehrungen bzw. -minderungen aus. Sie erscheinen also nicht als eigenständige Buchung (Kapitel „Bestandsveränderungen").

d) Gewinnauswirkung bei der Vorratsbewertung

Aufgrund der möglichen Gewinnauswirkungen der unterschiedlichen Verfahren ist die Bewertung eine bilanzpolitische Maßnahme.

Bei einem **sinkenden Beschaffungswert** im Laufe der Periode führt das Fifo-Verfahren zu einem **niedrigeren Gewinn** gegenüber dem Lifo-Verfahren.

Bei **steigendem Beschaffungswert** dagegen führt das Lifo-Verfahren gegenüber dem Fifo-Verfahren zum **niedrigeren Gewinn**.

310 Die Bewertung

Das Hifo-Verfahren ergibt immer einen relativ niedrigen Gewinn, auch bei Niedrigpreisen gegen Mitte der Periode.

Der gewogene Durchschnitt führt gegenüber den anderen zu einem mittleren Gewinn.

Aufgaben (➲ Lösung)

1. Welche Werte sind nach der Rechtssituation in HB und StB zu berücksichtigen? Der MOB – entsprechend der Teilwert – wird voraussichtlich dauerhaft sinken.)

Handelsrecht	Steuerrecht	MOB
AK/HK nach Fifo	AK/HK nach gew. Durchschnitt	
10	8	11
10	8	9
10	8	7
8	10	9

2. Ein Unternehmer hat in einem Wirtschaftsjahr die folgenden Einkäufe einer bestimmten Lebenmittelsorte getätigt (kein Anfangsbestand):

10.01.	500 Ztr	2.000,-- €	4,-- €/Ztr
20.03.	1.500 Ztr	4.000,-- €	2,66 €/Ztr
10.08.	800 Ztr	3.800,-- €	4,75 €/Ztr
14.09.	500 Ztr	2.200,-- €	4,40 €/Ztr
20.09.	600 Ztr	2.400,-- €	4,-- €/Ztr
10.11.	400 Ztr	1.700,-- €	4,25 €/Ztr
15.12.	1.500 Ztr	4.200,-- €	2,80 €/Ztr

Der Endbestand beträgt 1.000 Ztr.

a) Welche Beträge müssen nach der Fifo-, Lifo-, Hifo-Methode und nach der Methode des gewogenen Durchschnitts als Endbestand gebucht werden?

b) Der MOB beträgt am Ende des Jahres 3.000 €! Bei welchen Verfahren sind die AK, bei welchen der MOB anzusetzen?

c) Welche Methode wird er wählen, wenn er die Bilanz der Bank zur Kreditentscheidung vorlegen soll?

d) Welche Methode wendet er für die Steuerbilanz an?

4.1.2.3. Forderungen

a) Grundsätze

Für die Bewertung der Forderungen gelten ebenfalls die Bewertungsgrundsätze des Umlaufvermögens (§§ 253, 254, 279, 280 HGB).

Zur besseren Unterscheidung werden gemäß Kaufmannsbrauch abgegrenzt:
Einwandfreie Forderungen
Die einwandfreien Forderungen sind mit ihren Anschaffungskosten anzusetzen.
Zweifelhafte Forderungen
Zweifelhafte Forderungen sind in ihrer Höhe gefährdet. Sie sind zweifelhaft durch Schadensersatzansprüche, Minderungsabsicht des Kunden (Krankenkasse, Pflegekasse, Privatpatient), Zahlungsverzug, (gerichtlicher) Insolvenzantrag. Zweifelhafte Forderungen müssen auf den **wahrscheinlichen Wert** abgeschrieben werden.
Uneinbringliche Forderungen
Uneinbringlich ist eine Forderung, wenn objektive Anzeichen für einen endgültigen Verlust sprechen (z.B. Beendigung des Insolvenzverfahrens, fruchtlose Zwangsvollstreckung, unberechtigte Forderungen, Einrede der Verjährung). Uneinbringliche Forderungen **sind abzuschreiben**.

Während bei zweifelhaften Forderungen die Umsatzsteuer bei steuerpflichtigen Unternehmen **nicht korrigiert** werden darf, wird sie bei der uneinbringlichen Forderung ausgebucht (Entfallen der Gegenleistung oder Senkung der Bemessungsgrundlage.)

Die Bewertungstechnik der o.a. kurzfristigen Forderungen lässt sich am besten anhand der Buchungssätze erläutern.

b) Einzelbewertung von kurzfristigen Forderungen

Bei der Einzelbewertung wird jede Forderung für sich überprüft und wie folgt gebucht:

1a) Behandlung der plötzlich uneinbringlichen Forderung

Der Ausfall wird direkt abgeschrieben, die Umsatzsteuer berichtigt (Aufwandskonto: Abschreibungen auf Forderungen - Gruppe: sonstige betriebliche Aufwendungen).

Buchung: Abschreibung auf Forderungen
Umsatzsteuer
an Forderungen

Der spätere **unerwartete** Eingang einer (Teil-)Forderung wird gebucht:

Buchung: Bank
an sonstige betriebliche Erträge
an Umsatzsteuer

1b) Direkte Abschreibung von zweifelhaften Forderungen

Bei der direkten Abschreibung erfolgt die Ermittlung des Wahrscheinlichkeitswertes durch direkte Korrektur der zweifelhaften Forderung.

Abschreibungen werden vom Nettowert der Forderungen vorgenommen, da die Umsatzsteuer nur bei Forderungsausfällen durch das Finanzamt erstattet wird. Errechnet wird die Abschreibung zumeist als Prozentsatz.

Zuerst jedoch werden die zweifelhaften Forderungen von einwandfreien Forderungen abgegrenzt! - Diese Abgrenzung ist bei **EDV-Buchführung** wegen des Sammelkontocharakters des Forderungskontos zum Ausgleich der einzelnen Forderungen nicht möglich!

Buchungen: zweifelhafte Forderungen
an Forderungen

Abschreibungen auf Forderungen
an zweifelhafte Forderungen

Bei Kapitalgesellschaften **muss** diese direkte Methode genutzt werden. Einzelunternehmen und Personengesellschaften haben zusätzlich die Wahl des unter 1c) beschriebenen indirekten Verfahrens.

Beim **endgültigen Ausfall** der Forderung sind dann nur die Umsatzsteuer bei steuerpflichtigen Unternehmen und - bei Abweichungen zwischen vermuteten und tatsächlich ausfallenden Beträgen - die Differenzen zumeist **periodenfremd** in der Kontengruppe der sonstigen betrieblichen Erträge oder sonstigen betrieblichen Aufwendungen mit der Gegenbuchung auf dem Konto „zweifelhafte Forderungen" zu korrigieren.

Beispiel

Eine Forderung von 11.000,-- € wird zweifelhaft.
Der vermutete Ausfall beträgt 80% (8.000,-- € vom Nettowert). Der tatsächliche Ausfall beträgt:
a) 8.800,-- €,   b) 11.000,-- €,   c) 7.700,-- €.

Buchungen: 1. Zweifelhafte Forderungen 11.000,-- €
 an Forderungen 11.000,-- €

vermuteter Ausfall:

2. Abschreibung auf Forderungen 8.000,-- €
 an zweifelhafte Forderungen 8.000,-- €

tatsächlicher Ausfall:

3a) Umsatzsteuer 800,-- €
 an zweifelhafte Forderungen 800,-- €

3b) Umsatzsteuer 1.000,-- €
 Abschreibung auf Forderungen 2.000,-- €
 an zweifelhafte Forderungen 3.000,-- €

3c) Umsatzsteuer 700,-- €
 zweifelhafte Forderungen 300,-- €
 an sonstige betriebl. Erträge 1.000,-- €

S	Forderungen		H
AB	11.000,--	1)	11.000,--

S	zweifelhafte Forderungen		H
1)	11.000,--	2)	8.000,--
3c)	300,--	3a)	800,--
		3b)	3.000,--

S	Abschreibung a. Forderung.	H
2)	8.000,--	
3b)	2.000,--	

S	Umsatzsteuer	H
3a)	800,--	
3b)	1.000,--	
3c)	700,--	

S	sonstige betriebl. Erträge	H
	3c)	1.000,--

1c) Indirekte Abschreibung von zweifelhaften Forderungen

Nach der Abgrenzung zwischen zweifelhaften Forderungen (Bestandskonto) und einwandfreien Forderungen erfolgt die Berichtigung des vermuteten Zahlungsausfalls auf dem indirekten Passivkonto „**Wertberichtigung auf Forderungen**" oder „**Delkredere**".

Diese Buchungsmöglichkeit ist jedoch bei **Kapitalgesellschaften nur in Form von Unterkonten** gestattet. Ein entsprechendes Konto ist im Gliederungsschema der Bilanz nicht mehr vorgesehen.

Buchungen: zweifelhafte Forderungen

         an Forderungen

      Abschreibung auf Forderungen

         an Wertberichtigung auf Forderungen

Die zweifelhafte Forderung bleibt in **voller Höhe** bestehen, da indirekt über Wertberichtigungen abgeschrieben wurde (Bilanzklarheit). Der Wahrscheinlichkeitswert ist die Differenz aus den zweifelhaften Forderungen und den Wertberichtigungen.

Die Auflösung der Wertberichtigung erfolgt beim **tatsächlichen Forderungsausfall**.

Buchung: Wertberichtigung auf Forderungen

      Umsatzsteuer

         an zweifelhafte Forderungen

Beispiel

(wie oben): Eine Forderung von 11.000,-- € wird zweifelhaft. Der vermutete Ausfall beträgt 80% (8.000,-- € vom Nettowert). Der tatsächliche Ausfall beträgt: a) 8.800,-- €, b) 11.000,-- €, c) 7.700,-- €.

S	Forderungen		H
AB	11.000,--	1)	11.000,--

S	zweifelhafte Forderungen		H
1)	11.000,--	3a)	8.800,--
		3b)	11.000,--
		3c)	7.700,--

S	Abschreibung a. Forderung.		H
2)	8.000,--		
3b)	2.000,--		

S	sonstige betriebl. Erträge		H
		3c)	1.000,--

S Wertberichtigung a.Forder. H			S	Umsatzsteuer	H
3a)	8.000,--	2) 8.000,--	3a)	800,--	
3b)	8.000,--		3b)	1.000,--	
3c)	8.000,--		3c)	700,--	

Buchungen:

1. zweifelhafte Forderungen 11.000,-- €
   an Forderungen 11.000,-- €

   vermuteter Ausfall:

2. Abschreibung auf Forderungen 8.000,-- €
   an Wertberichtigung auf Forderungen 8.000,-- €

   tatsächlicher Ausfall:

3a) Wertberichtigung auf Forderungen 8.000,-- €
   Umsatzsteuer 800,-- €
      an zweifelhafte Forderungen 8.800,-- €

3b) Wertberichtigung auf Forderungen 8.000,-- €
   Abschreibung auf Forderungen 2.000,-- €
   Umsatzsteuer 1.000,-- €
      an zweifelhafte Forderungen 11.000,-- €

3c) Wertberichtigung auf Forderungen 8.000,-- €
   Umsatzsteuer 700,-- €
      an zweifelhafte Forderungen 7.700,-- €
      an sonst. betriebl. Erträge 1.000,-- €

c) Pauschalbewertung von kurzfristigen Forderungen

Bei größerem Kundenstamm und weniger bekannten Kunden empfiehlt es sich, die Wertkorrektur der zweifelhaften Forderungen indirekt und pauschal durchzuführen (**Pauschalwertberichtigung**).

Hier wird zum Jahresende ein betrieblicher prozentualer Erfahrungssatz an wahrscheinlich ausfallenden Forderungen zugrunde gelegt. Mit Hilfe dieses Erfahrungssatzes wird der Teil der wahrscheinlich ausfallenden Forderungen aus dem Forderungsbestand abzüglich der enthaltenen Umsatzsteuer ermittelt und als Wertberichtigungsendbestand gebucht.

Beispiel

Der Forderungsanfangsbestand betrug 110.000,-- €, der Delkredereanfangsbestand 1.000,-- €. Der Forderungsendbestand beträgt 220.000,-- €. Daraus ergibt sich bei einem Erfahrungssatz von 1% ein Delkredere-Endbestand von 2.000,-- €
(220.000,-- € - 20.000,-- € USt = 200.000,-- €).

Buchungen: SBK 220.000,-- €
                          an Forderungen 220.000,-- €
          Wertberichtigung auf Forderungen 2.000,-- €
                          an SBK 2.000,-- €

S	Forderungen	H		S Wertberichtigung a. Forder.	H
AB 110.000,--	Minderungen		SBK 2.000,--	AB 1.000,--	
Mehrungen	SBK 220.000,--			Abschr. a. Ford 1.000,--	

S	SBK	H		S Abschreibung a. Forder.	H
Ford. 220.000,--	Wertb. 2.000,--		Wertb. 1.000,--		

Der Saldo auf dem Wertberichtigungskonto wird als Mehrung der wahrscheinlich ausfallenden Forderungen auf dem Konto „Abschreibung auf Forderungen" gegengebucht.

Buchung: Abschreibung auf Forderungen 1.000,-- €
             an Wertberichtigung auf Forderungen 1.000,-- €

Ist der Anfangsbestand des Wertberichtigungskontos größer als der Schlussbestand, entsteht der Saldo im Soll. Er wird als Minderung der wahrscheinlich ausfallenden Forderungen in der Kontengruppe „sonstige betriebliche Erträge" gegengebucht.

S	Wertberichtigung a. Forder.	H		S sonstige betriebl. Erträge	H
SBK 500,--	AB 2.000,--			Wertb. 1.000,--	
s.b.E. 1.500,--					

Buchung: Wertberichtigung auf Forderungen 1.500,-- €
             an sonstige betriebl. Erträge 1.500,-- €

Wird nun eine Forderung im Folgejahr tatsächlich uneinbringlich, kann aufgrund des obigen Verfahrens wie bisher gebucht werden:

Abschreibung auf Forderungen
Umsatzsteuer
an Forderungen

Auch diese indirekte Pauschalwertberichtigung ist **nicht** mehr in der Bilanzgliederung der **Kapitalgesellschaften** vorgesehen.

Entsprechende mutmaßliche Ausfälle können bei Kapitalgesellschaften entsprechend ermittelt werden, sie sind aber dann direkt auf dem Forderungskonto zu buchen.

Buchungstechnisch würde sich das Wertberichtigungskonto als echtes Unterkonto der Forderungen empfehlen. (AB: Forderungen an Wertberichtigung auf Forderungen; SB: Wertberichtigung auf Forderungen an Forderungen; Saldo wie oben).

Diese Möglichkeit ist aber bei der **EDV-Buchführung** wegen des Sammelcharakters des Forderungskontos grundsätzlich nicht möglich. Hier muss indirekt gebucht werden. Eine Verrechnung mit den Forderungen ist dann - je nach Software - entweder über eine gemeinsame Bilanzposition im Abschluss oder in der Auswertung vorzunehmen.

d) Zusammenfassung

Das folgende Schema soll noch einmal die Forderungsbewertungen gegenüberstellen, die Aufgaben dann das Wissen vertiefen.

	Einzelbewertung	Pauschalbewertung
Buchung der zweifelhaften Forderungen: **davon vermuteter Ausfall**	Zweifelhafte Ford. an Forderungen	
Errechnung:	Zweifelhafte Ford. Bruttowert - USt = Forderungsnettowert	Forderungsendbestand - USt = Nettoforderungsendbestand

	davon Prozentsatz Feststellen in Büchern (Kontokorrent)	davon Prozentsatz betrieblicher Erfahrungssatz

Buchung:	Abschr. a. Ford.
	    an Wertber./Forder.
	oder:
	Abschr. a. Ford.
	    an zweifelh. Ford.
	(Pflicht bei Kapitalgesell.)
		a) Wertber./Forder.
		    an SBK
		oder z.B.:
		AB: Ford.
		    an Wertber./Ford.
		SB: Wert./Ford.
		    an Ford.
		Pflicht der direkt.
		Abschreibung bei
		Kapitalgesell.
		b) Sal.: Abschr. a. Ford.
		    an Wertber./Ford.
		oder:
		Wertber./Ford.
		    an so. b. Erträge

Davon tatsächlich uneinbringlich:	Wert./Ford. + USt
	    an zweifelh. Ford.
	bei höherem:
	Abschr. a. Ford.
	bei niedrigerem:
	    an so. b. Erträge
	oder:
	USt + Abschr. a. Ford.
	    an zweifelh. Ford.
	USt + zweifelh. F.
	    an so. b. Erträge	

uneinbringliche Forderungen: (plötzlicher Ausfall)	Abschr. a. Ford. + USt
	    an Ford.
		Abschr. a. Ford. + USt
		    an Ford.

e) Gemischtes Verfahren

Bei diesem Verfahren werden die Forderungen von größeren und bekannten Kunden einzeln bewertet, die Forderungen des restlichen Kundenstamms aber pauschal. Einzeln bewertete Forderungen sind dann bei der Pauschalbewertung vom Forderungsendbestand abzuziehen, um sie nicht nochmals zu berücksichtigen.

Zweckmäßigerweise wird jedoch, wenn indirekte Abschreibungen möglich sind, ein Wertberichtigungskonto für einzelne Forderungen und eins für pauschal bewertete Forderungen geführt.

Aufgaben (➲ Lösung)

Bilden Sie Buchungssätze!

1. Einem Gast werden im umsatzsteuerpflichtigen Unternehmen Leistungen für 20.000,-- € + USt. 2.000,-- € = 22.000,-- €. Im Folgejahr wird über das Vermögen von K. das Insolvenzverfahren eröffnet. Wir rechnen mit einer Vergleichsquote von 40%.
Im nächsten Jahr teilt uns der Insolvenzverwalter die Vergleichsquote mit. Der Rest der Schuld wird durch Banküberweisung beglichen. Vergleichsquote:
   a) 30%
   b) 60%
   c) nach zwei Jahren überweist K. nochmals 1000,-- €.
   Buchen Sie direkt und indirekt!

2. Wir haben eine Forderung gegen M. in Höhe von 27.500,-- €. M. gerät in Zahlungsschwierigkeiten. Wir rechnen mit einem Ausfall von 30%.
   a) M. überweist uns 80%.
   b) M. überweist uns 50%.
   c) Der Rest der Forderung fällt endgültig aus.
   Buchen Sie direkt und indirekt.

3. Berechnen und buchen Sie die Pauschalwertberichtigungen zum Jahresende indirekt und direkt: Erfahrungssatz: 2%

Forderungsanfangsbestand im 1. Jahr	165.000,-- €
Forderungsendbestand im 1. Jahr	198.000,-- €
Forderungsendbestand im 2. Jahr	110.000,-- €
Forderungsendbestand im 3. Jahr	132.000,-- €
Forderungsendbestand im 4. Jahr	99.000,-- €
Die Forderung von X fällt im 5. Jahr aus:	5.500,-- €

320 Die Bewertung

4. und 5. Bilden Sie Buchungssätze!

a) Bestände:

	4.	5.
Forderungsanfangsbestand	110.000,-- €	220.000,-- €
Mehrungen	800.000,-- €	880.000,-- €
Minderungen (bisher)	800.000,-- €	660.000,-- €
Anfangsbestand der zweifelhaften Forderungen	19.800,-- €	19.800,-- €
einschl. Kunde L.	8.800,-- €	7.700,-- €
Einzel-Delkredere-Anfangsbest. einzeln bewertet werden 20% des Forderungsbestandes	6.000,-- €	8.000,-- €
Pauschal-Delkredere-Anfangsbest. pauschal bewertet sind 80% des Forderungsendbestandes.	800,-- €	1.600,-- €

b) Geschäftsvorfälle

	4.	5.
Geschäftsvorfälle zur Einzelbewertung:		
Forderung des Kunden K. fällt wahrscheinlich zu 50% aus.	5.500,-- €	6.600,-- €
Von der Forderung des Kunden L. fallen aus:	4.400,-- €	3.300,-- €
vermutet waren (netto)	3.000,-- €	4.000,-- €
Geschäftsvorfälle zur Pauschalbewertung:		
Die Forderung des Kunden M. fällt aus	2.200,-- €	11.000,-- €
Delkrederesatz	1%	1%

4.1.3. Transitorische Rechnungsabgrenzungsposten

Rechnungsabgrenzungsposten (auch passive) sind grundsätzlich mit dem **Nennwert** der vorausgezahlten bzw. der im Voraus vereinnahmten Beträge anzusetzen.

Als Besonderheit gilt hier das **Disagio** (Damnum) oder **Agio**. Hierbei handelt es sich um die Differenz aus dem Rückzahlungs- und Auszahlungsbetrag eines Kredits (Bearbeitungsgebühr). Dieser Betrag **kann** handelsrechtlich grundsätzlich als **Zinsaufwand** im Jahr der Kreditaufnahme gebucht werden, oder er darf nach § 250(3) HGB unter die **aktiven Rechnungsabgrenzungsposten** aufgenommen werden.

Bei Aktivierung ist er jedoch, auf die Laufzeit des Darlehens verteilt, **planmäßig abzuschreiben**.

Kapitalgesellschaften müssen die Differenz, **bei** Ansatz in der Bilanz, gesondert unter den Rechnungsabgrenzungen ausweisen oder im Anhang angeben (§ 268(6) HGB). Auch hier muss die planmäßige Abschreibung vorgenommen werden.

Beispiel

Darlehen 100.000,-- €, Damnum 4 %, Laufzeit 10 Jahre

Buchung: 1. Bank 96.000,-- €
Zinsaufwand 4.000,-- €
an Darlehen 100.000,-- €

oder

2. Bank 96.000,-- €
aktive RAP 4.000,-- €
an Darlehen 100.000,-- €

jährlich zu buchen:
Zinsaufwand 400,-- €
an aktive RAP 400,-- €

Aufgrund der **Maßgeblichkeit der Handelsbilanz** für die Steuerbilanz (grundsätzliches handelsrechtliches Ansatzwahlrecht = steuerrechtliches „Ansatz-Muss") **muss** der Differenzbetrag **steuerrechtlich** aktiviert und abgeschrieben werden.

4.2. Bewertung der Passivseite

4.2.1. Wertansatz des Eigenkapitals

Nach § 283 HGB ist das gezeichnete Kapital der Kapitalgesellschaften mit dem Nennbetrag (Nennwert aller Aktien) anzusetzen. Der Bilanzgewinn und die Rücklagen einschl. der Sonderposten mit Rücklagenanteil sind mit den gesetzlich ermittelten Werten zu berücksichtigen.

Das Eigenkapitalkonto der Einzelunternehmung bzw. der Personengesellschaft errechnet sich steuerrechtlich nach dem Vermögensvergleich des § 4(1) EStG in Verbindung mit § 5(1) EStG bei Gewerbetreibenden. Aus dem Anfangsbestand zuzüglich Gewinn und Neueinlagen, abzüglich der Privatentnahmen ermittelt sich der anzusetzende Schlussbestand.

4.2.2. Wertansatz des Fremdkapitals

Verbindlichkeiten

Nach § 253(1) HGB sind Verbindlichkeiten **handelsrechtlich** mit dem **Rückzahlungsbetrag** anzusetzen. Es besteht hier kein Wahlrecht zwischen dem niedrigerem **Auszahlungsbetrag** des Kreditinstitutes und dem höheren Rückzahlungsbetrag an das Kreditinstitut (**strenges Höchstwertprinzip**). Der Differenzbetrag kann als **aktiver Rechnungsabgrenzungsposten** (gesondert) aktiviert werden (s. o.).

Steuerrechtlich sind gemäß § 6(1) Ziff. 3 EStG die **Bewertungsvorschriften für das Umlaufvermögen sinngemäß anzuwenden** (Ansatz in Höhe der Anschaffungskosten, wobei jedoch ein niedrigerer Teilwert berücksichtigt werden kann). Das bedeutet, dass die **Anschaffungskosten**, die wohl dem Rückzahlungsbetrag im Augenblick der Kreditaufnahme entsprechen, anzusetzen sind.
Ein **höherer Teilwert kann** angesetzt werden (Niederstwertprinzip für die Aktivseite - Höchstwertprinzip für die Passivseite). Er **muss** jedoch aufgrund der **Maßgeblichkeit der Handelsbilanz** für die Steuerbilanz berücksichtigt werden. Ein höherer Teilwert entspricht dem endgültig höheren Rückzahlungsbetrag, z.B. aufgrund von Zahlungen in Fremdwährungen bei steigenden Kursen.
Verbindlichkeiten sind allerdings mit 5,5,% abzuzinsen; Ausnahme: Anzahlungen, Vorauszahlungen oder Verbindlichkeiten mit weniger als 12 Monate Restlaufzeit oder verzinsliche Verbindlichkeiten.

Rentenverpflichtungen sind gemäß § 253(1) **HGB** mit ihrem **Barwert** (s.o.) anzusetzen. Das Steuerrecht hat hier keine eigene Bewertung.

Rückstellungen

Nach § 253(1) HGB sind Rückstellungen mit Beträgen aufgrund **vernünftiger kaufmännischer Schätzung** anzusetzen. Die Werte erhält man z.b. durch Schätzung mit Hilfe von Statistiken, aufgrund von Erfahrungen und durch Fachleute.

Pensionsrückstellungen werden nach versicherungsmathematischen Grundlagen errechnet. Zum Ansatz kommen für Rentenverpflichtungen der **Barwert**, für Anwartschaften der **Gegenwartswert**.

Steuerrechtlich werden die Rückstellungen auch als Verbindlichkeiten - einschließlich einer Abzinsung - mit dem **höheren Teilwert** ermittelt, und zwar - so die Rechtsprechung - nach objektiven Maßstäben ohne offenbar unrichtige, willkürliche oder zu pessimistische Schätzungen; bei gleichartigen Verpflichtungen sind die Erfahrungen der Vergangenheit (Teilinanspruchnahme) zu berücksichtigen; Rückstellungen für Sachleistungen sind mit Einzelkosten und einem angemessenen Teil Gemeinkosten zu bewerten. Voraussichtliche Einnahmen in Zusammenhang mit der Erfüllung einer ungewissen Verpflichtung sind ebenfalls rückstellungsmindernd zu berücksichtigen.

Zusammenfassung

Hier sei die Bewertung der Passivseite nochmals als Gegenüberstellung des Handels- und Steuerrechts dargestellt:

	Handelsrecht	Steuerrecht
Eigenkapital:		
Einzelunternehmen / Personengesellschaft	Vermögens- und Kapitalvergleich	ebenso
Kapitalgesellschaft		
- gezeichnetes Kapital als festgesetztes / gewährtes Kapital	Nennbetrag § 283 HGB	ebenso
- die restlichen Kapitalanteile	errechnete Beträge (= Buchwerte)	ebenso
Fremdkapital:		
- Verbindlichkeiten	Rückzahlungsbetrag § 253(1) HGB	AK oder höherer Teilwert § 6(1) Z.3 EStG aufgr. d. Maßgeblichkeit strenges Höchstwertprinzip mit Abzinsung 5,5%
- Rentenverpflichtungen	Barwert § 253(1) HGB	ebenso
- Rückstellungen	vernünftige kaufm. Schätzung § 253(1) HGB	Teilwert nach objektiv geschätzten Maßstäben
- Pensionsrückstellungen	Barwert, Gegenwartswert	Teilwert auf handelsrechtl. Rechenbasis

IX. Stille Reserven

1. Der Begriff „Stille Reserven"

Stille Reserven, auch „Stille Rücklagen" genannt, sind Kapitalreserven, die **in der Bilanz nicht ausgewiesen** werden. Diese stillen Reserven sind die Differenzen zwischen Buchwerten und tatsächlichen Werten, wobei die Buchwerte der Vermögenswerte unter den tatsächlichen Werten bzw. die Buchwerte der Schulden und Rückstellungen über den tatsächlichen Werten liegen.

Als tatsächlicher oder richtiger Wert kommt der **Tagesveräußerungswert** oder der **zukünftige Veräußerungswert** in Betracht. Da diese Werte aber nur Schätzwerte sind, wird man als Ersatz den **Tagesbeschaffungswert** wählen.

Bei nicht aktivierten Gütern (GWG) wird der Buchwert entsprechend mit 0,-- € angenommen.

2. Arten Stiller Reserven

a) Einteilung unter Zeitbezug

Stille Reserven lassen sich nach der Zeit bis zur Auflösung einteilen in:
- **dauerhafte**: Reserven, die der Unternehmung bis zur Unternehmensliquidation dienen (z.B. Grundstücke);
- **temporäre**: Reserven, deren Auflösung lang-, mittel- oder kurzfristig während der Unternehmenslebensdauer erfolgt.

b) Einteilung unter dem Bezug der Unternehmenspolitik

Zweckmäßiger erscheint aus unternehmenspolitischer Sicht eine Einteilung in **Zwangs-, Wahlrechts-, Schätz- und Willkürreserven**, da hier die Möglichkeit der Gewinnminderung mit möglicher Entstehung der Reserven oder die Möglichkeit der Gewinnmehrung mit Auflösung oder Nicht-Bildung der Reserven deutlicher wird.

Zwangsreserven

Hier hat der Unternehmer auf Grund gesetzlicher Vorschriften **keinen Einfluss** auf das Entstehen und damit auf eine Vermögens- und Gewinnsteigerung.

Bilanzierungsverbote sind z.b.:
--- originäre immaterielle Anlagewerte,
--- Gründungs- oder Kapitalbeschaffungskosten;
Werteinschränkungen sind z.b.:
--- Anschaffungswertprinzip,
--- strenges Niederstwertprinzip bei den planmäßigen Abschreibungen;

Wahlrechtsreserven

Sie entstehen durch eine **entsprechende Entscheidung** bei
--- Ansatzwahlmöglichkeit (Nullansatz bei derivativen Firmenwerten in der Handelsbilanz) oder
--- Wertwahlmöglichkeit (Verzicht auf Aufwertung in der Einzelunternehmer-Handelsbilanz, Wahl der Abschreibungsmethode, etc.).

Hier besteht für den Unternehmer im Rahmen der Willkürfreiheit schon eine Beeinflussung des Gewinns durch die Bildung oder Nicht-Bildung der Reserven.

Schätzreserven

Sie entstehen durch **falsche Schätzwerte**, bedingt etwa durch das Imparitätsprinzip für vermutete Verluste. Dabei kann es sich z.b. um unterschätzte Nutzungsdauern oder überschätzte Rückstellungen handeln. Die Absicht, den Gewinn durch entsprechende Schätzreserven zu beeinflussen, liegt schon im Bereich der Willkür.

Willkürreserven

Diese Reserven sind **nicht erlaubt**, da willkürliche Schätzungen nach den GoB nicht sein dürfen. Durch die vorgegebenen Wertansätze des Rechtes werden diese Möglichkeiten zum Teil schon eingeschränkt.

3. Auflösung Stiller Reserven

a) Beabsichtigte Auflösung

Eine Auflösung kann **beabsichtigt** sein. Die Aufwertung, soweit es bei Einzelunternehmen in der Handelsbilanz eine Wahlmöglichkeit gibt, stellt eine Möglichkeit dazu dar. Allerdings wird sie eingeschränkt durch die Anschaffungs- oder Herstellungskosten (abzüglich planmäßiger Abschreibung).

b) Automatische Auflösung

Automatisch erfolgt eine Auflösung
--- durch Verkauf oder Auflösung des Reserveträgers (Verkauf des Gutes, Auflösung der Rückstellung) als „**sonstiger betrieblicher Ertrag**",
--- durch Bezugswertveränderung, wie Abfallen des Tagesbeschaffungswertes bis zum Buchwert oder durch den Abschreibungsverlauf (mit längerer Abschreibung verringert sich auch der tatsächliche Wert immer mehr),

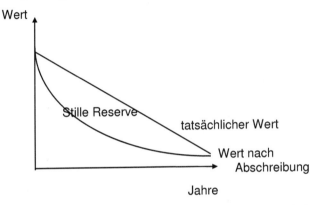

--- durch das handelsrechtliche Wertaufholungsgebot für Kapitalgesellschaften oder die entsprechende Aufwertungspflicht des Teilwertes in der Steuerbilanz, falls der Nachweis für die Beibehaltung des niedrigen Teilwertes fehlt.

X. Bilanzanalyse und Bilanzkritik

1. Begriff, Wesen und Zweck

Unter Bilanzanalyse versteht man die **kritische Beurteilung** und **wirtschaftliche Auswertung** der Bilanz. Einzelne Positionen werden zerlegt, zergliedert und untersucht, um Unternehmen zu durchleuchten und Bilanzkritik durchführen zu können.

Die Bilanzanalyse steht eindeutig unter dem Einfluss bilanzpolitischer Instrumente. So hängt die Gestaltung von Sachverhalten schon von dem Zeitpunkt der Erfassung ab.
Vor dem Abschlussstichtag wirken sich gestaltend aus: vorzeitige Investitionen, Kauf von geringwertigen Wirtschaftsgütern, Leasing. **Nach dem Stichtag** ist einerseits der Bilanzierungsansatz z.b. bei Ansatzwahlmöglichkeiten oder Ansatzverboten (siehe „Stille Reserven") entscheidend. Andererseits lässt sich die Bewertung sowohl über die Werte und die Bewertungsmethoden (Vorratsvermögen) als auch über Wertminderungen und Werterhöhungen gestalten. Wichtige Möglichkeit ist auch der Ausweis im Anhang oder Lagebericht.
Ebenso unterschiedlich sind die Bewertungskriterien hinsichtlich der geltenden Ziele und Zielerreichung. So können sich Vorfälle im Jahr des Einsatzes zwischen Handels- und Steuerbilanz als konkurrierend erweisen oder Anlass zu Kompromissen bedeuten, und zwar bezüglich der Ausschüttung, der Steuern, der Vermögens-, Finanz- und Ertragslage. Sie können sich auf mehrere Jahre auswirken. Vor allem Externe erkennen nicht unbedingt alle Möglichkeiten. Die Auswirkung kann grundsätzlich erst in den Folgejahren liegen.
Entscheidungen im Wahlbereich bedeuten dann gleiche Maßnahmen in Folgejahren, sowie Identität und Kontinuität.

Die Bilanzanalyse lässt sich sowohl **intern** (durch Angehörige der Geschäftsleitung) wie auch **extern** (durch Außenstehende) durchführen. Erstere haben natürlich einen tieferen und besseren Einblick in die Unterlagen des Rechnungswesens.
Vor allem Externe erkennen nicht unbedingt alle Möglichkeiten der Bilanzgestaltung. Externe Interessenten können Anteilseigner, potentielle Anleger, Kreditgeber, Lieferanten, Kunden, Arbeitnehmer, Gewerkschaften und die sonstige „Öffentlichkeit" sein.

Unterscheidet man die Bilanzanalyse unter zeitlichem Aspekt, so ergeben sich **einperiodische Analysen** eines Jahresabschlusses oder **mehrperiodische Analysen** durch Vergleich mehrjähriger Jahresabschlüsse. Weiterhin können die

330 Bilanzanalyse und Bilanzkritik

Analysen **innerbetrieblich** oder durch Vergleich mehrerer gleichartiger Unternehmen **zwischenbetrieblich** sein.

Eine **formale** Bilanzanalyse überprüft den Jahresabschluss bezüglich der **gesetzlichen Vorschriften** (wie den Ansatz- und Bewertungsvorschriften der Gesetze) und bezüglich der Einhaltung der GoBs. Durch Testat eines Wirtschaftsprüfers wird die Übereinstimmung des Jahresabschlusses mit den Vorschriften jedoch schon bescheinigt.

Die **materielle** Bilanzanalyse beschäftigt sich mit der Aufbereitung und sachlichen Auswertung des Materials für ökonomische Aussagen.

2. Aufbereitung des Zahlenmaterials

Durch **Vergleichszahlen** werden die Zahlen eines Jahresabschlusses auskunftsfreudiger. So lässt z.B. die Gewinnhöhe von einer Million € alle möglichen Schlüsse zu, jedoch verglichen mit der Gewinnhöhe des Vorjahres von zwei Millionen € erscheint der diesjährige Gewinn in einem anderen Licht.

Verschiedene Größen, die in ein sinnvolles Verhältnis zueinander gesetzt werden in einem leicht fassbaren Zahlenausdruck, nennt man **Kennzahlen** oder **betriebliche Kennziffern**. Ihre Aufgabe ist es, besondere Sachverhalte sichtbar zu machen, Sachverhalte zu verdichten und die Transparenz zu erhöhen.

Kennziffern sind allerdings „Momentaufnahmen". Sie geben ein Bild am Bilanzstichtag/Analysestichtag wieder!

Die **absoluten** Zahlen des Jahresabschlusses werden, um eine bessere Aussagekraft zu erreichen, häufig in **Verhältniszahlen** (Relativzahlen) umgesetzt.

Man unterscheidet:

a) Gliederungszahlen

Hier wird eine Teilmenge zu einer Gesamtmenge ins Verhältnis gesetzt (z.B. Prozent des Eigenkapitals).

b) Beziehungszahlen

Zahlen werden zueinander in Beziehung gesetzt (z. B. Gewinn zu Eigenkapital).

c) Indexzahlen

Zeitlich verschiedene Zahlen werden in Relation zu den Zahlen eines Ausgangsjahres gesetzt (z. B. Verhältnis des Eigenkapitals zum Eigenkapital im Jahre x).

d) Richtzahlen

Zahlen werden zu branchentypischen Durchschnittszahlen (Richtzahlen) in Beziehung gesetzt (z. B. auch Zins des Kapitalmarktes).

3. Methodisch-systematischer Ablauf der Unternehmensbeurteilung

Bei der Durchführung einer Bilanzanalyse sollten die folgenden Punkte berücksichtigt werden:

a) Sammlung und Sichtung des verfügbaren Materials

Hier reicht ein einzelner Jahresabschluss natürlich nicht aus. Um Vergleichsmaßstäbe zu haben, sollten die folgenden Unterlagen möglichst vollständig herangezogen werden:

- Jahresabschluss des Berichtsjahres,
- Jahresabschluss möglichst vieler Vorjahre,
- Jahresabschlüsse von Konkurrenten des interessierenden Unternehmens,
- Hauptversammlungsansprachen,
- Veröffentlichungen in der Wirtschaftspresse,
- Brancheninformationen,
- Mitteilungen und Veröffentlichungen von Verbänden usw.

Bei einer externen Bilanzanalyse wird man hier schon auf Schwierigkeiten stoßen. Die Informationsquellen hinsichtlich Leistungsreife, Qualität der Leistungsfaktoren, Konkurrenzstärke, Unternehmensverflechtungen, Fristigkeiten des Kapitals etc. fehlen. Bilanzgliederungen und Bewertungsspielräume werden unternehmenspolitisch genutzt. Jahresabschlüsse stehen erst nach einer Zeitspanne zur Verfügung.

332 Bilanzanalyse und Bilanzkritik

b) Verschaffen eines allgemeinen Überblickes über Unternehmen und Branche und formale Bilanzanalyse

Bevor mit detaillierten Untersuchungen begonnen werden kann, benötigt man zuerst einen Überblick über Eigentums- und Kapitalverhältnisse, Vorstand und Aufsichtsrat (Signalwirkung), Beziehungen zu verbundenen Unternehmen, Konkurrenz- und Branchenverhältnisse und über die Geschäftsentwicklung.

Hieran schließt sich die formale Bilanzanalyse an, und zwar unter Einbezug des Wirtschaftsprüfungstestats und Berichts des Aufsichtsrates.

c) Aufbereitung des Zahlenmaterials und Erstellung einer Strukturbilanz

Zur Vorbereitung der Kennzahlenbildung wird nun das Zahlenmaterial:

1. **bereinigt, richtiggestellt und saldiert;**
Wertberichtigungen werden aufgelöst, Disagios werden anteilig mit dem Eigenkapital verrechnet, erkennbare stille Reserven aufgedeckt usw.

2. **aufgespalten und umgruppiert;**
Soweit Sonderposten mit Rücklagenanteil zu Steuerstundungen führen, werden sie dem Fremdkapital zugerechnet, Rückstellungen in lang- und kurzfristiges Fremdkapital aufgeteilt usw.

3. **zusammengezogen und verdichtet;**
Werte werden nach Bindungsdauer, wie Sachanlagen, Finanzanlagen, Vorräte, liquide Mittel, sonstiges Geldvermögen, Eigenkapital, lang-, mittel-, kurzfristiges Fremdkapital zusammengefasst.

d) Durchführung von Partialanalysen

Um der Analyse die Komplexibilität zu nehmen, werden Partialanalysen (Teilanalysen) durchgeführt:

- Analyse des Erfolges und Prognose der Ertragskraft,
- Beurteilung der Liquidität und Solidität der Finanzen,
- Beurteilung von Zukunftsvorsorge, Investitionspolitik, Risikostreuung, Wachstum und Anpassungsflexibilität,
- Auswirkung der gesellschaftsbezogenen Aktivitäten.

Die Partialanalysen werden in festgelegten Arbeitsschritten durchgeführt:

- Auswahl geeigneter problemspezifischer Kennzahlen,
- Errechnung der Kennzahlen,

- Interpretation der ermittelten Werte mit Hilfe von Vergleichsmaßstäben,
- Ursachenforschung zur Erklärung und Auswertung der Ergebnisse der Kennzahlenrechnung,
- Prognose der künftigen Entwicklung auf Basis der Vergangenheitswerte, auch unter Berücksichtigung nicht quantifizierbarer Erkenntnisse und Informationen.

e) **Zusammenfassung der Ergebnisse der Partialanalysen zu einem Gesamtbild der Unternehmung**

f) **Gutachterliche Stellungnahme und Darstellung der erlangten Erkenntnisse**

4. Einige Kennziffern zu Partialanalysen

4.1. Analyse des Erfolges zur Einschätzung der Ertragskraft

Basis dieser Analyse ist die Gewinn- und Verlustrechnung, eventuell differenziert in ordentliches Betriebsergebnis, Finanzergebnis (aus Beteiligungen etc.), außerordentliches Betriebsergebnis, periodenfremde Erfolge und Erfolgsbeiträge von Produktgruppen. Hierhin gehören Wirtschaftlichkeits-, Produktivitäts- und Rentabilitätsuntersuchungen.

Beispiele für Kennziffern

Wirtschaftlichkeit = Aufwand ÷ Ertrag

Produktivität = Output ÷ Input

Rentabilitäten

a) Eigenkapitalrentabilität = Jahresüberschuss ÷ Eigenkapital × 100
   (Verzinsung des investierten Kapitals)

b) Gesamtkapitalrentabilität =
   (Jahresübersch. + Aufwandszins) ÷ (Eigenkapital + Fremdkapital) × 100

c) Umsatzrentabilität = Betriebsergebnis ÷ Umsatzerlöse × 100

Intensitäten

Personalintensität (u.a.) = Personalaufwand ÷ Gesamtleistung

Cash-Flow

Der Cash-Flow als Erfolgs- und als Liquiditätsindikator gibt an, „wieviel Geld in die Kasse geflossen ist". Dem Cash-Flow werden grundsätzlich nur ausgaben- und einnahmenbedingte Erfolge zugrunde gelegt. Unternehmenspolitische Gewinnauswirkungen wie Auf- und Abwertungen sollen hier bewusst eliminiert werden, teilweise auch aperiodische Erfolge.

Beispiel eines Cash-Flow für nicht nach KHG geförderte Unternehmen	Beispiel eines Cash-Flow für nach KHG geförderte Unternehmen
Bilanzgewinn bzw. -verlust	Bilanzgewinn bzw. -verlust
+ Zuführungen zu Rücklagen	+ Zuführungen zu Rücklagen
- Entnahmen aus Rücklagen	- Entnahmen aus Rücklagen
+ Erhöhung des Gewinnvortrages	+ Erhöhung des Gewinnvortrages
- Minderung des Gewinnvortrages	- Minderung des Gewinnvortrages
= **Gewinn** (der Einzelunternehmung)	= **Gewinn** (der Einzelunternehmung)
+ Abschreibungen a. Anlagevermögen	*(+ Abschreibungen a. Anlageverm.*
	- Erträge aus Auflös. Sonderpost.)*
- Zuschreibungen a. Anlagevermögen	*(- Zuschreibungen a. Anlageverm.*
	+ Aufwend. a. Erhöh. Sonderpost.)*
	+ Erhöhung Sonderpost. KHG
	- Minderung Sonderpost. KHG
+ Erhöhung steuerfreie Rücklagen	+ Erhöhung steuerfreie Rücklagen
- Minderung steuerfreie Rücklagen	- Minderung steuerfreie Rücklagen
+ Erhöhung langfristig. Rückstellungen	+ Erhöhung langfristig. Rückstell.
- Minderung langfristig. Rückstellungen	- Minderung langfristig. Rückstell.
+ aperiodische Aufwendungen	+ aperiodische Aufwendungen
- aperiodische Erträge	- aperiodische Erträge
= **CASH-FLOW**	= **CASH-FLOW**

* Ab- und Zuschreibungen wurden durch die gleich hohen Anpassungen der Sonderposten aus Fördermitteln nach KHG erfolgswirksam neutralisiert. Eine periodische Zuführung der Fördermittel bedeutet eine zusätzliche Finanzkraft.

Der Cash-Flow lässt sich ebenfalls im reinen Betriebs- oder Finanzbereich usw., ermitteln. Aussagekräftiger sind zusätzliche Cash-Flow-Stufungen in Form von Zwischenergebnissen, z. B. vor Berücksichtigung aperiodischer Erfolge.

Aufgabe (⊃ Lösung)

Ermitteln Sie den Cash-Flow ohne Periodeneinfluss bzw. als periodische Rechnung!

Bilanzgewinn 300.000 €	akt. RAP Jahresanfang 5.000 €
Rücklageneinstellung 290.000 €	Jahresende 6.000 €
Gewinnvortrag	Rückstellungen
letztes Jahr 10.000 €	Jahresanfang 8.000 €
dieses Jahr 8.000 €	Jahresende 7.000 €
planm. Abschreibung 200.000 €	außerpl. Abschreibung 100.000 €
steuerfreie Rücklagen / Sonderposten KHG	Steuernachzahlung 20.000 €
Anfang d. Jahres 50.000 €	Zinsertrag 40.000 €
Ende d. Jahres 52.000 €	Aufwertung 30.000 €

EBIT und EBITDA

EBIT (Earnings before interests and taxes) und EBITDA (Earnings before interests, taxes, depreciation and amortization) sind international genutzte Erfolgsindikatoren mit denen man versucht eine absolute Ertragskennzahl einer Unternehmung zu ermitteln.

Beide sind dem Cash-Flow nachempfunden, suchen aber ihre Aussagen in verschiedenen Schwerpunkten.

Der Erfolgsindikator EBIT - Jahresüberschuss vor Steuern, Zinsergebnis und außerordentlichem Ergebnis – findet seinen Einsatz vor allem im Finanz- und Aktienbereich.

Die Ermittlung der Ertragskraft erfolgt aus der operativen Tätigkeit einer Unternehmung, unabhängig von der individuellen Kapitalstruktur. Bei der Verwendung des Jahresüberschusses schneiden Unternehmen mit höherer Eigenkapitalquote aufgrund der geringeren Fremdkapitalkosten besser ab.

Ausgangsbasis ist der Jahresüberschuss (Gewinn) als Veränderung des Betriebsvermögens; die Steuern, das Zinsergebnis und das außerordentliches Ergebnis werden eliminiert – entsprechende Erträge subtrahiert, entsprechende Aufwendungen addiert.

Das Ergebnis lässt sich ebenfalls für den reinen Betriebs- oder neutralen Finanzbereich usw. ermitteln. Aussagekräftiger sind zusätzliche Stufungen in Form von Zwischenergebnissen, z. B. vor Berücksichtigung aperiodischer Erfolge.

Als Vergleichskennzahl wir die EBIT-Marge ermittelt:

$$\text{EBIT-Marge} = \text{EBIT} \div \text{Umsatz}$$

Der Erfolgsindikator EBITDA - Jahresüberschuss vor Steuern, Zinsergebnis und Abschreibungen – findet ebenfalls seinen Einsatz vor allem im Finanz- und Aktienbereich.

Die Ermittlung der Ertragskraft erfolgt aus der operativen Tätigkeit einer Unternehmung, unabhängig von unterschiedlichen internationalen Bilanzierungsvorschriften und der individuellen Kapitalstruktur. Investitionsfreudige Unternehmen weisen hohe Abschreibungen und damit einen geringeren Jahresüberschuss auf. Der Indikator hat also Bereinigungscharakter. Aufbauend auf dem Indikator EBIT entstehen aussagekräftige Vergleiche der operativen Ertragskraft **internationaler** Unternehmen.

Ausgangsbasis ist auch hier der Jahresüberschuss (Gewinn) als Veränderung des Betriebsvermögens; die Steuern, das Zinsergebnis und die Abschreibungen werden eliminiert – entsprechende Erträge subtrahiert, entsprechende Aufwendungen addiert. Das Ergebnis lässt sich ebenfalls für den reinen Betriebs- bzw. neutralen Bereich oder ordentlich und außerordentlich (EBIT) usw. ermitteln. Aussagekräftiger sind zusätzliche Stufungen in Form von Zwischenergebnissen, z. B. vor Berücksichtigung aperiodischer Erfolge.

Als Vergleichskennzahl wir die EBITDA-Marge ermittelt:

$$\text{EBITDA-Marge} = \text{EBITA} \div \text{Umsatz}$$

4.2. Beurteilung der Liquiditätssituation und Solidität der Unternehmung

Ein besonders wichtiges Ziel der Bilanzanalyse ist die Frage nach der **Eigenschaft von Betriebsmitteln, sich in flüssige Mittel verwandeln zu lassen** (Liquidität) und die Frage nach der **Fähigkeit der Unternehmung**, zu jedem Zeitpunkt die **fälligen Zahlungsverpflichtungen erfüllen zu können** (Solidität). In diesem Zusammenhang sind die kurzfristigen Schulden mit den Kassen- und Bankbeständen, den kurzfristigen Forderungen zu vergleichen. Daneben muss auch die Liquidierbarkeit des Vermögens berücksichtigt werden.

Weiter ist die Kapitalstruktur zur Erhaltung von Dispositionsfreiheiten, zur Wahrnehmung von Expansionen etc. wichtig.

Kennziffern sind:

kurzfristige Liquidität

a) Liquidität 1. Grades: liquide Mittel ÷ kurzfristige Verbindlichkeiten × 100

b) Liquidität 2. Grades: monetäres Umlaufvermögen ÷ kurzfristige Verbindlichkeiten × 100

c) Liquidität 3. Grades: Umlaufvermögen ÷ kurzfristige Verbindlichkeiten × 100

Kapitalstruktur

a) Eigenkapitalanteil: Eigenkapital ÷ Gesamtkapital × 100

b) Verschuldungsgrad: Fremdkapital ÷ Eigenkapital × 100

Vermögensaufbau und finanzielle Deckung

Anlagendeckung:
(Eigenkapital + langfr. Fremdkapital) ÷ (AV + dauernd benötigtes UV) × 100

Gleiche Unternehmen mit höherem Umlaufvermögen können sich besser der Marktsituation anpassen, als Unternehmen mit höherem Anlagevermögen (hohe Fixkosten).

Ergänzung der Analyse durch Kapitalflussrechnungen

Die Kapitalflussrechnung soll Aussagen über Finanzierungs-, Investitionsvorgänge und über die finanzielle Lage der Unternehmung machen. Es werden Verwendung und Herkunft **ausgabe- und einnahmewirksamer Mittel** - also die Auswirkungen auf das Geldvermögen - zwischen zwei Stichtagen dargestellt.

a) Mittelverwendung
Zur Mittelverwendung führen:
- die ausgabewirksame **Zunahme** von Sachvermögenswerten (**Aktiva**),
- die ausgabewirksame **Abnahme** von Eigenkapital und langfristigem Fremdkapital (**Passiva**),
- ausgabewirksame **Aufwendungen.**

b) Mittelherkunft
Zur Mittelherkunft führen:
- die einnahmewirksame **Abnahme** von Sachvermögenswerten (**Aktiva**),

- die einnahmewirksame **Zunahme** von Eigenkapital und langfristigem Fremdkapital (**Passiva**),
- einnahmewirksame **Erträge**.

Fünf Bereiche werden eingerichtet:

1. Umsatzbereich (Erfolgsbereich)
Er erfasst alle **Erfolge**, die Einnahmen oder Ausgaben im Wirtschaftsjahr waren, sowie die Bestandsveränderungen der Roh-, Hilfs- und Betriebsstoffe beim Nettoabschluss (s. u.).

2. Anlagenbereich
Hier werden alle Investitionen und Anlagenverkäufe erfasst.

3. Kapitalbereich
Veränderungen langfristiger Fremdkapitalien und Eigenkapitalveränderungen aufgrund von Einlagen und Entnahmen werden hier berücksichtigt.

4. Geldbereich (Geldvermögensbereich)
Dieser Bereich umfasst das Geldvermögen mit Berücksichtigung kurzfristiger Verbindlichkeiten. Aufgrund der doppelten Buchführung zwischen den Bereichen 1 bis 3 auf der einen Seite und Bereich 4 (auch hier als Verwendung und Herkunft bezeichnet) auf der anderen handelt es sich beim Geldbereich um unser „Portemonnaie".

5. Verrechnungsbereich
Um keine Position zu vergessen, kann man diesen Bereich für zahlungsneutrale Vorfälle zu Kontrollzwecken führen, wobei die Kontierungen analog als Mittelverwendung und Mittelherkunft bezeichnet werden.

Die Differenz aus Mittelherkunft und Mittelverwendung des Umsatzbereiches zeigt den **finanziellen Erfolg** aus der normalen unternehmerischen Leistung auf. Verrechnet mit der Differenz aus dem Anlagenbereich (Finanzüberschuss / Finanzbedarf) ist die **Innenfinanzierung** der Unternehmung ersichtlich.
Die Verrechnung der Differenzen 1-3 zeigt die **Innen- und Außenfinanzierung** auf.
Selbstverständlich muss dieser Betrag in seiner Höhe mit der Differenz im Geldbereich übereinstimmen.
(Bereich 1 bis 3 - Bereich 4 = 0; durch doppelte Buchführung gegenteiliges Vorzeichen!)

Folgende Vorfälle müssen besonders beachtet werden:

Abnutzbares Anlagevermögen
Die ausgabenneutrale Abschreibung hat den Schlussbestand und somit die Differenz zwischen Anfangs- und Endbestand beeinflusst. Die Mittelverwendung im Anlagenbereich (Zugänge) ist um diesen Betrag höher.

Sonderposten aus Fördermitteln nach KHG
Eine periodische Erhöhung des Sonderpostens bedeutet eine zusätzliche Finanzkraft in der Periode. Der einnahmenneutrale „Ertrag aus der Auflösung von Sonderposten nach KHG" aufgrund der o.a. Abschreibung hat den Schlussbestand des Sonderpostens und somit die Differenz zwischen Anfangs- und Endbestand beeinflusst. Die Mittelherkunft im Kapitalbereich ist um diesen Betrag höher. Die Erfolgskonten „Zuführungen der Fördermittel nach KHG zu Verbindlichkeiten" und „Erträge aus Fördermitteln" in Verbindung mit den „Verbindlichkeiten nach KHG" und „Forderungen nach KHG" werden finanzwirksam neutralisiert, diese können im Kapitalbereich oder im Verrechnungsbereich als Verwendung und Herkunft berücksichtigt werden.

Unfertige Erzeugnisse (am Periodenende noch weiter zu behandelnde Patienten)
Mehr- und Minderbestände wirken sich nicht finanzwirksam aus.

Sachgüter (Lebensmittel, Medikamente, Betriebsstoffe)
Nach dem vorgeschlagenen Buchungsverfahren für Sachgüter (Abschn. III/3.) entspricht der Aufwand bei der Bruttobuchung dem Einkauf. Die Bestandsveränderungen dienen der Ermittlung des Verbrauchs, sie sind damit nicht einnahme- oder ausgabewirksam.
Beim Nettoabschluss werden die Bestandsveränderungen dieser Vorräte neben dem Verbrauch - wie bei der klassischen Buchung - im Umsatzbereich erfasst.

Rückstellungen
Aufwand und Rückstellungen dürfen das Finanzergebnis grundsätzlich nicht beeinflussen. Da die entsprechenden Aufwendungen unter den ausgabewirksamen schwer feststellbar sind, werden die Rückstellungen zur Neutralisation im Herkunftsbereich der Erfolge erfasst. Kurzfristige Rückstellungen können aber auch als bald zu leistende Verbindlichkeiten (Gegenbuchung zu den sich auswirkenden Aufwendungen) im Geldbereich berücksichtigt werden.

Rechnungsabgrenzungen
Diese mindern finanzwirksame Aufwendungen und Erträge. Sie können also an die Stelle dieser Erfolge treten (aktive RAP als V1, passive RAP als H1).
Sollen aperiodische Zahlungen keine Berücksichtigung finden, werden die RAPs als Verrechnung geführt, ebenfalls die Zahlungen in der entsprechenden Höhe.

Beispiel

Jahresabschluss

	Bilanz n_1	Bilanz n_2	Besonderheit	Saldo	*) Vor-Kontierung
AV					
Grundstücke	100	106	Aufwertung	+6	V5
Maschinen	60	70	siehe auch Abschr.	+10	V2
Finanzanl.	40	60		+20	V2
UV					
Unfert. Erzeug.	30	60	Bestandsveränd.	+30	V5
Forderungen	40	60		+20	V4
Kasse	10	20		+10	V4
Vorsteuer	5	15		+10	V4
Eigenkapital	60	166	Privatentn. 30	+136	H5
				−30	V3
Fremdkapital					
langfristig	150	160		+10	H3
kurzfristig	50	30		−20	V4
Umsatzsteuer	25	35		+10	H4

Gewinn- und Verlustrechnung

Umsatzerlöse	340	H1
Bestandsveränderungen	30	H5
Lebensmittelverbrauch	180	V1
Erträge aus Grundstücksaufwertung	6	H5
Gehälter	36	V1
Abschreibungen	24	V2
Gewinn	136	V5

*) V = Verwendung; H = Herkunft; Ziffer = Bereich

Erläuterungen:

1. Der Wert des gekauften neuen Einrichtungsgegenstandes ergibt sich aus dem Schlussbestand zuzüglich dessen Minderung durch die Abschreibung.
(Zugang = SB + Abschreibung - AB)

S Einricht./Ausst. Med. Bedarf H	
AB	Abschreibung
Zugang?	SB

2. Beim Eigenkapital ist der Endbestand **um die Privatentnahme gekürzt**. Durch Zurechnung der Privatentnahmen hat der Saldo die gleiche Höhe wie der Gewinn.
Auf dem Kapitalkonto ist also
a) der Gewinn als reine rechnerische Größe unter H5 zu kontieren und
b) die Privatentnahmen, da der tatsächliche Saldo kleiner ist als der Gewinnzugang, unter V3 (Kapitalschmälerung).

Kontierung

	Mittelherkunft	Mittelverwendung	Saldo	
Bereich 1	340	180+36	+124	finanzieller Erfolg aus Tätigkeit
Bereich 2	0	24+10+20	-54	Finanzbedarf für Investitionen
Bereich 3	10	30	-20 +50	Außenfinanzierung
Bereich 4	10	20+10+10+20	-50 0	
Bereich 5	30+6+136 =172	6+30+136 =172		

Aufgaben (⮕ Lösung)

1. Erstellen Sie eine Kapitalflussrechnung!

342 Bilanzanalyse und Bilanzkritik

Jahresabschluss: Bilanz

	n_1	n_2	Besonderheit
AV			
Grundstücke	600	750	Aufwertung
Maschinen	900	1.050	
Finanzanl.	120	240	
UV			
Lebensmittel	420	720	
Forderungen	800	680	
Kasse	100	40	
Eigenkap.	1.590	1.350	Entnahmen 90
Fremdkapital			
langfr.	900	1.170	
kurzfr.	450	960	

G+V-Rechnung

Umsatzerlöse	3.300
Lebensmittelverbrauch	2.000
Grundstückserträge	150
sonst. Erträge	200
Gehälter	1.680
Abschreibungen	120
Verlust	150

2. Erstellen Sie eine Kapitalflussrechnung a) ohne Periodeneinfluss, b) als periodische Berechnung!

Jahresabschluss: Bilanz

	n_1	n_2	Besonderheit
AV			
Maschinen	80	90	
Finanzanlage	30	40	
UV			
Lebensmittel	10	5	
Unf. Erzeugn.	5	6	
Kasse	12	13	
akt. RAP	2	4	
Eigenkap.	109	124	Entnahme 46
Rückstell.	4	5	
Fremdkap.			
langfr.	20	18	
kurzfr.	1	3	
pass. RAP	5	8	

G+V-Rechnung

Erlöse	300
Bestandsveränderung.	1
Lebensmittelverbrauch	180
Abschreibung	10
sonst. Aufwendungen	50
Gewinn	61

XI. Die EDV-Anlagenbuchhaltung

1. Einführung in die Anlagenbuchhaltung mit PC

1.1. Aufgaben der Anlagenbuchhaltung im Rahmen der Finanzbuchhaltung

Die Anlagenbuchhaltung oder Anlagenverwaltung ist dem Bereich der Nebenbuchhaltungen zuzuordnen. Mit ihrer Hilfe werden Werte und Wertverzehre für einzelne Anlagegüter ermittelt, die in den anderen Bereichen des Rechnungswesens - hier vor allem der Finanzbuchhaltung (FIBU), aber auch der Kosten- und Leistungsrechnung - nur verdichtet von Bedeutung sind. Schwerpunkt dieser Erläuterungen soll nun die Unterstützung der **Anlagenverwaltung für die Finanzbuchhaltung** sein.

Aufgabe der Finanzbuchführung ist die **Dokumentation** aller Vermögens- und Kapitalwerte, deren Veränderungen im Laufe eines Geschäftsjahres, sowie aller Aufwendungen und Erträge, um den Erfolg des Unternehmens (Gewinn oder Verlust) zu ermitteln. Darüber hinaus erfüllt der Jahresabschluss, bestehend aus der Bilanz, der Gewinn- und Verlust-Rechnung (bei Kapitalgesellschaften zusätzlich mit dem Anhang und dem Lagebericht), die Aufgabe der **Information** über Vermögen, Kapital und Erfolg der Unternehmung gegenüber Unternehmenseignern und Außenstehenden. (Als Basis des gesamten Rechnungswesens werden die notwendigen Zahlen dann unter den entsprechenden Gesichtspunkten in die anderen Teilgebiete übernommen.)

Die Anlagenbuchhaltung bietet hier insbesondere Hilfestellung bei der Ermittlung der einzelnen Vermögenswerte für die Dokumentation eines Anlagenkaufs oder -verkaufs. Oder sie hilft bei der Festsetzung der ebenfalls zu dokumentierenden Wertveränderung jedes einzelnen Anlagegutes in der Erfolgsrechnung. Jeweils zu den Informationszeitpunkten unterstützt die Anlagenverwaltung die gesetzlich notwendige Bewertung der Anlagegüter einschließlich ihrer vorgeschriebenen Darstellungsformen.

1.2. Vorteile einer EDV-orientierten Anlagenbuchhaltung

Die Vorteile der EDV liegen in der rationellen Datenerfassung und -verarbeitung.

Mit Hilfe der Datenverarbeitung lassen sich in hoher Geschwindigkeit große Datenmengen speichern, berechnen und verwalten. In dialogorientierter Verarbeitung werden relevante Daten an Sachbearbeiterplätzen dezentral aus- und eingegeben. Gesetzliche Vorschriften finden - soweit automatisierbar - zur Entlastung des Bearbeitenden Berücksichtigung.

Durch diese Möglichkeiten wird der manuelle Erfassungs-, Berechnungs- und Darstellungsaufwand auf ein Mindestmaß reduziert. Die Verarbeitungsintervalle können sich erheblich verkürzen. Informationen stehen schneller zur Verfügung. Auswertungen sind aufgrund fehlender Berechnungsfehler zuverlässiger und genauer. Das gesamte Berichtswesen verbessert sich.

1.3. Gesetzliche Grundlagen und Ordnungsmäßigkeit der Anlagenbuchhaltung

Für die Nebenbuchhaltung sind die gleichen **gesetzlichen Vorschriften** zu beachten, wie sie aus der Finanzbuchhaltung bekannt sind.

Wie in der Finanzbuchhaltung und Bilanzierung muss sich nach § 238(1) HGB und auch nach § 148(1) AO ein sachverständiger Dritter innerhalb einer angemessenen Zeit einen Überblick über die Lage des Unternehmens verschaffen können. Einen Handlungsrahmen bieten auch hier die **Grundsätze ordnungsgemäßer Buchführung und Bilanzierung (GOB)**, ergänzt um die **Zusatzgrundsätze ordnungsmäßiger Buchführung im EDV-Bereich**. Diese Grundlagen wurden im Kapitel „Ordnungsmäßigkeit der Buchführung" genauer dargestellt.

1.4. Organisation einer Anlagenbuchhaltung zur Unterstützung der Finanzbuchhaltung

Zur Berechnung der Abschreibungen und Bestände sind für jedes einzelne Wirtschaftsgut die Daten zu erfassen und fortzuführen.

Organisatorisch kann diese Erfassung und Fortführung einmal direkt in der Finanzbuchhaltung auf **einzelnen Konten** für jedes Gut geschehen. Die ursprünglichen Anlagekonten werden dann als Sammelkonten zur Übernahme der verdichteten Daten genutzt. Dieses Verfahren ist dem Anwender in gleicher Form bei der Debitoren- und Kreditorenbuchhaltung bekannt.

Da die Buchungen auf diesen Konten im Laufe eines Geschäftjahres gegenüber den Buchungen auf Personenkonten aber relativ selten sind, die Finanzbuchhaltung jedoch durch diese Bearbeitungen zusätzlich ausgeweitet würde, ist es sinnvoller, die Anlagenbuchhaltung als **eigenständigen Bereich** unter der Zielsetzung einer Standardprogrammierung aufzubauen.

Auf diese Weise lässt sich die Anlagenbuchhaltung auch unabhängig von dem jeweiligen Finanzbuchhaltungs-System allein verwenden. Da viele Softwareanbieter bisher auf die Integration einer solchen Anlagenverwaltung keinen Wert legen, bietet sich dem DV-Anwender mit einem selbständigen Anlagenverwaltungsprogramm eine zusätzliche Hilfe im Unternehmen.

Die wenigen Buchungssätze, die sich im Zusammenhang mit der Anlagenverwaltung ergeben, lassen sich relativ einfach standardisieren, so dass sie entweder bei Integration in das FIBU-Paket automatisch in den Buchführungsteil übernommen werden können oder aber in Zusammenhang mit einem anderen FIBU-System als Buchungssätze ausgedruckt werden können.

Neben dieser Buchungsübernahme bzw. dem Buchungsausdruck werden in einem solchen System alle relevanten Daten der Anlagegüter entsprechend den gesetzlichen Bestimmungen - auch für zusätzliche unternehmnspolitische Entscheidungen - gesammelt, aufbereitet und ausgewertet.

Eine Anlagenverwaltung lässt sich von der Aufgabenstellung her in zwei wesentliche **Bereiche** unterteilen:
- Eine Verwaltung für jeden einzelnen Vermögenswert, gegliedert nach dem Gliederungsschema der Finanzbuchhaltung mit Kontenzuordnungen, erlaubt jederzeit eine Information über die relevanten Jahresdaten.
- Ein Berechnungs- und Änderungsdienst führt die Bestände aufgrund von Abschreibungen, Zuschreibungen und Umbuchungen - soweit möglich - automatisch fort.

Im einzelnen ergeben sich bei einem unabhängigen System folgende Schwerpunkte:

Installation einer Firma

Zu Beginn muss die Anlagenbuchhaltung angelegt werden. Firmenspezifische Daten (Firma, Anschrift, Firmennummer, Firmencode) und organisatorische Dinge werden eingetragen.

Sicherungs-Disketten werden zur zusätzlichen Sicherung der Daten vorbereitet.

Anlage von Sachkonten

Zur späteren Zuordnung der einzelnen Vermögensgüter werden die Sachkonten aus der Finanzbuchhaltung, die in der Anlagenverwaltung verwaltet werden sollen, angelegt.

(Im Rahmen einer erweiterten Kosten- und Leistungsrechnung würden in gleicher Art und Weise die Kostenstellen, Kostenträger bzw. Kostenprozesse definiert, die dann mit den Kosten der Vermögensgüter belastet würden.)

Vermögensverwaltung sowie Berechnungs- und Änderungsdienst

Dieser Bereich erfasst Anlagenzugänge, Änderungen und Auflösungen sowie planmäßige Abschreibungen (automatisch oder manuell), außerplanmäßige Abschreibungen, Zuschreibungen und Umbuchungen vorgenommen. Die Vermögensbestände führt er entsprechend fort.

Ausgaben

Verschiedenste Informationen aufgrund der gesetzlichen Bestimmungen und zur weiteren Information des Unternehmers sind über Bildschirm oder Ausdruck abrufbar.

Jahresabschluss

Es erfolgt hier eine Bereinigung der alten Jahresdaten zum neuen Jahr hin: Jahresabschreibungen und Zuschreibungen werden gelöscht. Zugänge, Abgänge und Umbuchungen werden mit den Jahresanfangswerten zum neuen Jahr hin verrechnet und dann ebenfalls gelöscht.

2. Anforderungen an eine EDV-orientierte Anlagenbuchhaltung

2.1. Anforderungen an die Anlagenbuchhaltung als Nebenbuchbereich der Finanzbuchhaltung

Ob der Leistungsumfang einer Anlagenverwaltung im Einzelfall ausreichend ist, kann nur an den jeweiligen subjektiven Anforderungen des Anwenders an ein solches System gemessen werden.

Die folgenden Anforderungen sind sicherlich nicht vollständig aufgezählt, sollten aber die Erwartungen an ein Produkt mit gängigem Preis-Leistungsverhältnis für kleinere bis mittelgroße Betriebe widerspiegeln!

Zur besseren Übersicht werden die Anforderungen auch hier nach den zwei wesentlichen Bereichen untersucht:
- Verwaltung für jeden einzelnen Vermögenswert, gegliedert nach dem Gliederungsschema der Finanzbuchhaltung mit Kontenzuordnungen;
- Berechnungs- und Änderungsdienst mit der Fortführung der Bestände aufgrund von Abschreibungen, Zuschreibungen und Umbuchungen.

2.1.1. Anforderungen an die Verwaltung von Vermögenswerten

Rechtliche Anforderungen

Hier sind als erstes die Grundsätze ordnungsgemäßer Buchführung und ordungsmäßiger EDV-Buchführung - wie oben dargestellt - zu beachten.

Die folgenden Zusammenstellungen sollten als Buchführungsgrundlagen ausgedruckt werden.

Für die **Anlagekonten** ist die vertikale Bilanzgliederung zu berücksichtigen; ferner muss für die **einzelnen Anlagekonten** ein Anlagengitter als horizontale Gliederung erstellt werden - beide Punkte wurden oben näher beschrieben.

Ein Verzeichnis der Geringwertigen Wirtschaftgüter ist zu führen.

Im Anhang sind außerplanmäßige Abschreibungen, Sonderabschreibungen, unterlassene Zuschreibungen, steuerliche Abschreibungen usw. - wie im rechtlichen Teil benannt - zu erläutern.

Ergänzende Anforderungen

Als Bildschirmdarstellung bzw. als Ausdruck sollte ein Anlagengitter nach den gesetzlichen Maßstäben für jedes **einzelne Wirtschaftsgut** als „Kontoauszug" bereitgestellt werden.

Weiter beinhalten sollte dieser Kontoauszug:
- die Bezeichnung des Wirtschaftgutes,
- die Art des Anlagevermögens (z.B. nicht abnutzbar),
- die Kontonummer und Kontenbezeichnung des zugeordneten Kontos,
- den Anschaffungsmonat und das Anschaffungsjahr,
- die betriebsgewöhnliche Nutzungsdauer,
- die Anschaffungs- oder Herstellungskosten sowie nachträgliche Anschaffungs- oder Herstellungskosten,
- die gesamte geschätzte Leistung des Gutes sowie die Jahresleistung,
- die gewählte Abschreibungsmethode,
- das Buchungsjahr,
- die Buchwerte, Abschreibungen, Zuschreibungen und Umbuchungen,
- den Auflösungsmonat und das Auflösungsjahr bei Abgang des Gutes,
- Informationen über den Hersteller bzw. über die Vertragsbedingungen,
- eventuell zusätzlich eine Identifizierungsnummer (z.B. die Inventarnummer),
- eventuell zusätzlich Versicherungswert, Einheitswert oder auch direkte zurechenbare Aufwendungen (wie Reparaturen etc.).

Kontoauszüge sollten gezielt abrufbar oder abrufbar nach bestimmten Zuordnungskriterien sein.

Eine Gliederungstiefe nach den gesetzlichen Bestimmungen sollte nach individuellen Anforderungen weiter variierbar sein.

Zu den gesetzlichen Erläuterungen sollten zusätzlich kurz beschrieben werden können: durchgeführte Zuschreibungen, Umbuchungen und manuelle Abschreibungen bzw. Abschreibungsberichtigungen.

Weitere Anforderungen

Als Bildschirmdarstellung bzw. als Ausdruck sollten abrufbar sein:
- Vermögensverzeichnisse (alphabetisch und nach Kontenzuordnungen sortiert) mit Anschaffungs- / Herstellungskosten, Anschaffungszeitpunkt, Kontonummer;
- ein Kontenverzeichnis für die Zuordnungen der Vermögenswerte;
- Verzeichnisse über Vermögensstrukturen, Abschreibungsplanungen etc. zur Entscheidungsvorbereitung;

- Buchwerte bei Zugängen von Anlagen, oder besser: Übernahme der Buchungen bei integriertem System bzw. ein Verzeichnis der Buchungssätze für die Buchung in anderen Systemen;
- Verzeichnisse über die direkt den Vermögenswerten zurechenbaren Aufwendungen (bei komfortableren Systemen).

2.1.2. Anforderungen an Berechnungen und Änderungen

Rechtliche Anforderungen

Auch hier müssen die Grundsätze ordnungsgemäßer Buchführung und ordnungsmäßiger EDV-Buchführung Berücksichtigung finden.

Abschreibungsmethoden müssen aufgrund der Vermögensart nach gesetzlicher Richtigkeit überprüft werden.

Die Abschreibungen werden dann automatisch (oder auf Wunsch auch manuell) aufgrund der steuerrechtlichen Vorschriften errechnet. Zeitanteilige Abschreibungen beim Kauf müssen aufgrund der unterschiedlichen Vermögensarten berücksichtigt werden, ebenfalls monatsanteilige Abschreibungen bei Abgängen. Jahresleistungen zur Berechnung der Leistungsabschreibungen sind abzufragen.

Als Besonderheiten sind Geringwertige Wirtschaftsgüter sofort abzuschreiben oder wirtschaftlich sinnvolle Übergänge von degressiver zu linearer Abschreibung vorzunehmen.

Änderungen der Buchwerte durch außerplanmäßige Abschreibungen oder Zuschreibungen und Umbuchungen sind bei späteren Abschreibungen entsprechend zu beachten.

Ergänzende Anforderungen

Eine Anlagenbuchhaltung sollte im letzten Abschreibungsjahr den Abschreibungsbetrag automatisch um 1,-- € kürzen. Auf diese Weise bleibt der Erinnerungswert von 1,-- € als Kaufmannsbrauch erhalten.

Das System sollte grundsätzlich eine wahlweise manuelle Berechnung der planmäßigen Abschreibung (für Sonderfälle) ermöglichen.

Bei einem automatischen Übergang von degressiver zu linearer Abschreibung könnte der Übergangstermin dokumentiert werden oder der Übergang nur auf Wunsch vorgenommen werden.

Bei den Abgängen von Wirtschaftsgütern, Änderungen und Umbuchungen sollten nicht nur die Berechnungen und Veränderungen durchgeführt werden, sondern bei integrierter Finanzbuchhaltung auch die Buchungen automatisch durchgeführt werden bzw. als Buchungssätze für andere Systeme ausgedruckt werden können.

Zuschreibungen und Abschreibungen eines Jahres müssen automatisch mit den kumulierten Abschreibungen verrechnet werden.

Buchungen aufgrund von Abschreibungen und Zuschreibungen sollten ebenfalls bei integrierter Finanzbuchhaltung übernommen werden oder aber ansonsten ausdruckbar sein.

Weitere Anforderungen

Nach Vornahme der Abschreibungen sind zur Vermeidung mehrfacher Berechnungen in einem Wirtschaftsjahr Abschlussmerkmale zu setzen. Änderungen sollten jedoch zugelassen sein.

Im Jahresabschluss müssen zum Beginn des neuen Jahres notwendige Positionen automatisch bereinigt werden.
So müssen die Anfangsbestände der einzelnen Güter und der Bilanzpositionen um Zugänge, Abgänge und Umbuchungen des alten Jahres berichtigt werden.
Jahresabschreibungen und Zuschreibungen, die mit der kumulierten Abschreibung verrechnet wurden, müssen aufgelöst werden.
Die kumulierten Abschreibungen der Bilanzpositionen müssen um die kumulierten Abschreibungen aufgelöster Güter korrigiert werden.

Komfortablere Programme könnten auch Hilfen zur Berechnung der Anschaffungs- oder Herstellungskosten anbieten.
Außerdem ließen sich auch direkt zurechenbare Aufwendungen für die einzelnen Vermögensgüter (z.B. Reparaturen) zu Informationszwecken erfassen.

2.2. Zusätzliche Anforderungen an die Anlagenbuchhaltung als Nebenbuchbereich einer Kosten- und Leistungsrechnung

Wie schon anfangs erwähnt, kann eine Anlagenverwaltung auch als Nebenbuchhaltung für eine Kosten- und Leistungsrechnung eingesetzt werden.

Der Vollständigkeit halber seien hier ergänzend einige zusätzliche Anforderungen bei einer Schnittstelle zur Kosten- und Leistungsrechnung erwähnt. Nähere Ausführungen würden den Rahmen dieses Werkes sprengen.

Verwaltung einzelner Vermögenswerte und Berechnungen bzw. Änderungen der Daten erfolgen hier auf der Basis von kurzfristigen Abschlüssen, in der Regel auf Monatsbasis.

Ein großer Unterschied zu den Daten der Finanzbuchhaltung, die sich aufgrund gesetzlicher Bestimmungen ergeben, liegt in der Bewertung der Daten gleicher Verursachung unter betriebswirtschaftlichen Gesichtspunkten.

Der Kontoauszug eines Wirtschaftsgutes muss zur innerbetrieblichen Information folgende weitere Daten liefern:
- Zugeordnete Kostenstelle (Standort), Kostenträger oder Kostenprozess;
- kalkulatorische Wiederbeschaffungswerte nach Nutzenende;
- kalkulatorische Abschreibungsmethoden und Nutzungsdauern;
- Berechungsmethoden der Kapitalbindung für die kalkulatorische Zinsberechnung;
- kalkulatorische Restbuchwerte;
- kalkulatorische Abschreibungen pro Periode und pro Jahr;
- kalkulatorische Zinsen pro Periode und pro Jahr;
- den Vermögenswerten direkt zurechenbare Kosten, wie z.B. Reparaturkosten, pro Periode und pro Jahr.

Weiterhin ist ein Verzeichnis aller kumulierten Kostenstellen-, Kostenträger- oder Prozessbelastungen pro kurzfristiger Periode und pro Jahr wünschenswert. In Erweiterung kann dieses Verzeichnis die jeweiligen Belastungen durch die einzelnen Vermögenswerte anzeigen, gegebenenfalls mit den Relationen zur Gesamtbelastung (Prozent der Gesamtbelastung der Kostenstelle / des Kostenträgers / des Prozesses) und zur Kostenart (Prozent der jeweiligen Abschreibungen bzw. Zinsen) des Vermögenswertes bei Zurechnung auf mehrere Kostenstellen, Kostenträger oder Prozesse.
Verzeichnisse über geplante Vermögensstrukturen, Abschreibungsplanungen, Kostenzuordnungen etc. dienen einer Entscheidungsvorbereitung.

Im Bereich der Berechnungen und Änderungen werden dann die kalkulatorischen Abschreibungen und Zinsen vorgenommen, sowie direkt zurechenbare Kosten erfasst. Diese Kosten könnten bei einer integrierten Kostenrechnung automatisch den jeweiligen Kostenstellen, Kostenträgern oder Betriebsprozessen zugerechnet werden.

XII. Geschäftsgang „Kurklinik Harry Müller"

1. Finanzbuchhaltung

- Zu Beginn muss die Finanzbuchhaltung entsprechend der Vorgaben Ihres Finanzbuchhaltungsprogramms installiert werden. Folgen Sie dazu den entsprechenden Anweisungen in Ihrem Handbuch zum Programm.

<u>Selbstverständlich ist dieser Geschäftsgang auch manuell lösbar!</u>
Starten Sie nun das Programm; anschließend geben Sie die firmen-spezifischen Daten und organisatorischen Dinge ein.

Firma:	Harry Müller
Anschrift:	33175 Bad Lippspringe, Sandweg 13
Telefon:	05252/56789
StNr. o.ä.:	(Eingabe des Namens des Bearbeiters)
Konten:	Postbank Hannover, BLZ 25010030, Konto-Nr. 30000-300
	Volksbank Paderborn, BLZ 47260121, Konto-Nr. 4000000000
	Sparkasse Paderborn, BLZ 47250101, Konto-Nr. 5000000

Sachkontenplan

Der vorliegende Kontenplan wurde auf Basis der KHBV eingerichtet. Die Kontenbezeichnungen wurden sinnvoll – bezogen auf die Datenfeldgröße in den Programmen – abgekürzt.

Ändern oder ergänzen Sie die Konten nach Ihren Vorstellungen!

Die Kontenarten (Bestandskonto / Erfolgskonto) sind schon benannt, ebenso die Unterkontenzuordnungen.

Konto	Kontenname	Kontenart	Unterkonto von
0100	Bebaute Grundstücke	B	
0110	Betriebsbauten	B	
0200	Ausgaben/Anlagenkauf	B	
0600	Techn. Anlagen/Medizin	B	
0700	Einricht./Ausst.Wi/Vw	B	
0701	Fuhrpark	B	
0702	Einr./Ausst.Mobiliar	B	
0703	Einr./Ausst.Med.Bedarf	B	
0760	Gebrauchsgüter	B	
0761	Geringwert.Gebrauchsg.	B	
0900	Immaterielle Verm.Geg.	B	
0960	Wertpapiere des AV	B	
1000	Vorräte Lebensmittel	B	
1010	Vorräte Mediz. Bedarf	B	
1020	Betriebsstoffe	B	
1040	Vorräte Verwalt.Bedarf	B	
1060	Unfertige Leistungen	B	
1200	Forderungen aus Leist	B	
1300	Volksbank	B	
1310	Sparkasse	B	
1350	Postbank	B	
1380	Kasse	B	
1500	Forderungen nach KHG	B	
1630	Sonstige Forderungen	B	
1631	Vorsteuer	B	
1632	Noch zu ber. VSt	B	
1710	Aktive RAP	B	
2000	Eigenkapital	B	
2001	Privatentn./Neueinlag.	B	2000
2800	Steuerrückstellungen	B	
2810	Sonst. Rückstellungen	B	
3000	Wertber. Zu Forderung.	B	
3200	Verbindlichk. aLuL	B	
3400	Verbindl./Kreditinst.	B	
3740	Andere so. Verbindl.	B	
3741	Umsatzsteuer	B	
3742	Noch zu berichtig. USt	B	
3743	USt-Voranmeldungen	B	
3744	Verb. G. Finanzbehörde	B	
3745	Verb. G. Sozialvers.	B	
3800	Passive RAP	B	

Konto	Kontenname	Kontenart	Unterkonto von
4001	Erlöse/Krankenkassen	E	
4002	Erlöse/Privatpatient	E	
4003	Erlöse/Kassenpatient	E	
5100	Zinsen/ähnl. Erträge	E	
5201	Eigenverbrauch o.USt	E	
5202	Eigenverbrauch mit USt	E	
5500	Bestandsveränderungen	E	
5700	Erlöse a. Gastleist.	E	
6000	Gehälter med. Dienst	E	
6005	Löhne Wirtschaf.dienst	E	
6007	Gehält. Verwalt.dienst	E	
6100	AG-Anteil z. Soz.Vers.	E	
6500	Verbrauch/Lebensmittel	E	
6501	Skonti / Lebensmittel	E	6500
6510	Verbr./Lebensm./Gäste	E	
6511	Skonti/Lebensm./Gäste	E	6510
6600	Verbrauch/Arzneimittel	E	
6700	Wasser/Energie/Brennst	E	
6701	Was./Ener./Bren./Gäste	E	
6800	Wirtschaftsbedarf	E	
6801	Wirtschaftsbed./Gäste	E	
6810	Bezogene Fremdleistung	E	
6811	Bezog.Fremdlei./Gäste	E	
6812	Bezogene Leist/pri.PKW	E	
6813	Fremdl./priv.PKW/Gäste	E	
6900	Verbrauch / Verwaltung	E	
6901	Verbr./Verwalt./Gäste	E	
6910	Prüfung/Beratung/Recht	E	
6911	Prüf./Berat./Re./Gäste	E	
7400	Zinsen	E	
7600	Abschreibungen	E	
7821	Mietaufwand f. Garagen	E	
7300	Steuern	E	
7822	Verluste a. Wertpapier	E	
7823	Eigenverbrauch	E	
8000	Gewinnverteilungskonto	E	

Personenkonten

Legen Sie die folgenden Personenkonten an:
(AOK-PB und Becker wurden schon als Beispiel im Softwarepaket vorgegeben!)

K.Nr.	Name	Anschrift		Kurzbezeichnung

Kostenträger, Privatpatienten

10001	AOK	33102 Paderborn	Friedrichstr. 17 / 19	AOK-PB
10002	Innungskrankenkasse	33100 Paderborn	Klingenderstr.24 / 26	IKK-PB
10003	Dt. Angest.Krankenk.	55128 Mainz	Oststr. 56	DAK-Mainz
10004	Barmer Ersatzkasse	41516 Gütersloh	Blumenweg 4	Barmer-GÜ
10005	Barmer Ersatzkasse	33098 Paderborn	Bahnhofstr. 22	Barmer-PB
10006	AOK	48159 Münster	Borkener Str. 18	AOK-MS
10007	Dt. Angest.Krankenk.	33739 Bielefeld	Weststr. 87	DAK-BI
10008	Innungskrankenkasse	45239 Essen	Langgasse 12	IKK-E
19974	Diverse	(Sammelkonto für Privatpatienten und Gäste)		Diverse

Lieferanten

20001 Becker u. Falk   33102 Paderborn   Erhard-Weg 1   Becker
      Lebensmittel- und Getränkegroßhandel
      Konto: BLZ 47260121   Volksbank Nr. 1234567
20002 Gebr. Biegler   33739 Bielefeld   Mältzerstr. 25   Biegler
      Lebensmittelgroßhandel
      Konto. BLZ 48070020   Deutsche Bank Nr. 3456789
20003 Reineke und Co.   41516 Gütersloh   Balhornstr. 76   Reineke
      Sanitärbedarf
      Konto: BLZ 47850065   Sparkasse Nr. 123212
20004 J. H. Stückel   33175 Bad Lippspringe Hedwigstr.15   Stückel
      Apotheke
      Konto: BLZ 47260121   Volksbank Nr. 887654
20005 J. Schmitz   48159 Münster   Königstr. 99   Schmitz
      Reinigungs- und Putzmittelbedarf
      Konto: BLZ 40160050   Volksbank Nr. 5555555
20006 Voss GmbH.   33739 Bielefeld   Schmiedeweg 6   Voss
      Personalservice
      Konto: BLZ 48060036   Volksbank Nr. 554466
29974 Diverse   (Sammelkonto für „Einmal"-Lieferanten)   Diverse

Buchungen

Buchen Sie die folgenden Geschäftsvorfälle in den einzelnen Monaten, und führen Sie die genannten Auswertungen durch! Als Buchungstermin gilt der letzte Tag im jeweiligen Monat; Buchungsdatum des jeweiligen Vorfalls ist das Belegdatum!

- Bei manueller Buchung ist in jedem Monat vorzukontieren, das Journal zu erstellen und auf Sachkonten zu buchen! Die OP-Listen und der vorläufige Abschluss der Sachkonten sind ebenfalls zu anzufertigen!
- Bei EDV-Buchführung ist in jedem Monat vorzukontieren, die Buchungen sind einzugeben; zumindest das Journal, die Umsatzsteuer-Voranmeldung, die OP-Listen sollen ausgedruckt werden! Der Monatsabschluss ist durchzuführen!

Monat Januar

- Buchungsschwerpunkt: Allgemeine Buchungseinführung - Handling

1. Harry Müller beginnt seine Unternehmung mit einer Bareinlage von 600.000,-- € Eigenkapital am 3.1.
2. Er erhält von seiner Volksbank ein Darlehen von 700.000,-- € am 4.1.
3. Der Lieferant Becker stellt ihm am 6.1. ein Darlehen von 220.000,-- € in bar zur Verfügung.
4. Müller überweist am 9.1. 300.000,-- € auf das Postbankkonto.
5. Am 10.1. zahlt er 760.000,-- € auf sein Sparkassenkonto ein.
6. Die (Volks-)Bank gewährt am 20.1. eine Hypothek in Höhe von 4.000.000,-- € für den Kauf eines bebauten Betriebsgrundstückes (Kauf zu Beginn des nächsten Monats).

Monat Februar

- Buchungsschwerpunkt: Steuern

Zusätzliche Informationen:

Die Klinik soll 80 Klinikbetten und 20 Betten für Angehörige umfassen (Zweckbetrieb, da mindestens 40% der Pflegetage nicht höher als nach BPflV abgerechnet werden; jedoch keine Aufnahme von Beihilfepatienten mehr!).

358 Geschäftsgang „Kurklinik Harry Müller" - Finanzbuchhaltung

Nach vorläufiger Anerkennung durch das Finanzamt werden die steuerpflichtigen Umsätze zu den steuerfreien im Verhältnis 1:4 aufgeteilt.
Überprüfen Sie die vorgegebene Umsatzsteuerdatei, ändern Sie sie gegebenenfalls nach Ihren Wünschen ab!
Berichtigen Sie die Stammdaten der in den folgenden Geschäftsvorfällen benötigten Konten um die Kontenfunktion „Steuerschlüssel" (auch „variable VSt-Schlüssel")!

7. Ein Grundstück wird am 5.2. gekauft: Grundstückswert   1.200.000,-- €
   Gebäudewert   1.800.000,-- €
   Ust   300.000,-- €
   Banküberweisung   3.300.000,-- €
   vom Konto bei der Volksbank - auch Nutzung durch Nicht-Patienten.

8. Kauf eines Transporters (VW-Transporter) / bar am 8.2.:   50.000,-- €
   + 10% USt   5.000,-- €
   55.000,-- €
   - auch Nutzung durch Nicht-Patienten.

9. Kauf einer Kücheneinrichtung / Sparkassenüberweisung: 300.000,-- €
   + 10% USt   30.000,-- €
   330.000,-- €
   am 10.2. - auch Nutzung durch Nicht-Patienten.

10. Kauf einer Speisesaaleinrichtung / Sparkassenüberweisung: 100.000,-- €
    + 10% USt   10.000,-- €
    110.000,-- €
    am 10.2. - auch Nutzung durch Nicht-Patienten.

11. Kauf von Geschirr / Volksbanküberweisung am 10.2.:   75.000,-- €
    + 10% USt   7.500,-- €
    82.500,-- €
    - auch Nutzung durch Nicht-Patienten.

12. Kauf der Zimmereinrichtungen / Volksbanküberweisung: 800.000,-- €
    + 10% USt   80.000,-- €
    880.000,-- €
    am 10. 2. - auch Nutzung durch Nicht-Patienten.

13. Kauf der Gymnastikraumeinrichtung / Volksbanküberweisung: 14.000,-- €
    + 10% USt   1.400,-- €
    15.400,-- €
    am 11.2.

14. Kauf der Massage- und Schwimmbadeinrichtung: 172.000,-- €
 + 10% USt 17.200,-- €
 189.200,-- €
 am 11.2. per Sparkassenüberweisung.

15. Kauf der Arzt- und Pflegepersonalzimmereinrichtungen: 228.000,-- €
 + 10% USt 22.800,-- €
 250.800,-- €
 am 11.2. per Postbanküberweisung.

16. Kauf zweier Aufenthaltszimmereinrichtungen am 11.2. 40.000,-- €
 + 10% USt 4.000,-- €
 44.000,-- €
 per Sparkassenüberweisung - auch Nutzung durch Nicht-Patienten.

17. Müller überweist die Miete für Garagen am 12.2. für ein Jahr (1.2.-31.1.) vom Postbankkonto 12.000,-- €.

18. Postbanküberweisung der Gewerbesteuer-Vorauszahlung am 12.2.: 650,-- €.

19. Postbanküberweisung der Grundsteuer-Vorauszahlung am 13.2.: 200,-- €.

20. Barkauf von Büromaterial (unter 100,-- € je Position) am 15.2.: 300,-- €
 + 10% USt 30,-- €
 330,-- €.

21. Kauf zweier Fernseh-Großbildgeräte am 20.2.: 16.000,-- €
 + 10% USt 1.600,-- €
 17.600,-- €
 per Sparkassenscheck - auch Nutzung durch Nicht-Patienten.

22. Barzahlung einer Fernsehreparatur am 22.2.: 260,-- €
 + 10% USt 26,-- €
 286,-- €.

23. Kauf eines Pkw am 25.2.: 35.000,-- €
 + 10% USt 3.500,-- €
 38.500,-- €;
 Zahlung: 25.000,-- € per Postüberweisung, 13.500,-- € per Überweisung vom Sparkassenkonto - auch Nutzung durch Nicht-Patienten.

24. Kauf der Büroeinrichtung am 26.2.: 12.000,-- €
 + 10% USt 1.200,-- €
 13.200,-- €

Bezahlung mit Scheck der Sparkasse - auch Nutzung durch Nicht-Patienten.

25. Kauf der Rezeptionseinrichtung am 26.2.:   10.000,-- €
+ 10% USt   1.000,-- €
11.000,-- €
Bezahlung mit Scheck der Sparkasse - auch Nutzung durch Nicht-Patienten.

Monat März

- Buchungsschwerpunkt: Privat-Buchungen

Berichtigen Sie die Stammdaten der in den folgenden Geschäftsvorfällen benötigten Konten um die Steuerschlüssel!
Automatisieren Sie den Abschluss des Privatkontos durch dessen Einbindung als Unterkonto vom Eigenkapitalkonto!
Geben Sie ab diesem Monat für die wichtigsten wiederkehrenden Buchungen Stammtexte ein!

26. Am 8.3. werden die Einkommensteuer-Vorauszahlungen in Höhe von 1.500,-- € vom Postbankkonto überwiesen.

27. Am 10.3. wird die Benzinrechnung per Scheck (Sparkasse) bezahlt:
für den Transporter 400,-- € + USt 40,-- € = 440,-- €,
für den privat mitgenutzten Pkw 300,-- € + USt 30,-- € = 330,-- €.

28. Büromaterialien (unter 100,-- € je Position) werden per Sparkassenscheck am 12.3. gekauft: 5.000,-- € + USt 500,-- € = 5.500,-- €.

29. Am 14.3. überweisen die Volksbank Zinsen in Höhe von 500,-- € und die Sparkasse in Höhe von 750,-- €.

30. Die Volksbank behält Zinsen für drei Monate ein. Lastschrift vom 15.3.: 94.000,-- €.

31. Barentnahme - Privatentnahme - am 18.3.: 4.000,-- €.

32. Das Finanzamt erstattet den Vorsteuer-Überhang auf das (Volks-)Bankkonto am 20.3.

33. Am 22.3. wird die fällige Zinszahlung an Firma Becker vom Sparkassenkonto überwiesen: 2.750,-- €.

34. Die Firma Voss schickt uns eine Rechnung bezüglich des Leihpersonals am 25.3. über: 52.000,-- € + USt 5.200,-- € = 57.200,-- € (Rechnungs-Nr. 445; OP-Nummer 1).

35. Die Rechnung der Firma Voss wird am 28.3. per Volksbank überwiesen.

36. Die private Pkw-Nutzung beträgt nachweislich 30%, die Buchung erfolgt am 31.3.

Monat April

- Buchungsschwerpunkt: Vorratsvermögen, Leistungserbringung

Zusätzliche Informationen: Die Klinik nimmt ihre Arbeit auf.
Berichtigen Sie die Stammdaten der in den folgenden Geschäftsvorfällen benötigten Konten um Steuerschlüssel!
Nutzen Sie ab jetzt die Auswertungsmöglichkeiten Offene-Posten-Listen für Debitoren und Kreditoren, Saldenlisten für Debitoren und Kreditoren.

37. Am 1.4. werden Lebensmittel bei der Firma Biegler gekauft, Rechn.-Nr. 540 und OP-Nr. 1: 12.000,-- € + USt 1.200,-- € = 13.200,-- €.

38. Ebenfalls am 1.4. werden Putzmittel etc. bei der Firma Schmitz gekauft, Rechn.-Nr. 133 und OP-Nr. 1: 800,-- € + USt 80,-- € = 880,-- €.

39. Am 2.4. werden Artikel des Sanitärbedarfs bei der Firma Reineke gekauft, Rechn.-Nr. 89 und OP-Nr. 1: 2.000,-- € + USt 200,-- € = 2.200,-- €.

40. Am 2.4. werden Lebensmittel und Getränke bei der Firma Becker gekauft, Rechn.-Nr. 232 und OP-Nr. 1: 5.000,-- € + USt 500,-- € = 5.500,-- €.

41. Die Rechnung der Firma Biegler wird am 2.4. vom Volksbankkonto überwiesen.

42. Die Rechnung der Tankstelle wird am 2.4. vom Postbankkonto überwiesen: Transporter: 600,-- € + USt 60,-- € = 660,-- €; Pkw: 550,-- € + USt 55,-- € = 605,-- €.

43. Zinsgutschriften am 8.4.: Volksbank 1.100,-- €; Sparkasse 100,-- €.

44. Wasser und Energie werden am 13.4. per Voksbanküberweisung gezahlt: 7.000,-- € + USt 700,-- € = 7.700,-- €.

45. Das Finanzamt erstattet den Vorsteuerüberhang auf das Volksbankkonto (Gutschrift 23.4.).

46. Am 24.4. werden Lebensmittel und Getränke bei der Firma Becker gekauft, Rechn.-Nr. 235 und OP-Nr. 2: 2.500,-- € + USt 250,-- € = 2.750,-- €.

47. Am 25.4. erlässt uns Firma Becker aufgrund einer Mängelrüge bezügl. der Lebensmittel (OP-Nr. 2): 250,-- € + USt 25,-- € = 275,-- €.

48. Am 26.4. werden Medikamente bei der Apotheke Stückel gekauft, Rechn.-Nr. 23und OP-Nr. 1: 1.900,-- € + USt 190,-- € = 2.090,-- €.

49. Die Rechnungen von Schmitz, Stückel und Becker (OP-Nr.1) werden am 27.4. per Banküberweisung vom Volksbankkonto bezahlt.

50. Den Krankenkassen werden die folgenden Beträge am 28.4. für Kuraufenthalte und Kurmittel in Rechnung gestellt:
AOK Paderborn - Rechn.-Nr. 1, OP-Nr. 1: 92.400,-- €;
IKK Paderborn - Rechn.-Nr. 2, OP-Nr. 1: 48.000,-- €;
Barmer Ersatzkasse Paderborn - Rechn.-Nr. 2, OP-Nr. 1: 30.000,-- €;
AOK Münster - Rechn.-Nr. 2, OP-Nr. 1: 15.000,-- €.

51. Der Kur-Eigenanteil eines Kassenpatienten in Höhe von 540,-- € und der Kurmittelanteil (10%) aller Patienten in Höhe von 4.320,-- € wird am 29.4. bezahlt: 2.160,-- € bar; der Rest per Scheck: eingelöst bei der Postbank.

52. Acht Privatpatienten zahlen ihre Kur per Scheck am 29.4. (eingelöst bei der Postbank) - einschl. Kurmittel 3.920,-- € - 21.920,-- €.

53. Privatpatienten Bölte und Schulte erhalten am 29.4. **je** eine Rechnung - einschl. Kurmittel 490,-- € - (Rechn.Nr. 50/51, OP-Nr. 1 u. 2) 2.740,-- €.

54. Nicht-Patienten zahlen am 29.4. in bar: 32.400,-- € + USt 3.240,-- € = 35.640,-- €.

55. Nicht-Patienten Meier und Sasse erhalten am 29.4. **je** eine Rechnung über 1.800,-- € + USt 180,-- € = 1.980,-- €; Rechn.Nr. 52/53 und OP-Nr. 3 u. 4.

56. Die Firma Voss schickt uns eine Rechnung bezüglich des Leihpersonals am 29.4. über: 52.000,-- € + USt 5.200,-- € = 57.200,-- € (Rechnungs-Nr. 511; OP-Nr. 1).

57. Die private Pkw-Nutzung beträgt nachweislich 30%, die Buchung erfolgt am 30.4.; ebenfalls die Buchung der privaten Verpflegung in Höhe von 140,-- €.

58. Folgende Abschlussangaben sind am 30.4. zu berücksichtigen:
Lebensmittelbestand lt. Inventur 500,-- €;
Medikamente lt. Inventur 200,-- €.

Monat Mai

- Buchungsschwerpunkt: Vorratsvermögen, Leistungserbringung, Skonti

Berichtigen Sie die Stammdaten der in den folgenden Geschäftsvorfällen benötigten Konten um die Steuerschlüssel!
Überprüfen Sie die Umsatzsteuer-Datei bezüglich der Skonti-Konten, ändern Sie sie gegebenenfalls nach Ihren Wünschen ab!
Automatisieren Sie – soweit mit dem Programm möglich – den Abschluss der Unterkonten im Bereich der Skontikonten und sonstiger gewünschter Konten!
Ergänzen Sie die Stammdaten der Kunden um ein Zahlungsziel von 30 Tagen!
Ab Ende dieses Monats sollen monatlich die Mahnvorschlagslisten und Mahnungen ausgedruckt werden – soweit mit dem Programm möglich! Außerdem nutzen Sie ab jetzt die Auswertungsmöglichkeiten nach eigenem Informationsbedarf (Umsatzzahlen etc.)

59. Der Kur-Eigenanteil der restlichen Kassenpatienten (siehe Vormonat) in Höhe von 15.100,-- € - Scheckeinlösung bei der Sparkasse - wird am 2.5. gutgeschrieben.

60. Bareinzahlung auf das Postbankkonto 30.000,-- € am 2.5.

61. Am 3.5. werden Lebensmittel und Getränke bei der Firma Becker gekauft, Rechn.-Nr. 268 und OP-Nr. 3 / 4: 11.000,-- € + USt 1.100,-- € = 12.100,-- €.

62. Bezugskosten zu Nr. 61: 200,-- € + USt 20,-- € = 220,-- € werden am 3.5. bar bezahlt.

63. Am 4.5. werden die Rechnungen Becker (OP-Nr. 2) und Reineke per Überweisung vom Sparkassenkonto bezahlt.

64. Die Krankenkassen (AOK Paderborn, IKK Paderborn) bezahlen ihre Rechnungen am 5.5. per Überweisung auf das Volksbankkonto.

65. Bölte, Schulte, Meier und Sasse (April) überweisen ihre Rechnungen ebenfalls am 5.5. auf das Volksbankkonto.

66. Die AOK Münster überweist am 6.5. aufgrund der strittigen Rechnungstellung nur 12.000,-- € auf das Volksbankkonto.

67. Die Rechnung der Firma Voss wird am 7.5. per Postbank überwiesen.

68. Am 8.5. werden Lebensmittel bei der Firma Biegler gekauft, Rechn.-Nr. 580 und OP-Nr. 1 / 2: 5.500,-- € + USt 550,-- € = 6.050,-- €.

69. Die Umsatzsteuerzahllast vom Monat April wird an das Finanzamt vom Postbankkonto am 8.5. überwiesen.

70. Die Grund- und Gewerbesteuer-Vorauszahlungen werden vom Sparkassenkonto am 13.5. überwiesen: 850,-- €.

71. Die Rechnungen der Firmen Becker (Op-Nr. 3 / 4) und Biegler (Op-Nr. 1 / 2) werden am 18.5. vom Sparkassenkonto unter Abzug von 3% Skonto überwiesen.

72. Die Rechnung der Tankstelle wird am 19.5. vom Postbankkonto überwiesen:
Transporter: 750,-- € + USt 75,-- € = 825,-- €;
Pkw: 540,-- € + USt 54,-- € = 594,-- €.

73. Zinsgutschriften am 20.5.: Volksbank 660,-- €; Sparkasse 460,-- €.

74. Am 21.5. werden Medikamente bei der Apotheke Stückel gekauft, Rechn.-Nr. 46 und OP-Nr. 1: 1.400,-- € + USt 140,-- € = 1.540,-- €.

75. Die Rechnung Stückel wird am 23.5. bar bezahlt.

76. Den Krankenkassen werden die folgenden Beträge am 28.5. für Kuraufenthalte und Kurmittel in Rechnung gestellt:
AOK Paderborn - Rechn.-Nr. 54, OP-Nr. 2: 83.800,-- €;
IKK Paderborn - Rechn.-Nr. 55, OP-Nr. 2: 28.000,-- €;
IKK Essen - Rechn.-Nr. 56, OP-Nr. 1: 12.000,-- €;
Barmer Ersatzkasse Gütersloh - Rechn.-Nr. 57, OP-Nr. 1: 8.000,-- €;
Deutsche Angestellten-Krankenkasse Mainz - Rechn.-Nr. 58, OP-Nr. 1: 18.000,-- €.
Deutsche Angestellten-Krankenkasse Bielefeld - Rechn.-Nr. 59, OP-Nr. 1: 14.000,-- €.

77. Der Kur-Eigenanteil aller Kassenpatienten in Höhe von 10.800,-- € und der Kurmittelanteil (10%) aller Patienten in Höhe von 2.880,-- € wird am 29.5. bezahlt: Scheckeinlösungen bei der Volksbank.

78. Neun Privatpatienten zahlen ihre Kur per Scheck am 29.5. (eingelöst bei der Volksbank) - einschl. Kurmittel 8.820,-- € - 49.320,-- €.

79. Privatpatienten Wendt und Wilte erhalten am 29.5. *je* eine Rechnung - einschl. Kurmittel 490,-- € - (Rechn.Nr. 60/61, OP-Nr. 5 u. 6) 2.740,-- €.

80. Nicht-Patienten zahlen am 29.5. per Scheck (Einlösung bei der Volksbank): 32.400,-- € + USt 3.240,-- € = 35.640,-- €.

81. Nicht-Patienten Adams und Fendt erhalten am 29.5. *je* eine Rechnung über 1.800,-- € + USt 180,-- € = 1.980,-- €; Rechn.Nr. 62/63 und OP-Nr. 7 u. 8.

82. Die Firma Voss schickt uns eine Rechnung bezüglich des Leihpersonals am 30.5. über: 52.000,-- € + USt 5.200,-- € = 57.200,-- € (Rechnungs-Nr. 638; OP-Nr. 2).

83. Die private Pkw-Nutzung beträgt nachweislich 30%, die Buchung erfolgt am 31.5.; ebenfalls die Buchung der privaten Verpflegung in Höhe von 140,-- €.

84. Folgende Abschlussangaben sind am 31.5. zu berücksichtigen:
Lebensmittelbestand lt. Inventur 300,-- €;
Medikamente lt. Inventur 300,-- €.

2. Anlagenbuchhaltung

Anlagenbuchhaltung über vier Jahre

- Zu Beginn muss die Anlagenverwaltung entsprechend der Vorgaben für Ihres Anlagenprogramms installiert werden. Folgen Sie dazu den entsprechenden Anweisungen in Ihrem Programm-Handbuch.

<u>Selbstverständlich ist dieser Geschäftsgang auch manuell lösbar!</u>

Starten Sie nun das Programm; anschließend geben Sie die firmen-spezifischen Daten und organisatorischen Dinge ein.

Firma:	Harry Müller
Anschrift:	33175 Bad Lippspringe, Sandweg 13
Telefon:	05252/56789
StNr. o.ä.:	(Eingabe des Namens des Bearbeiters)
Konten:	Postbank Hannover, BLZ 25010030, Konto-Nr. 30000-300
	Volksbank Paderborn, BLZ 47260121, Konto-Nr. 4000000000
	Sparkasse Paderborn, BLZ 47250101, Konto-Nr. 5000000.

Die Kontenzuordnungen werden auf der Basis der KHBV (siehe 1. Finanzbuchhaltung – Kontenplan „Kurklinik Harry Müller") definiert. Die Kontenbezeichnungen werden sinnvoll – bezogen auf die Datenfeldgröße in den Programmen – abgekürzt.

Ändern oder ergänzen Sie diese Kontenzuordnungen nach Ihren Vorstellungen! Die weiteren Kontenbenennungen für Abschreibungen etc. werden später nachgetragen.

(In Anlehnung an die o.a. Finanzbuchhaltung „Kurklinik Harry Müller" wurden für diesen Übungs-Anlagengeschäftsgang die Anlagenzugänge und -abgänge sowie die Bewertungen des ersten Jahres aus der FIBU übernommen. Die Aufteilung der steuerfreien zu den steuerpflichtigen Umsätzen beträgt – siehe Monat Februar – 4:1.)

Zur Übung der Bewertungszusammenhänge nach der Steuerbilanz in Verbindung mit der Handelsbilanz wurde der Geschäftsgang auf weitere vier Jahre ausgebaut.

Erstellen Sie die Anlagenbuchhaltung nach den Vorschriften der **Steuerbilanz** in Verbindung mit der Handelsbilanz über vier Jahre, und führen Sie die entsprechenden Auswertungen durch. (Das Jahr „n" entspricht dem augenblicklich aktuellen Jahr!)

Die Firma ist eine Einzelunternehmung. Überprüfen Sie jedoch parallel die Bewertungsmöglichkeiten für Kapitalgesellschaften! (Müller ist Kaufmann nach HGB und Gewerbetreibender nach EStG.)

Aus steuerlichen Gründen sollen die jeweils niedrigsten Werte zur Gewinnermittlung berücksichtigt werden.

Es gelten folgende Abkürzungen in den Aufgabenstellungen und im Erläuterungstext des Lösungsteils:
EU = Einzelunternehmung;
KapG = Kapitalgesellschaft;
USt = Umsatzsteuer;
AK = Anschaffungskosten;
WB = Wiederbeschaffungskosten;
HK = Herstellungskosten;
TW = Teilwert;
BND = Betriebsgewöhnliche Nutzungsdauer.

Geschäftsgang „Kurklinik Harry Müller": Bewertung im ersten Jahr

a) Ermitteln Sie die Anschaffungskosten für die Güter:

Bebautes Grundstück – auch Nutzung durch Nicht-Patienten
Anschaffung: 5.2.
Anschaffungskosten 1.296.000,00 €
Einschl. Grunderwerbsteuer 43.000,-- €
Notar- und Grundbuchaufwendungen 24.000,-- €
Maklergebühr 60.000,-- €
Nicht abziehbare – anteilige – VSt

Betriebsgebäude – auch Nutzung durch Nicht-Patienten
Anschaffung: 5.2.
BND: 33 Jahre
Abschreibungsmethode: linear (3 %)
Anschaffungskosten 1.944.000,-- €
Einschl. Grunderwerbsteuer 62.000,-- €
Notar- und Grundbuchaufwendungen 36.000,-- €
Maklergebühr 90.000,-- €
Nicht abziehbare – anteilige – VSt

VW-Transporter – auch Nutzung durch Nicht-Patienten
Anschaffung: 8.2.
BND: 6 Jahre
Abschreibungsmethode: linear
Preis ohne USt 50.000,-- €
Rabatt 3 %
Anmeldegebühr und Überführung durch Kfz-Firma ohne USt 1.500,-- €
Kfz-Steuer 300,-- €
Kfz-Versicherung 900,-- €
USt 5.000,-- DM

Kücheneinrichtung – auch Nutzung durch Nicht-Patienten
Anschaffung: 10.2.
BND: 14 Jahre
Preis ohne Umsatzsteuer 284.000,-- €
Abschreibungsmethode: degressiv
Aufstellungskosten etc. 16.000,-- €
USt 30.000,-- €

Speisesaaleinrichtung – auch Nutzung durch Nicht-Patienten
Anschaffung: 10.2.
BND: 14 Jahre
Preis ohne Umsatzsteuer 94.000,-- €
Abschreibungsmethode: degressiv
Rabatt auf die Maschinenpreise 2 %
Aufstellungskosten etc. 6.000,-- €
USt 10.000,-- €

Geschirr – auch Nutzung durch Nicht-Patienten
Anschaffung: 10.2.
BND: 3 Jahre
Preis ohne Umsatzsteuer 75.000,-- €
Abschreibungsmethode: linear
USt 7.500,-- €

Zimmereinrichtungen – auch Nutzung durch Nicht-Patienten
Anschaffung: 10.2.
BND: 15 Jahre
Preis ohne Umsatzsteuer 790.000,-- €
Abschreibungsmethode: degressiv
Aufstellungskosten etc. 10.000,-- €
USt 80.000,-- €

Gymnastikraumeinrichtung – keine Nutzung durch Nicht-Patienten
Anschaffung: 11.2.
BND: 10 Jahre
Preis ohne Umsatzsteuer 11.200,-- €
Abschreibungsmethode: linear
Rabatt auf die Einrichtungspreise 2 %
Aufstellungskosten etc. 2.800,-- €
USt 1.400,-- €

Massage- und Schwimmbadeinrichtung – keine Nutzung durch Nicht-Patienten
Anschaffung: 11.2.
BND: 10 Jahre
Preis ohne Umsatzsteuer 144.000,-- €
Abschreibungsmethode: linear
Aufstellungs- und Einrichtungskosten etc. 28.000,-- €
USt 17.200,-- €

Aufenthaltseinrichtungen – auch Nutzung durch Nicht-Patienten
Anschaffung: 11.2.
BND: 10 Jahre
Preis ohne Umsatzsteuer 40.000,-- €
Abschreibungsmethode: linear
USt 4.000,-- €

Arzt- und Pflegepersonalzimmereinrichtungen – keine Nutzung durch Nicht-Patienten
Anschaffung: 11.2.
BND: 10 Jahre
Preis ohne Umsatzsteuer 228.000,-- €
Abschreibungsmethode: linear
USt 22.800,-- €

Großbildfernseher A – auch Nutzung durch Nicht-Patienten
Anschaffung: 20.2.
BND: 7 Jahre
Preis ohne Umsatzsteuer 7.000,-- €
Abschreibungsmethode: linear
USt 700,-- €

Großbildfernseher B – auch Nutzung durch Nicht-Patienten
Anschaffung: 20.2.
BND: 7 Jahre
Preis ohne Umsatzsteuer 9.000,-- €
Abschreibungsmethode: linear
USt 900,-- €

PKW - Opel (I) – auch Nutzung durch Nicht-Patienten
Anschaffung: 25.2.
BND: 6 Jahre
Abschreibungsmethode: linear
Preis ohne USt 35.000,-- €
Rabatt auf Preis 3 %
Anmeldung und Überführung durch Kfz-Firma ohne USt 600,-- €
Radio ohne USt 450,-- €
USt 3.500,-- €
Kfz-Steuer 200,-- €
Kfz-Versicherung 800,-- €

Büroeinrichtung – auch Nutzung durch Nicht-Patienten
Anschaffung: 26.2.
BND: 13 Jahre
Abschreibungsmethode: linear
Preis ohne USt 15.000,-- €
Wiederverkäufer-Rabatt 30 %
Provision des Handelsvertreters 1.500,-- €
USt 1.200,-- €

Rezeptionseinrichtung – auch Nutzung durch Nicht-Patienten
Anschaffung: 26.2.
BND: 13 Jahre
Abschreibungsmethode: linear
Preis ohne USt 7.500,-- €
Auf- und Einbau 2.500,-- €
USt 1.000,-- €

b) Ergänzen Sie die Kontenzuordnungen!

Benennen Sie Konten, auf denen Abschreibungen, außerplanmäßige Abschreibungen, Zuschreibungen und Abgänge in Ihrer FIBU gebucht werden sollen! Hilfestellung hierzu liefert Ihnen Ihr in der Finanzbuchhaltung verwendeter Kontenplan.

c) Übernehmen Sie die Zugänge in die Anlagenverwaltung!

d) Folgender Geschäftsvorfall ist zu beachten:
Der am 20.2. angeschaffte Großbild-Fernseher A wurde am 12.12. aus dem Betriebsvermögen entnommen, der Teilwert betrug 20.000,-- €.

e) Führen Sie die planmäßigen Abschreibungen durch; bilden Sie die entsprechenden Buchungssätze!

f) Führen Sie die außerplanmäßigen Abschreibungen und Zuschreibungen durch; bilden Sie die entsprechenden Buchungssätze!
Der Wiederbeschaffungswert / Teilwert des Transporters beträgt aufgrund eines Unfalls 40.000,-- €.

g) Erstellen Sie den Anlagennachweis, ein Vermögensverzeichnis sowie die Kontenblätter der Vermögensgüter! Entwerfen Sie die Erläuterungstexte zur Erstellung eines Anhangs!

Geschäftsgang „Harry Müller": Bewertung im zweiten Jahr

a) Folgender Geschäftsvorfall ist zu beachten:
Der Großbildfernseher B wird am 30.4. durch einen Kabelbrand zerstört. Er wird zum Schrottwert von 200,-- € abgegeben.

b) Ermitteln Sie die Anschaffungskosten oder Herstellungskosten für die Güter:

Herstellung einer eigenen Hebevorrichtung für Patienten
  Herstellung: 25.5.
  BND: 10 Jahre
  Abschreibungsmethode: Leistungsabschreibung
  geschätzte Gesamtleistung: 18.000 Stunden
  Aufwendungen:
    Rohstoffverbrauch 12.000,-- €

Lager / Materialprüfung / etc. 1.000,-- €
Fertigungslöhne 10.000,-- €
Abschreibung der genutzten Maschinen 2.000,-- €
Energie 1.000,-- €
Hilfs- und Betriebsstoffverbrauch 250,-- €
sonstige Fertigungs-Aufwendungen 1.000,-- €
Lagerbuchhaltung 200,-- €
Die steuerlich niedrigsten HK sind anzusetzen!

Krankenfahrstuhl
Anschaffung: 26.7.
BND: 10 Jahre
Abschreibungsmethode: linear
Preis ohne USt 7.000,-- €
USt 700,-- €

c) **Übernehmen Sie die Zugänge in die Anlagenverwaltung!**

d) **Führen Sie die planmäßigen Abschreibungen durch; bilden Sie die entsprechenden Buchungssätze!**

Die nachgewiesene Jahresleistung der selbstgefertigten Maschine beträgt 1.100 Stunden.

e) **Führen Sie die außerplanmäßigen Abschreibungen und Zuschreibungen durch; bilden Sie die entsprechenden Buchungssätze!**

1. Der Wiederbeschaffungswert / Teilwert des Bebauten Grundstücks steigt auf 1.400.000,-- €.

2. Der Wiederbeschaffungswert / Teilwert des Betriebsgebäudes steigt auf 1.900.000,-- €.

3. Der Wiederbeschaffungswert / Teilwert des VW-Transporters wird mit 38.000,-- € errechnet.

f) **Erstellen Sie den Anlagennachweis, ein Vermögensverzeichnis sowie die Kontenblätter der Vermögensgüter! Entwerfen Sie die Erläuterungstexte zur Erstellung eines Anhangs!**

Geschäftsgang „Harry Müller": Bewertung im dritten Jahr

a) **Ermitteln Sie die Anschaffungskosten oder Herstellungskosten für die Güter:**

Komforttelefon (für den Geschäftsführer)
Anschaffung: 30.5.
BND: 5 Jahre
Preis ohne USt 400,-- €
USt 40,-- €

b) **Ergänzen Sie die Kontenzuordnungen!**

Nutzen Sie das Konto „ 0761 Geringwert. Gebrauchsg." ein. Hilfestellung hierzu liefert Ihnen Ihr in der Finanzbuchhaltung verwendeter Kontenplan.

c) **Übernehmen Sie die Zugänge in die Anlagenverwaltung!**

d) **Führen Sie die planmäßigen Abschreibungen durch; bilden Sie die entsprechenden Buchungssätze!**

Die nachgewiesene Jahresleistung der selbstgefertigten Maschine beträgt 2.100 Stunden.

e) **Führen Sie die außerplanmäßigen Abschreibungen und Zuschreibungen durch; bilden Sie die entsprechenden Buchungssätze!**

1. Der Wiederbeschaffungswert / Teilwert des Betriebsgebäudes steigt auf 1.950.000,-- €.

2. Der Teilwert der eigenen Hebevorrichtung für Patienten bei Einbindung der Vorrichtung in das Unternehmen wurde nach Gutachten auf 30.000,-- € geschätzt.

3. Der Wiederbeschaffungswert / Teilwert des Opels beträgt wegen eines kurzfristigen Preisfalls am Markt 17.000,-- €.

4. Der Wiederbeschaffungswert des VW-Transporters fällt - wegen einer höheren Kilometerleistung als geplant - auf 25.000,-- €.

e) Erstellen Sie den Anlagennachweis, ein Vermögensverzeichnis sowie die Kontenblätter der Vermögensgüter! Entwerfen Sie die Erläuterungstexte zur Erstellung eines Anhangs!

Geschäftsgang „Harry Müller": Bewertung im vierten Jahr

a) Führen Sie die planmäßigen Abschreibungen durch; bilden Sie die entsprechenden Buchungssätze!

Die nachgewiesene Jahresleistung der selbstgefertigten Maschine beträgt 2.500 Stunden.

b) Erstellen Sie den Anlagennachweis, ein Vermögensverzeichnis sowie die Kontenblätter der Vermögensgüter! Entwerfen Sie die Erläuterungstexte zur Erstellung eines Anhangs!

Geschäftsgang „Harry Müller": Zusatzaufgabe

Ermitteln Sie für die degressiv abgeschriebenen Güter das Jahr des wirtschaftlich sinnvollen Übergangs zur linearen AfA sowie die Höhe der linearen Restabschreibung! Zu welchem Ergebnis käme die Anlagenbuchhaltung?

XIII. Anhang

Literaturhinweise

1. Bundesgesetzblatt, Jahrgang 2000 I Nr. 57, Gesetz zur Umrechnung und Glättung steuerlicher Euro-Beträge
2. Entwurf eines Gesetzes zur Umstellung von Gesetzen und anderer Vorschriften auf dem Gebiet des Gesundheitswesens auf Euro (Achtes Euro-Einführungsgesetz)
3. Das Steuer-ABC, Verlag Wirtschaft, Recht und Steuern, Planegg/München 2004
4. Falterbaum, Buchführung und Bilanz, 17. Auflage, Steuerbeamten Verlag - Fleischer Verlag, Achim 1999
5. Hentze/Kehres, Kosten- und Leistungsrechnung in Krankenhäusern, Systematische Einführung, 3. Auflage, Verlag W. Kohlhammer, Stuttgart, Berlin, Köln 1996
6. Koch, Gesundheitsökonomie: Betriebswirtschaftliche Kosten- und Leistungsrechnung, Oldenbourg Verlag, München - Wien 1998
7. Koch, Einnahmen-Ausgaben-Rechnung mit PC, einschl. Software JOKO-EA, Version 3., Oldenbourg Verlag, München - Wien 1994
8. Koch, Zmavc, Betriebswirtschaftlehre der Heilberufe I, Vereinfachte Buchführung für Gewinn- und Steuergestaltung, Erich Schmidt Verlag, Berlin 2002
9. Koch, Zmavc, Betriebswirtschaftlehre der Heilberufe II, Kosten- und Leistungsrechnung zur Eigenkontrolle der Praxistätigkeit, Erich Schmidt Verlag, Berlin 2003
10. Leth, Munk, Klockhaus, Grundlagen der Krankenhausbuchführung, Bettendorf'sche Verlagsanstalt, 2. überarbeitete Auflage, München - Essen - Ebene Reichenau 1997
11. Peters / Schär / Haubrock (Hrsg.), Betriebswirtschaftslehre und Management im Krankenhaus, Huber Verlag, Göttingen 2000
12. Piehl, Ristok, Pflege-Buchführungsverordnung, Ein Arbeitsbuch für ambulante und teil-/vollstationäre Pflegeeinrichtungen, Lambertus-Verlag, Freiburg im Breisgau 1996

13. Praxis des Rechnungswesens, Haufe Verlag, Freiburg 2004
14. Purzer, Haertle, Das Rechnungswesen der Krankenhäuser, Handkommentar, Boorberg Verlag, Stuttgart ... 2004

Industriekontenrahmen - Auszug (IKR)

Kontenklasse 0

0	Immaterielle Vermögensgegenstände und Sachanlagen			
00	Ausstehende Einlagen			
001	Noch nicht eingeforderte Einlagen			
002	Eingeforderte Einlagen			
01	Aufwendungen für die Ingangsetzung und Erweiterrung des Geschäftsbetriebes			
02	Konzessionen, gewerbliche Schutzrechte und ähnliche Rechte			
03	Geschäfts- oder Firmenwert			
04	Geleist. Anzahlungen auf immaterielle Vermögensgegenstände			
05	Grundstücke			
050	Unbebaute Grundstücke			
051	Bebaute Grundstücke			
053	Betriebsgebäude			
054	Verwaltungsgebäude			
055	Andere Bauten			
06	frei			
07	Technische Anlagen und Maschinen			
079	Geringwertige Anlagen und Maschinen			
08	Andere Anlagen, Betriebs- und Geschäftsausstattung			
081	Werkstätteneinrichtung			
082	Werkzeuge, etc.			
083	Lager- und Transporteinrichtungen			
084	Fuhrpark			
085	Sonstige Betriebsausstattung			
086	Büromaschinen, Organisationsmittel, Kommunikationsanlagen			
087	Büromöbel und sonstiges			
089	Geringwertige Güter der Betriebs- und Geschäftsausstattung			
09	Geleistete Anzahlungen und Anlagen im Bau			

Kontenklasse 1

1	Finanzanlagen
11	Anteile an verbundenen Unternehmen
12	Ausleihungen an verbundenen Unternehmen
13	Beteiligungen
14	Ausleihungen an Unternehmen mit Beteiligungsverhältnis
15	Wertpapiere des Anlagevermögens
16	Sonstige Ausleihungen

Industriekontenrahmen - Auszug (IKR)

Kontenklasse 2

2	**Umlaufvermögen und aktive Rechnungsabgrenzung**	
20	Roh-, Hilfs- und Betriebsstoffe	
201	Vorprodukte und Fremdbauteile	
200	Rohstoffe	
202	Hilfsstoffe	
203	Betriebsstoffe	
21	Unfertige Erzeugnisse und Leistungen	
210	Unfertige Erzeugnisse	
219	Unfertige Leistungen	
22	Fertige Erzeugnisse und Waren	
220	Fertige Erzeugnisse	
228	Waren	
23	Anzahlungen auf Vorräte	
24	Forderungen aus Lieferungen und Leistungen (aL)	
240	Forderungen (aL)	
245	Wechselforderungen (aL) (Besitzwechsel)	
249	Wertberichtigungen zu Forder.	
26	Sonstige Vermögensgegenstände	
260	Vorsteuer	
261	Aufzuteilende Vorsteuer	
262	Sonstige Forderungen an Finanzbehörden	
263	Forderungen an Sozialversicherungsträger	
266	Andere sonstige Forderungen	
267	Andere sonstige Vermögensgegenstände	
269	Wertberichtigungen	
27	Wertpapiere	
28	Flüssige Mittel	
280	Guthaben bei Kreditinstituten	
285	Postgiroguthaben	
286	Schecks	
288	Kasse	
29	Aktive Rechnungsabgrenzungen	
299	Nicht durch Eigenkapital gedeckter Fehlbetrag	

Kontenklasse 3

3	**Eigenkapital und Rückstellungen**	
30	Kapitalkonto/ Gezeichnetes Kapital	
300	Kapitalkonto Gesell. A	
31	Kapitalrücklage	
32	Gewinnrücklagen	
321	Gesetzliche Rücklagen	
323	Satzungsmäßige Rückl.	
324	Andere Gewinnrücklagen	
33	Ergebnisverwendung	
332	Ergebnisvortrag früh. Perioden	
335	Bilanzgewinn/Bilanzverlust	
336	Ergebnisausschüttung	
339	Ergebnisvortrag auf neue Rechnung	
34	Jahresüberschussfehlbetrag	
35	Sonderposten mit Rücklagenanteil	
36	(Wertberichtigungen)	
37	Rückstellung. f. Pensionen u. ähnl. Verpflichtungen	
38	Steuerrückstellungen	
380	Gewerbesteuer	
385	Latente Steuer	
389	Sonst. Steuerrückst.	
39	Sonstige Rückstellungen	
390	für Personalaufwendungen	
391	für Gewährleistung	
392	für Rechts-/Beratungskosten	
393	für andere ungew. Verbindlich.	
397	für drohende Verluste aus schwebenden Geschäften	
398	für unterlassene Instandhaltung	
399	für andere Aufwendungen	

Industriekontenrahmen - Auszug (IKR)

Kontenklasse 4

4	Verbindlichkeiten und passive Rechnungsabgrenzung
40	frei
41	Anleihen
42	Verbindlichkeiten gegenüber Kreditinstituten
43	Erhaltene Anzahlungen
44	Verbindlichkeiten aus Lieferungen und Leistungen
45	Wechselverbindlichkeiten (Schuldwechsel)
46	Verbindlichkeiten gegenüber verbundenen Unternehmen
47	Verbindlichkeiten gegenüber Unternehmen mit Beteiligungsverhältnis
48	Sonstige Verbindlichkeiten
480	Umsatzsteuer
481	Noch zu berichtigende USt
482	Umsatzsteuervorauszahlung
483	Verbindlichkeiten gegenüber Finanzbehörden
484	Verbindlichk. gegenüber Sozialversicherungsträgern
486	Andere sonstige Verbindlichkeiten
489	Übrige sonstige Verbindlichkeiten
49	Passive Rechnungsabgrenzungen

Kontenklasse 5

5	Erträge
50-1	Umsatzerlöse
505	Steuerfreie Umsätze - Export
506	Steuerfreie sonstige Umsätze
510	Umsatzerlöse für eigene Erzeugnisse und andere eigene Leistungen
515	Umsatzerlöse für Waren
516	Skonti
517	Boni
518	Andere Erlösberichtigungen
52	Bestandveränderungen an unfertigen und fertigen Erzeugnissen
53	Andere aktivierte Eigenleistungen
54	Sonstige betriebliche Erträge
540	Nebenerlöse
542	Eigenverbrauch
543	Andere betrieblich Erträge
544	Erträge aus Werterhöhungen von Gegenständen des Anlagevermögen
545	Erträge aus Werterhöhungen von Gegenständen des Umlaufvermögens
546	Erträge aus dem Abgang von Vermögensgegenständen
547	Erträge aus der Auflösung von Sonderposten mit Rücklagenanteil
548	Erträge aus der Herabsetzung von Rückstellungen
549	Periodenfremde Erträge (soweit sonst nicht zuordbar)
55	Erträge aus Beteiligungen
56	Erträge aus anderen Wertpapieren und Ausleihungen des AV
57	Sonstige Zinsen und ähnliche Erträge
571	Bankzinsen
576	Zinsen für Forderungen
578	Erträge aus Wertpapieren des UV
579	Übrige sonstige Zinsen und ähnliche Erträge
58	Außerordentliche Erträge

Industriekontenrahmen - Auszug (IKR)

Kontenklasse 6

6 Betriebliche Aufwendungen

- 60 Aufwendungen für Roh-, Hilfs- und Betriebsstoffe und für bezogene Waren
- 600 Rohstoffe/ Fertigungsmaterial
- 601 Vorprodukte/ Fremdbauteile
- 602 Hilfsstoffe
- 603 Betriebsstoffe/ Verbrauchswerkzeuge
- 604 Verpackungsmaterial
- 605 Energie
- 606 Reparaturmaterial und Fremdinstandhaltung
- 607 Sonstiges Material
- 608 Aufwendungen für Waren
- 609 Sonderabschreibungen auf Roh-, Hilfs- und Betriebsstoffe und Waren

- 61 Aufwendungen für bezogene Leistungen
- 611 Fremdleistungen für die Auftragsgewinnung
- 613 Weitere Fremdleistungen
- 614 Frachten und Fremdlager
- 615 Vertriebsprovisionen
- 616 Fremdinstandhaltung und Reparaturmaterial
- 617 Sonstige Aufwendungen für bezogene Leistungen
- 618 Skonti
- 619 Boni und andere Aufwandsberichtigungen

- 62 Löhne
- 620 Löhne für geleistete Arbeitszeit
- 621 Löhne für andere Zeiten

- 63 Gehälter

- 64 Soziale Abgaben und Aufwendungen für die Altersversorgung
- 640 Arbeitgeberanteil zur Sozialversicherung

- 65 Abschreibungen
- 650 Abschreibungen auf aktivierte Aufwendungen für Ingangsetzung und Erweiterung des Geschäftsbetriebes
- 651 Abschreibung auf immaterielle Güter des AV
- 652 Abschreibung auf Grundstücke und Gebäude
- 653 Abschreibung auf Maschinen und technische Anlagen
- 654 Abschreibung auf andere Anlagen und Betriebs- und Geschäftsausstattung
- 655 Außerplanmäßige Abschreibungen §253(2) HGB
- 656 Steuerrechtliche Sonderabschreibungen §254 HGB

- 66 Sonstige Personalaufwendungen

- 67 Aufwendungen für die Inanspruchnahme von Rechten und Diensten
- 670 Mieten, Pachten
- 672 Lizenzen, Konzessionen
- 673 Gebühren
- 675 Kosten des Geldverkehrs, Bank-, Wechselspesen
- 677 Prüfung, Beratung, Rechtsschutz

- 68 Aufwendungen für Kommunikation
- 680 Büromaterial
- 681 Literatur
- 682 Post
- 687 Werbung
- 689 Sonstige Aufwendungen für Kommunikation

- 69 Aufwendungen für Beiträge, Sonstiges, Wertkorrekturen, Periodenfremde Aufwendungen
- 690 Versicherungsbeiträge
- 691 KFZ-Versicherung
- 692 Beiträge zu Wirschaftsverbänden
- 693 Andere sonstige Aufwendungen
- 695 Verluste aus Wertminderungen des UV
- 696 Verluste aus dem Abgang von Vermögensgegenständen
- 699 Periodenfremde Aufwendungen

Anhang 381

Industriekontenrahmen - Auszug (IKR)

	Kontenklasse 7		Klasse 8
7	**Weitere Aufwendungen**	**8**	**Ergebnisrechnungen**
70	Betriebliche Steuern	80	Eröffnung/ Abschluss
700	Gewerbekapitalsteuer	800	Eröffnungsbilanzkonto
702	Grundsteuer	801	Schlussbilanzkonto
703	Kraftfahrzeugsteuer	802	GuV-Konto Gesamtkostenverfahren
705	Wechselsteuer		
707	Ausfuhrzölle	803	GuV-Konto Umsatzkostenverfahren
709	Sonstige betriebliche Steuern		
71	frei		
72	frei		
73	frei		
74	Abschreibungen auf Finanzanlagen und auf Wertpapiere des UV und Verluste aus entsprechenden Abgängen		
75	Zinsen und ähnliche Aufwendungen		Kontenklasse 9
750	Zinsen und ähnl. Aufwendungen an verbundene Unternehmen	**9**	**Kosten- und Leistungsrechnung**
751	Bankzinsen		
752	Kredit- und Überziehungsprovision	90	Unternehmensbezogene Abgrenzungen
753	Diskontaufwand		
754	Abschreibung auf Disagio	91	Kostenrechnerische Korrekturen
756	Zinsen für Verbindlichkeiten		
759	Sonstige Zinsen und zinsähnliche Aufwendungen	92	Kosten- u. Leistungsarten
76	Außerordentliche Aufwendungen	93	Kostenstellen
77	Steuern vom Einkommen und Ertrag	94	Kostenträger
770	Gewerbeertragsteuer	95	Fertige Erzeugnisse
771	Körperschaftsteuer		
775	Latente Steuern	96	Interne Lieferungen u. Leistungen
779	Sonstige Steuern vom Einkommen und Ertrag		
		97	Umsatzkosten
78	Sonstige Steuern		
		98	Umsatzleistungen
79	Aufwendungen aus Gewinnabführungsvertrag	99	Ergebnisausweise

Kontenrahmen nach Anlage 4 KHBV - Auszug *und Erweiterungen*

Kontenklasse 0

0 Ausstehende Einlagen und Anlagevermögen

00	Ausstehende Einlagen auf das gezeichnete/festgesetzte Kapital		0761	Wieder beschaffte geringwertige Güter von 51 bis 410 €
			0762	Wieder beschaffte geringwertige Güter von mehr als 410 €
01	Grundstücke u. grundstücksgleiche Rechte mit Betriebsbauten		077	Festwerte in Betriebsbauten
010	Bebaute Grundstücke		078	frei
011	Betriebsbauten auch Gebäudebestandteile, wie z.B. Heizungsanlagen		079	Festwerte in Wohngebäuden
012	Außenanlagen		08	Anlagen im Bau und Anzahlungen auf Anlagen
02	frei		080	Betriebsbauten
			081	frei
			082	Wohnbauten
03	Grundstücke u. grundstücksgleiche Rechte mit Wohnbauten		09	Immaterielle Vermögensgegenstände, Beteiligungen und andere Finanzanlagen
030	Bebaute Grundstücke			
031	Betriebsbauten		090	Immaterielle Vermögensgegenstände
032	Außenanlagen		091	Geleistete Anzahlungen auf immat. Vermögensgegenstände
04	Grundstücke u. grundstücksgleiche Rechte ohne Bauten		092	Anteile an verbundenen Unternehmen
05	Bauten auf fremden Grundstücken		093	Ausleihungen an verbundene Unternehmen
050	Betriebsbauten		094	Beteiligungen
051	frei		095	Ausleihungen an Unternehmen mit Beteiligungsverhältnis
052	Wohnbauten		096	Wertpapiere des Anlagevermögens
053	Außenanlagen			
06	Technische Anlagen z.B. Telefonanlagen, Klimaanlagen, Notstromanlagen, Blitzschutzanlagen		097	Sonstige Finanzanlagen
060	in Betriebsbauten			
061	frei			
062	in Wohnbauten			
063	in Außenanlagen			

07	Einrichtungen und Ausstattungen
070	in Betriebsbauten
0701	*Fuhrpark*
0702	*Mobiliar*
0703	*Medizinischer Bedarf*
071	frei
072	in Wohnbauten
076	Gebrauchsgüter

Kontenrahmen nach Anlage 4 KHBV - Auszug *und Erweiterungen*

Kontenklasse 1

1 Umlaufvermögen, Rechnungsabgrenzung

- 10 Vorräte
- 100 Vorräte an Lebensmitteln
- 101 Vorräte d. medizinischen Bedarfs
- 102 Vorräte an Betriebsstoffen
- 103 Vorräte des Wirtschaftsbedarfs
- 104 Vorräte des Verwaltungsbedarfs
- 105 Sonstige Roh-, Hilfs- und Betriebsstoffe
- 106 Unfertige Erzeugnisse, unfertige Leistungen
- 107 Fertige Erzeugnisse, Waren

- 11 Geleistete Anzahlungen

- 12 Forderungen aus Lieferungen und Leistungen (aL)
- 120 Forderungen (aL)
- 129 Wertberichtigungen zu Forder.

- 13 Schecks, Kassenbestand, Bundesbank- und Postbankguthaben, Guthaben bei Kreditinstituten

- 14 Wertpapiere des Umlaufvermögens

- 15 Forderungen nach dem KHG
- 150 Forderungen nach dem KHG151 *(Bewilligungsbescheid)*
- 15 Forderungen nach der Bundespflegesatzverordnung

- 16 Sonstige Vermögensgegenstände
- 163 Andere sonstige Vermögensgegenstände
- *1631 Vorsteuer*
- *1632 Noch zu berichtigende Vorsteuer*
- *1633 Sonstige Forderungen an Finanzbehörden*

- 17 Rechnungsabgrenzung
- 170 Disagio
- 171 Andere Abgrenzungsposten

- 18 Ausgleichsposten nach KHG
- 180 A. aus Darlehnsförderung
- 181 A. aus Eigenmittelförderung

Kontenklasse 2

2 Eigenkapital und Rückstellungen

- 20 Eigenkapital
- 200 Gezeichnetes / festgesetztes Kapital
- *2001 Privat*
- 201 Kapitalrücklagen
- 202 Gewinnrücklagen
- 203 Gewinn- / Verlustvortrag
- 204 Jahresüberschuss / -fehlbetrag

- 21 Sonderposten aus Zuwendungen Dritter

- 22 Sonderposten aus Fördermitteln nach dem KHG

- 23 Sonderposten aus Zuweisungen und Zuschüssen der öffentlichen Hand

- 24 Ausgleichsposten aus Darlehnsförderungen

- 27 Pensionsrückstellungen

- 28 Andere Rückstellungen
- 280 Steuerrückstellungen
- *2805 Latente Steuer*
- 281 Sonstige Rückstellungen

- 29 frei

Anhang   385

Kontenrahmen nach Anlage 4 KHBV - Auszug *und Erweiterungen*

Kontenklasse 3

3	Verbindlichkeiten, Rechnungsabgrenzung	
30	frei	
31	frei	
32	Verbindlichkeiten aus Lieferungen und Leistungen (aL)	
34	Verbindlichkeiten gegenüber Kreditinstituten *lang- u. kurzfristig*	
35	Verbindlichkeiten nach dem KHG	
350	Verbindlichkeiten nach dem KHG	
351	Verbindlichkeiten nach der Bundespflegesatzverordnung	
36	Erhaltene Anzahlungen	
37	Sonstige Verbindlichkeiten	
374	Andere sonstige Verbindlichkeiten	
3741	*Umsatzsteuer*	
3743	*Umsatzsteuervoranmeldung*	
3744	*Verbindlichkeiten gegenüber Finanzbehörden*	
3745	*Verbindlichk. gegenüber Sozialversicherungsträgern*	
38	Rechnungsabgrenzung	
39	frei	

Kontenklasse 4

4	**Betriebliche Erträge**
40	Erlöse aus Krankenhausleistungen
400	E. a. tagesgleichen Pflegesätz.
4001	E. a. Basispflegesatz, vollstat.
4002	E. a. Basispflegesatz, teilstat.
4003	E. a. Abteilungspfleges,, vollstat.
4004	E. a. Abteilungspfleges,, teilstat.
4005	E. a. Pflegesätzen besonderer Einrichtungen, vollstationär
4006	E. a. Pflegesätzen besonderer Einrichtungen, teilstationär
401	E. a. Fallpauschalen/Sonderentg.
402	E. a. vor- u- nachstationärer Behandlung
403	E. a. Ausbildungskostenumlage
404	Ausgleichsbeträge nach BPflV
41	Erlöse aus Wahlleistungen
410	E. a. wahlärztlichen Leistungen
411	E. a. gesond. berechn. Unterkunft
413	E. a. sonstig. nichtärztl. W.Leist.
42	Erlöse aus ambulanten Leistungen des Krankenhauses
43	Nutzungsentgelte (Kostenerstattung / Vorteilsausgleich)
44	Rückvergütungen, Vergütungen und Sachbezüge
440	für freie Station
441	für Unterkunft
45	Erträge aus Hilfs- und Nebenbetrieben
452	aus der Bereitstellung von Notarztdiensten
46	Erträge aus Fördermitteln KHG
47	Zuweisungen und Zuschüsse
48	Erträge aus Einstellungen von Ausgleichsposten
49	Erträge aus der Auflösung von Sonderposten und Ausgleichsposten, Verbindl. nach KHG

Anhang

Kontenrahmen nach Anlage 4 KHBV - Auszug *und Erweiterungen*

Kontenklasse 5

5 Andere Erträge

50 Erträge aus Beteiligungen und anderen Finanzanlagen z.B. Gemeinschaftsapotheke, *Gutschriften von Genossenschaften*

51 Sonstige Zinsen und ähnliche Erträge

52 Erträge aus dem Abgang von Gegenständen des Anlagevermögens, aus Zuschreibungen zu Gegenständen des Anlagevermögens
520 Sachanlagevermögen
521 Finanzanlagevermögen

53 frei
531 Erträge aus Eigenverbrauch

54 Erträge aus der Auflösung von Rückstellungen

55 Bestandsveränderungen und andere aktivierte Eigenleistungen
551 Bestandveränderungen an unfertigen Leistungen
552 Andere aktivierte Eigenleistungen

56 frei

57 Sonstige ordentliche Erträge z.B. Ansichtskarten

58 Erträge aus Ausgleichsbeträgen für frühere Geschäftsjahre

59 Übrige Erträge
590 Außerordentliche Erträge
591 Periodenfremde Erträge
592 Spenden und ähnliche Zuwendungen

Kontenklasse 6

6 Aufwendungen

60 Löhne und Gehälter (einschl. Überstunden, Bereitschaft, Zuschläge, Zulagen, Sachbezüge, Mutterhausabgaben und Gestellungsgelder)
6000 Ärztlicher Dienst (für alle Ärzte und Ärzte im Praktikum bei Anrechnung auf die Besetzung)
6001 Pflegedienst (stat. Pflege-, Pflegehilfspersonal - am Krankenbett, auch Intensivpflege, Dialysebehandlung, Schüler und Stationssekretärinnen bei Anrechnung auf die Besetzung)
6002 Medizinisch-technischer Dienst (Apothekenpersonal, Arzthelfer, Chemiker, Chemotechniker, Diätassistenten, Krankengymnasten, Krankenhausingenieure, Laboranten, Logopäden, Masseure und Bademeister, Medizinisch-technische Assistenten, Dokumentare, Psychologen, Schreibkräfte, Sozialarbeiter etc.)
6003 Funktionsdienst (Krankenpflegepersonal im OP-Dienst, in der Ambulanz, in der Endoskopie, Hebammen, Kindergärtnerinnen zur Betreuung kranker Kinder, Krankentransportdienst, Beschäftigungstherapeuten, Personal der Zentralsterilisation etc.)
6004 Klinisches Hauspersonal (Haus- und Reinigungspersonal der Kliniken und Stationen)
6005 Wirtschafts- und Versorgungsdienst (Handwerker, Hausmeister, Hof- und Gartenarbeiter, Hol- und Bringedienste, Küchen und Lagerpersonal, Reinigungs-, Wäscherei-, Nähstubendienste, Bettenaufbereitungsdienste, Bedienstete von Wirtschaftsbetrieben - z.B. Metzgereien)

Kontenrahmen nach Anlage 4 KHBV - Auszug *und Erweiterungen*

6006 Technischer Dienst (Betriebsingenieure, Versorgungspersonal für Heizung, Wasser, Instandhaltung, etc.)
6007 Verwaltungsdienst (Aufnahme-, Bewachungs-, Bücherei-, Einkaufs-, Buchhaltungs-, Personalverwaltungs-, Telefonpersonal, Verwaltungsleitung, Verwaltungsschreibkräfte etc.)
6008 Sonderdienste (Oberinnen, Seelsorger, Personalbetreuer etc.)
6010 Personal in Ausbildungsstätten (Lehrkräfte mit Dienstvertrag)
6011 Sonstiges Personal (Schüler, Praktikanten - soweit nicht o.a. Besetzung zugerechnet)
6012 Nicht zurechenbare Personalkosten

61 Gesetzliche Sozialabgaben (Aufteilung wie 6000 - 6012)

62 Aufwendungen für die Altersversorgung (Aufteilung wie 6000 - 6012; Beiträge zu Ruhegehalts- und Zusatzversicherungskassen, Ruhegehälter an frühere Mitarbeiter)

63 Aufwendungen für Beihilfen und Unterstützungen (Aufteilung wie 6000 - 6012)

64 Sonstige Personalaufwendungen (Aufteilung wie 6000 - 6012; freiwillige soz. Leistungen und Zuschüsse) *z.B. Weihnachtsfeier*

65 Lebensmittel und bezogene Leistungen
650 Lebensmittel
651 Bezogene Leistungen

66 Medizinischer Bedarf
6600 Arzneimittel (ohne Implantate und Dialysebedarf) - *Einmalartikel*
6601 Kosten der Lieferapotheke
6602 Blut, Blutkonserven, -plasma
6603 Verband, Heil- und Hilfsmittel
6604 Ärztl./Pfleg. Verbrauchsmaterial, Instrumente - *z.B. Tupfer, Binden*
6606 Narkose-, sonstiger OP-Bedarf
6607 Bedarf an Röntgen, Nuklearmed.
6608 Laborbedarf
6609 Untersuchungen in fremden Instituten
6610 Bedarf an EKG, EEG, Sonographie - *z.B. Elektroden*
6611 Bedarf d. physikalischen Therapie
6612 Apothekenbedarf, Desinfektionsmittel
6613 Implantate
6614 Transplantate
6615 Dialysebedarf
6616 Krankentransporte
6617 Sonstiger medizinischer Bedarf
6618 Honorare für nicht im Krankenhaus angestellte Ärzte

67 Wasser, Energie, Brennstoffe

68 Wirtschaftsbedarf
680 Materialaufwendungen
681 Bezogene Leistungen
z.B. auch Leihpersonal für Küche

69 Verwaltungsbedarf
690 Materialaufwendungen
691 Bezogene Leistungen

Kontenrahmen nach Anlage 4 KHBV - Auszug *und Erweiterungen*

Kontenklasse 7

7	**Aufwendungen**	
70	Aufwendungen für zentrale Dienstleistungen	
700	Zentraler Verwaltungsdienst	
701	Zentraler Gemeinschaftsdienst z.B. Apotheke, Wäscherei	
71	Wieder beschaffte Gebrauchsgüter bei Festwertbildung	
72	Instandhaltung	
720	Pflegesatzfähige Instandhaltung	
7200	Instandhaltung Medizintechnik	
7201	Instandhaltung Sonstiges	
73	Steuern, Abgaben, Versicherungen	
730	Steuern	
732	Versicherungen	
74	Zinsen / ähnliche Aufwendungen	
75	Auflösung von Ausgleichsposten und Zuführung der Fördermittel nach dem KHG zu Sonderposten oder Verbindlichkeiten	
752	Zuführung der Fördermittel nach KHG zu Sonderposten oder Verbindlichkeiten	
76	Abschreibungen	
760	A. a. Immat.Vermögensgegenst.	
761	A. a. Sachanlagen	
7610	A. a. wiederbesch. Gebrauchsg.	
762	A. a. Finanzanlagen und Wertpapiere des Umlaufvermögens	
763	A. a. Forderungen	
764	A.a. sonstige Vermögensgegenst.	
78	Sonstige ordentliche Aufwend.	
79	Übrige Aufwendungen	
790	Aufwendungen aus Ausgleichsbeträgen früherer Geschäftsjahre	
7910	Aufw. aus dem Abgang von Gegenständen d. Anlagevermögens	
7911	*Aufwend. aus Eigenverbrauch*	
792	Außerordentliche Aufwendungen	
793	Periodenfremde Aufwendungen	
794	Spenden und ähnliche Aufwend.	

Klasse 8

8	**Ergebnisrechnungen**	
80 - 84	frei	
85	Eröffnungs-, Abschlusskonten	
86	Abgrenzung der Erträge, die nicht in die Kostenrechnung eingehen	
87	Abgrenzung der Aufwendungen, die nicht in die Kostenrechnung eingehen	
88	Kalkulatorische Kosten	
89	frei	

Kontenrahmen nach Anlage 4 PBV - Auszug *und Erweiterungen*

Kontenklasse 0

0	**Ausstehende Einlagen, Anlagevermögen**
00	Ausstehende Einlagen auf das gezeichnete/festgesetzte Kapital
01	Grundstücke u. grundstücksgleiche Rechte mit Betriebsbauten
010	Bebaute Grundstücke
011	Betriebsbauten
012	Außenanlagen
02	Grundstücke u. grundstücksgleiche Rechte mit Wohnbauten
020	Bebaute Grundstücke
021	Betriebsbauten
022	Außenanlagen
08	Immaterielle Vermögensgegenstände, Beteiligungen und andere Finanzanlagen
080	Immaterielle Anlagegüter
081	Anteile an verbundenen Unternehmen
082	Ausleihungen an verbundene Unternehmen
083	Beteiligungen
084	Ausleihungen an Unternehmen mit Beteiligungsverhältnis
085	Wertpapiere des Anlagevermögens
086	Sonstige Finanzanlagen
03	Grundstücke u. grundstücksgleiche Rechte ohne Bauten
04	Bauten auf fremden Grundstücken
040	Betriebsbauten
041	Wohnbauten
042	Außenanlagen
05	Technische Anlagen
050	in Betriebsbauten
051	in Wohnbauten
052	in Außenanlagen
06	Einrichtung und Ausstattung
060	in Betriebsbauten
0602	*Mobiliar*
061	in Wohnbauten
062	in Außenanlagen
063	Fahrzeuge
064	Geringwertige Wirtschaftsgüter
065	Festwerte in Betriebsbauten
066	Festwerte in Wohnbauten
07	Anlagen im Bau, Anzahlungen auf Anlagen
070	Betriebsbauten
071	Wohnbauten

Kontenrahmen nach Anlage 4 PBV - Auszug und Erweiterungen

Kontenklasse 1

1	**Umlaufvermögen, Rechnungsabgrenzung**	
10	Vorräte	
101	Roh-, Hilfs- und Betriebsstoffe	
102	Geleistete Anzahlungen	
11	Forderungen aus, geleistete Anzahlungen auf Lieferungen und Leistungen (aL)	
12	Kassenbestand, Guthaben bei Kreditinstituten und Schecks	
13	Wertpapiere des Umlaufvermögens	
14	Forderungen aus öffentlicher Förderung	
15	Forderungen aus nicht öffentlicher Förderung	
16	Sonstige Vermögensgegenstände	
163	Vorsteuer	
1631	*Noch zu berichtigende Vorsteuer*	
164	Sonstiges	
1641	*Sonstige Forderungen an Finanzbehörden*	
17	Ausgleichsposten	
171	A. a. Darlehnsförderung	
172	A. a. Eigenmittelförderung	
18	Rechnungsabgrenzung	
19	Bilanzverlust	

Kontenklasse 2

2	**Eigenkapital, Sonderposten, Rückstellungen**
20	Eigenkapital
200	Gezeichnetes / gewährtes Kapital
2001	*Privat*
201	Kapitalrücklagen
202	Gewinnrücklagen
203	Gewinn- / Verlustvortrag
204	Jahresüberschuss / -fehlbetrag
21	Sonderposten aus öffentlichen Fördermitteln für Investitionen
22	Sonderposten aus nicht-öffentlichen Fördermitteln für Investitionen
23	Ausgleichsposten aus Darlehnsförderungen
24	Rückstellungen
240	Pensionsrückstellungen
241	Steuerrückstellungen
2405	*Latente Steuer*
242	Urlaubsrückstellungen
243	Sonstige Rückstellungen

Kontenrahmen nach Anlage 4 PBV - Auszug *und Erweiterungen*

Kontenklasse 3

3	**Verbindlichkeiten, Rechnungsabgrenzung**
30	Verbindlichkeiten aus Lieferungen und Leistungen (aL)
31	Verbindlichkeiten gegenüber Kreditinstituten
32	Verbindlichkeiten aus öffentlicher Förderung
33	Verbindlichkeiten aus nichtöffentlicher Förderung
34	Erhaltene Anzahlungen
35	Sonstige Verbindlichkeiten
350	gegenüber Mitarbeitern
351	gegenüber Sozialversicherungsträgern
352	gegenüber Finanzbehörden
353	gegenüber Bewohnern
354	Sonstige Verbindlichkeiten
36	Umsatzsteuer
361	*Umsatzsteuervoranmeldung*
37	Verwahrgeldkonto
38	Rechnungsabgrenzung
39	frei

Kontenklasse 4

4	**Betriebliche Erträge**
40	Erträge aus ambulanten Pflegeleistungen
400	Erträge aus Pflegeleistungen: Pflegestufe I
4000	Pflegekasse
4001	Sozialhilfeträger
4002	Selbstzahler
4003	Übrige
401	Erträge aus Pflegeleistungen: Pflegestufe II
4010	Pflegekasse
4011	Sozialhilfeträger
4012	Selbstzahler
4013	Übrige
402	Erträge aus Pflegeleistungen: Pflegestufe III
4020	Pflegekasse
4021	Sozialhilfeträger
4022	Selbstzahler
4023	Übrige
403	Erträge aus Pflegeleistungen: Härtefälle
4030	Pflegekasse
4031	Sozialhilfeträger
4032	Selbstzahler
4033	Übrige
404	Erträge aufgrund häuslicher Pflege bei Verhinderung der Pflegeperson
405	Erträge aufgrund von Regelungen über Pflegehilfsmittel
406	Sonstige Erträge
41	Erträge aus teilstationären Pflegeleistungen
410	Erträge aus Pflegeleistungen: Pflegestufe I
4100	Pflegekasse
4101	Sozialhilfeträger
4102	Selbstzahler
4103	Übrige
411	Erträge aus Pflegeleistungen: Pflegestufe II
4110	Pflegekasse
4111	Sozialhilfeträger
4112	Selbstzahler
4113	Übrige

Kontenrahmen nach Anlage 4 PBV - Auszug *und Erweiterungen*

412	Erträge aus Pflegeleistungen: Pflegestufe III	427	Erträge aufgrund von Regelungen über Pflegehilfsmittel
4120	Pflegekasse	428	Sonstige Erträge
4121	Sozialhilfeträger		
4122	Selbstzahler	43	Erträge aus Leistungen der Kurzzeitpflege
4123	Übrige		
413	Erträge aus Unterkunft und Verpflegung	430	Erträge aus Pflegeleistungen: Pflegestufe I
414	Erträge aus Zusatzleistungen: Pflege	4300	Pflegekasse
		4301	Sozialhilfeträger
415	Erträge aus Zusatzleistungen: Unterkunft und Verpflegung	4302	Selbstzahler
		4303	Übrige
416	Erträge aus Transportleistungen	431	Erträge aus Pflegeleistungen: Pflegestufe II
417	Erträge aufgrund von Regelungen über Pflegehilfsmittel	4310	Pflegekasse
418	Sonstige Erträge	4311	Sozialhilfeträger
		4312	Selbstzahler
42	Erträge aus vollstationären Pflegeleistungen	4313	Übrige
		432	Erträge aus Pflegeleistungen: Pflegestufe III
420	Erträge aus Pflegeleistungen: Pflegestufe I	4320	Pflegekasse
4200	Pflegekasse	4321	Sozialhilfeträger
4201	Sozialhilfeträger	4322	Selbstzahler
4202	Selbstzahler	4323	Übrige
4203	Übrige	433	Erträge aus Unterkunft und Verpflegung
421	Erträge aus Pflegeleistungen: Pflegestufe II	434	Erträge aus Zusatzleistungen: Pflege
4210	Pflegekasse		
4211	Sozialhilfeträger	435	Erträge aus Zusatzleistungen: Unterkunft und Verpflegung
4212	Selbstzahler		
4213	Übrige	436	Erträge aufgrund von Regelungen über Pflegehilfsmittel
422	Erträge aus Pflegeleistungen: Pflegestufe III	437	Sonstige Erträge
4220	Pflegekasse		
4221	Sozialhilfeträger	44	Zuweisungen und Zuschüsse zu Betriebskosten
4222	Selbstzahler	440	für ambulante Pflegeleistungen
4223	Übrige	441	für teilstationäre Pflegeleistungen
423	Erträge aus Pflegeleistungen: Härtefälle	442	für vollstationäre Pflegeleistungen
4230	Pflegekasse	443	für Leistungen der Kurzzeitpflege
4231	Sozialhilfeträger		
4232	Selbstzahler	45	Erträge aus öffentlicher Förderung für Investitionen
4233	Übrige		
424	Erträge aus Unterkunft und Verpflegung	450	in ambulant. Pflegeeinrichtungen
		451	in teilstation. Pflegeeinrichtungen
425	Erträge aus Zusatzleistungen: Pflege	452	in vollstation. Pflegeeinrichtungen
426	Erträge aus Zusatzleistungen: Unterkunft und Verpflegung	453	in Einrichtungen d. Kurzzeitpflege

Kontenrahmen nach Anlage 4 PBV - Auszug *und Erweiterungen*

Kontenklasse 5

5 Andere Erträge

46	Erträge aus nicht-öffentlicher Förderung für Investitionen		50	Erträge aus Beteiligungen und Finanzanlagen
460	in ambulant. Pflegeeinrichtungen			
461	in teilstation. Pflegeeinrichtungen		51	Sonstige Zinsen und ähnliche Erträge
462	in vollstation. Pflegeeinrichtungen			
463	in Einrichtungen d. Kurzzeitpflege			
464	Erträge aus gesonderter Berechnung von Investitionsaufwendungen gegenüber Pflegebedürftigen (§ 82 (3,4) SGB XI)		52	Erträge aus dem Abgang von Gegenständen des Anlagevermögens und aus Zuschreibungen zu Gegenständen des Anlagevermögens
47	Erträge aus der Auflösung von Sonderposten		53	Erträge aus der Auflösung von Rückstellungen
470	bei ambulant. Pflegeeinrichtungen			
471	bei teilstatio. Pflegeeinrichtungen		54	Bestandsveränderungen, aktivierte Eigenleistungen
472	bei vollstatio. Pflegeeinrichtungen		540	Erhöhung oder Verminderung des Bestandes an fertigen und unfertigen Erzeugnissen oder Leistungen
473	bei Einrichtung. d. Kurzzeitpflege			
48	Rückvergütungen, Erstattungen, Sachbezüge, Erträge aus Sonderrechnungen		541	Andere aktivierte Eigenleistungen
480	E. für freie Station		55	Sonstige ordentliche Erträge
481	E. für Unterkunft			
482	E. für Verpflegung		56	Außerordentliche Erträge
483	Sonstige Erstattungen		560	Periodenfremde Erträge
484	Erträge aus Hilfsbetrieben		561	Spenden und ähnliche Zuwendungen
485	Erträge aus Nebenbetrieben			
486	Erträge aus Betriebskostenzuschüssen für sonstige ambulante Leistungen (außerhalb SGB XI)		562	Sonstige außerordentl. Erträge
487	Erträge aus der Erstattung von Ausgleichsposten aus Darlehns- und Eigenmittelförderung		57	frei
			571	*Erträge aus Eigenverbrauch*
488	Sonstige Erträge aus Sonderrechnungen		58	frei
			59	frei

Anhang 393

Kontenrahmen nach Anlage 4 PBV - Auszug *und Erweiterungen*

Kontenklasse 6

6 Aufwendungen

60	Löhne und Gehälter (einschl. *Überstunden, Bereitschaft, Zuschläge, Zulagen, Sachbezüge, Mutterhausabgaben und Gestellungsgelder)*	65	Lebensmittel
		66	Aufwendungen für Zusatzleistungen
600	Leitung der Pflegeeinrichtung	67	Wasser, Energie, Brennstoffe
601	Pflegedienst *(Pflege-, Pflegehilfspersonal - am Patienten - auch Schüler und Sekretärinnen bei Anrechnung auf die Besetzung)*	68	Wirtschaftsbedarf / Verwaltungsbedarf
		680	Materialaufwendungen
		6800	Eigenfinanzierung
602	Hauswirtschaftlicher Dienst *(Handwerker, Hausmeister, Hof- und Gartenarbeiter, Hol- und Bringedienste, Küchen und Lagerpersonal, Reinigungs-, Wäscherei-, Nähstubendienste)*	6801	Finanzierung nach Landesrecht
		681	Bezogene Leistungen
		682	Büromaterial
		683	Telefon
		684	Sonstiger Verwaltungsbedarf
603	Verwaltungsdienst *(Bewachungs-, Einkaufs-, Buchhaltungs-, Personalverwaltungs-, Verwaltungsschreibkräfte etc.)*	685	Aufwendungen für zentrale Dienstleistungen
		69	frei
604	Technischer Dienst *(Betriebsingenieure, Versorgungspersonal für Heizung, Wasser, Instandhaltung, etc.)*		
605	Sonstige Dienste *(Oberinnen, Seelsorger, Personalbetreuer, Lehrkräfte mit Dienstvertrag, Schüler, Praktikanten - soweit nicht o.a. Besetzung zugerechnet - etc.)*		

61 Gesetzliche Sozialabgaben (Aufteilung wie 600 - 605)

62 Altersversorgung (Aufteilung wie 600 - 605; *Beiträge zu Ruhegehalts- und Zusatzversicherungskassen, Ruhegehälter an frühere Mitarbeiter)*

63 Beihilfen und Unterstützungen (Aufteilung wie 600 - 605)

64 Sonstige Personalaufwendungen (Aufteilung wie 600 - 605; *freiwillige soz. Leistungen und Zuschüsse)*

Kontenrahmen nach Anlage 4 PBV - Auszug *und Erweiterungen*

Kontenklasse 7

7	**Aufwendungen**			
70	Aufwendungen für weitere Verbrauchsgüter gemäß § 82 (2) 1, 2. Halbsatz SGB XI			
71	Steuern, Abgaben, Versicherungen			
710	Steuern			
712	Versicherungen			
72	Zinsen und ähnliche Aufwendung.			
73	Sachaufwendungen für Hilfs- und Nebenbetriebe			
74	Zuführung zu Sonderposten oder Verbindlichkeiten			
740	von öffentlichen Fördermitteln			
741	von nicht-öffentlichen Fördermitteln			
75	Abschreibungen			
750	A. a. Immat.Vermögensgegenst.			
751	A. a. Sachanlagen			
7510	A. a. wiederbesch. Gebrauchsg.			
752	A. a. Finanzanlagen und Wertpapiere des Umlaufvermögens			
753	A. a. Forderungen			
754	A.a. sonstige Vermögensgegenst.			
76	Mieten, Pacht, Leasing			
77	Aufwendungen für Instandhaltung und Ingangsetzung, sonstige ordentliche Aufwendungen			
771	Aufwendungen für Instandhaltung und Ingangsetzung			
772	Sonstige ordentliche Aufwend.			
78	Außerordentliche Aufwendungen			
7800	Aufw. aus dem Abgang von Gegenständen d. Anlagevermögens			
7801	*Aufwend. aus Eigenverbrauch*			
781	Periodenfremde Aufwendungen			
782	Spenden und ähnliche Aufwend.			
783	Aufwend. für Verbandsumlagen			
784	Zuführung zu Ausgleichsposten			
785	Sonstige außerordentl. Aufwend.			
79	frei			

Klasse 8

8	**Ergebnisrechnungen**
80 - 84	frei
85	Eröffnungs- und Abschlusskonten
86	Abgrenzung der Erträge, die nicht in die Kostenrechnung eingehen
87	Abgrenzung der Aufwendungen, die nicht in die Kostenrechnung eingehen
88	Kalkulatorische Kosten
89	frei

Sachverzeichnis

A

Abgabenordnung 78ff.
Abgeleitete Steuerbilanz 265
Abgrenzungsgrundsätze 16
Abgrenzungsverordnung 26
Abnutzbare Anlagegüter 181
Abnutzbares Anlagevermögen 280ff., 339
Abraumbeseitigung 213
Absatzwerte 267
Abschluss 199
Abschlussbereich 62
Abschlussstichtag 329
Abschreibung 118
Abschreibungsmethoden 183ff.
Abschreibungsnachweis 190
Abschreibungsübergang 287
Absetzung für Abnutzung 284
AfA 182, 284,
Agio 321
Ähnliche Rechte 166f.
AK 268
Aktien 174
Aktiva 26
Aktiver Rechnungsabgrenzungsposten 203, 321
Aktives Bestandskonto 43
Aktivierte Steuern 83
Aktivierungsgebot 65
Aktivierungsverbot 65
Aktivseite (Wertansatz) 279ff.
Altenheim 79
Altersversorgung 146, 149f.
Amerikanisches Journal 69
Andere Rücklage 257
Anforderungen (Anlagenbuchhaltung) 346ff.
Anhang 234, 241, 247ff.

Anlagegüter 27, 194
Anlagekonten 347
Anlagenbereich 338
Anlagenbuchhaltung 68, 343ff.
Anlagengitter 163ff., 237f.
Anlagen-Kauf 187, 190ff., 290
Anlagennachweis 163ff., 237f.
Anlagenspiegel 163, 237f.
Anlagen-Verkauf 187, 290
Anlagevermögen 26f., 31, 163ff., 279f.
Anleihen 175
Ansatzbereich 263f.
Ansatzvorschriften 200
Anschaffungsaufwendungen 267
Anschaffungskosten 188, 267ff., 278, 281, 284, 291, 294, 298, 302f., 305, 308, 322
Anschaffungswertprinzip 278
Ansparabschreibung 224ff., 292
Antizipative Abgrenzung 206ff.
Anwender-Software 167, 169
Anwendungsprogramme 170
Anwesenheitsbereitschaften 148
AO 78ff.
April-Buchungen 361f.
Arbeitgeberanteil zur VWL 158
Arbeitnehmer-Sparzulage 158
Arbeitslosenversicherung 150
Aufbewahrungsfristen 18
Auflösung stiller Reserven 326f.
Auflösung von Rückstellungen 214
Auftragsproduktion 171
Aufwand 49, 53, 123,153, 182
Aufwandskonto 49ff.
Aufwendungen 9, 267, 271, 275, 276, 303
Aufwertung 283, 298, 303f., 309
Aufzeichnungspflicht 19ff., 104f.
Ausgabe 53, 182, 346
Außenfinanzierung 338
Außergewöhnliche Belastungen 85ff.

Außerordentliche Abschreibung 189
Außerordentliche Aufwendungen 241
Außerordentliche Erträge 241
Außerplanmäßige Abschreibungen 276, 282f., 292, 298
Ausstehende Einlagen 238
Auszahlung 53
Automatische Steuerkorrektur 127

B

Barwert 267, 275, 322f.
Basisprogramme 170
Befreite Pflegeeinrichtungen 19
Behördlicher Eingriff 220
Beihilfen 146, 150
Beiträge 77
Beizulegender Wert 282, 298, 302
Belegarten 60
Belegbearbeitung 60f.
Belegfunktion 17
Belegorganisation 59f.
Berechnungen 345f.
Beschaffungswerte 267
Bestandsaufnahme 25
Bestandsgrößen 52ff.
Bestandskonten 40ff., 49
Bestandsmehrung 131, 133f.
Bestandsminderung 131ff.
Bestandsveränderungen 122, 133, 241
Bestandsverzeichnis 31
Besteuerungsverfahren 78
Beteiligungen 173
Betriebsausgabe 20f., 262
Betriebsbereitschaft 267
Betriebsbuchhaltung 6
Betriebseinnahme 20f., 262
Betriebserträge 50
Betriebsindividuelle Programme 170
Betriebsnotwendiges Vermögen 26
Betriebsübersicht 226

Betriebsvermögen 262
Betriebsvermögensveränderungen 49
Betriebswirtschaftlicher Aspekt 6
Bewegliches Gut 284f., 285, 288
Bewertung 267ff.
Bewertungsbereich 264
Bewertungsgrundsätze 277f.
Bewertungsprinzipien 278f.
Bewertungsvorschriften 200
Beziehungszahlen 330
Bezugskosten 125
Bilanz 35ff.
Bilanzanalyse 329ff.
Bilanzanalyse-Durchführung 331ff.
Bilanz-Aufgaben 36
Bilanzempfänger 36
Bilanzgewinn 257ff.
Bilanzgewinn-Verteilung 258f.
Bilanzgliederung 37f., 234ff.
Bilanzidentität 16, 277
Bilanzierung 262
Bilanzierung von Rückstellungen 214
Bilanzklarheit 15
Bilanzkontinuität 16
Bilanzkritik 329ff.
Bilanzverkürzung 40
Bilanzverlängerung 40
Bilanzvollständigkeit 15
Bilanz-Wertveränderungen 39ff.
Bildung von Rückstellungen 214
Boni 136f., 142
Bruttoentgelt 151f.
Bücher 61ff.
Buchführung 10f., 231
Buchführungsart 12f., 69ff.
Buchführungs-Aufgaben 9f.
Buchführungsbereiche 61f.
Buchführungsorganisation 59ff.
Buchführungspflicht 78
Buchung 18, 347
Buchungssatz 46 f.

Buchwert 276

C

Cash-Flow 334

D

Damnum 210, 321
Datensicherheit 18
Dauerhafte Reserven 325
Dauernde Wertminderung 283, 298
Degressive Abschreibung 285ff., 291
Derivative immaterielle Güter 166, 168
Dienstleistungen 51, 271
Disagio 210, 321
Dividende 256
Dividendenpapiere 174
Dokumentation 3, 9, 18, 199, 343
Drohende Verluste 212
Durchschreibebuchführung 69

E

EBIT 335f.
EBITDA 335f.
EBK 41f.
EDV-Anlagenbuchhaltung 343ff.
EDV-Anwendung 209, 216
EDV-Bereich 17f.
EDV-Buchführung 70ff., 124, 143, 191, 317
EDV-Serviceleistungen 171
Eigenkapital 3, 33f., 38, 238, 322
Eigenständige Buchung 65ff.
Eigenverbrauch 101ff., 114
Einfuhr 101
Einheitlicher Steuermessbetrag 96
Einheitliches Wirtschaftsgut 188
Einkommen 85
Einkommensteuer 84ff.

Einkommensteuer-Veranlagung 88
Einkünfte 84f.
Einkunftsarten 85f.
Einnahme 53
Einwandfreie Forderungen 311
Einzahlung 53
Einzelbewertung (Forderungen) 311
Einzelbewertung 29, 277
Einzelunternehmung 218, 250f.
Endgültige Saldenbilanz 230
Entgelt 102
Entnahmeeigenverbrauch 115
Erfolgsbereich 338
Erfolgsbilanz 230
Erfolgskonten 49ff.
Erfolgskonten-Abschluss 51
Ergänzende Buchung 65f.
Erinnerungswert 189, 291
Erlöse 120f.
Erlöse bei geförderten Krankenhäusern 120
Erlöse bei nicht geförderten Krankenhäusern 121
Erlöse bei Pflegeeinrichtungen 121
Erlöskonten-Abschluss 127f.
Eröffnungsbilanzkonto 41f.
Ersatzbeschaffungsrücklagen 269
Ertrag 9, 50, 53, 123, 276
Ertragskonto 50f.
Ertragskraft 333
Ertragswert 267, 275f.
Erweiterung 165, 168f.
Erwerbsnebenkosten 125, 267
Euro 37
Externe Bilanzanalyse 329

F

Februar-Buchungen 357ff.
Festbewertung 29f.
FIBU-Software 71ff.

Fifo 308
Finanzanlagen 172ff., 299
Finanzbuchhaltung 5f., 343
Finanzbuchhaltungs-Grundsätze 9ff.
Finanzierungskosten 269
Firmenwert 167f.
Firmware 169
Forderungen 26, 64, 311ff.
Förderungsnachweis 238
Formale Bilanzanalyse 330
Formkaufmann 11
Freiberufler 19
Freiwillige Dokumentation 3
Fremdkapital 3, 9, 34, 199, 322f.
Fremdkapitaltausch 39
Fristigkeit 26

G

Gebäude (Abschreibung) 291
Geborene Verbrauchsgüter 27, 122
Gebrauchsgüter 26f.
Gebrauchte Güter 26f.
Gebühren 77
Geförderte Krankenhäuser 234
Geförderter Anlagenkauf 195
Gegenleistung 267
Gegenstände 281
Gegenwartsweg 323
Gehälter 146f.
Gehaltsbuchungen 153ff.
Gekorene Verbrauchsgüter 27, 122
Geldbereich 338
Geldbeschaffungskosten 269
Geldvermögen 26, 53, 302
Geldvermögensbereich 338
Gemeinnützige Zwecke 79
Gemischte Bewertung (Forderungen) 318f.
Gemischte Konten 231

Genau umschriebene Aufwendungen 213
Geringwertige Wirtschaftsgüter 188, 294f.
Gesamterfolg 3, 199
Gesamtkapital 34
Gesamtkostenverfahren 239f.
Gesamtvermögen 53
Geschäftsgang 353ff.
Geschäftsjahr 25, 199
Geschäftswert 167
Gesetz 3,6
Gesetzliche Grundlagen 10ff.
Gesetzliche Rücklage 257
Gesundheitswesen 19
Gewährleistungen 213
Gewerbebetrieb 19, 94f.
Gewerbeertrag 95f.
Gewerbesteuer 94
Gewerbesteuerbefreiung 97
Gewerbesteuer-Besteuerungsgrundlage 95
Gewerbetreibender 11, 261f., 291, 294
Gewerbliche Schutzrechte 166
Gewillkürtes Vermögen 25f.
Gewinn 9, 19f., 65f., 113, 231
Gewinn- und Verlustrechnung 230f., 239ff.
Gewinnanteilskonto 251
Gewinnauswirkungen (Vorratsvermögen) 309
Gewinnbesteuerung 261
Gewinneinkünfte 84
Gewinnermittlung 19, 65f.
Gewinnrücklagen 238f.
Gewinnverteilung 250ff.
Gewinnverteilungskonto 251ff., 256
Gewinnverwendung 239
Gewinnvortrag 256
Gewogener Durchschnitt 307f.
Gezeichnetes Kapital 238

Gliederungszahlen 330
GOB 14ff., 344
GOBS 17f.
Grenzen (beim Teilwert) 273f.
Grundbuch 63
Grundbuchbereich 62
Grunderwerbsteuer 97
Grundlagen des Steuerrechts 80
Grundsteuer 97f.
Gruppenbewertung 29, 307
Güterverbrauch 271
Gutschriften 126f.
GWG 294f.

H

Handelsbilanz 265, 294
Handelsrecht 10f.
Handelsrechtliches Bilanzierungswahlrecht 65
Handelsregister 11
Hauptabschlussübersicht 63, 226ff.
Hauptbuch 63
Herstellersoftware 169, 171
Herstellkosten 271
Herstellungsaufwendungen 271
Herstellungskosten 130, 188, 267, 271f., 278, 281, 284, 291, 294, 298, 302f., 305, 308
Herstellungswertprinzip 278
Hifo 308
Höchstwert-Prinzip 279
Höhere Gewalt 220
Horizontale Gliederung 238

I

IKR 55f.
Immaterielle Wirtschaftsgüter 165ff., 280f.
Imparitätsprinzip 16, 278f.

Indexzahlen 331
Industriekontenrahmen 55f.
Information 3, 10, 199, 343
Ingangsetzung 165, 168f.. 171
Inland 102
Innenfinanzierung 338
Innerbetriebliche Analysen 330
Installation 345f.
Instandhaltung 213
Intensität 334
Interimskonten 63f.
Interne Bilanzanalyse 329
Internes Kontrollsystem 18
Inventar 25, 31f., 199
Inventur 25ff., 199
Inventurarten 28f.
Investition 183f.
Investitionsgefördertes Anlagevermögen 194ff.
Investmentzertifikate 174

J

Jahresabschluss 1ff., 35, 163, 346
Jahresabschluss-Aufstellungsgrundsätze 37
Jahresabschlussbuchungen 201
Januar-Buchungen 347
Journal 63
Journalfunktion 17
Jubiläumsrückstellungen 213

K

Kalenderjahr 25
Kapital 3, 9, 36, 280
Kapitalbereich 338
Kapitalertragsteuer 93, 179
Kapitalflussrechnung 337ff.
Kapitalgesellschaft 218, 234ff., 256ff., 296f., 299f., 314, 317, 321

Kapitalkonto 49
Kapitalrücklagen 238
Kapitalunterkonto 113
Kapitalvergleich 33ff.
Kennziffern 330
KHBV 12f., 146, 183, 199, 234ff.
KHBV-Kontenrahmen 56f.
KHG 12
Kirchensteuer 151
Kleinunternehmer 103
Kommanditgesellschaft 254ff.
Kontenabgänge 42f.
Kontenabschluss 44f.
Kontenaufbau 40f.
Konteneröffnung 41f.
Kontenfunktion 16f.
Kontenklassen 55
Kontenplan 54
Kontenrahmen 54ff.
Kontenzugänge 42f.
Kontokorrentbuchhaltung 64ff.
Kontrolle 4, 10
Körperschaft 79
Körperschaftsteuer 91f.
Körperschaftsteuerbefreiung 92
Körperschaftsteuersätze 92
Korrekturbuchungen 201
Korrekturposten 37
Kosten- und Leistungsrechnung 350f.
Kostenartenrechnung 7
Kostenrechnung 6f.
Kostenstellenrechnung 7
Kostenträgerrechnung 7
Kraftfahrzeugsteuer 93
Krankenhaus 79, 130
Krankenhaus-Buchführungsverordnung 12, 199
Krankenhausfinanzierungsgesetz 12
Krankenversicherung 150
Kurzfristige Erfolgsrechnung 8
Kurzfristige Güter 27

Kurzfristige Schulden 31

L
Lagebericht 247, 250
Lagerbuchhaltung 68
Lagermehrung 123
Lagerminderung 123
Langfristige Güter 27
Langfristige Schulden 31
Latente Steuern 210, 212
Leistung 101
Leistungsabschreibung 189, 288f.
Leistungseigenverbrauch 116ff.
Leistungseinheit 190
Leistungserbringung 1, 119ff., 361ff.
Leistungsfaktoren 1
Leistungsrechnung 6 f.
Leistungsverwertung 1, 51, 119ff.
Lieferung 101
Lifo 308
Lineare Abschreibung 183ff., 284, 291
Lineare Methode 284f.
Liquidationserlös 267, 275
Liquide Mittel 26, 53
Liquidität 337f.
Lohn- und Gehaltsbuchhaltung 67
Lohnbuchungen 153ff.
Löhne 88ff., 146f., 151
Lohnsteuer-Ausgleichsveranlagung 91
Lohnsteuer-Jahresfreibetrag 90
Lohnsteuerkarte 88f.
Lohnsteuerklassen 89f.
Lohnsteuertabellen 89
Lückenlose Aufzeichnung 9

M
Mai-Buchungen 363f.
Markt- oder Börsenwert 267, 274, 302f., 309
März-Buchungen 360f.

Maßgeblichkeit 262, 294, 303, 321f.
Maßgeblichkeitsgrundsätze 262ff.
Materialien 302
Materielle Bilanzanalyse 330
Medizinisches Abrechnungswesen 6
Mikroverfilmung 18
Mildes Niederstwertprinzip 294, 294, 303
Mildtätige Zwecke 79
Mittelfristige Güter 27
Mittelherkunft 37, 337f.
Mittelverwendung 37, 279, 337
Musskaufmann 10f.

N

Nachträgliche Anschaffungskosten 267
Nebenbuchbereich 62
Nebenbücher 64
Nebenbuchhaltung 8
Nebenkontenabschlüsse 201
Nennwert 276, 320
Nettoabschlüsse 201
Neueinlage 34, 113, 118, 187, 290
Neutrale Aufwendungen 50
Neutrale Erträge 50
Neutrales Vermögen 26
Nicht abnutzbares Anlagevermögen 172, 281, 298ff.
Nicht abziehbare Vorsteuer 269
Nicht-Vollkaufleute 19
Niederstwert-Prinzip 279
Nominalkapital 278
Nominelle Kapitalerhaltung 182, 282
Notwendiges Betriebsvermögen 25f.

O

Obligationen 175
Offene Handelsgesellschaft 56ff.
Offene-Posten-Liste 65

Öffentliche Förderung 183f.
Ordnungsmäßige Aufzeichnung 9
Ordnungsmäßigkeit 344
Ordnungsmäßigkeit der Buchführung 14ff.
Organisation (Anlagenbuchhaltung) 344ff.
Originäre immaterielle Güter 166, 168

P

Partialanalysen 333ff.
Passiver Rechnungsabgrenzungsposten 203f.
Passives Bestandskonto 43
Passivierungsgebot 263
Passivierungsverbot 263
Passivseite 279
Patienten in Behandlung 130ff.
Pauschalbewertung (Forderungen) 315ff.
PBV 12f., 146, 183, 199, 234ff.
PBV-Kontenrahmen 58f.
Pensionsrückstellungen 213, 323
Periode 122
Periodenfremde Aufwendungen 203, 312
Periodenfremde Erträge 203
Periodengerechte Abgrenzung 278
Periodengerechte Gewinnermittlung 2f.
Periodische Analysen 329
Permanente Inventur 28f.
Personalaufwendungen 146ff.
Personengesellschaft 218, 251ff.
Personenkonten 346
Personenvereinigungen 79
Pfandbriefe 175
Pflege-Buchführungsverordnung 12; 199
Pflegeeinrichtungen 234
Pflegeheim 79
Pflegeversicherung 150

Planmäßige Abschreibung 163ff., 170, 181ff., 276, 281, 321
Planmäßige AfA 294
Planmäßige Aufzeichnung 9
Planung 4, 10
Planungsrechnung 7
Preis 267
Preisermittlung 271
Preisnachlässe 135ff., 269
Privat-Buchungen 360f.
Privatentnahme 34, 113, 187, 290
Privatkonto 113ff.
Privatvermögen 25f.
Produktionsfaktoren 1
Produktivität 333
Progressive Abschreibung 190
Prüfbarkeit 18

R

Rabatte 135f., 142
Rahmengrundsätze 15
RAP 204f.
Realisationsprinzip 16, 278
Rechenschaftslegung 3
Rechnungsabgrenzungen 339
Rechnungserteilung 105
Rechnungslegung 10, 199
Rechnungswesen 1
Rechnungswesen-Aufgaben 3f.
Rechnungswesen-Gliederung 5f.
Rechtsbehelf 79
Rechtsform 36
Reinvermögen 26, 33f., 38, 49, 261
Re-Investitionsrücklage 222ff., 269
Rentabilität 333
Rentenverpflichtung 322
Rentenversicherung 150
Restwert 276
Richtigkeit 15
Richtzahlen 331

Rohvermögen 26, 34, 279
Rücklage für Ersatzbeschaffung 220f., 223f.
Rücklage zur Ansparabschreibung 224ff.
Rücklagen 238f., 257
Rücklagen für eigene Anteile 239
Rücksendungen 126f.
Rückstellungen 212ff., 323, 339
Rufbereitschaften 148

S

Sachbuch 63
Sachbuchbereich 62
Sachgüter 27, 119ff., 302, 339
Sachgüter-Bruttoabschluss 128f.
Sachgüter-Kontenabschluss 127f.
Sachgüter-Nettoabschluss 127f.
Sachgüterverbrauch 51
Sachkonten 346
Sachkontenplan 343
Sachliche Abgrenzung 16
Sachvermögen 26
Saldenbilanz 228ff.
Satzung 238
SBK 44
Schätzreserven 326
Schätzwert 273
Schlussbilanz 230f.
Schlussbilanzkonto 44
Schuldberücksichtigung 26
Schulden 3, 26, 31, 199
Selbständige Tätigkeit 19
Selbstkosten 271
Skonti 138ff., 363ff.
Skonto-Bruttobuchung 138f.
Skonto-Nettobuchung 140f.
Software 169ff.
Softwarevermietung 171
Solidaritätszuschlag 151
Solidität 336f.

Sonderabschreibungen 294
Sonderausgaben 85f.
Sonderposten 218, 334, 339
Sonstige Forderungen 206
Sonstige Leistung 101
Sonstige Personalkosten 146, 149
Sonstige Verbindlichkeiten 206f.
Soziale Abgaben 146, 149f.
Staffelform 239, 244
Standardprogramme 170
Statistik 7
Stetigkeit 16, 277
Steuerarten 80f.
Steueraufwand 210
Steuerbarer Umsatz 101
Steuerbefreiung 103
Steuerbegünstigungen 78f., 82
Steuerbilanz 261ff.
Steuerbilanztechnik 265
Steuereinteilungen 81
Steuererleichterung 218
Steuerfreie Rücklagen 218ff.
Steuerlicher Gewinn 261f.
Steuerliches Wahlrecht 294
Steuern 77ff., 231ff., 246
Steuern als durchlaufende Posten 83
Steuerpflichtiger Umsatz 103
Steuerrecht 10ff., 19
Steuerrechtliches Bewertungswahlrecht 262
Steuerrechtliches Bilanzierungswahlrecht 262ff.
Steuersatz 104
Steuerstundung 218
Steuervorauszahlungen 83
Steuerwert 283, 294, 296, 298, 303, 305, 309
Steuerzweck 11
Stichprobeninventur 30
Stichtagsinventur 28f.
Stille Reserven 325ff.

Stille Rücklagen 325
Strenges Niederstwertprinzip 281ff., 303
Strömungsgrößen 52ff.
Stückzinsdatei 180
Stückzinsen 178ff.
Summenbilanz 227
Systemnahe Software 170
Systemsoftware 170

T

Tageswert 325
Tantieme 256
Teilhafter 251
Teilweise Gewinnverwendung 256ff.
Teilwert 114, 267, 273f., 294, 303, 309, 322f.
Temporäre Reserven 210
Transitorische Abgrenzung 203ff., 207f.
Transitorische Rechnungsabgrenzung 320f.

U

Übergang (Abschreibungen) 287f.
Überschusseinkünfte 85
Überstundenvergütungen 148
Übertragungsbuchführung 69
Umbuchungsbilanz 229f.
Umlaufvermögen 26f., 31, 167f., 302ff., 322
Umsatzbereich 338
Umsatzbesteuerung 100ff.
Umsatzerlöse 246
Umsatzkostenverfahren 244ff.
Umsatzsteuer 98ff., 114, 137ff., 191, 207ff., 311
Umsatzsteuerberechnung 121
Umsatzsteuer-Bruttoabschluss 110f.
Umsatzsteuerbuchung 108
Umsatzsteuer-EDV-Buchung 110f.

Umsatzsteuerfreie Anlagen-Umsätze 192f.
Umsatzsteuerkonto 107
Umsatzsteuer-Nettoabschluss 109f.
Umsatzsteuerpflichtige Anlagen-Umsätze 190f.
Umsatzsteuer-Voranmeldung 106
Umsatzsteuer-Zahllast 107f.
Unbewegliche Güter (Abschreibung) 291
Uneinbringliche Forderungen 311
Unfertige Erzeugnisse 302, 339
Ungewisse Verbindlichkeiten 212
Unterkonten 63f., 141f.
Unterkontenabschlüsse 201
Unternehmen 1, 102
Unternehmensfortführung 278
Unternehmenssteuern 83
Unternehmer 101f.
Unternehmersteuer 83, 177
USt-Steuererklärung 106
USt-Vorauszahlung 106

V

Verantwortlichkeit 18
Verbindlichkeiten 26, 64, 153, 322
Verbrauchsfolgen 307f.
Verbrauchsgüter 26f.
Verbundene Unternehmen 173
Vereinfachte Aufzeichnung 19ff.
Verfügbarkeit 26
Vergleichbarkeit 16
Vergleichsziffern 330
Verkauf geförderter Anlagen 196
Verkaufswert 267
Verlegte Inventur 28f.
Verlustvortrag 257
Vermögen 3, 9, 36, 199, 279, 302
Vermögensbilanz 230
Vermögens-Fremdkapitalmehrung 40
Vermögens-Fremdkapitalminderung 40

Vermögensmassen 79
Vermögenstausch 39
Vermögensteile 31
Vermögenswirksame Leistungen 156ff.
Vernünftige kaufmännische Beurteilung 283, 298
Vernünftige kaufmännische Schätzung 303, 305
Verrechnungsbereich 338
Versorgungsauftrag 1
Vertikale Gliederung 238
Verwaltung 345
Verwendung 26
Verwendungseigenverbrauch 116ff.
Vollhafter 251
Vollständige Gewinnverwendung 260
Vorbereitende Jahresabschlussbuchungen 201
Vorläufige Saldenbilanz 228f.
Vorräte 27
Vorratsvermögen 122, 302, 306ff., 361ff.
Vorschüsse 155
Vorsichtsprinzip 17, 278
Vorsteuer 123f., 207f.
Vorsteuerabzug 105
Vorsteuerbuchung 107f.
Vorsteuerkonto 107

W

Wahlkaufmann 11
Wahrhaftigkeit 15
Wahlrechtsreserven 326
Wechselforderungen 244
Werbungskosten 86
Wertansatz 279ff.
Wertaufholungsgebot 296, 300, 305
Wertberichtigung auf Forderungen 314
Werte 267
Werteverzehr 182, 281f.
Wertpapiere 174ff.

Wertpapiere des Anlagevermögens
  174ff.
Wertpapiere des Umlaufvermögens 172,
  175ff.
Wertpapier-Nebenkosten 174f., 176ff.
Wertveränderungen 276f.
Wesen der Abschreibung 182f.
Wesen der Umsatzsteuer 98f.
Wiederbeschaffungskosten 267, 275,
  302
Wiederbeschaffungswert 267, 275, 282f.
Wiedergabe 18
Willkür 278
Willkürfreiheit 15
Willkürreserven 326
Wirtschaftlichkeit 333
Wirtschaftsbetrieb 79
Wirtschaftsgut 279
Wirtschaftsjahr 25; 199

Z

Zeitanteilige Abschreibung 187, 290
Zeitliche Abgrenzung 16; 203ff.
Zeitzuschläge 148, 152
Zinserträge 179
Zinspapiere 175
Zinsschein 178
Zu versteuerndes Einkommen 85
Zukunftswert 303ff., 309
Zuschussrücklage 219, 269
Zwangsreserven 325f.
Zweckaufwendungen 50
Zweckbetrieb 79
Zweifelhafte Forderungen 311ff.
Zwischenbetriebliche Analysen 330